Kloth
Waren- und Informationslog

GABLER EDITION WISSENSCHAFT

Ralph Kloth

# Waren- und Informationslogistik im Handel

Mit einem Geleitwort
von Prof. Dr. Klaus Barth

DeutscherUniversitätsVerlag

Die Deutsche Bibliothek - CIP-Einheitsaufnahme

**Kloth, Ralph**:
Waren- und Informationslogistik im Handel
/ Ralph Kloth. Mit einem Geleitw. von Klaus Barth.
- Wiesbaden : Dt. Univ.-Verl. ; Wiesbaden : Gabler, 1999
(Gabler Edition Wissenschaft)
Zugl.: Duisburg, Univ., Diss., 1998
ISBN 978-3-8244-6901-7 ISBN 978-3-322-97793-9 (eBook)
DOI 10.1007/978-3-322-97793-9



Lektorat: Ute Wrasmann / Cornelia Reichenbach

Der Gabler Verlag und der Deutsche Universitäts-Verlag sind Unternehmen der Bertelsmann Fachinformation GmbH.

http://www.gabler-online.de
http://www.duv.de



ISBN 978-3-8244-6901-7

# Geleitwort

Möglichkeiten zur Erschließung von Ökonomisierungspotentialen werden durch Mittel- und Großbetriebe des Handels in der Regel schnell adaptiert, auch weil innovative Dienstleistungskonzepte keinen gewerblichen Schutzrechten unterworfen werden können. Die daraus resultierende Umstellungsflexibilität der Mitbewerber führt zu einer Homogenität des in der Handelspraxis eingesetzten Methodenrepertoires und zu einer Gleichartigkeit der Wettbewerbssituationen konkurrierender Betriebsstätten. Wird diese situative Bedingungslage vor dem Hintergrund einer Internationalisierung der Märkte, Nachfragerückgängen und Gewinnmargen reduzierenden Kostenstrukturen betrachtet, sind Handelsunternehmen im Rahmen dynamischer Wettbewerbsprozesse zur permanenten Innovation verdammt und haben systematisch Rationalisierungspotentiale zu erschließen, kundenorientierte Leistungsprogramme zu fördern und Prozesse zu flexibilisieren.
Diese Aufgaben der Ökonomisierung stehen im Mittelpunkt eines Logistikmanagement im Handel, wenn Logistik als ganzheitlicher Prozeß der Planung, Realisierung, Steuerung und Kontrolle inner- sowie außerbetrieblicher Waren- und Informationsflüsse interpretiert wird. Dies verlangt zwangsläufig eine interdisziplinäre Sicht der Dinge im allgemeinen sowie eine Schnittstellen vermeidende Verknüpfung des Handelsmarketing und der Informatik im besonderen.

Vor diesem Hintergrund hat sich der Verfasser die Aufgabe gestellt, zuerst die Dimensionen und Komponenten der Waren- und besonders der Informationslogistik umfassend herauszuarbeiten, um anschließend Nutzenpotentiale integrierter Handelsinformationssysteme in Form von Qualitätsverbesserungen bei strategischen und operativen Entscheidungen systematisieren, analysieren und bewerten zu können. Das gewählte Untersuchungsprojekt ist äußerst aktuell, stellt höchste intellektuelle Ansprüche an die Person des Forschers und ist von vordringlicher Wichtigkeit für Handelsforschung sowie -praxis.
Die vorliegende Publikation besticht durch eine integrative Sichtweise waren- und informationslogistisch besonders relevanter Aspekte, die trotz enormer Komplexität des Untersuchungsfeldes systematisch in einen stringenten Ablauf eingebunden werden. In diesem Zusammenhang bedarf es besonderer Erwähnung, daß die aus einer interdisziplinären Beurteilung resultierenden Fragestellungen der „Waren- und Informationslogistik im Handel“ bislang nur unzureichend erörtert worden sind. Insofern betont der Verfasser zu Recht, daß ein von den Unterneh-

men bis heute mit nicht genügend Durchsetzungskraft verfolgtes Ziel darin bestehen muß, über den Leistungsfaktor Information die Flexibilität des Gesamtsystems zu erhöhen, um auf Diskontinuitäten, sich bietende Marktchancen, differenzierte sowie wechselnde Kundenanforderungen u.ä. schneller und fundierter reagieren zu können; vor allem aber, daß Information als zentrale Steuergröße einer effizienten und somit auch kundenorientierten Warenwirtschaft zu begreifen sei. Diese Forderung ist von existentieller Bedeutung, weil umfassend nachgewiesen wird, daß im Handel die Qualität der eingesetzten Informationssysteme betriebliche Zukunftschancen determiniert.

Insgesamt ist die Ausarbeitung nicht nur inhaltlich äußerst überzeugend, sie besticht gleichsam in materieller Hinsicht. Darüber hinaus bereichert der Verfasser mit seinen zahlreichen Denk- und Handlungsmodellen das bereits vor Jahren in meine Lehre eingebundene Konzept der computergestützten Fundierung von Führungsentscheidungen im Handel in hervorragender Weise. Insoweit ist das erfolgreich abgeschlossene Forschungsprojekt auch für die Handelspraxis von größter Aktualität.

Prof. Dr. Klaus Barth

# Vorwort

Die Idee zur vorliegenden Dissertationsschrift resultierte aus der Hypothese, daß beim Logistikmanagement im Handel nicht die Ware allein den Mittelpunkt aller Betrachtungen bilden sollte, sondern als Teil eines Objektsystems zu verstehen ist, in welchem dem Faktor „Information“ eine mindestens gleichrangige Bedeutung zukommt. Vor diesem Hintergrund wurden nach grundlegenden Erörterungen zum Untersuchungsgegenstand zuerst das Spektrum eines Logistikmanagement im Handel sowie das Supply Chain Management als warenlogistikorientierter Baustein des ECR-Konzeptes inhaltlich erschlossen, insbesondere die Bereiche Zentrallagerkonzepte, Efficient Re- bzw. Pre-Plenishment, Flächenkommissionierung, Cross Docking und Prozeßkostenrechnung.
Der Kennzeichnung informationslogistischer Grundlagen (Client-/Server-Management, virtuelle Organisationen, Handelscontrolling „versus“ Informationslogistik) [Ende Kapitel I] folgte die Entwicklung eines Referenzmodells integrierter Handelsinformationssysteme, in welchem ein mit Management Support Systemen (OLAP, Data Mining, etc.) gekoppeltes Data Warehouse auf den operativen Systemen, insbesondere Warenwirtschaftssystemen, aufsetzt [Ende Kapitel II].
Hinsichtlich des Nutzens solcher Systeme [Kapitel III] konnte gezeigt werden, daß die Effizienz eines verbundorientierten Sortimentscontrolling, Filialbenchmarking, Preis- und Personalcontrolling usw. aufgrund völlig neuer Sichten auf Bezugsobjektkombinationen erheblich gesteigert wird. Diese Erkenntnis gilt gleichermaßen für den Betriebstyp Electronic Retailing Systeme („E-Commerce“), dessen Varianten parallel beurteilt wurden. Daß die Waren- und Informationslogistik handelsbetriebliche Zukunftschancen determiniert, wurde nochmals deutlich, indem die in Rede stehenden Systeme für ein an Kundenwerten bzw. -profitabilitäten ausgerichtetes Individualmarketing ausgebaut wurden. Empfehlungen für die Systemintegrations- und -entwicklungsplanung schließen die Arbeit - vor einer Zusammenfassung der Untersuchungsergebnisse [Kapitel IV] - ab.

Dem Verfasser ist es ein besonderes Anliegen, denen zu danken, die das Gelingen dieser Arbeit unterstützt haben. An erster Stelle möchte ich meinem hochverehrten akademischen Lehrer, Herrn Professor Dr. Klaus Barth, danken, der dieses Forschungsprojekt mit steter Diskussionsbereitschaft wohlwollend und umsichtig gefördert hat. Er vermochte den „roten Faden zu spannen“, ohne dabei kreatives Potential zu beschneiden. Seine Persönlichkeit hat mein wissenschaftliches Denken und somit diese Arbeit stark geprägt. Gedankt sei auch Herrn

Prof. Dr. Peter Chamoni, der nicht nur die Aufgabe der Zweitbegutachtung übernommen hat, sondern auch maßgeblich auf das exzellente Timing im Promotionsverfahren einwirkte.
Besonderer Dank gebührt meiner Freundin Isabelle Lacek-Herbrand, die mir beim erfolgreichen Abschluß des Dissertationsprojektes sehr geholfen hat. Sie gab mir die Kraft, in kleinen Zwischentiefs neuen Forschungseifer zu entwickeln, und hat mit viel Verständnis und Einfühlungsvermögen stets für den so wichtigen inneren Ausgleich gesorgt. Letzteren verdanke ich auch meinen hochgeschätzten Freunden. Alle haben die Launen des Forschers durchlebt und mir auf ihre jeweilige Art neue Einsichten, Abwechslung und so manchen Weitblick beschert.
Nicht zuletzt möchte ich meinen lieben Eltern herzlich danken, die mir auf meinem gesamten Lebensweg und insbesondere bei diesem Projekt immer mit Rat und Tat zur Seite standen. Ihnen widme ich diese Publikation; denn ohne ihre großherzigen Bemühungen könnte ich schließlich nicht den Wunsch äußern, daß die Leser dieses Buches nützliche Anregungen für ihre Arbeit finden mögen.

Ralph Kloth

# Inhaltsverzeichnis

**Kapitel II**
**Architekturen und Komponenten integrierter Handelsinformationssysteme (HIS)**

## Verzeichnis der Abbildungen

## Verzeichnis der Abkürzungen*

| | |
|---|---|
| AIS | Analytische Informationssysteme |
| ARIS | Architektur integrierter Informationssysteme |
| BAS | Betriebswirtschaftlich-Administratives System |
| Bit | Binary Digit |
| BPR | Business Process Reengineering |
| CAD | Computer Aided Design |
| CCG | Centrale für Coorganisation (GmbH, Köln) |
| CD-I | Compact Disk-Interactive |
| CD-ROM | Compact Disk-Read Only Memory |
| CIM | Computer Integrated Manufacturing |
| CIO | Chief Information Officer |
| CIT | Computer Integrated Trading |
| CLM | Council of Logistics Management (Oak Brook, Illinois/USA) |
| CLV | Customer Lifetime Value |
| DB | Deckungsbeitrag |
| DFÜ | Datenfernübertragung |
| DHI | Deutsches Handelsinstitut (GmbH, Köln) |
| DPP | Direkte Produkt-Profitabilität |
| DSS | Decision-Support-System |
| DV | Datenverarbeitung |
| DW | Data Warehouse |
| EAN | European Article Number |
| ECR | Efficient Consumer Response |
| EDI | Electronic Data Interchange |
| EDIFACT | Electronic Data Interchange for Administration, Commerce and Transport |
| EDV | Elektronische Datenverarbeitung |
| EHI | EuroHandelsinstitut (e.V., Köln) |
| EIS | Executive-Information-System |
| E-Mail | Electronic Mail |
| EPOS-Daten | Electronic Point of Sale-Daten (*am POS elektronisch erfaßte Abverkaufsdaten*) |

* Es wurden nur mehrfach verwendete Abkürzungen, die nicht zum Standardrepertoire zählen, in das Verzeichnis aufgenommen. Erklärungsbedürftige Unikate sind ausschließlich an der jeweiligen Textstelle erläutert.

| | |
|---|---|
| ERS | Electronic Retailing-System |
| ESL | Electronic Shelf Label |
| ESS | Executive-Information-System |
| FTP | File Transfer Protocol |
| Gbyte | Giga-Byte |
| GfK | Gesellschaft für Konsum-, Markt und Absatzforschung (AG, Nürnberg) |
| HD-CD | High Density-Compact Disk |
| HIS | Handelsinformationssystem |
| ID-Karte | Identifikationskarte |
| IDM | Integriertes Dokumentenmanagement-System |
| IOS | Interorganisationssystem |
| IS | Informationssystem |
| ISDN | Integrated Services Digital Network |
| IT | Informationstechnologie |
| ITV | Interactive Television |
| IuK | Information und Kommunikation |
| JIT | Just In Time |
| KI | Künstliche Intelligenz |
| LAN | Local Area Network |
| LEH | Lebensmitteleinzelhandel |
| MADAKOM | Markt-Daten-Kommunikation |
| MaFo | Marktforschung |
| MDE | Mobiles Daten-Erfassungsgerät |
| MIS | Management-Information-System |
| MOLAP | Multidimensionales On-Line Analytical Processing |
| MSS | Management-Support-System |
| NC | Network Computer |
| OLAP | On-Line Analytical Processing |
| PIMS | Profit Impact Of Market Strategy |
| POS | Point of Sale |
| RCS | Roll Cage Sequencing |
| RMIS | Retail Management Information System |
| ROI | Return on Investment |
| ROLAP | Relationales On-Line Analytical Processing |
| SGE | Strategische Geschäftseinheit |
| SQL | Structured Query Language |

| | |
|---|---|
| UN/EDIFACT | United Nations / Electronic Data Interchange for Administration, Commerce and Transport |
| URL | Uniform Resource Locator |
| WAN | Wide Area Network |
| WK | Warenkorb |
| WWS | Warenwirtschaftssystem |
| WWW | World Wide Web |

# Kapitel I

# Grundlagen der Untersuchung

## 1. Problemstellung, Zielsetzung und Konzeption der Ausarbeitung

Starker Konkurrenz- und Kostendruck auf tendenziell gesättigten Märkten machen die Erschließung von Ökonomisierungspotentialen[1] zu einer Kernaufgabe der Unternehmungen. So auch im institutionalen[2] Handel, wo die einzelbetriebliche Zielsetzung eines satisfizierenden Return on Investment (ROI) den Einsatz von Innovationskraft und eine klare Kundenfokussierung verlangt. Eine solche „dynamische Marktorientierung" ist vom Ansatz her nicht neu. So führten bereits die seit Beginn der siebziger Jahre vorherrschenden Käufermärkte zu einer an den Marktgegebenheiten ausgerichteten Unternehmungsführung und somit zu einer Schlüsselrolle des Marketing. Speziell im Handel bewirkte diese Entwicklung eine Zunahme differenzierender Leistungsangebote bzw. die Entstehung neuer Betriebstypen in Verbindung mit einem bis heute anhaltenden Trend zur expansiven Filialisierung. Seit Beginn der neunziger Jahre werden vielerorts strategische Elemente in das Handelsmanagement integriert, um den Erhalt und Aufbau unternehmerischer Erfolgspotentiale zu sichern. Derzeit stehen Methoden des Business Process Reengineering (BPR)[3], die ein Netzwerk- bzw. Prozeßmanagement, flache Hierarchien etc. implizieren, im Mittelpunkt der Diskussion um Verbesserung und Flexibilisierung betrieblicher Abläufe für höhere Renditen und mehr Kundenorientierung.

---

1 Während *Klein-Blenkers* Rationalisierung als Oberbegriff für das „Bemühen um vernunftgemäßere Bessergestaltung" bezeichnet, kennzeichnet er Ökonomisierung als Unterbegriff für alle die Maßnahmen, „welche einen bedarfsgemäßeren oder sparsameren Einsatz der produktiven Faktoren erstreben mit dem Ziele, den Grad menschlicher Bedarfsbefriedigung zu verbessern". Klein-Blenkers: Distribution, S. V und 1. Eine Konkretisierung dieses Ökonomisierungsbegriffs nimmt *Barth* vor, nach welchem Ökonomisierung alle Entscheidungen umschließt, „die darauf gerichtet sind, die bei der Erstellung der Handelsleistung anfallenden Kosten zu verringern und/oder das auf Umsatzerzielung gerichtete Leistungsprodukt zu verbessern". Barth: Betriebswirtschaftslehre, S. 32.

2 Vgl. zur Differenzierung zwischen funktionalem und institutionalem Handel die Ausführungen in Gliederungspunkt 2. dieses Kapitels.

3 Speziell bei der Konsumgüterdistribution wird BPR auch unter der Schlagwortkette „Efficient Consumer Response" (ECR) diskutiert. Eine Systematisierung der Bausteine und Methoden des ECR liefert: Heydt: Efficient Consumer Response, S. 53 ff.

Durch den hohen Konzentrationsgrad im Handel, sowohl hinsichtlich der Marktanteile als auch der Finanzkraft kooperativer wie konzernierter Handelsgruppen, werden jedoch die Möglichkeiten zur Leistungsverbesserung von Mittel- und Großbetrieben des Handels in der Regel schnell adaptiert; insbesondere deshalb, weil innovative Dienstleistungskonzepte keinen gewerblichen Schutzrechten unterworfen werden können. Die Umstellungsflexibilität der Mitbewerber führt zu einer Homogenität des in der Handelspraxis eingesetzten Methodenrepertoires und zu einer Gleichartigkeit der Wettbewerbssituationen konkurrierender Betriebsstätten[4]. Letztlich gleichen sich deren Leistungsprofile einander an, was den Verdrängungswettbewerb sowie die Problematik abnehmender Kundentreue verschärft. Die eher trüben Erfolgsaussichten einer längerfristigen Kundenbindung lassen sich auf weitere Faktoren zurückführen, wie beispielsweise dem Trend zum Individualismus, extremer Marktdynamik, verkürzten Betriebstypen- und Produkt-Lebenszyklen sowie abnehmender Werbeeffizienz[5]. Des weiteren kommt bei Einkaufsentscheidungen den Faktoren Gesundheit und Umweltbewußtsein mehr Gewicht zu. Die Frage, wie den Wünschen des sogenannten hybriden[6] Konsumenten am besten entsprochen werden kann, also wie sich das Leistungsergebnis der Handelsunternehmung optimieren läßt, ist demnach zunehmend schwieriger zu beantworten[7]; auch weil Präferenzen immer schlechter prognostizierbar und instabiler geworden sind.

Schrumpfende oder stagnierende Märkte, sinkende Kundenloyalitäten und eine aus Sicht des Kunden höhere Transparenz bei konkurrierenden Leistungsangeboten führen zu sinkenden Spannen im Konsumgüterhandel und dem Lebensmittelhandel im besonderen[8]. Der hierdurch entstehende Kostendruck wird durch das tendenziell feststellbare und durch den jüngsten Konjunktureinbruch verstärkte Preisbewußtsein[9] der Abnehmer noch verschärft und zwingt die Unternehmungen

4 Dazu *Metro*-Chef *Erwin Conradi*: „Die Sortimente in allen unseren Märkten sind in weiten Bereichen völlig identisch. Der Preis ist der größte Kick". Blüthmann; Freese: Preis, S. 39.

5 Dies sind auch Gründe für den erheblich gestiegenen Aufwand der Hersteller bei der Vorbereitung auf die Jahresgespräche, bei welchen der Handel zum Teil umfangreiche Daten bis auf Sortenebene verlangt. o.V.: Umgangston, S. 12.

6 Vgl. zum Begriff des hybriden Konsumenten Gliederungspunkt 2.3 dieses Kapitels.

7 Um diesem Problem zu begegnen, entwerfen *Barth/Stoffl* ein Drei-Säulen-Konzept der Kundenorientierung, in welchem die drei Optimierungsfelder Kostensenkung, Leistungsverbesserung und Flexibilitätssteigerung Anknüpfungspunkte zur Erlangung komparativer Konkurrenzvorteile liefern. Barth; Stoffl: Kundenorientierung, S. 8 ff.

8 Diller: Kundenclub, S. 3.

9 Negative konjunkturelle Entwicklungen wirken sich auf die Formen des Discount-Vertriebs positiv aus. o.V.: Discount-Vertriebe, S. 90.

zur rigorosen Erschließung von Ökonomisierungspotentialen. Zum einen müssen dafür alle Möglichkeiten zur Kostensenkung und Verfahrensverbesserung (Cost Reengineering) genutzt, aber auch kundenbindende Alleinstellungsmerkmale durch die Schaffung von Imitationsbarrieren (Revenue Reengineering) verteidigt und ausgebaut werden[10]. Die Strategien der Leistungs- oder Kostenführerschaft (generische Wettbewerbsstrategien[11]) dürfen von den Unternehmungen nicht länger als alternative Optionen mißverstanden werden, sondern müssen im jeweils erforderlichen Intensitätsgrad simultan zum Einsatz kommen und sich gegenseitig ergänzen (hybride Wettbewerbsstrategien)[12].

Um dieses Postulat erfüllen zu können, ist die Handelsleistung als Kombination fremderstellter Sachleistungen mit eigenerstellten Dienstleistungen von den Unternehmungen des Groß- und Einzelhandels[13] bestmöglich an den Kundenbedürfnissen auszurichten. Das Erbringen eines solchen Leistungsmixes für einzelne Zielgruppen (klassisches Marketing) oder für kleinere Kundensegmente bzw. den Einzelnen (Mikro- bzw. Individual-Marketing) erfordert eine konsequente Erfüllung der handelsbetrieblichen Transpositionsaufgaben. Dabei kommt der Optimierung von Waren- und Informationsflüssen eine herausragende Bedeutung zu, denn diese Aufgabenbereiche des Logistikmanagement können bei ansonsten annähernd genau auf die Kunden ausgerichteten Leistungsprofilen der Betriebsstätten sogar zum entscheidenden Wettbewerbsfaktor werden. Teils sind einzig durch die Logistik noch entscheidende Kostenvorteile und/oder Leistungsvorsprünge zu erzielen, die für eine Profilierung am Markt erwirtschaftet werden müssen, denn die kritischen Erfolgsfaktoren „Zeit“ und „Information“ determinieren betriebliche Zukunftschancen[14].

---

10 Al-Ani: Management, S. 14.

11 Porter: Wettbewerbsstrategie, S. 71 ff.

12 Fleck: Hybride Wettbewerbsstrategien, S. 13 ff. Hybrid-Strategien, mit denen die Unternehmung angestammte Geschäftsfelder verläßt (Strategiewechsel), werden als „Outpacing-Strategies“ (*Gilbert/Strebel*) bezeichnet. Töpfer: Positionierung, S. 52.

13 Vgl. zur Abgrenzung zwischen den Betriebsformen Groß- und Einzelhandel Gliederungspunkt 1.2 dieses Kapitels.

14 Deshalb liegen gemäß einer Studie des *Gottlieb Duttweiler Instituts* die Herausforderungen für den Handel in den späten neunziger Jahren - neben der Personalwirtschaft - in den Bereichen Logistik und Kostenmanagement bzw. Rationalisierung. Zentes; Anderer: Handelsperspektiven, S. 47. Vgl. zur Logistik als Bereich mit hohen Leistungsreserven: Koppelmann; Glantschnig: Prozeßorientierter Einkauf und Logistik, S. 2 sowie: Pieper: Organisation, S. 52.

Die Summe der Maßnahmen, die erforderlich sind, um die Waren- und Informationsflüsse einer Handelsunternehmung zur Erfüllung der von ihr angestrebten Ziele zu optimieren, werden innerhalb ihres Logistiksystems hervorgebracht. Nun beschäftigt sich jede Handelsunternehmung mit logistischen Fragestellungen, und sei es nur durch ein kritisches Fortschreiben der sich in der Vergangenheit entwickelten Verfahrenspraxis. Logistikmanagement in einer Handelsunternehmung bedeutet jedoch, ihr gesamtes Logistiksystem unter Kontrolle zu bringen, zu lenken und zu gestalten[15].

Daraus resultiert die Notwendigkeit, für den institutionalen Handel ein solches Basiskonzept zu erarbeiten, in welchem die Dimensionen und Komponenten einer ganzheitlichen Waren- und Informationslogistik umfassend gekennzeichnet werden, um anschließend die dadurch erst eruierbaren Nutzenpotentiale in Form von Qualitätsverbesserungen bei strategischen und operativen Entscheidungen systematisieren, analysieren und bewerten zu können. Zwar wäre es bei dieser Zielsetzung möglich, auf eine Betrachtung der physischen Warenflüsse (Warenlogistik) weitgehend zu verzichten, weil sich diese durch Daten bzw. Informationen[16] in einem Handelsinformationssystem abbilden lassen (Informationslogistik). Jedoch erscheint die zusätzliche Kennzeichnung einer interorganisatorischen und prozeßorientierten (physischen) Warenlogistik empfehlenswert, weil Warenprozeß- und Warenwirtschaftssystem untrennbar miteinander verbunden sind, sich einseitige Veränderungen wechselseitig niederschlagen und somit eine effiziente Entwicklung von Lenkungsmechanismen der Informationslogistik ein Verständnis für innovative physische Warenprozesse voraussetzt et vice versa. Eine solche integrative Sichtweise ist bisher in der Literatur kaum feststellbar. In der Regel beschränkt man sich dort auf die isolierte Betrachtung nur eines Objektbereiches der Handelslogistik (Waren oder Informationen), eine umfassende sowie aktuelle Systematisierung und Darstellung der Nutzenpotentiale von Handelsinformationssystemen, insbesondere für die Fundierung marketingpolitischer und somit auch warenbezogener Entscheidungen, sucht man vergebens. Statt dessen werden seit geraumer Zeit die genannten Analysefelder von unterschiedlichen Personen bzw. Organisationen separat untersucht und bestenfalls unverknüpft in Sammelwerken veröffentlicht, wodurch fälschlich der Eindruck entsteht, daß das aufgezeigte Forschungsdefizit behoben sei. Schließlich werden jedoch nur Fragmente einer der

15 Vgl.: Malik: Strategie, S. 25.

16 Vgl. zur Abgrenzung zwischen Daten und Informationen Gliederungspunkt 6.1 dieses Kapitels.

holistischen Sichtweise Rechnung tragenden Theorie des Logistikmanagement im Handel geliefert, denen aufgrund zahlreicher Schnittstellenprobleme ein als hinreichend zu bezeichnender interdisziplinärer Bezug fehlt.

Angesichts der oben formulierten Zielsetzung dieser Arbeit sowie des konstatierten Forschungsbedarfs wird vom Verfasser folgende Vorgehensweise gewählt. Zunächst erfolgt in Kapitel I die Erörterung der für den in Rede stehenden Themenkomplex erforderlichen Grundlagen. Dazu zählt neben einer terminologischen und inhaltlichen Kennzeichnung des Handels, der Handelslogistik sowie der Systemtheorie auch die Untersuchung des primär warenorientierten interorganisatorischen Logistikmanagement, insbesondere am Beispiel des in das ECR-Konzept eingebetteten Supply Chain Management. Darauf aufbauend werden die Grundlagen der Informationslogistik behandelt, wobei deutlich herausgestellt wird, daß sich alle vorher herausgearbeiteten Tätigkeiten im Zusammenhang mit dem Regiefaktor[17] Ware durch den Produktionsfaktor Information darstellen lassen.

Im Rahmen des Kapitels II gilt es ein idealtypisches Referenzmodell eines Handelsinformationssystems zu entwickeln, in welchem betriebswirtschaftlich-administrative Systeme und Warenwirtschaftssysteme das Fundament bilden. Auf diesem setzt ein mit Management Support Systemen gekoppeltes Data Warehouse zum Zwecke der Informationsgenerierung auf. Vor diesem Hintergrund werden verschiedene Integrationsrichtungen von Handelsinformationssystemen diskutiert, wobei sowohl Formen des EDI als auch die Internet-Technologie umfassend einbezogen werden. Letztgenannte wirkt auch als Enabler von Electronic Retailing-Systemen, für die eine Spezifizierung ihrer wesentlichen Eigenschaften erfolgt.

In Kapitel III werden auf der Grundlage des entwickelten Referenzmodells zuerst Möglichkeiten diskutiert, Nutzenpotentiale integrierter Handelsinformationssysteme zu systematisieren. Im Anschluß daran werden nach einer Kennzeichnung der Aktionsparameter rentabilitätsorientierter Informationslogistik konkrete Möglichkeiten der computergestützten Fundierung struktur- und programmpolitischer Entscheidungen dargelegt, wobei der marketingpolitische Aspekt im Vordergrund steht, weil zwangsläufig eine Auswahl nach subjektiver Dringlichkeit erfolgen muß. Die hierbei erzielten Ergebnisse fließen dann ein in eine an Kundenprofitabilitäten ausgerichtete informationssystemgestützte Marketingkonzeption, bei wel-

17 Die Ware läßt sich als Regiefaktor kennzeichnen, weil sie einen in der Regel unveränderten Gegenstand, jedoch nicht das Ergebnis handelsbetrieblicher Leistungsprozesse darstellt. Barth: Betriebswirtschaftslehre, S. 52; Buddeberg: Betriebslehre, S. 41 ff.

cher der vorher in seine Bestandteile zerlegte Kundenwert im Mittelpunkt der Maßnahmensteuerung steht. Empfehlungen für die Integrations- und Entwicklungsplanung der entwickelten Informationssystem-Architekturen schließen den Forschungsteil der Arbeit ab. Kapitel IV beinhaltet eine kurze Zusammenfassung der zentralen Aussagen und Untersuchungsergebnisse.

## 2. Groß- und Einzelhandel

### 2.1 Terminologische Abgrenzungen

Die Hauptaufgabe des Handels ist der Güteraustausch. Jede dieser Tauschhandlungen von Wirtschaftseinheiten ist ein Handelsvorgang. Dieses weit gefaßte Begriffsverständnis kann terminologisch konkretisiert werden, indem zwischen einem funktionalen und einem institutionalen Handelsbegriff differenziert wird. Der funktionale Handelsbegriff entspricht dem der Distribution und kennzeichnet den Umsatz (Beschaffung und Absatz[18]) von Wirtschaftsgütern zwischen erzeugenden und verbrauchenden Wirtschaftseinheiten[19]. Der institutionale Handel, der von auf diesen Umsatz spezialisierten Betrieben durchgeführt wird, kann definiert werden „als der gewerbsmäßige Einkauf und unveränderte Verkauf von Gütern zum Zwecke der Gewinnerzielung“[20]. Er ist Untersuchungsobjekt dieser Ausarbeitung.

Die Wertschöpfung der Handelsbetriebe besteht darin, Sachleistungen der Industrie durch Umhüllung mit eigenen Dienstleistungen, aber ohne stoffliche Veränderung einer werterhöhenden Verwendungseignung zuzuführen[21]. Der Handel nimmt demnach als Distributionsspezialist eine Stellung zwischen Industrie und reinen Dienstleistungsunternehmungen ein und gilt aufgrund seiner teils sehr gro-

18 In der Regel wird Umsatz wertmäßig und Absatz mengenmäßig abgegrenzt. Tietz: Handelsbetrieb, S. 5.

19 Ahlert: Distributionspolitik, S. 11. Vgl. speziell zur Problematik der Begriffsbestimmung in einzelwirtschaftlicher bzw. betriebswirtschaftlicher Hinsicht: Specht: Distributionsmanagement, S. 25.

20 Seyffert: Wirtschaftslehre des Handels, S. 1. Sachgüteraufbereitungsfunktionen, wie Sortierung, Mischung, Anarbeitung oder Montage, bleiben bei dieser Definition unberücksichtigt. Vgl. zu den definitorisch nicht erfaßten Güterumwandlungsfunktionen: Barth: Betriebswirtschaftslehre, S. 30.

21 Vgl.: Barth: Betriebswirtschaftslehre, S. 66; Tietz: Handelsbetrieb, S. 4.

ßen Artikelvielfalt als die komplexeste Form einer Mehrproduktunternehmung[22]. Als Effizienzkriterium für die Auswahl des Marktweges, insbesondere für die Einschaltung des Handels (indirekter Absatz), dienen dem Hersteller die Transaktionskosten[23], die „der Handel als Quantentransformator, Dienstleistungs- und Informationsspezialist"[24] seinerseits stets zu reduzieren bemüht ist.

Beim institutionalen Handel kann grundsätzlich zwischen den beiden Betriebsformen Groß- und Einzelhandel unterschieden werden[25]. Zentrales Abgrenzungskriterium zwischen diesen beiden Wirtschaftsstufen ist die Stellung der Abnehmer in der Wertschöpfungskette. Beim Einzelhandel erfolgt der Verkauf von Waren und Dienstleistungen an Letztverwender, während beim Großhandel Wiederverkäufer, gewerbliche Verwender oder Großverbraucher auf der Absatzseite als Marktpartner auftreten. Insgesamt gibt es für beide Betriebsformen eine Fülle von Klassifikationskriterien[26], auf die jedoch nur selektiv eingegangen werden soll. Für die Zielsetzung dieser Ausarbeitung erscheint es sinnvoll, zwischen seßhaftem und (halb-)ambulantem Handel zu differenzieren, da die Logistiksysteme letztgenannter wegen ihrer vergleichsweise einfachen Strukturierung keiner näheren Betrachtung unterzogen werden sollen[27]. Zu diesem (halb-)ambulantem Handel zählen beispielsweise der Straßen-, Markt- und Wanderhandel[28]. Des weiteren sind alle Formen des Vermittlungsverkaufs, unter welchen alle Formen von Absatzvermittlern wie z.B. Handelsvertreter, Kommissionär und Handelsmakler subsumiert werden, mit derselben Begründung von der weiteren Untersuchung ausgeschlossen.

---

22 Die Zugehörigkeit von Handelsbetrieben zu den Dienstleistungsbetrieben wird kontrovers beurteilt. So argumentiert *Schenk*, daß Dienstleistungsunternehmungen das Warengeschäft fremd sei und wählt somit den Faktoreinsatz als Abgrenzungskriterium: Schenk: Handelsbetriebe, Sp. 853. Vgl. zur Problematik der Abgrenzung zwischen Handels- und Dienstleistungsunternehmungen: Hansen: Absatz- und Beschaffungsmarketing, S. 156 f.

23 Vgl. hierzu: Picot: Transaktionskostenansatz, Sp. 4194 ff. Ursprünglich stammt der Transaktionskostenansatz aus der Institutionenökonomie, nämlich von *Ronald H. Coase*, der - in seinem Aufsatz „The Nature of the Firm" von 1937 - seine These, „die Inanspruchnahme des Marktes verursache Kosten", mit dem ökonomischen Wahlhandlungsgedanken verbindet. Gümbel: Handel, S. 147 u. 274.

24 Barth: Betriebswirtschaftslehre, S. 18.

25 Seyffert: Wirtschaftslehre des Handels, S. 88 ff.

26 Vgl. hierzu exemplarisch: Barth: Betriebswirtschaftslehre, S. 83 ff.; Hansen: Absatz- und Beschaffungsmarketing, S. 269 ff.; Lerchenmüller: Handelsbetriebslehre, S. 17 ff.; Becker; Schütte: Handelsinformationssysteme, S. 2.

27 Dieser Klassifikation liegt das Kriterium der Kontaktorientierung zugrunde.

28 Berekoven: Einzelhandelsmarketing, S. 29.

Bei dem somit fokussierten Untersuchungsgegenstand soll ferner zwischen Platz- und Distanzhandel[29] unterschieden werden. Bei letztgenanntem besteht an der Stelle des sonst unmittelbaren Kontaktes von Anbieter und Nachfrager (Platzhandel) eine räumliche Trennung zwischen diesen[30]. Namentlich beim Versandhandel und auf elektronischen Märkten beeinflussen die dort zugrunde liegenden spezifischen Formen der Umsatzverfahren im allgemeinen und der Absatzkontaktgestaltung im besonderen entscheidend die Ausgestaltung des Logistiksystems[31]. Der Platzhandel, der auch als stationärer Handel bezeichnet wird, stellt das zentrale Erkenntnisobjekt in der handelsbetrieblichen Literatur dar und bildet den zweiten Schwerpunkt in den weiteren Ausführungen.

## 2.2 Geschichtliche Entwicklung und gesamtwirtschaftliche Bedeutung

Der institutionale Handel, der im folgenden nur noch als Handel bezeichnet werden soll, war in den letzten Jahrzehnten speziell hinsichtlich seiner Dynamik und Emanzipation einem tiefgreifenden Wandel unterworfen.

In den fünfziger Jahren konnten auf Verkäufermärkten nur geringere Warenmengen als gewollt abgesetzt werden, weil die Hersteller der bestehenden Nachfrage in manchen Fällen nicht nachkommen konnten oder wollten[32]. Die zu dieser Zeit noch uneingeschränkt mögliche und in der Praxis regelmäßig angewendete Preisbindung der zweiten Hand durch den Hersteller ermöglichte den Händlern trotzdem eine ertragreiche Spannenpolitik. Dennoch nahm der Handel eher die Rolle eines Erfüllungsgehilfen der Industrie ein, bzw. war ein verlängerter Arm von dieser.

In den sechziger Jahren begann die aus Nordamerika „importierte" Selbstbedienung in weiten Kreisen der Bevölkerung auf größere Akzeptanz zu stoßen, das Discountprinzip, der Cash-and-Carry-Markt sowie das Shopping-Center hatten ihren erfolgreichen Marktdurchbruch[33].

---

29 Seyffert: Wirtschaftslehre des Handels, S. 89.

30 Hansen: Absatz- und Beschaffungsmarketing, S. 269 ff.

31 Vgl. zu den verschiedenen Formen der Absatzentfaltung: Barth: Betriebswirtschaftslehre, S. 50.

32 Tietz: Binnenhandelspolitik, S. 87.

33 Vgl. zu den anfänglichen Akzeptanzproblemen der deutschen Verbraucher mit der Selbstbedienung: Tietz: Binnenhandelspolitik, S. 87.

In den folgenden Jahrzehnten führten ein zunehmender Zerfall der Preisbindung[34] der Zweiten Hand, Internationalisierungsstrategien[35], stärker werdende Konzentrationstendenzen[36] und eine forcierte Handelsmarkenpolitik[37] zu einer steigenden Nachfragemacht des Handels. Immer mehr bestimmte die Nachfrage das Angebot, sowohl innerhalb der Wertschöpfungskette als auch beim Letztverwender. Auf diesen Käufermärkten übernahm der Handel eine Gate-Keeper-Funktion zwischen Industrie und Konsumenten bzw. Abnehmern. Mit der Wiedervereinigung Deutschlands und der Schaffung des europäischen Binnenmarktes wurden diese Verhältnisse auf weitere Areale übertragen.

Heutzutage bestimmt das Listungsverhalten des Handels, welches nach wie vor stark durch Konditionenregelungen[38] geprägt wird, die Distributionsdichte von Herstellermarken, was insbesondere im Lebensmittelhandel besonders deutlich wird. Im Zuge der Massendistribution und aufgrund einer auch durch den Trend zur Individualisierung forcierten, fortschreitenden Produktdifferenzierung[39] übersteigt der für die Distribution anfallende Teil der Gesamtkosten eines Produktes nicht selten dessen Produktionskostenanteil[40]. Insgesamt führen Wettbewerbsintensität und wachsende Kundenansprüche sowie ausufernde Artikelvielfalt[41] bei deutlich kürzer werdenden Produktlebenszyklen zu einer Komplexitätsmehrung, die vom Handel den Einsatz adäquater bzw. neuer Systeme der Informationslogistik im allgemeinen sowie der Warenbewirtschaftung im besonderen verlangt,

---

34 Seit dem 01.01.1974 ist eine Preisbindung durch die Hersteller nur noch in Ausnahmefällen erlaubt.

35 Vgl. zu den Ursachen, Formen und Wirkungen der Internationalisierung im europäischen Einzelhandel: Lingenfelder: Internationalisierung, S. 19 ff. Insbesondere zu den Entwicklungen im europäischen Lebensmittelhandel vgl.: Huppert: Europa, S. 46 ff.

36 Im Lebensmittelhandel steuern ca. zehn nationale Entscheidungszentralen über 80 Prozent des gesamten Umsatzes. Ahlert: Distributionspolitik, S. 114.

37 Vgl. zur Entwicklung und Bedeutung von Handelsmarken: Dumke: Handelsmarkenmanagement, S. 33 ff.

38 Die von nachfragestarken Handelsunternehmungen gezahlten Einstandspreise liegen aufgrund der von ihnen gestellten Rabattforderungen nicht selten um 30 bis 40 Prozent unter den Listenpreisen der Hersteller, die somit letztlich nur noch sogenannte „Mondpreise" sind. Jensen: Abzocker, S. 62 u. 65.

39 Im Zeitraum von 1979 bis Mitte der neunziger Jahre ist die Anzahl der Artikel in einem durchschnittlichen SB-Warenhaus von 19.000 auf 28.000, in einem Supermarkt von 1.800 auf 2.500 Produkte angewachsen. Biester: Zeiten, S. 18.

40 Barth: Betriebswirtschaftslehre, S. 4; Ahlert: Distributionspolitik; S. 14.

41 *Meffert* sieht darin auch den Hauptgrund für den zunehmenden Regalplatzwettbewerb. Meffert: Marketing, S. 593.

welche allerdings hinsichtlich einer Ökonomisierung der Distribution zahlreichen Restriktionen unterworfen sind[42].

Die beachtlichsten Ökonomisierungsschritte im Handel sind die Beteiligung der Verbraucher am Dienstleistungsprozeß (Selbstbedienung), was auch eine Faktorsubstitution forcierte („Personal weicht Fläche"), sowie der Einzug der Mikroelektronik, welche neue Möglichkeiten der Informationsgewinnung, -verarbeitung und -übermittlung bietet[43]. Letzteres hat auch unmittelbare Auswirkungen auf den physischen Warenfluß zwischen Hersteller und Handel, da sich deren Kontraktrituale langfristig stark verändern werden[44]. Absatzseitig schaffen beispielsweise das „Electronic Retailing"[45] oder das „Database Marketing"[46] attraktive alternative Distributions- bzw. Kommunikationskanäle.

## 2.3 Einfluß des Kundenverhaltens auf die Handelsleistung

Neben den oben aufgezeigten gesamtwirtschaftlichen Entwicklungen im Handel ist ein verändertes Verbraucherverhalten zu konstatieren, das sich durch wachsende Individualisierung, Selbstverwirklichungsstreben, Freizeitorientierung und Schnellebigkeit auszeichnet[47]. Die Erforschung des Verhaltens des hybriden bzw. multiphrenen[48] Konsumenten, seine Einordnung in entsprechende Zielgruppenschemata und die Antizipation seiner Vorstellungen hinsichtlich neuer Produkte und Betriebsstätten wird immer problematischer. Der Konsument ist insbesondere im Bereich sogenannter High-Involvement-Produkte[49] bzw. -Dienstleistungen zu-

---

42 Die Möglichkeiten der Betriebsgrößendegression, der Leistungserbringung auf Vorrat, der Substitution von Arbeit durch Kapital oder der Automatisierung spezieller Ablaufvorgänge sind eingeschränkt. Ahlert: Distributionspolitik, S. 15.

43 Die Verbraucherbeteiligung am Dienstleistungsprozeß kann auch als Integration des Kunden in den betriebsinternen Prozeß der Faktorkombination gekennzeichnet werden. Barth: Betriebswirtschaftslehre, S. 5.

44 Tietz: Binnenhandelspolitik, S. 230.

45 Electronic Retailing beinhaltet aus Sicht des Handels absatzseitige Informations- und Kommunikationsprozesse, insbesondere Geschäftstransaktionen, mit dem Kunden über elektronische Systeme. Stremme: Elektronische Märkte, S. 106 ff.; Zbornik: Elektronische Märkte, S. 29 f.

46 „Marketing auf der Basis kundenindividueller, in einer Datenbank gespeicherter Informationen". Link; Hildebrand: Database Marketing, S. 30.

47 Vgl. zu den Ursachen der Notwendigkeit einer kundenorientierten Marketingplanung im Handel: Schmitz; Kölzer: Einkaufsverhalten, S. 18 ff.

48 Eierhoff: Logistik-Konzept, S. 351.

49 Beispielsweise Personal Computer für den privaten Gebrauch.

nehmend stärker an individuellen Problemlösungen interessiert. Steigende Anforderungen an Qualität und Verfügbarkeit müssen von den Handelsunternehmungen bei erhöhter Preissensibilität erfüllt werden, wofür eine innovative Sortimentspolitik oder die Aufnahme neuer Warengruppen teils nicht mehr ausreichend ist.

Aufschluß über die Kaufgewohnheiten und den Wertepluralismus der Verbraucher gibt auch die Entwicklung bestehender bzw. die Entstehung (Kreation) neuer Betriebstypen, welche als „Markenartikel des Handels“ gelten[50]. Die mit den jeweiligen Betriebstypen verbundenen Profilierungsstrategien und konstitutiven Merkmale können durchaus aufgrund ihrer konsequenten Marktausrichtung als Spiegelbild der Gesellschaft interpretiert werden. Die Betriebstypenentwicklung im seßhaften deutschen Einzelhandel geht derzeit über die sich in der Aufschwungphase befindlichen Fachmärkte bis hin zu neuen Konzepten wie dem Convenience[51]- und Theme-Store[52], dem Electronic Shopping sowie dem Factory-Outlet-Center (FOC)[53].

Die derzeit wohl beste Möglichkeit, aktuelle Informationen über die Nachfragesituation, bestenfalls über den einzelnen Konsumenten zu beziehen, ist die Auswertung von Verkaufsdaten, was jedoch erst durch den Einsatz computergestützter Informationssysteme möglich wird[54]. So ist es auch nicht verwunder-

50 Tietz: Binnenhandelspolitik, S. 91.

51 Vgl. hierzu auch: Tomczak: Convenience, S. 12 ff.; Barth: Betriebswirtschaftslehre, S. 100; Dawson: Strom, S. 48.

52 Theme-Stores sind Einzelhandelsbetriebe mit tief gegliedertem Sortiment (Auswahlverbund) und stark betonter Dienstleistungskomponente. In dieser Hinsicht ähneln sie Fach- bzw. Spezialgeschäften (vgl. hierzu: Barth: Betriebswirtschaftslehre, S. 88 f.), allerdings orientiert man sich bei der zu erbringenden Handelsleistung nicht an einer Branche, sondern an einem Leitthema (z.B. „Produkte, die Ordnung auf dem Schreibtisch, in der Küche, im Bad und im Wohnzimmer schaffen“), das auf einer Idee oder einem bestimmten Lifestyle (z.B. „erfahrene Weltreisende mit einer sehr guten Ausbildung und einem starken Hang zur Natur“) basiert. Dieses ursprünglich US-amerikanische Konzept wird in Deutschland insbesondere von Warenhausunternehmungen oft adaptiert. Christener: Theme Stores, S. 28 f.

53 Zusammenschluß von Geschäften, die jeweils von einem Hersteller für den Direktvertrieb seiner Produkte genutzt werden. Während sich dieser Betriebstyp in den USA fest etabliert hat, ist er hierzulande insbesondere wegen Angst vor Verdrängungswettbewerb seitens des ansässigen Handels stark umstritten. Ruda: Handelslandschaft, S. 38 ff.; Pangels: Factory-Outlet-Center, S. 24 ff.

54 Die Möglichkeiten zur Gewinnung von Informationen über einzelne Kunden wird insbesondere durch den Einsatz von Dialogmarketing-Instrumenten wie Kundenkarten und -clubs gefördert. Vgl. zu den Charakteristika, Zielen und Effekten von Kundenclubs auch:

lich, daß sich der Handel dieser Möglichkeit bereits zunehmend bedient und sich dadurch zum Informationsspezialisten entwickelt, der warenbezogene Dienstleistungskonzepte „maßschneidert“. Aufgrund dieser Entwicklung gewinnt der Handel eine zunehmend starke, aber auch verantwortungsvolle Stellung in der Wertschöpfungskette, denn seine Nachfragemacht wird durch die hinzukommende Informationsmacht noch verstärkt[55]. Voraussetzung für die Erschließung dieser Machtpotentiale sind modernste Techniken und Methoden, die im Rahmen des Logistikmanagement zum Einsatz kommen.

## 3. Grundlagen der Handelslogistik

### 3.1 Etymologie und Terminologie des Begriffs Logistik

Sprachhistorisch betrachtet, läßt sich der Logistik-Begriff zum einen aus dem griechischen „logos“ (Vernunft, Berechnung), „logik“ (logisch denkend) und weiteren verwandten Wortstammsilben ableiten[56]. Er könnte aber auch auf dem lateinischen „logistare“ (vermieten, unterbringen), „logeum“ (Archiv) sowie dem damit verwandten französischen Wort „loger“ (Unterbringung) beruhen.

Für die historische Entwicklung des Begriffs Logistik ist sicherlich der militärische Bereich entscheidend. In diesem nämlich wird bereits seit Jahrhunderten unter Logistik die Versorgungsstrategie einer Armee verstanden[57]. Kaiser *Leontos VI* nahm ca. 900 n.Chr. erstmals eine Dreiteilung der Kriegskunst in Strategie, Taktik und Logistik vor[58]. Auch heute noch wird angestrebt, die Logistik als eine organisatorische Einheit zu führen, insbesondere durch Integration der Sanitätstruppe in die übrigen Logistiktruppen[59].

---

Diller: Kundenclub, S. 5 ff. Vgl. zur Integration von Kunden durch Kartensysteme Gliederungspunkt 3.3.1.2 des zweiten Kapitels.

55 Vgl. zur Informationsmacht in Organisationen: Mauthe: Strategische Analyse, S. 24 ff.

56 Vgl.: Duerler: Logistik, S. 36 und die dort angegebene Literatur.

57 Die Truppenversorgung kann in folgende Bereiche unterteilt werden: „Nachschub, Lagerung, Umschlag, Bereitstellung und Transport (...), auch Abschub“. Koch: Truppengattungen, S. 733.

58 Duerler: Logistik, S. 39.

59 Koch: Truppengattungen, S. 733.

Bevor die Logistik hinsichtlich ihrer heutigen betriebswirtschaftlichen Bedeutung (Business Logistics) untersucht wird, soll auf die drei wissenschaftlichen Disziplinen hingewiesen werden, die sich mit Logistik befassen und aus denen sich letztlich der heutige interdisziplinäre Erkenntnisstand zusammensetzt[60]:
Erstens der Betriebs- und Volkswirtschaft als wirtschaftswissenschaftliche Erkenntniskomponenten mit den wichtigsten Aufgabenfeldern Gesamtkonzept, Strategien und Kostenrechnung. Zweitens der Informatik als informationellem Teilbereich mit den bedeutendsten Bereichen Informationssystem, insbesondere Datenerfassung, -analyse, -verarbeitung, -übermittlung und Informationsfluß durch adäquaten Hard- und Softwareeinsatz. Und drittens den Ingenieurwissenschaften als technische Erkenntniskomponente mit den wichtigsten Unterdisziplinen Konstruktion, Bau und Überwachung von Maschinen bzw. Anlagen sowie Materialfluß.

Wird nun die historische Entwicklung der Business Logistics aus interdisziplinärer Perspektive beleuchtet, kann die Begriffsübernahme in den USA auf die Mitte der sechziger Jahre und in Europa auf Anfang der siebziger Jahre datiert werden[61]. Die von da an bis heute entstandenen Zeiträume lassen sich nach dem Kriterium der Komplexität in vier Logistik-Entwicklungsphasen einteilen[62]:

Erstens der Phase der reinen Distributionsorientierung, bei welcher der Schwerpunkt auf dem physischen Warenfluß bzw. der materiellen Versorgung der Nachfrager liegt (Verkäufermärkte). Beschaffung und Produktion werden bei logistischen Fragestellungen nicht berücksichtigt.
Zweitens der Phase des Materialmanagement, in der die Logistik als Materialwirtschaft interpretiert wird. Über die oben gekennzeichneten Inhalte der reinen Distributionsorientierung hinaus, erfolgt eine Integration der Bereiche Beschaffung und Produktion. Logistik wird interpretiert als erweiterte Transport- und Lagerwirtschaft[63].

---

60 Jünemann: Logistik, S. 10. In den einzelnen Disziplinen wird dasselbe System aus unterschiedlichen Blickwinkeln betrachtet. Ein vollständiges Verstehen verlangt allerdings die Integration aller dieser Perspektiven. Chmielewicz: Forschungskonzeptionen, S. 21.

61 Duerler: Logistik, S. 39; Schulte: Logistik, S. 1. Die ersten theoretischen Überlegungen zur Übertragung der Militärlogistik auf die Wirtschaft fanden bereits 1955 statt. Jünemann: Logistik, S. 8.

62 Vgl. zu den ersten drei Entwicklungsphasen: Dogan: Management der Logistik, S. 27 f. sowie die dort angegebene Literatur.

63 Weber; Kummer: Logistikmanagement, S. 210.

Die dritte Phase zeichnet sich dadurch aus, daß Logistik als (flußorientierte) Querschnittsfunktion und als „Waffe“ gegen den Verdrängungswettbewerb gesehen wird. Sie wird als eine Grundfunktion mit Gestaltungs- und Regelungsaufgaben in die Unternehmungsorganisation implementiert. Alle Güter- und Informationsprozesse der Unternehmung werden intraorganisatorisch als Fließsystem gestaltet.
Die vierte und komplexeste Phase ist die des integrierten Logistikmanagement (Netzwerk) im Zeitalter der ausgereiften Mikroelektronik. Es dominiert das Denken und Handeln in interorganisatorischen Prozessen[64], welche sich durch den Einsatz entsprechender Informations- und Kommunikationstechniken über das gesamte Wertschöpfungsnetzwerk erstrecken können. Der Kooperationsgedanke. rückt wesentlich stärker in den Vordergrund. Logistik wird zum zentralen Verbindungsglied zwischen der Unternehmung und ihren Beschaffungs- und Absatzmärkten[65].

Diese Phasendarstellung zeigt deutlich, daß dem Entwicklungsprozeß der Business Logistics der Übergang von der Funktionen- zur Prozeßorientierung inhärent ist, vor allem jedoch, daß sich die Logistik zu einer eigenständigen Disziplin in Lehre und betrieblicher Praxis emanzipiert hat. Des weiteren wird ersichtlich, daß es sich bei der Logistik um ein sowohl die ganze Unternehmung als auch ihr Umfeld durchdringendes System handelt. Aufgrund der Komplexität der unter den Begriff Logistik subsumierten Prozesse finden sich in der Literatur zahlreiche unterschiedliche Umschreibungen bzw. Definitionen:

*Bowersox* definiert Logistik als „the process of managing all activities required to strategically move raw materials, parts, and finished inventory from vendors, between enterprise facilities, and to customers“[66].
Für das *Council of Logistics Management (CLM)* ist Logistik „der Prozeß der Planung, Realisierung und Kontrolle des effizienten, kosteneffektiven Fließens und Lagerns von Rohstoffen, Halbfabrikaten und Fertigfabrikaten und der damit

64 Ein Prozeß soll definiert werden als „die inhaltlich abgeschlossene, zeitliche und sachlogische Abfolge der Funktionen, die zur Bearbeitung eines betriebswirtschaftlich relevanten Objektes notwendig sind“. Becker; Schütte: Handelsinformationssysteme, S. 52. „Ein Prozeß wird beschrieben durch sein Ergebnis, die notwendigen Aktivitäten und die Logik des Ablaufs“. Schmidt: Informationsmanagement, S. 1. Prozesse determinieren als sogenannte Tätigkeitsfolgen das Verhalten von Systemen im Zeitablauf. Merkel: Logistik-Managementsysteme, S. 70.

65 Baumgarten; Wolff: Perspektiven der Logistik, S. 3.

66 Bowersox: Logistical Management, S. 1.

zusammenhängenden Informationen vom Liefer- zum Empfangspunkt entsprechend der Anforderungen des Kunden“[67].

Nach *Althoff* ist Logistik „der Inbegriff aller Vorgänge, die erforderlich sind, damit ein bestimmtes Gut sich dann, wenn es gebraucht wird, an der Stelle des Bedarfs befindet. Logistik bedeutet also schlicht Versorgungs-System“[68].

*Schulte* versteht Logistik „als marktorientierte, integrierte Planung, Gestaltung, Abwicklung und Kontrolle des gesamten Material- und dazugehörigen Informationsflusses zwischen einem Unternehmen und seinen Lieferanten, innerhalb eines Unternehmens sowie zwischen einem Unternehmen und seinen Kunden“[69].

Nach *Jünemann* ist Logistik „die wissenschaftliche Lehre der Planung, Steuerung und Überwachung der Material-, Personen-, Energie- und Informationsflüsse in Systemen“[70].

Für *Krulis-Randa* bedeutet Logistik die „planmäßige Gestaltung, Steuerung und Kontrolle eines Stromes von Objekten zur Erfüllung eines bestimmten Zieles“[71].

*Bichler/Schröter* verstehen unter Logistik die „ganzheitliche Planung, Steuerung, Durchführung und Kontrolle des außer- und innerbetrieblichen Materialflusses und des dazugehörigen Datenflusses“[72].

Diesen unterschiedlichen Definitionsansätzen kann weitgehend übereinstimmend entnommen werden, daß es sich bei der Logistik

- um einen ganzheitlichen Prozeß handelt,
- der mit Managementfunktionen verbunden ist,
  [Planung, Realisierung und Kontrolle (*CLM*); Planung, Gestaltung, Abwicklung und Kontrolle (*Schulte*); Planung, Steuerung und Überwachung (*Jünemann*); Gestaltung, Steuerung und Kontrolle (*Krulis-Randa*); Planung, Steuerung, Durchführung und Kontrolle (*Bichler/Schröter*)]
- sich auf Objekte bezieht,
  [raw materials, parts, and finished inventory (*Bowersox*); Rohstoffe, Halbfabrikate und Fertigfabrikate und den damit zusammenhängenden Informationen (*CLM*); Material- und dazugehörigen Informationsfluß (*Schulte*); Material-, Personen-, Energie- und Informationsflüsse (*Jünemann*)]

---

67 Pfohl: Logistikmanagement, S. 4.
68 Althoff: Begrüßung, S. 5.
69 Schulte: Logistik, S. 1.
70 Jünemann: Logistik, S. 11.
71 Krulis-Randa: Marketing Logistik, S. 77.
72 Bichler; Schröter: Logistik, S. 15.

- die sich in Systemen befinden.
  [z.B. from vendors, between enterprise facilities, and to customers (*Bowersox*); vom Liefer- zum Empfangspunkt (*CLM*); zwischen Lieferanten, Unternehmen und Kunden (*Schulte*); an der Stelle des Bedarfs (*Althoff*); außer- und innerbetrieblich (*Bichler/Schröter*)]

Als Synthese aus oben gezeigter Systematik soll Logistik definiert werden als ganzheitlicher Prozeß der Planung, Realisierung, Steuerung und Kontrolle inner- und außerbetrieblicher Objektflüsse[73] in Systemen.

## 3.2 Besonderheiten und Ziele der Handelslogistik

Trotz einiger weniger in der Literatur[74] auffindbaren Definitionen für den Begriff Handelslogistik, ist kritisch zu hinterfragen, ob eine solche branchenspezifische Kennzeichnung zweckmäßig ist. In Abgrenzung zur Industrie, bei der die Produktions-Logistik der Beschaffungs- und Distributionslogistik zwischengeschaltet ist, erscheint in Handelsunternehmungen eine solche phasenspezifische Subsystembetrachtung problematisch, weil sowohl unterschiedliche Lieferstrategien bei der Verkaufsstellenversorgung als auch die für eine konsequente Marktorientierung notwendige organisatorische Zusammenfassung von Einkauf und Verkauf eine solche funktionenorientierte Zuordnung einzelner Teilprozesse verhindern[75]. Dieser Sachverhalt falsifiziert jedoch keine Komponente der obigen allgemeingültigen Begriffsdefinition der Logistik, sondern verdeutlicht, daß der Branchenbezug lediglich eine adäquate Unterteilung bzw. Dekomposition des relevanten Logistiksystems verlangt[76]. Mithin erscheint eine spezielle Definition der Handelslogistik weder notwendig noch sinnvoll[77].

---

73 Dabei kann es sich einerseits um physische Objektflüsse (Sachgüter, Personen und monetäre Einheiten), andererseits um Informationsflüsse handeln. Sachlich genauer wäre bei der Objektdifferenzierung die Unterscheidung zwischen Informations- und Datenflüssen. Vgl. hierzu Gliederungspunkt 6.1.1 dieses Kapitels.

74 Vgl. zu handelsspezifischen Definitionsansätzen in der Literatur exemplarisch: Prümper: Logistiksysteme im Handel, S. 33 f.

75 Vgl. zur Abgrenzung zwischen phasenspezifischen Subsystemen: Pfohl: Logistiksysteme, S. 171 ff. Ein Beispiel für die lieferstrategienbedingte Zuordnungsproblematik sowie eine vertiefende Betrachtung der Unvorteilhaftigkeit einer phasenspezifischen Systemdekomposition (Zuordnung) im Handel findet sich bei: Toporowski: Logistik im Handel, S. 16.

76 Vgl. zu den verschiedenen Möglichkeiten der Dekomposition logistischer Systeme Gliederungspunkt 3.4.3 dieses Kapitels.

77 Zu diesem Ergebnis gelangt auch: Toporowski: Logistik im Handel, S. 15.

Die Zielsetzung der Handelslogistik liegt darin, Leistungsreserven zu erschließen, indem Logistikkosten[78] gesenkt und/oder Logistikleistungen verbessert werden (Ökonomisierung). Bei allen dafür erforderlichen Maßnahmen müssen fundamentale Anforderungen an die Handelslogistik berücksichtigt werden[79]. Zu diesen zählen die Gewährleistung eines kundengerechten Sortimentes, insbesondere hinsichtlich Inhalt, Einzelpreissetzung, Preisstaffelung, Warenpräsenz und -präsentation. Außerdem durchgängig abgestimmte Warenflüsse vom Lieferanten über das Lager, den Point of Sale (POS) bzw. Point of Purchase (POP) bis hin zum Check Out bzw. Kunden sowie schnittstellenminimierte und auf einem einheitlichen Standard aufbauende Informationsflüsse und eine ständige Optimierung dieses Wertschöpfungsnetzwerkes[80]. Um diese Anforderungen zu erfüllen, sind im Rahmen des strategischen Logistikmanagement folgende Entscheidungsfelder systembildend[81]:

- Grundstruktur des Logistiksystems (nur bei Neuaufbau),
- Organisatorische Eingliederung der Logistik in die Unternehmung,
- Interlokale Standortwahl für Geschäftsstätten (Fall Residenzhandel),
- Langfristige interlokale Lagersystemgestaltung,
- Langfristige Verkehrsträgerauswahl,
- Bestands- und Entsorgungsstrategien,
- Make-or-Buy-Entscheidungen sowie die
- Planung der Informationssysteme.

## 3.3 Handelslogistik in der Handelsforschung

Um die meist immateriellen Transpositionsleistungen des Handels einer wissenschaftlichen Analyse zugänglich zu machen, wurden rein deskriptive, system- und entscheidungsorientierte Forschungsansätze entwickelt[82]. Der wohl bekannteste ältere Ansatz aus der ersten Kategorie ist das System der Handelsfunktionen von *Oberparleiter*, der zwischen räumlicher und zeitlicher Funktion sowie Quantitäts-,

78 Untersuchungen haben ergeben, daß die Logistikkosten im Handel überdurchschnittlich hoch sind. Vgl. hierzu das Zahlenmaterial bei: Toporowski: Logistik im Handel, S. 2 f.

79 Bock; Hildebrandt; Krampe: Handelslogistik, S. 234 f.

80 Die in dieser Arbeit synonym verwendeten Akronyme POS sowie POP kennzeichnen die Orte, an welchen sich Kunden eine Kaufoption bietet. Dies kann sowohl in einem Geschäft (physischer Warenkontakt) als auch Zuhause per Computereinsatz (virtueller Warenkontakt) der Fall sein.

81 Vgl. hierzu: Krampe; Lucke: Planung, S. 54 ff.; Pfohl: Logistikmanagement, S. 21.

82 Eine umfassende Übersicht bietet: Barth: Betriebswirtschaftslehre, S. 16 ff.

Qualitäts-, Kredit- und Werbefunktion differenziert[83]. Dieser sogenannte funktionenorientierte Forschungsansatz beschreibt mit den ersten vier der oben genannten Funktionen, verstanden als Mittel-Zweck-Beziehung, die Verbrauchsannäherung, wobei dieser Wertschöpfungsprozeß des Handels durch den Abbau bzw. Ausgleich räumlicher, zeitlicher, qualitativer und quantitativer Spannungen zwischen Produktion und Konsumtion gekennzeichnet ist[84].

Die in diesem Katalog der Handelsfunktionen dominierenden Vorgänge der Güterumgruppierung[85], Bedarfsanpassung[86] und Marktausgleichung[87] dienen somit einer Beleuchtung der Marktaufgaben von Handelsbetrieben, werden aber auch für die Systematisierung von Distributionsfunktionen bzw. des funktionalen Handels verwendet, da die funktionenorientierte Distributionsforschung ebenfalls auf der traditionellen Handelsfunktionenlehre aufbaut[88]. Der Zweck der Funktionsanalyse beim funktionalen Handel ist allerdings die Untersuchung einzelner Glieder der Wertschöpfungskette hinsichtlich ihrer Effizienz der Aufgabenerfüllung einzelner Distributionsfunktionen[89].

Konkret sind aus dem Katalog der Handelsfunktionen die Sachgüterumgruppierungsfunktionen, diese lassen sich weiter in Sortiments- und Quantitätsfunktionen unterteilen, sowie die Bedarfsanpassungsfunktionen, insbesondere die Raum- und Zeitüberbrückungsfunktionen, von besonderer Bedeutung. Während die Sortimentsfunktionen die Sortimentsbildung (Handel als Sortimentsspezialist) und die Quantitätsfunktionen die Sachgütersammlung und -verteilung (Handel als Quantentransponator) zum Inhalt hat, entsteht die Notwendigkeit einer Erfüllung von Raumüberbrückungsfunktionen durch das Auseinanderfallen der Orte der Produktion und der Verwendung. Die Zeitüberbrückungsfunktionen ergeben sich aus der zeitlichen Differenz zwischen Produktion und Konsumtion, bedingt durch die meist kurzfristigen Kaufentscheidungen auf der Absatzseite und den meist längerfristigen Produktionsentscheidungen der Hersteller.

---

83 Oberparleiter: Funktionen und Risiken des Warenhandels, S. 5 ff.

84 Marré: Handelsfunktionen, Sp. 711; Barth: Betriebswirtschaftslehre, S. 1.

85 Transformation von herstellereigenen Produktprogrammen zu kundenorientierten Sortimenten.

86 Ausgleich zeitlicher und räumlicher Spannungen, insbesondere durch Transport und Lagerhaltung.

87 Eigentliche Abstimmung von Angebot und Nachfrage.

88 Specht: Distributionsmanagement, S. 26 ff.; Ahlert: Distributionspolitik, S. 56.

89 So wird aus Herstellersicht beispielsweise der Einschaltungsgrad von Handelsunternehmungen untersucht.

Insbesondere die beiden letztgenannten Funktionen der Raumüberbrückung (Transport von Objekten) und der Zeitüberbrückung (Lagerung von Objekten) sind jedoch nicht ausschließlich Aufgabe des Handels, da sie auch von Distributeuren[90] oder speziellen Dienstleistern[91] durchgeführt werden können. Mithin ist das Auffinden der Prozeßstufe mit der effizientesten Aufgabenerfüllung das Ergebnis eines Entdeckungsverfahrens durch Wettbewerb.

Der vorwiegend makroökonomisch ausgerichtete Erklärungsansatz der Funktionenanalyse kann auch verwendet werden, um eine Lösung für Fragen der einzelbetrieblichen Aufgabenerfüllung zu liefern, da das der Handelsunternehmung zur Verfügung stehende absatzpolitische Instrumentarium aus den Handelsfunktionen abgeleitet werden kann[92]. Spezifische Zusammensetzungen von Instrumentaloptionen kennzeichnen dabei - in Verbindung mit konstitutiven bzw. Strukturmerkmalen[93] - unterschiedliche Betriebstypen. Mithin determiniert der Betriebstyp funktionspolitische Entscheidungen und läßt somit Rückschlüsse auf das Ausmaß der für ihn zu erbringenden logistischen Leistungen zu.

Alle angesprochenen Transpositionsleistungen beziehen sich auf Objekte in Systemen im allgemeinen und auf inner- und außerbetriebliche Waren- und Informationsflüsse von Handelsunternehmungen im besonderen. Diese weitreichenden Überschneidungen der Begriffsinhalte des funktionenorientierten Forschungsansatzes und der Handelslogistik machen deutlich, daß die Erfüllung einer Vielzahl von Handelsaufgaben ex definitione in den Aufgabenbereich des Logistikmanagement fällt et vice versa[94].

90 Hierbei übernimmt der Distributeur, welcher in der Regel Hersteller und Hauptlieferant ist, die Anlieferung einer gesamten Warengruppe. Zentes: Handelslogistik, S. 366.

91 Diese übernehmen die Lagerung und/oder die Verteilung und/oder die Informationslogistik als Servicespezialisten, ohne aber selbst Handelsfunktionen auszuüben. Zentes: Handelslogistik, S. 366.

92 Barth: Handelsfunktionen, S. 106 ff.

93 Barth: Betriebswirtschaftslehre, S. 85 f.

94 Diese weitreichende Funktionen- bzw. Aufgabenüberschneidung ist auch ursächlich für Ausschaltungstendenzen im Handel. Besonders deutlich wird dies bei der Verdrängung des Streckengroßhandels durch Logistikdienstleister. Vgl. für eine nähere Problemkennzeichnung Gliederungspunkt 5.3.3.2 dieses Kapitels.

## 4. Die Systemtheorie als Bezugsrahmen für das Logistikmanagement

Der entscheidungstheoretische und der systemtheoretische Forschungsansatz haben in der Betriebswirtschaftslehre eine besondere Bedeutung erlangt. Bei ersterem stehen Erklärungs- und Entscheidungsmodelle bzw. die Alternativenbewertung bei komplexen Wahlhandlungen im Vordergrund[95]. Letzterem liegt das systemtheoretische Konzept zugrunde, welches unmittelbar mit der Ganzheitsidee verbunden ist. Das Systemkonzept läßt sich in seinen Denkansätzen bis in die Antike zurückverfolgen[96]. Schon in der Philosophie des *Aristoteles* ist die Zielstrebigkeit („Telos") nur Ganzheiten inhärent[97].

Historisch betrachtet verlor die der Systemtheorie innewohnende holistische Betrachtungsweise immer mehr an Bedeutung und wurde von einem physikalisch-mechanistischem Weltbild, exemplarisch sei hier das Scientific Management[98] (Taylorismus) genannt, verdrängt. Das Streben nach Exaktheit, klar quantifizierbaren Analysen, interpretiert als teils rein mikroskopische oder atomistisch zergliedernde Sichtweise, prägt(e) die Denkweise in vielen Disziplinen[99]. Dieser unausgewogene Dualismus zwischen ganzheitlicher und mechanistischer Denkweise führte dazu, daß Zusammenhänge sowohl intra- als auch interdisziplinärer Art oftmals einer wissenschaftlichen Behandlung nicht zugänglich gemacht oder gar nicht erst erkannt wurden[100]. Die Notwendigkeit einer ganzheitlichen Sichtweise kommt in der Psychologie durch die Kernthese der von *von Eisenberg* aufgestellten Gestalttheorie besonders deutlich zum Ausdruck: „Das Ganze ist mehr als die Summe seiner Teile"[101].

Erkenntnisse dieser Art waren ausschlaggebend dafür, daß die holistische Denkweise durch die Biologie[102] noch vor der Mitte dieses Jahrhunderts erneut aufge-

95 Meffert: Systemtheorie, S. 175.

96 Grochla; Bauer; Fuchs: Systeme, S. 2.

97 von Eisenberg, zit. in: Fuchs: Systemtheorie und Organisation, S. 5.

98 Berthel: Personalmanagement, S. 342.

99 Ulrich; Probst: Anleitung zum ganzheitlichen Denken, S. 15.

100 Dieses Methodendefizit wurde besonders deutlich durch die in der Mikrophysik von *Heisenberg* entwickelte Unbestimmtheitsrelation. Diese besagt, daß der Ort und der Impuls eines Elektrons niemals gleichzeitig bestimmt werden können, obgleich erst die Interdependenz aller Aspekte die Erscheinungsform begründet. Fuchs: Systemtheorie und Organisation, S. 9.

101 Fuchs: Systemtheorie und Organisation, S. 12.

102 Hierbei handelt es sich speziell um *Bertalanffy*, der seine biologische Systemauffassung zu einer „General System Theory" erweitert bzw. verallgemeinert.

griffen und in verallgemeinerter Form auf weitere Wissenschaften übertragen wurde. Die Aufbereitung der seit Beginn der sechziger Jahre entwickelten systemorientierten Betriebswirtschaftslehre für das Managementwissen, insbesondere der Organisationslehre, wurde insbesondere vom *St. Gallener Management-Institut* (seit 1970) gefördert[103]. Seitdem begleitet das Systemdenken auch die Managementlehre und -praxis. Speziell die oben angesprochene Gestalttheorie wird heute innerhalb der betriebswirtschaftlichen Führungslehre unter dem Schlagwort „Synergie" diskutiert.

Die Leistungsfähigkeit der Systemtheorie steht in direktem Zusammenhang mit dem durch sie untersuchten Themenkomplex, denn in Abhängigkeit vom Untersuchungsziel ist zu entscheiden, ob durch eine summativ-mechanistische Betrachtung und/oder eher durch eine ganzheitliche Sichtweise ein erkenntnisfördernder Leistungsbeitrag geliefert werden kann[104]. An dieser Stelle wird bereits deutlich, daß besonders der gewählte Betrachtungsausschnitt[105] die Methodenwahl beeinflußt.

Die Aufgabe der Systemtheorie besteht insbesondere darin, interdisziplinär vergleichbare Systemstrukturen aufzudecken und gegebenenfalls zu generalisierten Theoriensystemen zusammenzufassen, was eine einheitliche Terminologie voraussetzt. Aus diesem Grunde erscheint es unerläßlich, das terminologische Instrumentarium sowie die formalen Regelungsmechanismen im folgenden kurz aufzuzeigen.

## 4.1 Terminologische Grundlagen, Systemtypologisierung und -hierarchien

Ein System kann als eine Anzahl von miteinander in Relation stehenden Elementen, die mit einem gemeinsamen Ziel miteinander operieren, gekennzeichnet werden[106]. Durch diese Relationen zwischen einzelnen Elementen läßt sich ein System von einer bloßen Menge abgrenzen, denn in dieser müssen ihre Teile untereinander nicht in Beziehung stehen, bzw. können diese in physika-

103 Ulrich; Krieg: Management-Modell, S. 5.

104 Fuchs: Systemtheorie und Organisation, S. 13.

105 Der Begriff Betrachtungsausschnitt soll hier dem besseren Verständnis dienen und wird später mit dem noch zu definierenden Terminus Subsystem gleichgesetzt.

106 Forrester: Systemtheorie, S. 9.

lischer Hinsicht unabhängig sein[107]. Wie oben bereits angesprochen, werden durch den Betrachtungszweck die Grenzen eines Systems festgelegt. Wirkt ein System auf ein anderes ein oder bestehen zwischen diesen Wechselwirkungen, spricht man von System-Beziehungen.

Voraussetzung für die ganzheitliche Planung, Realisierung, Steuerung und Kontrolle von Systemen ist die Kenntnis der Systemmerkmale-, -beziehungen und -ziele sowie der in einzelne Phasen zerlegbaren Regelungsvorgänge. Innerhalb der damit angesprochenen Regelungstheorie[108] unterscheidet man zwischen zwei Lenkungsprinzipien: der Steuerung und der Regelung[109].

Systemtypologisierungen[110] werden in der Literatur nach teils uneinheitlich verwendeten Merkmalen vorgenommen, etwaige Abweichungen sollen jedoch nicht näher untersucht werden. Zeitabhängigkeit bezieht sich auf das Verhalten der Elemente eines Systems im Zeitablauf. Ändert sich dieses spricht man von dynamischen, ansonsten von statischen Systemen. Die zunehmende Komplexität von Systemen kommt in abnehmender Überschaubarkeit und Beschreibbarkeit, bis hin zur Unmöglichkeit der Erfassung aller Einzelheiten, zum Ausdruck. Die Anzahl solcher Umweltbeziehungen bringt einfache, komplexe und äußerst komplexe Systeme hervor. Beim Systemverhalten (Bestimmtheit des Verhaltens von Elementen) kann zwischen determinierten und probabilistischen Systemen unterschieden werden. Bei ersteren ist der Zustand eines Elementes ursächlich für den aller anderen. Bei probabilistischen Systemen ist eine solche Voraussage nicht mit Bestimmtheit möglich. Die Art der Beziehungen der Elemente untereinander

107 Mirow: Kybernetik, S. 22.

108 Die Regelungstheorie befaßt sich insbesondere mit den Effekten, die sich z.B. durch die Lenkung des Systems B durch System A ergeben, und hinterfragt das dabei zugrundeliegende Gestaltungskonzept. Schiemenz: Kybernetik, Sp. 1023 ff.

109 „Bei Steuerung gibt das lenkende System (Steuereinrichtung) Informationen (Stellgrößen) an das gelenkte System (Steuerstrecke), ohne das Lenkungsergebnis (die Steuergröße) zu berücksichtigen.“ Die Voraussetzungen (insbesondere genaue Kenntnis der Reaktion des gelenkten Systems und der Störgrößen) dafür, daß die angestrebte Anpassung der Steuergrößen an die Führungsgrößen erreicht wird, sind praktisch nie erfüllt. „Deshalb wird man stets Steuerung durch Regelung ergänzen oder ersetzen müssen. Bei Regelung berücksichtigt das lenkende System (Regeleinrichtung) die Ergebnisse des Lenkungsvorganges (Regelgrößen). Es findet also eine Rückkopplung (Feedback, Interaktion) des Ausganges des gelenkten Systems zum Eingang des lenkenden Systems statt“, wobei die Kenntnis und Realisierung von Stellgrößen die Leistungsfähigkeit dieses Lenkungsprinzips maßgeblich determiniert. Schiemenz: Kybernetik, Sp. 1024.

110 Mirow: Kybernetik, S. 23 ff.; Lucke: Systeme, S. 28.

(Kommunikation) kann einfach oder zahlreich sein. Als Systemumwelt können die nicht zu einem System gehörenden Elemente bezeichnet werden. Diese „externen“ Elemente weisen demnach nicht die Intensität der Beziehungen wie die „internen“ auf. Des weiteren kann differenziert werden zwischen realen/materiellen (physischen) und ideellen (konzeptionellen) Systemen. Erstere beinhalten real existierende Objekte, während letztere rein geistiger Natur sind. Die Unterscheidung zwischen geschlossenen und offenen Systemen beruht darauf, daß ein geschlossenes System im Gegensatz zu einem offenen System über keine Beziehungen zur Systemumwelt bzw. nach außen verfügt. Letztlich kennzeichnet die Systemstruktur Art und Menge der Beziehungen eines Systems.

Hinsichtlich der Systemhierarchie kennzeichnen die Begriffe Sub-, Super- und Metasystem die Stellungen von Systemen untereinander. Da ein Gesamtsystem sowohl als Teil- oder Subsystem[111] eines anderen Systems, aber auch als Super- oder Metasystem[112] eines in ihm enthaltenen Systems gesehen werden kann, entstehen verschiedene Systemebenen oder -hierarchien. Deshalb muß jedes System als Gegenstand einer bestimmten Untersuchung definiert werden[113]. Mithin hängt die Definition von Systemgrenzen vom Zweck der jeweiligen Untersuchung ab.
Unterschiedliche Systemebenen entstehen durch die verschiedenen Möglichkeiten der Aggregation von Erkenntnisobjekten[114]. Somit kann bei der Systemhierarchie zwischen unterschiedlichen Detaillierungsgraden und Informationsniveaus unterschieden werden.
Allgemein läßt sich sagen, daß um so höher die Aggregationsebene einer Untersuchung (Analyse) ist, desto größer ist die Informationsbreite und um so geringer die Informationstiefe. Diese Hypothese stützt die Vermutung, daß einerseits das eingangs für die Logistik geforderte „ganzheitliche Denken“ ein Mindestmaß an Systemaggregation verlangt; andererseits eine optimierte Informationsversorgung im Subsystemen nur durch eine Betrachtung aller relevanten Aggregationsebenen erreicht werden kann. Wird nun vor diesem Hintergrund das Verhalten oder die Struktur eines Systems untersucht und ist bei diesem ein zielorientiertes Verhalten

111 Beispielsweise Logistik als Subsystem der Betriebswirtschaft.
112 Beispielsweise Logistik als Metasystem der Lagerlogistik.
113 Mirow: Kybernetik, S. 22.
114 Beispielsweise beim Menschen in Individuen, Gruppen, Abteilungen, ..., und Gesellschaft.

festzustellen, so handelt es sich hierbei gleichwohl um eine Umschreibung des Forschungsbereichs Kybernetik[115].

## 4.2 Bedeutung der Systemtheorie für das Logistikmanagement

Durch die oben aufgezeigten Systemtypologisierungen kann die Logistik gekennzeichnet werden als physisches (reales), offenes, dynamisches, äußerst komplexes, probabilistisches System[116]. Um dieses einer Kontrolle, Lenkung und Gestaltung zugänglich zu machen, müssen das System als Ganzes, die Beziehungen der Subsysteme untereinander und die Relationen der in ihnen enthaltenen Elemente analysiert werden[117]. Diese Vorgehensweise ist eine Voraussetzung dafür, die durch die Heterogenität der Aufgabenstellungen entstehenden Schnitt- bzw. Nahtstellen an den Subsystemgrenzen zu überwinden. Ferner bedarf es eines Regelungsmechanismus, der apriori nicht definierten und unbekannten Problemen gewachsen ist[118]. In diesem Zusammenhang liegt eine Besonderheit des Systems „Business Logistics" darin, daß es sich - im Gegensatz zu natürlichen Systemen - im Zeitablauf nach den Kriterien der Effizienz, Effektivität und Zielerreichung ausrichtet[119].

Durch das der Logistik innewohnende prozeßorientierte Denken wird das traditionelle Funktions- bzw. Bereichs- bzw. Abteilungsdenken durchbrochen. Durch diesen Einfluß auf das organisatorische Gefüge der Unternehmung werden Barrieren bei inner- und außerbetrieblichen Kooperationen beseitigt und eine Integration von Subsystemen ermöglicht. Um jedoch Synergieeffekte durch eine subsystemübergreifende Optimierung von Transpositionsprozessen erreichen zu können, müssen Wirkungszusammenhänge offengelegt und Schnittstellen entschärft bzw. beseitigt werden. Die eine Systemintegration behindernden Barrieren

115 Mirow: Kybernetik, S. 20. Durch diese Umschreibung betriebswirtschaftlicher Systeme sind die Grenzen ihrer vollständigen Beschreibbarkeit bereits angedeutet. Der Begriff Kybernetik ist vom griechischen Kybernetike (Steuermannskunst) abgeleitet. Jünemann: Logistik, S. 11.

116 Vgl. dazu auch: Isermann: Logistik, S. 27 ff.

117 Vgl. zur Kontrolle, Lenkung und Gestaltung als Bedeutungskomponenten des Logistikmanagement: Malik: Strategie, S. 25 sowie Gliederungspunkt 1. dieses Kapitels.

118 Barth: Unternehmungsführung, S. 35.

119 Vgl. zur zukünftigen Problemlösung und Selbststeuerung als Voraussetzungen für das effiziente, zielorientierte Handeln des Systems im Zeitablauf: Barth: Unternehmungsführung, S. 35.

entstehen durch die Verschiedenheit der zusammentreffenden Systeme. Folgende Kriterien sind ursächlich für die Entstehung der Schnittstellenproblematik: juristische (z.B. Unternehmungs-/Staatsformen), kommerzielle (z.B. getrennte Rechnungsführung), informationelle (z.B. andere Überwachungskreise), kommunikationstechnische (z.B. Codierungsarten der Waren) und technische (z.B. Arten der Übergabe von Ware an der Rampe). In Abhängigkeit davon, auf welcher Hierarchiestufe diese Divergenzen auftreten, können sie sowohl intra- als auch interorganisationaler Art sein.

Wenn unterschiedliche Subsysteme für die Erbringung spezifischer logistischer Leistungen zusammenwirken, entsteht ein sogenannter Logistikkanal. Werden in diesem die Schnittstellenprobleme systemübergreifend bewältigt, entstehen logistische Ketten[120]. Die dafür erforderlichen Abstimmungsaufgaben an den Schnittstellen können grundsätzlich als zeit- sowie nicht zeitgebunden klassifiziert werden[121]. Diese Trennkriterien ermöglichen eine Zuordnung zu den beiden klassischen Verfahren des Organisierens in Unternehmungen, der Struktur- und der Prozeßbildung[122]. Während Strukturen die Anzahl der Elemente und Relationen durch Muster festlegen, entstehen Prozesse dadurch, daß sich „konkrete Ereignisse zeitlich aneinander anschließen. Die Strukturen eines Systems schaffen einen Möglichkeitsspielraum - die Prozesse eines Systems wählen eine konkrete Ereigniskette aus diesen Möglichkeiten aus. Die Abfolge Strukturbildung → Prozeßbildung reduziert für einzelne Prozesse die Zahl möglicher Handlungsalternativen bis hin zur völligen Determiniertheit“[123]. Das beeinträchtigt oder verhindert Reaktionsvermögen und Flexibilität, auch hinsichtlich einer konsequenten und zeitnahen Ausrichtung der Marketingaktivitäten auf den Kunden.

## 4.3 Dekomposition logistischer Systeme

Um die Systemgrenzen eines Logistikmanagement im Handel festzulegen, gilt es nachfolgend die Frage zu beantworten, wie weit sich dieses System erstreckt bzw. anhand welcher Eckpunkte eine sinnvolle Grenzziehung vorgenommen werden kann. Da eine optimierte zwischenbetriebliche Aufteilung und Festvergabe logi-

120 Lucke: Systeme, S. 34.
121 Lucke: Systeme, S. 35 f.
122 Krieger: Informationsmanagement, S. 14.
123 Krieger: Informationsmanagement, S. 14.

stischer Funktionen nicht möglich ist, muß stets eine Betrachtung des gesamten Wertschöpfungsnetzwerkes derart gewährleistet sein, daß im definierten Logistiksystem alle Prozesse von den Lieferanten bis zu den Kunden Berücksichtigung finden. Um das entstehende sehr komplexe Feld einer Analyse zugänglich zu machen, muß es dekomponiert werden. Hinsichtlich dieser Vorgehensweise kann zwischen räumlichen, institutionellen, objektorientierten und funktionellen Trennkriterien unterschieden werden. Mit deren Hilfe werden sinnvolle Teileinheiten abgegrenzt und untersucht, ohne dabei das Umfeld aus dem Blickwinkel zu eliminieren[124].

Die räumliche Dekomposition logistischer Systeme entspricht einer speziellen Systemhierarchisierung, die durch eine Unterscheidung in Sub-, Super- und Metasysteme vorgenommen wird. Bei intraorganisatorischer Betrachtungsweise wird nur die Logistik einer spezifischen Handelsunternehmung als sogenanntes mikrologistisches System betrachtet. Dabei kann nochmals zwischen inner- und zwischenbetrieblichen Logistik-Prozessen differenziert werden. Die Grenzen des makrologistischen Systems hingegen skizzieren das gesamte, relevante, unternehmungsspezifische Umfeld und beinhalten das mikrologistische System als eine Komponente. So wäre beispielsweise in Abhängigkeit des Wirkungskreises einer Handelsunternehmung der europäische Wirtschaftsraum als makrologistisches System denkbar. Metalogistische Systeme kennzeichnen die innerhalb makrologistischer Systeme befindlichen logistischen Ketten, die beschaffungs- und absatzseitig durch interorganisatorische Verknüpfung zustande kommen, und liegen somit auf der Betrachtungsebene zwischen Mikro- und Makrologistik[125]. Beispielhaft sei hier die Kooperation einer Handelsunternehmung mit einem Hersteller im Rahmen des Continuous Replenishment genannt.

Mithin werden das mikrologistische und metalogistische System durch das makrologistische System umrahmt, welches selbst Komponente oder Subsystem eines übergeordneten, nicht notwendigerweise näher bestimmten Gesamtsystems ist.

124 Auch *Dogan* weißt darauf hin, daß bei einem weitgefaßten Logistik-Begriff die aggregierte Betrachtungsebene für Problemhandhabung und Lösungsfindung zu hoch ist. Er vergleicht die Systemdekomposition mit Straßenkarten unterschiedlichen Maßstabs (Autobahnkarte und Stadtplan), der sich aus dem Fahrtziel, z.B. Fern- oder Ortsziel, ergibt. Dogan: Management der Logistik, S. 36.

125 Pfohl: Logistiksysteme, S. 15.

Bei der institutionellen Dekomposition logistischer Systeme wird nach den am Wertschöpfungsnetzwerk beteiligten Unternehmungen unterschieden. Bei diesen auch als Logistik-Partner bezeichneten Wirtschaftsobjekten sind in erster Linie Industrieunternehmungen, Logistikunternehmungen, Spediteure, Transporteure und Handelsunternehmungen zu nennen. Auch wenn nun die Handelsunternehmung als Institution sachlich identisch ist mit dem mikrologistischen System bei räumlicher Dekomposition, so ist die Betrachtungsrichtung, die sich aus der Problemstellung ergibt, eine andere.

Die objektorientierte Dekomposition orientiert sich an den am Logistikprozeß beteiligten Objekten. Neben den Faktoren Ware und Informationen kommen hierfür insbesondere Dienstleistungen, monetäre Einheiten und Personen[126] in Betracht[127].

Innerhalb der funktionellen Dekomposition unterscheidet *Pfohl* zwischen zwei Abgrenzungskriterien, den einzelnen Phasen des Warenflusses (Phasenorientierung) und den Inhalten von Logistikaufgaben (Verrichtungsorientierung)[128].
Bei der bereits im Zusammenhang mit der Diskussion um die Notwendigkeit einer Definition des Begriffes Handelslogistik erörterten phasenspezifischen Dekompositionsform werden homogene Verrichtungen (z.B. Beschaffung, Lagerung, Distribution) einem Organisationsbereich zugeordnet[129]. Im einzelnen kann hier erstens die in keinem direkten Zusammenhang mit der Handelslogistik stehende Produktionslogistik genannt werden. In diesem „klassischen“ Bereich der Logistik findet unter anderem eine fertigungsorientierte Optimierung von Materialflüssen statt. Zunehmender Computereinsatz und die Vernetzung mit in der Wertschöpfungskette nachgelagerten Unternehmungen machen allerdings eine entsprechende Abstimmung erforderlich. Kürzere Rüst- und Durchlaufzeiten ermöglichen nämlich eine bedarfsorientierte Fertigung, die im Konsumwarenbereich bestenfalls durch Abverkaufsdaten des Handels gesteuert wird. Demnach müßten in diesem System sogar die vorgeschalteten Beschaffungswege logistisch adäquat ausgestaltet werden, um einen reibungslosen Ablauf zu gewährleisten. Weitere Subsysteme der phasenspezifischen Dekomposition sind die Beschaffungs-Logistik,

126 Hiermit wird die Schnittstelle zum Personalmanagement im Handel angesprochen, innerhalb welchem insbesondere Personaleinsatzsysteme (vgl. hierzu Gliederungspunkt 4.2.8 des dritten Kapitels) unter dem Begriff der Personallogistik diskutiert werden.

127 Handelsobjekte können auch Rechte (z.B. Waren- und Patentrechte) sowie Dienstleistungen (z.B. Versicherungen) sein. Seyffert: Wirtschaftslehre des Handels, S. 5.

128 Pfohl: Logistiksysteme, S. 17 f.

129 Weber; Kummer: Logistikmanagement, S. 212.

zu der die Bedarfsermittlung (Disposition), die Lieferantenauswahl, die Verpackungsarten, der Einkauf, die Beschaffungswege und -formen sowie der Transport zählen. Die Lager-Logistik mit den Kernbereichen Lagerhaltung und Kommissionierung/Handling, der Distributions-Logistik, welche speziell im Handel die Verkaufsraum-Versorgung und den Waren-Absatz umfaßt sowie der Retrodistributions-Logistik (Entsorgung)[130]. Letztlich soll in dieser nur beispielhaften Aufzählung noch die Marketing-Logistik angesprochen werden, die systemverbindend wirkt, weil durch die zielgerichtete Beeinflussung von Absatz- und Beschaffungsmärkten Teilbereiche anderer Unternehmungsfunktionen in ihr integriert werden. Letztlich ist erneut darauf hinzuweisen, daß eine sich auf Phasen beziehende Subsystembildung aus bereits an anderer Stelle genannten Gründen problematisch ist.

Die zweite Möglichkeit einer funktionellen System-Dekomposition besteht in einer Differenzierung zwischen Inhalten von Logistikaufgaben. Diese Art der Abgrenzung ermöglicht die Unterscheidung zwischen Auftragsabwicklung, Lagerhaltung, Lagerhaus, Verpackung und Transport[131].

Trotz der aufgezeigten vielfältigen Möglichkeiten einer Dekomposition logistischer Systeme ist es nicht möglich, die durch unterschiedliche Betrachtungsrichtungen entstehenden Teilsysteme klar voneinander abzugrenzen, was sich insbesondere bei der Marketing-Logistik deutlich zeigt, denn das Marketing stellt als integratives, marktorientiertes Führungskonzept selbst eine Querschnittsfunktion dar. Deshalb muß eine einseitige bzw. streng fokussierende Betrachtungsweise einer übergreifenden, d.h. integrierenden Sichtweise weichen. Dies liegt in der Natur von offenen Systemen, die bekanntlich erst durch Wechselwirkungen zu solchen werden. Es zeigt sich nochmals, daß keine allgemein richtige oder beste Betrachtungsrichtung für Logistiksysteme existiert[132].

---

130 Die Retrodistribution von (Mehrweg-) Transportbehältern und Ware aus Reklamationen und Überbeständen erlangt auch unter Umweltschutz-Gesichtspunkten eine zunehmende Bedeutung, wird aber in dieser Arbeit nicht vertiefend thematisiert, weil die Rückführung von Objekten in ansonsten innovativen Logistiksystemen keine besonderen Schwierigkeiten verursacht.

131 Pfohl: Logistiksysteme, S. 17 ff. und 69 ff.

132 Vgl. zu dieser Feststellung auch: Krieger: Informationsmanagement, S. 14.

# 5. Spektrum eines Logistikmanagement im Handel

„Logistic's most important role is strategic“[133]. Dabei sind weniger die technischen Merkmale logistischer Systeme relevant, als vielmehr das spezifische logistische Know-how der Handlungsträger sowie die organisatorischen Handlungsroutinen, welche miteinander gekoppelt die logistische Entwicklungsfähigkeit gewährleisten[134]. Das Erkennen dieser strategischen Bedeutung der Logistik kommt in der betrieblichen Praxis insbesondere dadurch zum Ausdruck, daß im Zuge einer organisatorischen Restrukturierung zunehmend Stellen für Logistiker auf Geschäftsführungsebene eingerichtet werden[135].

Um nun die in der Handelslogistik ablaufenden Regelungsvorgänge organisatorischer und technischer Art hinreichend darstellen zu können, ist ein bereichs- und unternehmungsübergreifendes Gesamtkonzept im Sinne eines strategischen Management erforderlich. Durch dieses nämlich wird die langfristige Evolution einer Unternehmung und ihre Aufgabenumwelt mittels konzeptioneller Gesamtsicht gesteuert und koordiniert[136]. Nur so können funktionenorientierte bzw. partikularistische Sichtweisen überwunden werden[137]. Mithin ist die Verknüpfung der Logistik mit der Konzeption eines strategischen Management Voraussetzung für eine ganzheitliche und systematische Gestaltung logistischer Prozesse[138].

## 5.1 Phasen eines strategischen Logistikmanagement

Ein strategisches Management im allgemeinen umfaßt die vier Phasen Exploration, Analyse/Prognose, Planung sowie Steuerung/Kontrolle, welche iterativ durchlaufen werden, sich auf verschiedene Wertschöpfungsbereiche[139] beziehen

---

133 Shapiro; Heskett: Logistics, S. 7.
134 Delfmann: Ressource, S. 156.
135 Baumgarten; Wolff: Perspektiven der Logistik, S. 6 f. Vgl. zur strategischen Bedeutung der Logistik auch: Delfmann: Ressource, S. 142.
136 Vgl. zur begrifflichen Umschreibung des strategischen Management: Trux; Müller; Kirsch: Management, S. 8.
137 Vgl. Isermann: Logistik, S. 336.
138 Vgl. zu dieser Einbindung der Logistik in die Unternehmungsstrategie: Duerler: Logistik, S. 64.
139 Bei einer Systematisierung dieser Wertschöpfungs- bzw. Potentialbereiche kann unterschieden werden zwischen dem Primärbereich (Produkt-/Markt-Bereich), in welchem Funktionen der Versorgung des Absatzmarktes mit Waren und Dienstleistungen erfüllt werden. Dem Sekundärbereich (Ressourcen-Bereich), in dem beispielsweise die Beschaf-

und vom Ergebnis her den unternehmungspolitischen Rahmen und die strategischen Programme betreffen[140]. Diese einzelnen Phasen werden nachfolgend erst allgemein und dann fallweise mit speziellem Bezug zur Logistik gekennzeichnet[141].

### 5.1.1 Exploration, Analyse und Prognose

Innerhalb der Analyse vorgelagerten Exploration sollen durch relativ ungerichtetes, unstrukturiertes Suchen latent vorhandene Erfolgspotentiale[142] „aufgespürt“ werden. Hierfür werden unterschiedliche Kreativitätstechniken herangezogen, auf deren Darstellung an dieser Stelle verzichtet wird[143].
Innerhalb der Analyse wird mittels zweckgerichtetem Instrumenteneinsatz die situative Bedingungslage der Unternehmung ermittelt, sowohl hinsichtlich der internen Stärken und Schwächen als auch der marktlichen bzw. externen Chancen und Risiken, insbesondere der Wettbewerbsbedingungen in den jeweiligen Marktbereichen[144].

---

fung und Allokation von Waren, Finanzen und Personal erfolgt. Dem Tertiärbereich (Organisations-Bereich), in welchem insbesondere Funktionen der Managementsysteme, z.B. der Informationssysteme, wahrgenommen werden. Und dem Quartärbereich (Standort-Bereich), in welchem eine Standortbestimmung der Unternehmung im sozio-ökonomischen Umfeld erfolgt. Trux; Müller; Kirsch: Management, S. 15 ff.

140 Trux; Müller; Kirsch: Management, S. 15.

141 Ein dem hier vorgestellten Phasenkonzept ähnliches Modell wurde von *Klöpper* entwickelt. Klöpper: Management, S. 185 ff. Dabei bindet dieser in das von *Schwaninger* (Schwaninger: Unternehmensplanung, S. 119 ff.) entwickelte Konzept des integralen Management die Logistik als flußorientierte Komponente ein. Vgl. hierzu auch: Lorenzen: ILMIS, S. 54.

142 *Gälweiler* definiert Erfolgspotentiale als „das gesamte Gefüge aller jeweils produkt- und marktspezifischen erfolgsrelevanten Voraussetzungen, die spätestens dann bestehen müssen, wenn es um die Realisierung geht“. Gälweiler: Unternehmungsführung, S. 6. *Günther* und *Tempelmeier* definieren Erfolgspotentiale als „die Fähigkeit einer Unternehmung, langfristig wettbewerbsfähig zu bleiben bzw. Wettbewerbsvorteile zu erzielen“. Günther; Tempelmeier: Logistik, S. 32. Ähnliche Inhalte liefert der ressourcenorientierte Ansatz des strategischen Management. *Delfmann* spricht in diesem Zusammenhang bei Logistik von „strategischer Ressource“ zur „Entwicklung logistischer Kernkompetenzen bzw. dauerhafter Wettbewerbsvorteile“. Delfmann: Ressource, S. 142 u. 155.

143 Vgl. zu den Inhalten der Exploration und ihrer unmittelbaren Verknüpfung mir der strategischen Analyse: Trux; Müller; Kirsch: Management, S. 56 ff.

144 Nach *Kreikebaum* sind Informationen über die relevanten Umweltbedingungen konstitutives Merkmal jeder strategischen Planung. Kreikebaum: Unternehmensplanung, S. 34.

Die in den oben beschriebenen Phasen zum Einsatz kommenden Methoden müssen hinsichtlich ihrer Eignung für das strategische Logistikmanagement überprüft werden. *Pfohl* weist darauf hin, daß die in Frage kommenden Informationsquellen und -verarbeitungstechniken für Industrie-, Handels- und Dienstleistungsunternehmungen Allgemeingültigkeit besitzen[145]. Jedoch soll aufgrund von systemtypischen Wechselwirkungen[146] und Zusammenhängen ein Ausschnitt aus dem Methodenrepertoire der strategischen Analyse im Logistikmanagement gekennzeichnet werden. Dazu zählen die ABC-, XYZ-, Konkurrenten-, Stärken-Schwächen[147]-, Branchen-, Erfahrungskurven-, Wertschöpfungsketten- sowie die Portfolio-Analyse[148].

Die ABC-Analyse eignet sich besonders für eine Zeitoptimierung in logistischen Ketten, sowohl in Hinsicht auf eine Verkürzung von Durchlaufzeiten als auch einer Systemrestrukturierung. Dafür sind in einem ersten Schritt die Systemelemente und Prozesse aus dem Logistiksystem herauszufiltern, denen unter Kosten-/ Nutzen- Gesichtspunkten eine Vorrangstellung zukommt. Für diese Selektionsaufgabe werden die zu untersuchenden Objektgruppen (z.B. Warengruppen, Kunden, Lieferbeziehungen) nach ihrem Wert bzw. ihrer „Wesentlichkeit" in verschiedene Klassen (z.B. A, B und C) eingeteilt, die sich i.d.R. durch ungleiche prozentuale Anteile der in ihnen enthaltenen Objekte auszeichnen. Als Differenzierungskriterien können Statistiken herangezogen werden, wie z.B. Artikel-Umsatz, -Rohertrag, -Deckungsbeitrag, -Zugriffshäufigkeit, Lieferanten-Umsatz, Lieferanten-Qualität oder Kunden-Umsatz.

Die XYZ-Analyse schließt sich als Sekundäranalyse der ABC-Analyse an. Hinsichtlich der Objektgruppen wird ein niedrigeres Aggregationsniveau gewählt, so daß beispielsweise warenbezogen eine tiefere Ebene der Sortimentspyramide als Analyseausschnitt gewählt wird. Als Strukturierungsansatz könnte hier beispielsweise der Umschlag dienen.

Ohne auf alle oben beispielhaft genannten Analyse-Instrumente einzugehen, soll abschließend noch auf das notwendige Design der Portfolio-Methode eingegangen werden, deren standardisierte Varianten für logistikspezifische Untersuchungen

145 Pfohl: Logistikmanagement, S. 109.
146 Krampe; Lucke: Planung, S. 58.
147 Kreikebaum: Unternehmensplanung, S. 63.
148 Bichler; Schröter: Logistik, S. 22 ff.

einer Handelsunternehmung nur einen unzureichenden Informationsbeitrag leisten. Deshalb muß diese Methode hinsichtlich ihrer konstitutiven Elemente modifiziert werden[149]. Erstens müssen die Positionierungsparameter bestimmt werden. Dafür wird der unternehmungsexternen Dimension „Logistikattraktivität"[150] die interne Dimension „Logistikkompetenz"[151] gegenübergestellt. In einem zweiten Schritt werden die Produkt-/Markt-Kombinationen bzw. strategischen Geschäftseinheiten (SGE) bestimmt[152]. Bei den im strategischen Handelsmanagement zum Einsatz gelangenden Portfolio-Standardvarianten erweist sich eine betriebstypen-, filial- oder warengruppenbezogene Definition von SGE als vorteilhaft[153]. Nachfolgend ist daher zu prüfen, inwieweit diese Abgrenzungsalternativen auch für den hier verfolgten Untersuchungszweck relevant sind. Um diese Frage zu beantworten, soll der Betriebstyp Warenhaus mit seiner vergleichsweise starken Sortimentsbreite als Referenzmodell dienen, weil bei diesem besonders deutlich wird, daß die Gestaltung von Logistiksystemen im Handel unmittelbar mit den Spezifika unterschiedlicher Sortimentsbereiche verknüpft ist[154]. Mithin ist für die Erstellung eines Logistik-Portfolios im Handel insbesondere eine warenbezogene Definition der SGE vorteilhaft, weil Sortimentsstrukturen und Abteilungsgrenzen deutlich unterscheidbare Verfahrensweisen bei der Warenbewirtschaftung erforderlich machen können[155].

149 Weber; Kummer: Logistikmanagement, S. 133 ff.

150 Die Logistikattraktivität kann als Einschätzung des Erfolgspotentials einer optimierten Logistikkonzeption definiert werden und läßt sich anhand der Kriterien „Kostensenkungsmöglichkeiten" und „Leistungssteigerungsmöglichkeiten" ermitteln.

151 Die Logistikkompetenz gibt Aufschluß über das logistische Leistungsvermögen der Unternehmung.

152 Dies ist bei der Erstellung eines Logistik-Portfolios nur dann erforderlich, wenn aufgrund sehr unterschiedlicher Geschäftsfelder für jede SGE eine gesonderte Plazierung vorgenommen werden muß. Weber; Kummer: Logistikmanagement, S. 136.

153 Hartmann: Marketingplanung, S. 106 ff. Die Definition von SGE hängt immer von dem jeweiligen Untersuchungszweck ab. So wäre für die bei einer Filialnetzplanung erforderliche Filialanalyse sicherlich eine filialbezogene Abgrenzung sinnvoll. Vgl. hierzu: Haller: Handels-Marketing, S. 428 ff.

154 Eierhoff: Logistikkette, S. 135 ff.

155 Neben den morphologischen Daten (Volumen, Gewicht etc.) einer Ware, welche die Stückkosten bei Transport, Lagerung und Kommissionierung determinieren, bestimmen logistische Einflußfaktoren wie Abverkaufsfrequenzen, Wiederbeschaffbarkeit, Lieferzeiten und Verderblichkeit in hohem Maße die für eine strategische Geschäftseinheit zweckmäßige Logistikstrategie. Eierhoff: Logistik-Konzept, S. 352 ff.

Sind die erforderlichen Informationen pro SGE eruiert, erfolgt die Positionierung der einzelnen Geschäftsfelder in einer Matrix[156]. Sollen nachfolgend noch Logistik-Basis- bzw. Normstrategien abgeleitet werden, wird die „Grenze" zur strategischen Planung überschritten, man spricht dann auch von Portfolio-Management.

Die Portfolio-Methode stellt als Visualisierungsinstrument nur eine Möglichkeit dar, Relationen graphisch darzustellen. Es kann jedoch auch auf weitere Verfahren zur Präsentation komplexer Analyseergebnisse zurückgegriffen werden[157]. Aus einer Menge von Knoten, Kanten und Funktionen kann ein sogenannter Graph entwickelt werden. Weitere Möglichkeiten der Darstellung von Systemzusammenhängen sind Kreis- und Sankey-Diagramme für Verkehrsströme, Entity-Relationship-Modelle für strukturelle und informationelle Zusammenhänge oder Zeit-Wege-Diagramme für Fragen der Distanzüberbrückung.

Um die im Rahmen der Analysephase gewonnenen gegenwartsbezogenen Informationen (Generierung des status quo) mit zukunftsbezogenen verknüpfen zu können, wird die Entwicklungsprognose als erweiternde Phasenkomponente adaptiert. Bedingt durch die zunehmende Komplexität und Dynamik der Umweltbedingungen ist es von immer größer werdender Bedeutung, die zukünftigen marktlichen Chancen und Risiken frühzeitig aufzuspüren und in die unternehmerischen Handlungsalternativen einzubeziehen. Dabei gilt es im Rahmen einer kontinuierlichen strategischen Frühaufklärung durch das „Auffangen" von schwachen Signalen (Frühindikatoren) Diskontinuitäten und Trendbrüche zu identifizieren, Szenarien zu entwickeln und letztlich ein „strategisches Fenster zu öffnen", welches eine verbesserte Einschätzung der betrieblichen Zukunftsperspektiven ermöglicht. Zu diesem Zweck gelangen sowohl quantitativ als auch qualitativ ausgerichtete Prognosemethoden zum Einsatz[158]. Die Ergebnisse der Analyse- und Prognosephase bilden gemeinsam die Basis für die sich daran anschließenden Planungsaktivitäten[159].

156 Vgl. zur Ableitung von sogenannten Normstrategien: Schulte: Logistik, S. 39 f.; Weber; Kummer: Logistikmanagement, S. 136 f.

157 Vgl. zu unterschiedlichen Verfahren der graphischen Darstellung von Analyseergebnissen: Krampe; Lucke: Planung, S. 60.

158 Vgl. zu den einzelnen Ausprägungsformen: Hansmann: Prognoseverfahren, S. 18 ff.

159 Vgl. hierzu: Hinterhuber: Unternehmungsführung, S. 7; Piontek: Logistik, S. 35.

### 5.1.2 Strategische Planung und Steuerung

Das Herzstück des strategischen Management bildet die strategische Planung, die „als Prozeß zur Entwicklung von Strategien“[160] der Entscheidungsvorbereitung dient und bei der zwischen einer unternehmungspolitischen Rahmen- und einer strategischen Programmplanung differenziert werden kann. Erstere bezieht sich auf eine Betrachtungsebene, auf welcher die Unternehmungspolitik Unternehmungsgrundsätze und -ziele als Planungsfundament entwickelt. Darauf aufbauend konkretisieren strategische Programme die für die verschiedenen Wertschöpfungsbereiche angebrachten Vorgehensweisen.

Ziel der strategischen Planung ist der nachhaltige Auf- und Ausbau von Erfolgspotentialen durch umsichtiges Prüfen langfristiger Handlungsalternativen[161]. Um den angestrebten Soll-Zustand, der in einem Zwischenschritt als Zielsystem festzulegen ist, zu erreichen, folgt anschließend die Strategieentwicklung und -auswahl. Durch bestimmte Unterscheidungskriterien können die zahlreichen Unternehmungsstrategien systematisiert werden[162]. So kann beispielsweise hinsichtlich des organisatorischen Geltungsbereiches differenziert werden zwischen Unternehmungsgesamtstrategien (Corporate Strategies), welche die gesamte Geschäftstätigkeit umfassen, Geschäftsstrategien (Business Strategies), die ausschließlich SGE betreffen, und Bereichsstrategien (Functional Area Strategies), welche die Konsequenzen für einzelne Funktionsbereiche beinhalten.

Während die strategische Unternehmungsplanung als Aufgabenschwerpunkt die Sicherung der Effektivität einer Unternehmung hat („Denken in Erfolgspotentialen“), wird bei der operativen Planung das Ziel einer Verbesserung ihrer Effizienz („Denken in Erfolgsgrößen“) verfolgt[163]. Somit nimmt die Spannweite der betrachteten Zeitmargen im Planungsverlauf ab, während der Detaillierungsgrad in den Planungsstufen steigt. Dies kommt auch darin zum Ausdruck, daß eine Konkretisierung qualitativ formulierter Soll-Zustände zu quantitativen Regelungsgrößen erfolgt.

---

160 Kreilkamp: Management, S. 5.

161 Vgl. zu den inhaltlichen Merkmalen des Planens: Kreikebaum: Unternehmensplanung, S. 23.

162 Vgl. dazu im Überblick: Kreikebaum: Unternehmensplanung, S. 52.

163 Vgl. dazu: Kreikebaum: Unternehmensplanung, S. 27 und die dort angegebene Literatur; Klöpper: Management, S. 61; Schwaninger: Unternehmensplanung, S. 169 ff.

Die inhaltliche Ausgestaltung und operative Umsetzung strategischer Programme ist Teilaufgabe der strategischen Steuerung, welche demnach auch die Strategieimplementierung bzw. -umsetzung umfaßt. Ferner findet im Rahmen dieser Prozeßphase eine Kontrolle statt, ob die ursprünglichen Planungsprämissen noch der aktuellen Bedingungslage entsprechen oder verändert werden müssen.

#### 5.1.2.1 Zielplanung

Am Anfang der strategischen Logistikplanung steht die Formulierung von Zielen, die Orientierungsgrößen für das weitere unternehmerische Handeln darstellen. Aufgrund bereichsübergreifender oder bereits als integrierte Netzwerke ausgestalteter Logistiksysteme muß bei der Zielformulierung anstatt einer Menge zersplitterter Bereichsziele ein ganzheitliches Logistik-Zielsystem entworfen werden. Durch dessen Strukturierung entsteht eine hierarchische Rangordnung von Soll-Zuständen, die eine unbegründete Vorrangstellung bestimmter Subsystemziele verhindert. Jedoch ergibt sich bei der strategischen Logistikplanung das Problem der Abstimmung von Zielen durch die Interdependenz der Teilsysteme. Um so komplexer und verzahnter sich das planerische Umfeld darstellt und um so weiter der Planungshorizont entfernt ist, desto schwieriger erscheint die Definition strategischer Logistik-Ziele.

Das Oberziel der Unternehmungs-Logistik ist die „ökonomische Erfüllung der Leistungstransferfunktion“[164], welche die Leistungserstellung und -verwertung umfaßt. Erfolgswirksam können konstitutive Veränderungsmaßnahmen in der Logistik einer Handelsunternehmung nur dann sein, wenn dadurch langfristig ihr Leistungsprodukt und/oder ihre Kostenstruktur verbessert wird (Ökonomisierung). Somit wird bei der Kennzeichnung eines Logistik-Zielsystems auf diese beiden Parameter abgestellt[165].

Das Leistungsprodukt einer Handelsunternehmung ergibt sich aus der Sortimentszusammensetzung und den erbrachten Dienstleistungen. Die Qualität des Leistungsprodukts mißt sich wegen des Primats der Marktorientierung an den spezifischen Bedürfnissen der jeweiligen Zielgruppe(n) bzw. des Einzelnen. Ein auf

164 Krieger: Informationsmanagement, S. 20.
165 Vgl. für eine solche Systematisierung von Zielgrößen der Logistik auch: Toporowski: Logistik im Handel, S. 38 ff.

diese(n) besser abgestimmtes Leistungsangebot konnte letztendlich nur dann erfolgreich erbracht und kommuniziert werden, wenn dieses zu einer Erhöhung des Kundenwertes geführt hat, der auch wahrgenommen wurde.
Der Beitrag der Logistik zur Verbesserung des Leistungsprodukts ergibt sich in erster Linie aus der Summe der Maßnahmen, die zu einer verbesserten Warenpräsenz und -präsentation führen. Das damit korrespondierende Problem der Fehlmengen[166] bzw. Fehlmengenkosten hat sich nämlich in letzter Zeit dahingehend verschärft, daß sich vor dem eingangs aufgezeigten Hintergrund der Austauschbarkeit von Imageprofilen konkurrierender Betriebsstätten die Kundenpräferenzen bei Nichtverfügbarkeit von Artikeln schneller auf die Mitbewerber verlagern.

Hinsichtlich einer Verbesserung der Kostenstruktur stellen neben den im Handel bei den Gesamtkosten dominierenden Warenkosten, die Betriebskosten - als finanzielle Aufwendungen für sachliche Betriebsmittel und Personal der zweitgrößte Kostenblock - einen Ansatzpunkt der Ökonomisierung dar. Kostensenkungspotentiale beim Regiefaktor Ware liegen, unbesehen der jeweiligen Einstandspreise, in einer verkürzten Kapitalbindungsdauer bzw. einer Erhöhung des Warenumschlags. Innerhalb der sachlichen Betriebsmittel erfordert der Faktor Raum nicht zuletzt wegen steigender Mietbelastung beim Residenzhandel eine optimierte Flächennutzung, woraus bei erst einmal unveränderter Warenpräsentation die Möglichkeit von Veränderungen in der Lagerwirtschaft in Betracht kommen. Auf personeller Ebene stehen grundsätzlich die Einsatzzeiten, Vergütungsmethoden und die Substitution von Personal durch Kapital zur Diskussion[167].

Neben der Möglichkeiten einer Senkung von Kosten stellt deren Flexibilisierung eine weitere Zielsetzung der Logistik dar, was insbesondere durch „Outsourcing" logistischer Leistungen erreicht werden kann.

Abschließend sollen noch die Ziele in den beiden zentralen funktionalen Subsystemen Transport und Lagerwirtschaft untersucht werden. Gesamtwirtschaftlich betrachtet muß die zentrale Zielvorgabe der Transport-Logistik eine Schonung

166 Fehlmengen entstehen durch Out Of Stock-Situationen, die zu Präsenzlücken im Sortiment führen. Mithin ist zum Zeitpunkt des Bedarfs der vom Kunden gewünschte Artikel nicht vorrätig. Ohne Substitutionskauf führen Fehlmengen mindestens zu Umsatzausfällen.

167 Diese Rationalisierungsfelder im Bereich Personalmanagement werden im Rahmen des Personalcontrolling nochmals aufgegriffen. Vgl. für Ansätze einer Leistungsoptimierung und Kostenreduzierung im Rahmen des handelsbetrieblichen Personalmanagement auch: Stoffl: Personalmanagement, S. 193 ff.

knapper Ressourcen sein. In einer Prioritätenfolge bedeutet dies, daß „zuerst eine Vermeidung unnötiger Fahrten, dann eine Verringerung des Leerfahrtenanteils sowie eine Erhöhung des Auslastungsgrades und schließlich eine Verlagerung auf umweltverträgliche Verkehrsmittel erreicht werden müssen“[168]. Die Qualität einzelwirtschaftlicher transportlogistischer Dienste kommt im Lieferservice-Niveau zum Ausdruck, welches sich aus folgenden Komponenten zusammensetzt[169]:

(1) Lieferzeit[170],
(2) Lieferzuverlässigkeit[171],
(3) Lieferbereitschaft[172],
(4) Lieferhäufigkeit[173],
(5) Lieferungsbeschaffenheit[174],
(6) Liefermodalitäten[175] und den
(7) Auftragsmodalitäten[176].

Lieferzeit und Lieferzuverlässigkeit ergeben in Kombination ein Leistungspaket[177], dessen Qualität die Beurteilung der erbrachten Lieferservice-Politik durch den Kunden bzw. Lieferungsempfänger maßgeblich beeinflußt[178]. Aus Sicht der die Transportdienstleistung erbringenden Unternehmung stellt besonders die Lieferzeit, die wichtigster Bestandteil des Lieferservice ist, ein absatzpolitisches Instrument mit erheblicher Bedeutung dar[179].

---

168 Jünemann: Transportwirtschaft, S. 70.

169 Vgl. hierzu und den nachfolgenden Definitionen der einzelnen Servicekomponenten: Brauer; Krieger: Logistik, S. 77.

170 Zeitspanne zwischen dem Auftragseingang beim Lieferanten und dem Wareneingang beim Besteller.

171 Anteil der in der zugesagten Zeit erfolgten Lieferungen an der Gesamtzahl der Lieferungen.

172 Anteil der innerhalb einer bestimmten Zeit lieferbaren Produkte an der Gesamtzahl der bestellten Produkte. Diese Komponente wird auch als Liefergenauigkeit bezeichnet. Pfohl: Logistikmanagement, S. 131.

173 Anzahl der Lieferungen in einer Periode.

174 Grad der quantitativen und qualitativen Übereinstimmung der gelieferten mit den bestellten Waren.

175 In Form der Berücksichtigung fester Lieferzeitpunkte, des Einräumens von Produkten in Regale oder der Benutzung einheitlicher Lademittel.

176 In Form von Mindestauftragsgrößen (z.B. ohne Sonderzuschlag), Mindestabnahmemengen, vorgegebenen Zeitpunkten der Auftragserteilung oder -annahme und Arten der Auftragsübermittlung (z.B. EDIFACT).

177 Dieses wird auch als „Servicefenster“ bezeichnet. Pfohl: Logistikmanagement, S. 132.

178 Für die Beurteilung der Lieferservicepolitik von Lieferanten ist in Handelsunternehmungen in erster Linie der Einkauf zuständig. Westermann: Lieferantenwahl, S. 17.

179 Vgl. zur Lieferzeit als absatzpolitisches Instrument: Barth: Lieferzeit, Sp. 2504 ff.

Mit Lagersystemen wird das Ziel verfolgt, eine bewußte Zeitüberwindung zu ermöglichen. Die Notwendigkeit einer Lagerwirtschaft im Handel ergibt sich in erster Linie aufgrund von

- Stochastizität der Nachfrage,
- teils noch fehlender oder nicht umsetzbarer Just In Time- (JIT-) Konzepte,
- Push-Strategien der Hersteller,
- Möglichkeiten der Konditionenverbesserung durch Losgrößenerweiterung,
- Mindestgebindegrößen und -produktionslosen sowie
- Informationsdefiziten[180].

Die Lagerwirtschaft steht einer „ökonomischen Gestaltung von Fließsystemen (Flow Management)"[181] entgegen, denn Zeitüberbrückung in Form von Objektstillstand bewirkt eine Störung des Flußprinzips. Im Handel ist deshalb ein Trend zur Abkehr von dezentralen, hin zu zentralen Konzepten der Lagerbewirtschaftung festzustellen (Straffung), welcher teils in bestandslosen Transitterminals[182] mündet.

### 5.1.2.2 Strategieplanung

Bezugnehmend auf das oben dargestellte Logistik-Zielsystem bietet sich für die Generierung von Basisstrategien im Logistikmanagement eine nähere Betrachtung sogenannter Aktivitätsstrategien an. Diese beziehen sich auf die strategische Grundhaltung in der Wertschöpfungskette und lassen sich in zwei Grundtypen mit jeweils zwei Unterfällen klassifizieren[183]:

(1) Kosten-/Nutzen-Strategien[184]
  (1.1) Kostenorientierte Rationalisierung
  (1.2) (Kunden-) Nutzenorientierte Optimierung
(2) Autarkie-/Verbund-Strategien
  (2.1) Wertschöpfungsautarkie
  (2.2) Wertschöpfungsverbund

---

180 Beispielhaft seien fehlende Umsatzprognosen oder Kennzahlen genannt.
181 Krieger: Informationsmanagement, S. 19.
182 Dieser Begriff wird im Gliederungspunkt 5.3.3.1 dieses Kapitels definiert und näher erläutert.
183 Vgl. zu den Dimensionen strategischer Programme: Bleicher: Management, S. 209 ff.
184 Der geistige Ursprung dieser Systematisierung stammt von *Porter*, der bei Wettbewerbsstrategien insbesondere zwischen Kostenführerschaft und Differenzierung unterscheidet. Porter: Wettbewerbsvorteile, S. 31 ff.

Bei logistikorientierter Auslegung des Strategietyps (1) wird entweder ein bestimmter Zielerreichungsgrad bei der Erfüllung logistischer Aufgaben mit möglichst geringen Kosten angestrebt (vgl. Strategietyp 1.1). Oder oberste Zielsetzung ist eine optimal auf den Kundennutzen ausgerichtete Gestaltung des Logistiksystems (vgl. Strategietyp 1.2). Die Strategiealternativen dieses Grundtyps können sowohl alternativ als auch kombinativ zum Einsatz kommen[185].
Der Strategietyp (2) bezieht sich auf die logistische Wertschöpfungstiefe. Zum einen kann eine Vielzahl logistischer Aktivitäten unternehmungsintern erbracht werden (Erschließung interner Synergiepotentiale; vgl. Strategietyp 2.1). Zum anderen bietet die Fremdvergabe von Logistikaufgaben an Hersteller oder Dienstleister die Möglichkeit zur Konzentration auf die Kernkompetenzen (Erschließung externer Synergiepotentiale durch „Outsourcing“; vgl. Strategietyp 2.2)[186].

Während die Auswahl einer geeigneten Kosten-Nutzen-Strategie sicherlich von der einzelbetrieblichen Zielvorstellung hinsichtlich des Servicegrades abhängig ist, kann bezüglich der Autarkie-/Verbund-Strategien festgestellt werden, daß insbesondere im Logistikmanagement zunehmend stärker die „Kontrolle und Steuerung von Außenbeziehungen, Synchronisation von Produktionsprozessen mit rechtlich eigenständigen Einheiten (Just-In-Time), Definition von Partnerschaften, Kooperationsbeziehungen und Marktmechanismen“[187] in den Vordergrund rücken.

## 5.2 Bedeutung interorganisatorischer Netzwerke

Aufgabe des strategischen Logistikmanagement ist die langfristige Gestaltung und Optimierung des jeweiligen mikro- und - soweit beeinflußbar - des makrologistischen Systems, was zwingend eine Integration des Wertschöpfungssystems, verstanden als Netzwerk von Organisationen, verlangt[188]. Über die ganzheitliche Betrachtung einzelbetrieblicher Wertschöpfungsketten hinaus, müssen durch Kooperationen von Lieferanten, Herstellern, Logistikern und Händlern Wertschöpfungspartnerschaften geschlossen werden, die den Aufbau eines gemeinsamen

185 Vgl. zur zunehmenden Bedeutung hybrider Wettbewerbsstrategien auch die Ausführungen im Gliederungspunkt 1. dieses Kapitels.
186 Vgl. hierzu auch die Beiträge von: Mei-Pochtler; Schick: Machbar, S. 38 f. sowie: Biehl: Formen, S. 27.
187 Müller; Rademacher: Organisation, S. 5, zit. in: Pfohl: Logistikkette, S. 229.
188 Weber: Strategisches Logistikmanagement, S. 6.

Logistiknetzwerkes gewährleisten. Mithin sind exzellente Leistungen einzelner Organisationen alleine nicht mehr ausreichend, um deutliche Wettbewerbsvorteile zu erzielen. Vielmehr ist anstelle dieser kompetitiven Sichtweise, die zu redundanten Ressourcenbindungen und „Insellösungen“ führt, eine Verzahnung der Prozeßbeteiligten Voraussetzung für den dauerhaften Erfolg jedes Einzelnen. Konkret begründet werden kann die Notwendigkeit einer vertikalen Verknüpfung einzelbetrieblicher Wertschöpfungsketten insbesondere durch die dabei verfolgten strategischen Zielsetzungen[189]:

(1) Erlangung von Kostenvorteilen durch intensivere Arbeitsteilung aufgrund vertikaler Spezialisierung[190], insbesondere durch
(2) unternehmungsübergreifendes Bestandsmanagement, das eine Steigerung des Lieferserviceniveaus ermöglicht.
(3) Erzielung von Wettbewerbsvorteilen im Technologie- und Innovationswettbewerb durch sogenannte Systeminnovationen, die eine einzige Unternehmung, wenn überhaupt, nur mit erheblichen Kosten und hohem Zeitaufwand erbringen kann.
(4) Vorsprünge im Zeitwettbewerb (Lieferzeit und Flexibilität).
(5) Zugang zu neuen Absatz- oder Beschaffungsmärkten (Internationalisierung).

Die Integration des Wertschöpfungssystems führt zwangsläufig bei jedem Kooperationspartner zum Verlust eines Teiles seiner Planungsautonomie, weil er Prozeßbeteiligter wird[191]. Somit determiniert das Ausmaß der Zusammenarbeit mit externen Organisationseinheiten den Substitutionsgrad zwischen Unabhängigkeit und Wertschöpfungspartnerschaft[192]. Die Akzeptanz einer Einschränkung des individuellen Autonomiegrades korreliert unmittelbar mit den Möglichkeiten der Unternehmung, von Kooperationen partizipierend[193] zu profitieren.

---

189 Vgl. zu dieser Argumentation und weiteren Erklärungsansätzen der Entstehung interorganisatorischer Logistiksysteme: Pfohl: Logistikkette, S. 216 ff.

190 Dies verlangt die Anwendung des Gesamtkostendenkens auf das gesamte Wertschöpfungssystem. Vgl. zu den hierfür erforderlichen Anforderungen an das Beziehungsmanagement von Unternehmungen: Bretzke: Kooperationen, S. 46.

191 Lukas: Efficient, S. 21. Durch die für Unternehmungsnetzwerke typische Kooperation wird der Grad wirtschaftlicher Selbständigkeit eingeschränkt. Sydow: Netzwerke, S. 90.

192 Die Bereitschaft zur partnerschaftlichen Kooperation verlangt einen Umdenkprozeß bei den Entscheidungsträgern, bei welchem Ängste und mentale Hürden als Spiegelbild subjektiver Risikoeinschätzung häufig ein Hindernis darstellen. Bretzke: Servicequalität, S. 3 und 16.

193 Im Sinne einer mehrseitig akzeptierten Win-Win-Situation.

Die Größe des verbleibenden Handlungsspielraums der einzelnen Unternehmung ist insbesondere davon abhängig, wer die Federführung bei der Prozeßkoordination übernimmt. Dies können Händler (z.B. *Wal-Mart*, *USA*), Hersteller (z.B. *Coca Cola*) oder Dienstleister sein[194]. Gründe für die Übernahme einer solchen „Systemleitung" und damit der Prozeßverantwortung können das Vorhandensein von schwer imitierbarem Know-how, eine asymmetrische Machtverteilung und/ oder die durch eine Realisierung von Economies of Scale erzielte Überschreitung einer kritischen Masse sein. Letztgenannte wird durch Netzwerkgröße bzw. -dichte sowie dem ins Netz eingebrachte Volumen bestimmt[195].

Insbesondere die Problematik der optimierten Verteilung von Logistikaufgaben in Wertschöpfungssystemen wird in jüngerer Zeit im Rahmen von Re-Engineering-Ansätzen im allgemeinen und des nachfolgend dargestellten Efficient Consumer Response (ECR) im besonderen diskutiert.

## 5.3 Integration von Wertschöpfungsstufen am Beispiel des Efficient Consumer Response (ECR)

### 5.3.1 Ziele und Voraussetzungen

ECR ist ein auf dem Kooperationsgedanken basierender spezifischer Re-Engineering-Ansatz[196], der als Weiterentwicklung des aus der Textilwirtschaft stammenden „Quick-Response-Konzeptes"[197] zuerst in der Lebensmittelbranche umgesetzt wurde und mittlerweile in verschiedenen Bereichen der Konsumgüterwirtschaft Einzug hält[198]. Die grundlegenden Zielsetzungen bestehen einerseits

194 Slotta; Häusler; Lange: Dienstleister, S. 28.

195 In der Konsumgüterlogistik liegt der potentielle Kostenvorteil von Großunternehmungen aufgrund von Economies of Scale bei ca. 15 Prozent. Slotta; Häusler; Lange: Dienstleister, S. 30.

196 Bretzke: Efficient Consumer Response, S. 11.

197 Vgl. zu den Inhalten des Quick Response-Konzeptes, insbesondere der sich durch immer kürzer werdende Lebenszyklen z.B. bei modischen Textilien ergebenden „Zeitfalle": Hensche: Textilwirtschaft, S. 279 ff.

198 Hinsichtlich der Produkteignung für ECR ist zu konstatieren, daß die folgenden vier Eigenschaften diese begünstigen: gute Absatzplanungsgenauigkeiten, hohe Lieferfrequenzen, niedrige Vorlaufzeiten sowie hohe durchschnittliche Lieferentfernungen. Diese Kriterien werden im Lebensmittelhandel insbesondere im Trockensortiment sowie in den Segmenten

darin, durch eine Verkürzung von Prozeßketten und eine Beschleunigung von Objektflüssen Kosteneinsparungen zu erzielen (Efficient Response). Andererseits soll eine stärkere Kundenorientierung (Consumer Response) erreicht werden. Hierzu bedarf es erstens einer elektronischen Erfassung einzelner Warenkörbe auf Sortenebene am POS[199]. Zweitens müssen diese Daten bzw. Teile davon innerhalb einzelner Unternehmungsteile (intern) oder zwischen weiteren Wertschöpfungsstufen (extern) via Electronic Data Interchange (EDI[200]) ausgetauscht werden[201]. Dadurch wird ein „Verstopfen" der Distributionskanäle (Stau-, Push- bzw. Order-Driven-System) vermieden, weil dann vom Absatzmarkt bzw. Kunden eine bedarfsorientierte Sogwirkung ausgeht (Fließ-, Pull- bzw. Demand-Driven-System), die bei Herstellern und Vorlieferanten bestenfalls in einer flexiblen, auftragsorientierten Produktion (Syncronous Production) sowie einer synchronen Beschaffung (Syncronous Procurements) mündet. Hierzu ist es nicht nur erforderlich, die Anforderungen und Wünsche des Kunden permanent durch Analyse und Prognose zu eruieren, sondern diese auch als Lenkungsmechanismus operativer und strategischer Unternehmungsaktivitäten zu begreifen[202].

Hierfür sind aber nicht nur die genannten technisch-organisatorischen Voraussetzungen zu erfüllen, sondern besonders der Faktor „Mensch" ist mit einzubeziehen, weil inflexible oder desinformierte Mitarbeiter sowie verkrustete Machtstrukturen oder stures Abteilungsdenken den erfolgreichen Aufbau effizienter Prozeßketten stören und sogar verhindern können. In der Handelspraxis wird eine dieser Problematik begegnende Personalpolitik sogar als wichtigste Bedingung für eine erfolgreiche ECR-Umsetzung angesehen[203]. Letztlich bleibt festzustellen, daß nur wenn alle oben genannten Bedingungen erfüllt sind, die

Wasch-/Putz- und Reinigungsmittel, alkoholfreie Getränke, Molkereiprodukte und sonstige gekühlte Waren erfüllt. Lintner: ECR, S. 42.

199 Die hier angesprochene elektronische Datengewinnung kann in Geschäftsstätten durch sogenanntes Scanning und beim Electronic Retailing ohne eine solche Schnittstelle systemintegrativ erfolgen. Darauf soll jedoch erst im Rahmen der Darstellung von Warenwirtschaftssystemen im zweiten Kapitel dieser Arbeit vertiefend eingegangen werden.

200 Vgl. zu den Inhalten von EDI die Gliederungspunkte 3.1.1 ff. des zweiten Kapitels.

201 Die für ECR erforderliche durchgängige und offene Informationsinfrastruktur sowie ihre Komponenten werden in den Gliederungspunkten 6. ff. dieses Kapitels und im zweiten Kapitel eingehend erläutert.

202 Krankenberg: Effizienz, S. 34 ff.

203 Dies machte *Kaleck*, Logistikleiter der *Konsumgenossenschaft Dortmund eG* (diese nimmt eine Vorreiterrolle bei der ECR-Umsetzung ein), auf einem Handelssymposium in seinem Eröffnungsvortrag deutlich. Kranke: ECR, S. 92 ff. Er weist ferner darauf hin, daß die Zusammenstellung von Kooperationsteams ein Höchstmaß an emotionaler Intelligenz verlangt. Kaleck: Continuous Replenishment, S. 30.

Erstellung von bedarfsgerechten Leistungspaketen in den Dimensionen Menge, Qualität, Preis[204] und Zeitpunkt (Real Time Merchandising) möglich wird.

### 5.3.2 Hauptansatzpunkte des ECR für eine Ökonomisierung von Wertschöpfungssystemen

Um den Kundenwünschen schneller, kostengünstiger und besser entsprechen zu können, ist eine interorganisatorische Analyse, Planung und Steuerung von Marketing- und Logistikaktivitäten notwendig, was in den beiden grundlegenden ECR-Orientierungsrichtungen Category Management und Supply Chain Management vollzogen wird[205]. Innerhalb dieser beiden tragenden Konzeptsäulen gelangen eine Vielzahl von Strategien, Methoden und Techniken zum Einsatz, für deren Systematisierung es zweckmäßig erscheint, sich auch der Zwischenergebnisse des ECR Europe Executive Board[206] bzw. dessen Projektgruppen zu bedienen.

Die Erschließung von Ertrags- und Umsatzwachstumspotentialen im Funktionsbereich des Marketing ist die beim Category Management verfolgte Zielsetzung[207]. Dieses umfaßt „alle Strategien, die über eine Optimierung der warengruppenbezogenen Vermarktungsmaßnahmen (Marketingoptimierung) Umsätze und Wertschöpfung verbessern sollen“[208]. Als eine Möglichkeit der Sortimentssteuerung zielt es auf eine konsequent erfolgsorientierte Führung jeder einzelnen Category

204 Die in prozeßorientierten Netzwerken in Marketing und Logistik erzielbaren Kostenvorteile können auf die Endverbraucherpreise umgelegt werden und somit zusätzlichen Kundennutzen erzeugen. Die Einsparungspotentiale auf Basis der Endverbraucherpreise liegen bei 5,7 Prozent (4,8 Prozent bei den operativen Kosten und 0,9 Prozent bei den Bestandskosten; Würmser: Philosophie, S. 49.), was in Europa einem Volumen von 50 Mrd. DM entspricht. Wiezorek: Efficient Consumer Response, S. 57.

205 Ältere, in erster Linie absatzorientierte Trade Marketing-Konzepte der Hersteller, insbesondere das Key-Account-Management in seiner ursprünglichen Form, sind aufgrund marketingpolitischer Zielkonflikte zwischen Industrie und Handel nur wenig geeignet, Konfliktpotentiale zu beseitigen bzw. den Kooperationsgedanken interorganisatorisch zu verankern. Vgl. zu den Inhalten einer Trade Marketing-Konzeption: Böhlke: Trade Marketing, S. 192 ff.

206 Das ECR Europe Executive Board ist paritätisch aus führenden europäischen Herstellern und Handelsunternehmungen zusammengesetzt. Vgl. hierzu: CCG: Efficient Consumer Response, S. 26.

207 Pretzel: Category Management, S. 34.

208 Barth: Betriebswirtschaftslehre, S. 362.

als strategische Geschäftseinheit ab[209]. Intraorganisatorisch intendiert Category Management durch die warengruppenspezifische Zusammenlegung von Entscheidungskompetenz und Ergebnisverantwortung in eine Hand die Zusammenfassung von Einkauf und Verkauf. Interorganisatorisch wird durch die Koordination des Makromarketing von Herstellern und Handelszentralen einerseits, und des Mikromarketing[210] einzelner Geschäftsstätten (im Falle des Residenzhandels) andererseits, eine effizientere Ansprache und Ausschöpfung von Absatzpotentialen am POS angestrebt. Mithin steht die auf Synergieeffekte und gemeinsame marketingpolitische Aktivitäten basierende Steigerung von Abverkäufen und Bruttomargen im Vordergrund. Die Hauptbereiche vertikaler Kooperation im Rahmen des Category Management sind Sortimentsgestaltung (Efficient Assortment), Produktentwicklung und -einführung (Efficient Product Introduction) sowie Verkaufsförderung (Promotion)[211].

Handelsseitig sind insbesondere Vorschläge bilateraler Sortimentsgestaltung (Efficient Assortment) jedoch kritisch zu prüfen, weil Category Management der Industrie auch als Deckmantel dienen kann, um in die Marketingpolitik der Handelsunternehmung einzugreifen und schließlich deren Sortimentshoheit zu unterwandern. Begründet werden kann dieses Verhalten damit, daß Hersteller die wachsende Informationsmacht des Handels fürchten, sie einen Verlust an Markenkompetenz und rückläufige Werbeeffizienz zu verzeichnen haben und Eigenmarkenstrategien des Handels sich zunehmend bedrohlicher darstellen. Insofern muß die absatzpolitisch orientierte Kooperation zwischen Handel und Industrie zunehmend kritisch reflektiert werden. Letztlich soll deshalb auf eine vertiefende Darstellung der Bedeutung interorganisatorischer Netzwerke für das Marketing einer Handelsunternehmung verzichtet werden[212].

209 Vgl. zur warengruppenbezogenen Definition von SGE auch die Ausführungen im Zusammenhang mit der Darstellung von Logistik-Portfolios.

210 Beim Distanzhandel, der auch mehrere Subsysteme des Electronic Retailing, z.B. Verkauf via Internet, einschließt, wird das Mikromarketing handelsseitig zwar ebenfalls von der Systemzentrale übernommen; ein Koordinationsbedarf besteht aber dennoch.

211 Vgl. für eine sehr ausführliche Beschreibung der Inhalte dieser drei Basisstrategien des Category Management: Heydt: Efficient Consumer Response, S. 76 ff.

212 Diese Einschränkung darf keinesfalls über die erheblichen Ertragspotentiale eines intraorganisatorischen Warengruppenmanagement, das nicht auf netzwerkorientierte Marketingkooperationen ausgerichtet ist, hinwegtäuschen.

Der Schwerpunkt des Ansatzes zur Restrukturierung des Wertschöpfungssystems liegt derzeit beim Management mehrstufiger Logistiksysteme[213], sogenannter Logistikketten bzw. Supply Chains, welches demzufolge auch als Supply Chain Management[214], Supply Network Management[215] oder Supply Chain Integration[216] bezeichnet wird. Im Kern werden dabei Möglichkeiten der Transaktionskostenreduzierung bei Objektflüssen (hier Waren- und Informationsflüsse) untersucht.

Für ein besseres Verständnis der erst nachfolgend untersuchten Informationslogistik soll an dieser Stelle der Arbeit das Spektrum einer intra- und interorganisatorischen Warenlogistik aufgezeigt werden. Da auch bei der strategischen Orientierungsrichtung des Supply Chain Management Kooperationsbereitschaft[217] und der Einsatz innovativer integrierter Informationssysteme unbedingte Voraussetzungen sind, ist nochmals deutlich darauf hinzuweisen, daß auf die hier notwendigerweise einfließenden Begriffe aus der Informationswirtschaft erst an späterer Stelle vertiefend eingegangen wird, um die Informationslogistik zusammenhängend darstellen zu können und inhaltliche Wiederholungen weitgehend zu vermeiden.

### 5.3.3 Warenbezogenes Logistikmanagement im Rahmen des ECR

Die dem Supply Chain Management im Rahmen des ECR zugrundeliegende Basisstrategie ist die des Continuous bzw. Efficient Replenishment[218]. Sie beinhaltet die gemeinsame Überprüfung jeder Aktivität in der Lieferkette in bezug auf die Gewährleistung eines optimierten Warenflusses, der insbesondere in einer Verringerung von Vorratsbeständen bzw. Bestellmengen und einer zeitnahen Ver-

---

213 Bei mehrstufigen Logistik- wie auch Handelssystemen sind die Warenflüsse durch zusätzliche Lager- und Transportprozesse unterbrochen. Pfohl: Logistiksysteme, S. 6.

214 Vgl. für eine systematische Darstellung der Begriffsinhalte: Ihde: Supply Chain Management, S. 1046 f.; Lintner: ECR, S. 37 f.

215 Slotta; Häusler; Lange: Dienstleister, S. 26.

216 Supply Chain Integration war das am meisten diskutierte Schlagwort auf der Jahreskonferenz 1996 des führenden amerikanischen Logistikverbandes *CLM*. Klaus: ECR-Zeitalter, S. 7.

217 „Diesem Aspekt wird zur Zeit noch zu wenig Bedeutung beigemessen“. Pfohl: Trends, S. 188.

218 Beide Begriffe werden in der Literatur synonym verwendet. Da nicht vorgehaltene Sortimentsteile (z.B. Aktions- und Saisonware) zum Teil nur einmal geliefert werden, mithin eine Lieferkontinuität nicht erstrebenswert ist, wird in dieser Arbeit der Begriff des Efficient Replenishment verwendet.

sorgung von Lagerstufen[219] und/oder Geschäftsstätten und/oder des Kunden im Sinne einer JIT-Konzeption[220] zum Ausdruck kommt. Als durch Efficient Replenishment erzielbare signifikante Verbesserungen sind im einzelnen zu nennen[221]:

- Bestandsreduzierung[222] im Distributionszentrum (40 bis 100 Prozent)
- Optimierter Einsatz von Transportkapazitäten (bis zu 20 Prozent)
- Reduzierung von Vorlauf- bzw. Prozeßzeiten (50 bis 80 Prozent) und -aufwand (bis zu 50 Prozent)
- Verbesserung der Produktverfügbarkeit am POS (plus 2 bis 5 Prozent)

Für die Erschließung oben genannter Potentiale werden sowohl Optimierungsmöglichkeiten des Zentralisierungs- und des Differenzierungsgrades[223] von Lager- bzw. Umschlagssystemen[224] angesprochen als auch Verbesserungen des Transportsystems in den Bereichen Transportmittel[225] und Transportprozeß[226] relevant, weil diese das Transportproblem in logistischen Netzwerken determinieren[227]. Eine klare Trennung zwischen Lager- und Transportstrategien ist dabei problematisch, weil sie sich gegenseitig bedingen und sich häufig erst durch ihre Kombination und Koordination Synergieeffekte erzielen lassen. Dennoch muß aus Gründen der Systematik eine solche Dichotomie akzeptiert werden.

---

219 Bei der Differenzierung von Systemen indirekter Distribution nach Lagerstufen kann zwischen einer vertikalen Komponente, welche die Anzahl der Lagerstufen betrifft, und einer horizontalen Komponente, welche nach Anzahl der Standorte je Lagerstufe ausgerichtet ist, unterschieden werden. Bock; Hildebrandt; Krampe: Handelslogistik, S. 267.

220 Im Sinne eines nachfragesynchronen Belieferungssystems.

221 Wiese: Schneller, S. 44.

222 Hinsichtlich einer möglichen Bestandsreduzierung im gesamten Wertschöpfungssystem wurden vom ECR Europe Board fünf Konzepte identifiziert, die 95 Prozent dieser Potentiale erschließen: Sortimentsoptimierung (10 Prozent), kontinuierlicher Warennachschub (24 Prozent), Cross Docking (10 Prozent), synchrone Produktion (40 Prozent) und Integration der Zulieferer (11 Prozent). Theuner: Ladungsträger-Logistik, S. 114.

223 Getrennte Lagerstandorte für Produkte mit hoher bzw. geringer Umschlaghäufigkeit verkürzen die jeweiligen Kommissionierwege um mehr als die Hälfte. Hascher: Cross Docking, S. 46.

224 Vgl. zur Darstellung von Entscheidungstatbeständen bei der Planung der Lagerwirtschaft im Handel: Barth: Betriebswirtschaftslehre, S. 336 ff.; Toporowski: Logistik im Handel, S. 47 ff.; Bock; Hildebrandt; Krampe: Handelslogistik, S. 256 ff.

225 Beispielhaft seien hier die unterschiedlichen Formen des Straßen-, Schienen-, Schiffs-, Luft- sowie des kombinierten Verkehrs genannt. Vgl. hierzu: Pfohl: Logistiksysteme, S. 161 ff.; Schulte: Logistik, S. 57 ff.

226 Das Auffinden des günstigsten Transportprozesses betrifft die Steuerung diesbezüglicher ablauforganisatorischer Regelungen. Pfohl: Logistiksysteme, S. 158.

227 Pfohl: Logistiksysteme, S. 158.

#### 5.3.3.1 Methoden der Beschaffungslogistik im Rahmen des Efficient Replenishment

Grundsätzlich bieten sich für den Entwurf einer ganzheitlichen Logistikonzeption unterschiedliche Methoden an, z.B. Streckenbezug, Zentralläger, Transit, Cross Docking und Regionalläger, die parallel eingesetzt werden können[228].

Streckenbezug ist dadurch gekennzeichnet, daß hinsichtlich der logistischen Effizienz eine Direktbelieferung einzelner Geschäftsstätten durch die volumenstärksten Lieferanten bzw. Hersteller („Direct Store Delivery"; „Filialstrecke") sinnvoll erscheint. Dies kann insbesondere bei der Anlieferung von schnelldrehender Ware bei Großbetriebstypen wie z.B. SB-Warenhäusern oder Verbrauchermärkten der Fall sein. Die entfallende zwischengeschaltete Manipulation von Ganzpaletten[229] oder ganzen Wagenladungen wäre ansonsten eine kostentreibende[230] Funktion ohne Wertschöpfung.

In der Lagerwirtschaft des Handels wird derzeit die Umsetzung von Zentrallagerkonzepten (i.V.m. halbautomatischer Kommissionierung) stark forciert[231]. Ziel ist die bestandsarme Lagerhaltung, die im Grenzfall bestandslos wird, wobei man dann von Transitterminals (Warenverteilzentren) spricht[232]. Transit auf Zentrallagerstufe ist dadurch gekennzeichnet, daß in einem bestandslosen Lagerbereich nicht vorgehaltene Sortimentsteile (z.B. Aktions- und Saisonware), sortenreine[233]

---

228 Hanke: Logistik ganzheitlich, S. 4. Die hier nur selektiv angesprochenen Lagerarten werden in der Literatur nach den Kriterien Funktion, Kapazität und geographische Lage bestimmt. Vgl. hierzu: Bock; Hildebrandt; Krampe: Handelslogistik, S. 267 ff.; Pfohl: Logistiksysteme, S. 117 ff.; Schulte: Logistik, S. 89 ff.

229 Von sogenannten Ganzpaletten wird immer dann gesprochen, wenn ein „Aufbrechen" (in der Praxis übliche Formulierung) des Ladungsträgers unterbleiben kann.

230 Die Stückkosten sind bei getrennter Schnelldreher-Abwicklung um ca. 30 bis 40 Prozent geringer als bei gemischter Lagerbelegung. Hascher: Cross Docking, S. 46.

231 Vgl. zum anhaltenden Trend einer Zentralisierung von Distributionsnetzen: Pfohl: Trends: S. 184. Die grundsätzliche Vorteilhaftigkeit von Zentrallagerkonzepten ist darin zu sehen, daß zum einen durch sie die Anzahl der Verbindungen zwischen Liefer- und Empfangspunkten erheblich verringert werden kann. Pfohl: Logistikmanagement, S. 148. Zum anderen kann die Summe der Sicherheitsbestände erheblich reduziert werden. Vgl. zu den Anforderungen, die durch ein Zentrallager im Handel erfüllt werden sollten: Kranke: ECR, S. 95.

232 Zentes: Handelslogistik, S. 365.

233 Nach dem neueren Konditionenmodell von *Procter & Gamble* erzielt ein Händler insbesondere dann Vorteile bei den Wareneinstandspreisen, wenn er eine LKW-Ladung sortenrein an einem zentralen Lieferpunkt abnehmen kann. Hanke: Logistik ganzheitlich, S. 4.

Ware der Hersteller oder auf Herstellerebene bereits vorkommissionierte[234] Waren ohne jede weitere Manipulation lediglich durchgeschleust werden (Flächen-Kommissionierung[235]). Der effiziente Einsatz dieser Methode setzt allerdings das Überschreiten einer kritischen Masse voraus, mindestens eine Ganzpalette pro Artikel und Lager[236]. Deshalb müssen besonders Handelsorganisationen mit differenzierten Betriebstypen (Polysystempolitik[237]) interne Synergien erschließen, um diese Umschlagtechnik für sich nutzbar machen zu können.

Bei der im Rahmen des Efficient Replenishment eingesetzten Methode des Cross Docking wird die Ware ebenfalls nicht mehr auf der eigenen Verteilerstufe gelagert, jedoch erfolgt ihre umgehende Weiterleitung erst nach einer sogenannten Feindistribution[238] (Fein-Kommissionierung)[239]. Der Einsatz dieser Methode ist keiner bestimmten Wertschöpfungsstufe (Hersteller, Logistikdienstleister, Handel) vorbehalten. So kann beispielsweise eine geschäftsstättenorientierte Vorkommissionierung der Ware durch den Hersteller vorteilhaft sein. Erweiterbar ist diese Methodenausrichtung einerseits durch kollektierende Hersteller bzw. Logistikdienstleister, die Waren ihrer Konkurrenten bzw. Kunden vorher „einsammeln“, mitkommissionieren und gebündelt anliefern. Andererseits kann das Lager bzw. Teile davon durch den Hersteller bzw. Logistikdienstleister selbst bewirtschaftet werden. Dieses sogenannte Vendor Managed Inventory (VMI) erfolgt beispielsweise bei der *dm-drogerie markt GmbH und Co. KG* schon mit einigen Industrie-

234 Unter Kommissionierung wird die Zusammenstellung von Waren nach vorgegebenen Auslieferungsaufträgen verstanden.

235 Hascher: Cross Docking, S. 46.

236 Im deutschen Lebensmittelhandel bewirkt ein aus nur 3000 bis 4000 schnelldrehenden Food-Artikeln bestehendes Kernsortiment, daß die kritische Masse jeweils erst mit ca. 60 Prozent eines landesweiten Cross Docking-Einsatzes erreicht wird. Hascher: Cross Docking, S. 46.

237 Barth: Betriebswirtschaftslehre, S. 50.

238 Biehl: Kreative Umsetzung, S. 2. Beim Vorreiter dieser Logistikausrichtung, der amerikanischen Einzelhandelsunternehmung *Wal-Mart*, sind zwei Drittel der Fläche von 18 Warenverteilzentren auf Cross Docking ausgerichtet; die Ware wird binnen 48 Stunden weitergeleitet. Kotzab: Technologien und Techniken, S. 31.

239 Die Grenzziehung zwischen Cross Docking und Transit ist in der Literatur fließend. Mitunter wird auch das Durchschleusen von Ware in Transitterminals als Cross Docking bezeichnet. Vgl. hierzu: Hascher: Cross Docking, S. 40. Innerhalb bestimmter Branchen wird das Volumen mittels Cross Docking umgesetzter Mengen auf ein bis zwei Prozent der Gesamtbestellmengen geschätzt. Kotzab: Distributionslogistik, S. 58. Durch Cross Docking in Verbindung mit dem später noch erläuterten Roll Cage Sequencing können die Logistikkosten der jeweiligen Warengruppen um bis zu 15 Prozent gesenkt werden. Veil: ECR, S. 3.

partnern, die zusammen 20 Prozent des Umsatzes auf sich vereinen[240]. VMI ist auch ohne eine Kombination mit Cross Docking denkbar, aber wenig sinnvoll, da ansonsten der Hersteller bzw. Logistikdienstleister zusätzliche Lagerbestände aufbauen muß[241].

Die Errichtung eines (zusätzlichen) Regionallagersystems ist insbesondere dann sinnvoll, wenn die Schnelligkeit einer Lieferung (Lieferzeit) im Vordergrund steht, wie bei Frischwaren[242] oder wenn aus dem/den Standort/Standorten des/der Zentrallagers/Zentralläger für einzelne Regionen inakzeptable Transportwege resultieren.

Grundlage für den effektiven Einsatz oben aufgezeigter Methoden ist die Übermittlung elektronisch erfaßter Abverkaufsdaten (EPOS-Daten) im Rahmen eines Computer Assisted Ordering, bei dem diese via Softwareeinsatz auf Filial-, Zentral- oder Herstellerebene zu Bestellvorschlägen[243] verarbeitet werden. Eine sich hierzu als Alternative darstellende automatische Bestellauslösung konnte sich im Handel nicht durchsetzen. Gründe wie mangelhafte permanente Bestandsführung, fehlerhafte Datenerfassung und eine Beeinträchtigung der Produktkenntnisse der Mitarbeiter ließen diesen Ansatz bis auf wenige Ausnahmen scheitern[244]. Bei einer Systematisierung der Politik einer elektronisch gestützten Bestandsergänzung, Computer Assisted Ordering, wird zwischen drei Formen unterschieden[245]:

(1) Die Nachbestellungen werden vom Handel per EDI[246] an den Hersteller übermittelt.
(2) Der Handel stellt Lagerbestands- und -abgangsdaten per EDI dem Hersteller zur Verfügung, der wiederum Bestellvorschläge zur Überprüfung per EDI an den Handel schickt.

---

240 Rodens-Friedrich: dm-drogerie markt, S. 10.
241 Heydt: Efficient Consumer Response, S. 69.
242 Hanke: Logistik ganzheitlich, S. 4. Die regionallagergestützte Frischwarenlogistik ist mit höheren Investitions-, Betriebs- und Bestandskosten verbunden. Eierhoff: Logistik-Konzept, S. 354.
243 Für die auf Computer Assisted Ordering basierenden Bestellvorschlagsysteme wird kaum Standardsoftware angeboten, was die Diffusion dieser Methode behindert.
244 DHI: Warenwirtschaftssysteme, S. 103 f. Automatische Bestellsysteme sind für Discounter (Massengeschäft mit Schnelldrehern) und die Großhandelsstufe des Lebensmittelhandels, also für Betriebstypen mit geringer Sortimentsdynamik, eher geeignet. Vgl. zur Erfolgsfaktorenanalyse von Discount-Systemen auch: Diller; Haas; Hausruckinger: Discounting, S. 57 ff.
245 Vahrenkamp: Supply Chain Management, S. 26 f.
246 Vgl. zu den Inhalten von EDI die Gliederungspunkte 3.1.1 ff. des zweiten Kapitels.

(3) Wie (2), nur daß die Bestellabwicklung durch den Hersteller per EDI ohne jede Überprüfung durch den Handel abgewickelt wird[247].

### 5.3.3.2 Strategien zur Belieferung von Verkaufseinrichtungen und Kunden

Die oben gekennzeichneten Methoden für den Entwurf einer ganzheitlichen Konzeption der Beschaffungslogistik implizieren bereits die in hiesigem Kontext im Vordergrund stehenden Transportstrategien. Um Wiederholungen zu vermeiden, werden diese nicht erneut aufgegriffen, sondern um spezielle Strategien zur Belieferung von Verkaufseinrichtungen (Residenzhandel) und Kunden (Distanzhandel) ergänzt. Im einzelnen handelt es sich dabei um
(1) Belieferungsstrategien von Geschäftsstätten,
(2) Transportlogistik innerhalb von Geschäftsstätten sowie
(3) Strategien des „Outsourcing" von außerbetrieblichen Transportleistungen.

Der Entwurf rationeller und effektiver Strategien zur flächendeckenden Belieferung eines Geschäftsstättennetzes ist eines der kompliziertesten Logistik-Probleme im Handel und betrifft die Gestaltung der Lagerkonzeption und -zonen, die Umschlagprozesse sowie die Tourenplanung[248]. Speziell bei letztgenanntem Punkt gilt es die Problematik steigender Anlieferfrequenzen zu bewältigen. Dafür müssen Direktlieferungen einzelner Hersteller (Streckenbezug) sowie sonstige Anlieferungen gebündelt[249] und/oder koordiniert werden. In diesem Zusammenhang ist insbesondere auf die zunehmende Bedeutung von Fuhrparkmanagement- bzw.

247 Diese Verfahrensweise wurde bisher in Deutschland noch nicht umgesetzt.

248 Bock; Hildebrandt; Krampe: Handelslogistik, S. 244 f. Des weiteren wird in dieser Quelle die Bildung und Sicherung von Ladeeinheiten als weiteres Problemfeld genannt. Da diese Verrichtungen aber in der Endstufe des Kommissionierprozesses bzw. in der Ladezone am Lagerausgang stattfinden, werden sie hier nicht weiter behandelt. Bezüglich der Bildung von Ladeeinheiten ist noch darauf hinzuweisen, daß sowohl innerhalb des Lager- als auch des Transportsystems bei der physischen Warenlogistik die Harmonisierung (Vereinheitlichung) von Verpackungen, Paletten und anderen (Mehrweg-) Transportbehältern eine gewichtige Rolle spielt. Deshalb wird im Rahmen des Efficient Unit Load (EUL) ein europäischer Standard bzw. ein Regelwerk für die physische Warendistribution entwickelt. Vgl. speziell zur Rolle der Ladungsträger: Theuner: Ladungsträger-Logistik, S. 114 ff.

249 Zentes: global sourcing, S. 69. Die effiziente Bündelung von Warenlieferungen bei der Belieferung von Geschäftsstätten wird insbesondere unter dem Schlagwort „City Logistik" diskutiert. Bei diesem Konzept können sowohl mehr als 50 Prozent der Touren als auch der gefahrenen Kilometer eingespart sowie stark verkürzte Wartezeiten an der Rampe von Kunden in Fußgängerzonen bzw. ausgewählten Innenstadtbereichen erzielt werden. Würmser: Geschäfte, S. 4.

Tourenplanungssystemen hinzuweisen[250]. Anlieferzeitpunkte müssen mit der Personaleinsatzplanung der jeweiligen Geschäftsstätte abgestimmt werden, damit Wartezeiten an der Rampe und Engpässe beim Verkaufsprozeß bzw. Kundenservice durch Personalmangel vermieden werden.

Bezüglich der Transportlogistik in Geschäftsstätten sollen zwei neuere Methoden kurz vorgestellt werden, das Roll Cage Sequencing (RCS) sowie automatisierte Materialflußsysteme für Verkaufsstätten.
Roll Cage Sequencing bedeutet eine filialgerechte Beladung jedes einzelnen Rollcontainers auf einer Vorstufe[251], wodurch insbesondere die Anordnung von Gängen, Waren- und Artikelgruppen im einzelnen Outlet berücksichtigt wird. Da hierfür eine der jeweiligen Verkaufsstätte angepaßte Vorkommissionierung erfolgen muß, verursacht dieses Beschickungskonzept zwar Kostensteigerungen auf Zentrallagerebene und durch teils nicht voll nutzbaren LKW-Laderaum, jedoch werden diese durch eine Reduktion von Regalbeschickungskosten auf Geschäftsstättenebene überkompensiert[252].
Anders stellt sich die Transportlogistik in Geschäftsstätten bei der zweiten Variante dar. Hierbei übernehmen die als Warenbus ausgelegten automatisierten Material- bzw. Warenflußsysteme die mit einem maschinenlesbaren Code versehenen Behältersysteme aus den Lieferfahrzeugen an der Rampe und befördern diese ohne eine Form menschlicher Manipulation über Pufferläger zu den einzelnen Abteilungen[253]. In Anlehnung an die im Rahmen der Kommissionierung gebräuchliche Terminologie wird somit beim RCS nach dem Prinzip „Mann zur Ware“ und bei automatisierten Warenflußsystemen nach dem Prinzip „Ware zum Mann“ verfahren.

Die außerbetriebliche Transportleistung wird im Rahmen von Make Or Buy-Überlegungen bereits in rund 80 Prozent der Fälle durch Externe erbracht. Eine solche Fremdvergabe logistischer Leistungen (Outsourcing) ermöglicht einer Han-

250 Vgl. hierzu: Kaakschlief; Eberhardt: Simulierte Touren, S. 72 ff. EDV-gestützte Verfahren zur Steuerung und Kontrolle von Güterbewegungen, des Ressourceneinsatzes und der Nutzung der Verkehrswege werden auch unter der Schlagwortkette „Tracking and Tracing“ diskutiert. Vgl. hierzu: Speidel: Transportlogistik, S. 145; Salzinger; Wagner: Transparenz, S. 59 f.

251 Zum Beispiel im Handelslager oder beim Hersteller, welcher wiederum auch kollektierend tätig sein kann.

252 Roeb: Zentrallager, S. 46 f.; Barth: Betriebswirtschaftslehre, S. 363 f.

253 Szielasko: Kaufhauslogistik, S. 20.

delsunternehmung zwar die Konzentration auf Kernkompetenzen[254]. Jedoch kann dazu auch die Selbstabholung der Ware beim Hersteller zählen, wie neuere Konzepte von *Metro AG*, *Rewe-* und *Aldi-Gruppe* zeigen[255]. Mithin unterscheiden sich einzelbetrieblich zu definierende Kernkompetenzen sowohl auf Betriebstypen- als auch auf Betriebsformenebene. Während beim Platz- und Distanzhandel im allgemeinen die Sortimentskompetenz in Verbindung mit ergänzenden marketingpolitischen Aktionsparametern (z.B. intensive Kundenberatung, erlebnisorientierte Warenpräsentation oder aggressive Niedrigpreispolitik) von besonderer Bedeutung ist, stehen bei speziellen Absatzmittlerformen andere Betätigungsfelder im Mittelpunkt. Beispielsweise erfüllt der Streckengroßhandel „nur Aufgaben der dispositiven akquisitorischen Distribution“[256]. Dabei wird das Verpflichtungsgeschäft von ihm zwar eigenverantwortlich abgewickelt, die Ware im Zuge eines Streckengeschäfts aber direkt durch den Produzenten an den Kunden geliefert.

Beim lagerhaltenden Großhandel (ohne Cash und Carry-Sparte) hingegen tragen neben den auch hier erforderlichen guten Branchenkenntnissen besonders Transport- und Lagerlogistik maßgeblich zur Wertschöpfung bei. Nun sind aber die genannten Kompetenzfelder entweder teils deckungsgleich mit denen von Logistikdienstleistern oder sogar überflüssig[257], was zu Ausschaltungsgefahren bei bestimmten Betriebstypen des Großhandels führt. Um diesen Verdrängungstendenzen zu begegnen, sind neue Formen der Service- bzw. Kundenpolitik in die Großhandelsleistungen zu integrieren, vor allem Dienstleistungen, wie zum Beispiel EDV-, Marketing- und Absatzberatung, Informationsversorgung, Schulung sowie unterstützende Hilfen beim Aufbau von Logistik- und Finanzierungssystemen[258]. Ferner können durch vorwärtsgerichtete vertikale Diversifikation neue Betätigungsfelder erschlossen werden.

Oben genannte Empfehlungen erscheinen um so dringlicher, wenn man davon ausgeht, daß Logistik-Dienstleister untereinander durch Kooperation in der Tourenplanung einen Großteil des Distributionsverkehrs einsparen können. Aus

254 „Kernkompetenzen lassen sich (..) als Fähigkeiten definieren, die durch eine hohe Wettbewerbswirksamkeit auf den Märkten und einen großen Wettbewerbsvorteil gegenüber der Konkurrenz gekennzeichnet sind“. Wildemann: Organisationsentwicklung, S. 16.

255 Vossen: Logistikumstellung, S. 1.

256 Barth: Betriebswirtschaftslehre, S. 104.

257 Dies ist in erster Linie beim Streckengeschäft ohne zusätzliche Serviceleistungen der Fall. Ausnahmen liegen hier sicherlich im Bereich der internationalen Beschaffung, jedoch werden diese aufgrund des europäischen Binnenmarktes und zunehmender Verschmelzung der Weltmärkte seltener.

258 Kapell: Kundenpolitik, S. 42; Diller: Shake-Out, S. 43.

Sicht der Logistik-Dienstleister eröffnen sich dadurch drei strategische Handlungsalternativen, welche die Komponenten des Lieferservice[259] für den Handel betreffen[260]:

(1) Systemgrenzen bleiben bestehen:
   (a) Bei Serviceintensivierung werden bestehende Funktionen intensiver erfüllt und Einsparungspotentiale genutzt.
   (b) Bei Serviceerweiterung werden weitere Funktionen übernommen. Es kommt zu einer Schnittstellenverschiebung.

(2) Systemgrenzen werden abgebaut:
   Bei Servicepartnerschaft erfolgt ein Fortfall von Schnittstellen und eine Integration von Wertschöpfungsstufen (Wertschöpfungsverbund)[261]. Externe Synergiepotentiale, die über Kostenverschiebungen hinausgehen, werden erschlossen.

Nach dieser Darstellung spezieller Strategien zur Belieferung von Verkaufseinrichtungen soll nachfolgend noch auf Besonderheiten des Efficient Replenishment im Distanzhandel eingegangen werden.

#### 5.3.3.3 Besonderheiten des Efficient Replenishment im Distanzhandel

Beim Distanzhandel entfällt eine Belieferung von Geschäftsstätten mit Ware, weil diese vom Lager auf direktem Wege zum Kunde gelangt. Eine solche Direktbelieferung verlangt entsprechend ausgestaltete Lagerkonzepte und Transportstrategien.

Lagerkonzepte im Distanzhandel sind regelmäßig durch eine tendenziell zentralistische Struktur gekennzeichnet[262]. Anders als bei den Logistikkonzepten des Residenzhandels, bei denen heterogene Warengruppen meist die Grenzen einzelner

---

259 Im Handel führen ein verbesserter Lieferservice (vgl. für eine Systematisierung seiner Komponenten Gliederungspunkt 5.1.2.1 dieses Kapitels) und optimierte Lieferzeiten im speziellen zu kostenwirksamen Bestandssenkungen, besserer Warenpräsenz und einer höheren Aktualität des Angebotes („time to market"), was letztlich positive Ausstrahlungseffekte auf das Image der Unternehmung aus Kundensicht bewirkt. Vgl. Melzer-Ridinger: Leistungen im logistischen Kanal, S. 26.

260 Bretzke: Servicequalität, S. 3 und 16.

261 In diesem Zusammenhang spricht man auch von Schnittstellen-Management, das im Rahmen des ECR-Konzeptes auch als „Efficient Logistic Interfacing" bezeichnet wird und für welches Dienstleister aufgrund ihres Überblicks über alle Stationen der Distributionskette besonders geeignet sind. Theuner: Ladungsträger-Logistik, S. 115.

262 Würmser: Serviceoffensive, S. 15.

Logistik-Subsysteme begründen, wird eine Sortimentssegmentierung und Lagerhaltung im Distanzhandel nach morphologischen Trennvariablen wie Volumen und Gewicht vorgenommen[263]. Um einen für den Distanzhandel besonders wichtigen, hervorragenden Lieferservice zu erreichen, gelangen erstens für jedes Sortimentssegment spezielle abwicklungstechnische Verfahren zum Einsatz[264]. Da die Ware nicht für einzelne Geschäftsstellen sondern für einzelne Kunden kommissioniert wird, muß sie zweitens - dem Primat der Kundenorientierung folgend - bestenfalls diesen zum Wunschtermin geliefert werden, um den distanzhandelsimmanenten Nachteilen zu begegnen. Eine Möglichkeit dies zu erreichen, sind strategische Allianzen mit sogenannten Zustelldiensten[265], die zusätzliche Serviceleistungen, z.B. Sendungsverfolgung[266], Beratung oder Montage, für den Kunden erbringen können.

#### 5.3.3.4 Berücksichtigung von Absatzprognosen durch Efficient Preplenishment

Unabhängig von der jeweiligen Kombinationsart der Vielzahl genannter Methoden und Techniken des Efficient Replenishment wird dann eine Evolution zum Efficient *Pre*plenishment erreicht, wenn kurzfristig erwartete Nachfrageänderungen in die Bestellmengenübermittlung integriert werden[267]. Voraussetzung dafür ist die Erstellung möglichst exakter Verkaufsprognosen (Joint Forecasting), für die aktuelle und archivierte EPOS-Daten die Basis sind. Zusätzlich ist auch die Berücksichtigung von Wirkungsprognosen bezüglich des Makro- und Mikromar-

263 So wird beim *Otto-Versand, Hamburg,* zwischen vier homogenen Sortimentssegmenten unterschieden (kleinvolumige, mittelgroße, große/schwere Artikel sowie hochwertige Konfektion), die jeweils in geographisch getrennten Lagern bewirtschaftet werden. Müller: innovatives Handeln, S. 80 f.

264 Dazu gehören beispielsweise Förderbänder, Fachbodenregalanlagen, Hochregal- bzw. Kollilager, roboterartige Handhabungsgeräte, Quergutsortier- und Packanlagen sowie Ausgangsrutschen. Müller: innovatives Handeln, S. 82 f.

265 So arbeitet beispielsweise der *Otto-Versand,* die mit Abstand erfolgreichste Versandhandelsunternehmung der Welt, mit dem *Hermes Versand Service* zusammen, der bereits 1995 insgesamt 75 Mill. Sendungen bewegte. Müller: innovatives Handeln, S. 80.

266 Hierbei wird dem Kunden (z.B. via Telephon oder Internet) ein Zugriff auf Informationen des Dienstleisters ermöglicht, wodurch der aktuelle Status eines Transportauftrages ermittelt werden kann. Vgl. hierzu: Isermann: Internet, S. 58.

267 So werden von der englischen Handelsunternehmung *Tesco*, deren ECR-Konzept als effizientestes in Europa gilt, Prognoseinformationen via EDI an über 270 Lieferanten übermittelt. Würmser: Philosophie, S. 49 f.

keting möglich, sogar Trendentwicklungen und die Auswirkungen von Wetterveränderungen oder lokalen Großveranstaltungen lassen sich flankierend in die Bedarfsprognose integrieren[268].

#### 5.3.3.5 Methoden zur Bestimmung der Vorteilhaftigkeit einzelner Efficient Replenishment-Komponenten

Um die Vorteilhaftigkeit der Implementierung eines Efficient Re- bzw.- Preplenishment objektiv einschätzen zu können, reicht eine Orientierung an allgemein formulierten Einsparungspotentialen nicht aus. Vielmehr müssen für den konkreten Einzelfall[269] Untersuchungen durchgeführt werden, die insbesondere die finanziellen Auswirkungen dieses Konzeptes durch eine Value Chain Analysis bestimmen. Des weiteren ist es erforderlich, alle beschriebenen Aktivitäten und Prozesse im Rahmen des Efficient Re- bzw. Preplenishment hinsichtlich ihrer Effizienz einer Analyse zugänglich zu machen. Die Grundlage hierfür stellen das Konzept der Direkten-Produkt-Profitabilität (DPP) sowie die Prozeßkostenrechnung bzw. das Activity Based Costing dar, welche im Rahmen des ECR zu den Support-Techniken[270] zählen. Durch sie werden relevante Kosten in vorher identifizierten Prozessen und darin ablaufenden Aktivitäten erfaßt und zu ihren Treibern („Cost-Drivers") in Bezug gesetzt[271].

Das DPP-Konzept geht von der Zielsetzung aus, die Logistikkosten, die von einzelnen Artikeln verursacht werden, transparent zu machen, zu kontrollieren und zu senken[272]. Als warenprozeßorientierte Teilkostenrechnung ordnet sie jedem Artikel die von ihm verursachten direkten Produktkosten zu und berechnet den verbleibenden „Profit". Mithin wird die Kennzahl der Bruttospanne (Verkaufspreis abzüglich Wareneinstandskosten) verfeinert, weil neben den artikelspezifischen Warenkosten auch die entsprechenden Logistikeinzelkosten erfaßt werden. Das DPP-Konzept liefert handelsseitig einen Beitrag zur Distributionsrationalisierung,

268 Laurent: Kooperationen, S. 221.

269 *Bretzke* fordert, pauschalen Schätzungen von Erfolgspotentialen mit Skepsis entgegenzutreten. Bretzke: ECR, S. 11.

270 Städler: ECR, S. 33.

271 Klaus: ECR-Zeitalter, S. 12.

272 Vgl. zum DPP-Konzept auch: Barth: Betriebswirtschaftslehre, S. 371 ff. Häufig wird synonym auch von Direkter-Produkt-Rentabilität (DPR) gesprochen. Diese Bezeichnung ist jedoch sachlich falsch, weil bei diesem Ansatz keine Rentabilitätskennzahl ermittelt wird.

weil via Kostentransparenz Handelsspannen und Sortimentsgefüge überprüft werden können. Die Industrie hingegen kann durch Produkt- und Verpackungsgestaltung sichtbare Kostenveränderungen bewirken, wodurch sie sich gegenüber dem Handel profilieren kann. Somit enthält das DPP-Konzept auch wichtige Marketingimplikationen sowohl für die Industrie als auch für den Handel, es ist jedoch auch mit Problemen behaftet. Es erfolgt nämlich ein Rückfall in die reine Kostenorientierung, die bei der handelsbetrieblichen Zielsetzung einer Profilierung über das Gesamtsortiment weder Verbundbeziehungen noch eine Kompensationskalkulation berücksichtigt[273]. Durch Restkostenverrechnung tendiert das Konzept zur Vollkostenrechnung, welche bekanntlich die Gefahr der Ableitung falscher Handlungsempfehlungen in sich birgt. Letztendlich ist auch eine artikelspezifische, vom Handel durchgeführte Erfassung der Logistikeinzelkosten aufgrund dadurch entstehender hoher Erhebungskosten (noch) fragwürdig[274].
Bei der Prozeßkostenrechnung[275] handelt es sich ebenfalls um ein System der Vollkostenrechnung, bei dem auf die traditionelle Kostenarten- und Kostenträgerrechnung zurückgegriffen wird. Mit ihrer Hilfe soll eine verursachungsgerechte Verteilung der Gemeinkostenbereiche[276] auf die einzelnen Kostenträger bei Entlarvung kostentreibender Funktionen erreicht werden. Diese klassische Schlüsselung der Kostenblöcke durch Transformation von periodenfixen in Leistungseinheitskosten kann dem Prinzip der verursachungsgerechten Verteilung nur bedingt entsprechen. Auch hier sind für die analytische Planung Zeit- und Kostenstudien erforderlich, die ebenfalls anhand des Kriteriums Informationsökonomie geprüft werden müssen.

## 6. Grundlagen der Informationslogistik

Grundlegende Voraussetzung, um intra- und interorganisatorische Netzwerke im allgemeinen sowie das Konzept des ECR im besonderen einer Handelsunternehmung zugänglich zu machen, ist die adäquate Ausgestaltung ihrer Informationslogistik.

---

273 Durch die Kennzeichnung dieses Problems wird die Notwendigkeit einer integrierten Betrachtung von Category Management und Supply Chain Management besonders deutlich.

274 Vielmehr kann davon ausgegangen werden, daß nur fallweise und für konkrete Fragestellungen solche Erhebungen durchgeführt werden. Hallier: Produkt-Profitabilität, Sp. 498.

275 Vgl. für eine Darstellung der Vorteile und Probleme einer Prozeßkostenrechnung im Handel: Schröder: Kosten- und Leistungsrechnung, S. 361 ff.

276 Z.B. Personal-, Raum- und Energiekosten.

## 6.1 Terminologische Kennzeichnung des Begriffs Information

Die warenbezogene Logistik wurde oben weitgehend losgelöst von den damit verbundenen Informationsprozessen dargestellt. Jedoch sind Informationen die Grundlage für ökonomisches Handeln und zählen neben der Ware zu den wesentlichen Objekten der Logistik[277]. Sie werden zielgerichtet erhoben und sind für den Empfänger bisher unbekannte bzw. neue Nachrichten[278]. Als Voraussetzung für alle unternehmerischen Entscheidungen stellen sie die Basis für die Steuerung von Systemen dar und werden deshalb auch als eigenständiger Produktionsfaktor angesehen[279].

Der Ursprung von Informationen liegt in einzelnen Zeichen bzw. Signalen[280]. Werden diese nämlich in eine bestimmte Ordnung gebracht (Syntax), entstehen Nachrichten oder Daten[281], welche wiederum Rohstoff für Informationen sind[282]. Bei wechselseitigem Austausch bzw. der Übermittlung eines solchen „zweckorientierten Wissens“[283] spricht man von Kommunikation[284].

Nun basiert jede betriebswirtschaftliche Problemstellung auf bereits vorhandenen Informationen. Bei den für die jeweilige Problemlösung notwendigen Informationen kann unterschieden werden zwischen objektivem und subjektivem Informationsbedarf sowie dem verfügbaren Informationsangebot[285]. Zwar sollte sich das Informationsangebot an dem objektiven, also tatsächlichen Informationsbedarf

---

277 Vgl. zur objektorientierten Dekomposition logistischer Systeme Gliederungspunkt 4.3 dieses Kapitels.

278 Vgl. zum Zielkonflikt bezüglich Neuheit, Wahrheit und Informationsgehalt von Aussagen bzw. Informationen: Chmielewicz: Forschungskonzeptionen, S. 129 ff.

279 Berekoven; Eckert; Ellenrieder: Marktforschung, S. 19 f.; Härdtl: Informationsgrundlagen, S. 6.; Krcmar: Informationsmanagement, S. 51. Vgl. speziell zur Information als „den“ strategischen Produktionsfaktor, „Key Factor for Success“ oder als strategische Ressource: Syring: Informationssysteme, S. 3; Schulte: Logistik, S. 405.

280 Die Begriffe Zeichen und Signale werden synonym verwendet.

281 Dabei kann es sich um „strukturierte relationale Daten, unstrukturierte Texte, multidimensionale Daten oder Multimedia-Material wie Grafiken oder Daten in Ton- und Videoform“ handeln. Chamoni; Zeschau: Data-Warehousing, S. 63.

282 Bleicher: Management, S. 251.

283 Wittmann: Information, S. 14. *Wittmann* läßt bei dieser Begriffsinterpretation von Information sowohl „Wissen“ als auch „Zweckorientierung“ undefiniert. Vgl. für eine umfassende terminologische Kennzeichnung des Begriffs Information: Rüttler: Information, S. 27 ff.

284 Berekoven: Marktforschung, S. 19; Lucke: Systeme, S. 38.

285 Vgl. zu den Anforderungen an die Gestaltung des Informationsangebotes: Olbrich: Informationsmanagement, S. 9 f. sowie die dort angegebene Literatur.

ausrichten, nur läßt sich dieser kaum exakt ermitteln bzw. abgrenzen und rückt somit in den Bereich einer Fiktion[286]. Des weiteren sind die für eine ganzheitliche Wahrnehmung von Problemsituationen bzw. -lösungen erforderlichen Informationen teilweise nicht kommunizierbar[287]. Trotz dieser Restriktionen soll dann von einem optimalen Informationsgrad gesprochen werden, wenn der Teil der angeforderten Informationen (konkreter Informationswunsch) sowohl verfügbar ist als auch objektiv benötigt wird (Informationsstand), der eine sachliche, zeitliche, personelle und ökonomische Adäquanz zu den Problemen der Unternehmung aufweist.

Abb. 1: Optimaler Informationsgrad - Begriffliches Umfeld und Einflußgrößen

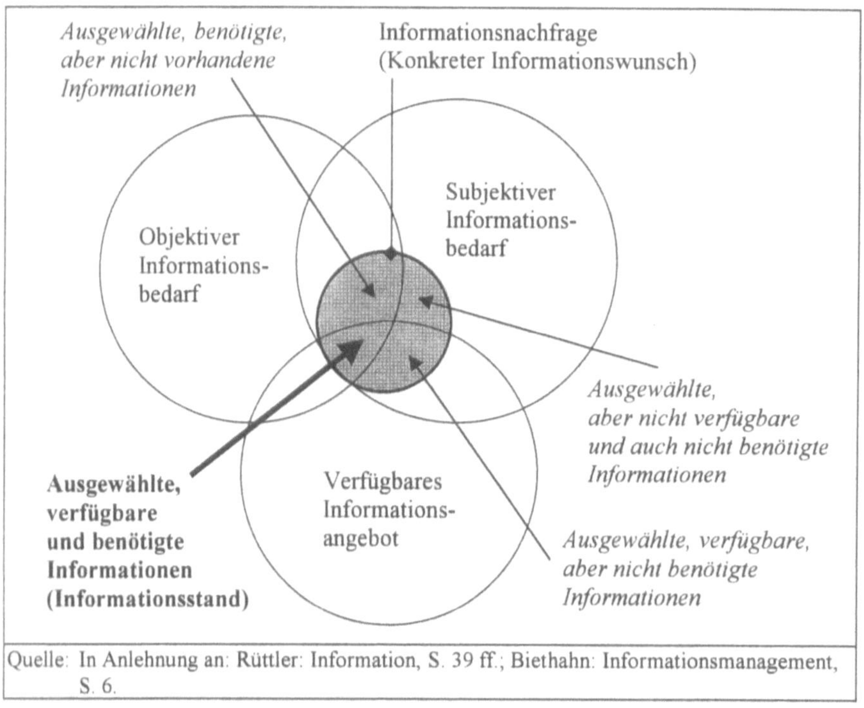


Quelle: In Anlehnung an: Rüttler: Information, S. 39 ff.; Biethahn: Informationsmanagement, S. 6.

286 Vgl. hierzu: Heilmann: Informationsmanagement, S. 109; Horváth: Controlling, S. 358.

287 Wieth: Entscheidungsprozeß, S. 31. Mimik und Gestik einer Person können durch herkömmliche Informationssysteme nicht übertragen werden. Nun stellt aber gerade bei Führungskräften das persönliche Gespräch eine Säule des Informationsaustausches dar, die speziell in Zeiten des „Information Overload" als besonders wertvoll eingeschätzt wird. Eine Möglichkeit, diese Kommunikationsvorgänge durch Informationssysteme zu unterstützen, eröffnet sich durch den Einsatz elektronischer Konferenzsysteme.

Eine Problemlösung verlangt die Beschaffung, Verarbeitung (Transformation), Weiterleitung und Verwendung adäquater Informationen[288]. In raum-zeitlicher Hinsicht lassen sich dabei verschiedene Informationsarten unterscheiden[289]:

(1) Vorbereitende Informationen, z.B. für Bestellung, Planung und Reservierung von Ware;
(2) Vorauseilende Informationen, z.B. für Transport und Sendung von Ware;
(3) Begleitende Informationen, z.B. für Identifikation, Steuerung und Zustand von Ware;
(4) Nacheilende Informationen, z.B. für Korrektur;
(5) Abschließende Informationen, z.B. für Kontrolle und Abrechnung.

Die Planung, Steuerung und Kontrolle von inner- und zwischenbetrieblichen Realgüterflüssen in logistischen Systemen ist immer mit Informationsflüssen verbunden[290]. Diese entstehen jedoch erst durch die Einbeziehung von Informationsflußmitteln, bei denen unterschieden werden kann zwischen den Techniken der Datenerfassung, -übertragung, -verarbeitung und -auswertung sowie der Datenausgabe[291]. Um die dabei angestrebte Effektivität zu erzielen, ist der Computereinsatz notwendige Voraussetzung. Deshalb wird, wie in der einschlägigen Literatur der Informationslogistik[292] ebenfalls üblich, in der vorliegenden Untersuchung stets von computergestützten Daten- bzw. Informationsverarbeitungsprozessen ausgegangen.

## 6.2 Terminologische Kennzeichnung grundlegender Begriffe handelsbetrieblicher Informationswirtschaft

Die innerhalb der Informationswirtschaft anzutreffende Begriffsvielfalt erschwert die systematische Durchdringung dieses Komplexes[293]. Deshalb wird nachfolgend eine Definition und Verkettung grundlegender Begriffe vorgenommen, wobei Informationssysteme den Ausgangspunkt dieser Systematisierung bilden.

---

288 Schmidt: Informationsmanagement, S. 1. Die Informationsverwendung wird von *Schmidt* nicht explizit angesprochen.
289 Lucke: Systeme, S. 38 f.
290 Lucke: Systeme, S. 37.
291 Jünemann: Logistik, S. 472.
292 Vgl. zur Analyse ausgewählter Publikationen: Meyer: Logistik-Management, S. 264 f.
293 Ferner ist die hier herrschende hohe Innovationsrate ursächlich für den häufigen Gebrauch von Akronymen und Anglizismen, die dem Nicht-Spezialisten einen vertiefenden Einblick häufig versperren.

Nach herrschender Meinung ist der Terminus Informationssystem (IS) der Oberbegriff für die Gesamtheit informationsverarbeitender Systeme. Ein IS ist „ein bewußt gestaltetes und zweckorientiertes Beziehungsgefüge“[294] mit einmaliger Struktur, weil es den individuellen Informationsbedürfnissen einer speziellen Unternehmung entsprechen muß. Die in der Literatur häufig verwendete Begriffspaarung „Informations- und Kommunikationssystem“ (IuK-System) unterstreicht den Aspekt des wechselseitigen Informationsaustausches[295]. Ferner wird im Schrifttum zwischen den Begriffen IS und Steuerungssystem differenziert. Als - unscharfes - Abgrenzungskriterium wählt *Jünemann* die Art der durch das jeweilige System übernommenen Aufgaben. Demzufolge würden IS eher in den Bereichen Planung und Überwachung eingesetzt, Steuerungssysteme hingegen wären für das Verhalten von Arbeitsmitteln in logistischen Subsystemen zuständig[296]. Eine solche hierarchische Abgrenzung ist jedoch mit der hier zugrunde gelegten Terminologie nicht vereinbar, weil Steuerungssysteme vielmehr als Subsysteme eines ganzheitlichen IS gekennzeichnet werden müssen. So arbeitet beispielsweise die *Karstadt AG* mit einem dreistufigen hierarchischen System, bei dem sortimentsbereichspezifische IS um tendenziell operativ orientierte Lagerverwaltungs- und Prozeßsteuerungssysteme „ergänzt“ werden[297]. Um dabei die oben angesprochene Ganzheitlichkeit des Systems zu erreichen, herrscht eine permanente Kommunikation zwischen allen System- bzw. Rechnerebenen[298]. Mithin läßt sich ein Steuerungssystem approximativ als operatives IS kennzeichnen. Letztlich erscheint es sinnvoll, bei IS nach ihrem Verwendungszweck bzw. der Art der betriebswirtschaftlichen Aufgaben zu unterscheiden zwischen

(1) (operativen) Administrations- und Dispositionssystemen sowie
(2) Planungs- und Kontrollsystemen[299].

Ein Handels-IS (HIS) bildet als komplexe, regelmäßig rechnergestützte, in sich geschlossene, bestenfalls auf Basis eines unternehmungsweiten Datenmodells organisierte, branchenspezifische Gesamtlösung die Keimzelle des Handelsma-

294 Olbrich: Informationsmanagement, S. 16.
295 Vgl. zu dem „siamesischen Zwillingscharakter“ von Information und Kommunikation: Krcmar: Informationsmanagement, S. 29.
296 Jünemann: Logistik, S. 472 f. und 489.
297 Eierhoff: Logistik-Konzept, S. 362.
298 Eierhoff: Logistik-Konzept, S. 363.
299 Vgl. für eine ähnliche Einteilung von IS: Biethahn, Mucksch, Ruf: Informationsmanagement I, S. 7 ff. *Scheer* unterscheidet bei oben genannter Systemklasse (2) zwischen Management-Informations- und Planungssystemen. Scheer: ARIS, S. 83.

nagement[300]. Es läßt sich in diverse Subsysteme aufgliedern, wobei Warenwirtschaftssysteme (WWS) als Grundbausteine und wichtigste IS-Subsysteme bezeichnet werden können[301]. *Ebert* kennzeichnet sie als „die Summe aller auf die Ware gerichteten Informations- und Entscheidungsprozesse im Handelsbetrieb“[302]. Diese - nicht hinreichende - Definition verdeutlicht, daß von WWS die Strukturierung der informatorischen Ebene der Warenlogistik übernommen wird. Bei der informationstechnischen Abbildung realer warenbezogener Handelsaktivitäten, für die teils unterschiedliche Bewirtschaftungskonzepte[303] parallel modelliert[304] werden müssen, können innerhalb eines HIS durchaus mehrere, voneinander weitgehend unabhängige WWS entstehen. Warenhausunternehmungen beispielsweise arbeiten aufgrund differenzierter Logistikkonzeptionen mit einer Vielzahl unterschiedlicher WWS[305]. Aus diesem Grund muß darauf hingewiesen werden, daß manche Definitionen für WWS bezüglich der durch sie erfaßten Inhalte zu weitreichend sind. *Hertel* beispielsweise definiert ein WWS als „ein System zur Steuerung und Optimierung der Sortimente, der Dispositions-, der Waren- und der Zahlungsströme über alle Unternehmenseinheiten, (...) zur Kommunikation und Integration der externen Marktpartner“[306] sowie zur Informationsversorgung der Unternehmungsführung. Bei einer solchen weiten Begriffsauslegung ist die Abgrenzung zwischen WWS und HIS kaum mehr möglich und infolgedessen auch eine übergeordnete Koordinationsebene für einzelne, getrennt operierende WWS nicht mehr erkennbar.

Vielmehr sollten WWS als auf bestimmte Objektbereiche (z.B. Sortimentseinheiten) und Abläufe (Prozesse) zugeschnittene, spezielle Logistik-IS gekennzeichnet werden. Denn diese liefern als Subsysteme ganzheitlicher IS ein Abbild der intra- und interorganisatorisch ablaufenden physischen Logistikprozesse sowie der

300 Ahlert: Warenwirtschaftsmanagement, S. 78. Eine umfassende Darstellung einzelner Komponenten von HIS erfolgt im zweiten Kapitel.

301 Diese herausragende Bedeutung von WWS ist analog zu der von Produktionsplanungs- und -steuerungssystemen in der Industrie zu sehen. Becker; Schütte: Handelsinformationssysteme, S. 12.

302 Ebert: Warenwirtschaftssysteme S. 58.

303 Vgl. zu den unterschiedlichen Logistik-Subsystemen im Residenzhandel auch den Gliederungspunkt 5.3.3.3 dieses Kapitels.

304 Hertel: Warenwirtschaftssysteme (I), Sp. 2658 ff.

305 Eierhoff: Logistik-Konzept, S. 356 ff. Die zehn unterschiedlichen WWS der *Karstadt AG* werden insbesondere für die Sortimentsbereiche Hartwaren/Textilien, Mode, Lebensmittel, Großstücke, Tonträger, Unterhaltungselektronik und Stoffe eingesetzt.

306 Hertel: Design, S. 1.

ihnen zugrundeliegenden Strukturen[307]. Dabei bleiben die in der Literatur[308] unter WWS subsumierten weiterführenden Entscheidungsprozesse, insbesondere die im Handelsmarketing, keinesfalls unberücksichtigt, sondern werden in angegliederten Controlling- und Supportsystemen, die eigene Subsysteme darstellen, vorbereitet und erst dann innerhalb des Managementprozesses umgesetzt[309]. Auch die Marketing-Logistik[310] kann nicht als Modul von WWS klassifiziert werden.

Gegenstand der Informationslogistik ist „das ganzheitliche und abgestimmte Planen, Gestalten und Betreiben von schnittstellenübergreifenden Informationssystemen zur Unterstützung der mit dem Transport, dem Umschlag, der Lagerung, der Beschaffung und dem Vertrieb von Gütern (...) zusammenhängenden Prozesse"[311]. Aufgabe der Informationslogistik ist es, „die richtige Information, im richtigen Zustand, zur richtigen Zeit, am richtigen Ort zu den dafür minimalen Kosten zur Verfügung zu stellen"[312]. Dies verlangt den Einsatz entsprechender Informationstechnik bzw. -technologie, im Sinne von Gerätschaften und Verfahren, die zur Informationsverarbeitung eingesetzt werden können[313].
Weitestgehend identisch sind die Begriffsinhalte und Aufgaben des Informationsmanagement, welches als „Summe der Regeln, Techniken und Systeme zur Gewinnung, Aufbereitung und Anwendung aller internen und externen Informationsressourcen"[314] der Unternehmung gilt und somit die Planung, Gestaltung und Kontrolle von IS umfaßt[315].

---

307 Vgl. hierzu auch: Bleicher: Management, S. 250.

308 Das zur Beschreibung der Aufgaben von WWS wohl am häufigsten zitierte modulare Konzept ist das von *Zentes*, welches insbesondere ein sogenanntes Marketing- und Managementinformations-Modul ausweist. Zentes: Computer Integrated Merchandising, S. 4 f.

309 Vgl. hierzu Gliederungspunkt 6.3 dieses Kapitels.

310 Beispielsweise wird das Lieferserviceniveau, das als vom Kunden wahrgenommener Output des jeweiligen Logistiksystems zu kennzeichnen ist, durch die Marketing-Logistik bestimmt. Vgl. hierzu: Pfohl: Logistiksysteme, S. 204.

311 Lucke: Systeme, S. 38. Durch diese Umschreibung wird nochmals deutlich, daß es sich bei der Informationslogistik um eine Querschnittsfunktion handelt, bei der die Zielsetzung einer ganzheitlichen Gestaltung aller Informationsflüsse verfolgt wird. Vgl. dazu: Biethahn; Mucksch; Ruf: Informationsmanagement I, S. 2 und S. 31.

312 Pfohl: Logistiksysteme, S. 68.

313 Olbrich: Informationsmanagement, S. 14. Die Begriffe Informationstechnik und -technologie werden in dieser Arbeit synonym verwendet, obwohl in der Literatur Technologie teils auch als der weiter gefaßte Begriff verstanden wird, der Technik und Verfahren umfaßt. Vgl. hierzu: Krcmar: Informationsmanagement, S. 31 sowie die dort angegebene Literatur.

314 Becker: Informationsmanagement, S. 1.

315 Krieger: Informationsmanagement, S. 27.

Nachfolgend werden beide Begriffe synonym verwendet. Mit bezug auf obige Abbildung soll abschließend festgestellt werden, daß die Effizienz der Informationslogistik bzw. des Informationsmanagement um so höher ist, desto stärker sich der Informationsstand dem optimalem Informationsgrad annähert.

## 6.3 Ziele und Barrieren beim Einsatz von Informationssystemen

Die oberste Zielsetzung einer betrieblichen Informationslogistik bzw. eines Informationsmanagement ist die Generierung von Kundennutzen[316]. Dies erfordert die Koordination von Daten- und Informationsströmen, wodurch sich Arbeitsabläufe und -strukturen effizienter gestalten lassen und der Prozeß der betrieblichen Leistungserstellung sowohl aus Sicht der Unternehmung als auch der Kunden optimiert wird[317]. Dieser erfolgsdeterminierende Charakter betrieblicher IS stellt die Unternehmungen unter einen ständigen Anpassungs- und Innovationsdruck. So gilt es innerhalb einer Optimierung der Informationsbereitstellung, eine Verkürzung oder sogar Beseitigung der Durchlauf- bzw. Reaktionszeiten zu erreichen[318]. Doch trotz aller in diesem Zusammenhang durchgeführten betrieblichen Maßnahmen ist zu konstatieren, daß jetzt und in absehbarer Zukunft eine Diskrepanz besteht zwischen dem benötigten sowie dem zur Verfügung stehenden IS[319].

Der Hauptgrund dafür sind Restriktionen bei der Erschließung von Flexibilitätspotentialen, die dadurch entstehen, daß Strukturen, Ablaufbeschreibungen und Software nicht in vollem Umfang einem kontinuierlichen Verbesserungsprozeß (KVP) unterworfen werden können[320]. Daraus erwächst für die Informationslogistik die Aufgabe, Soll-Ist-Abweichungen möglichst permanent zu minimieren[321].

---

316 Krieger: Informationsmanagement, S. 29. Der Begriff Kunde ist hierbei im weitesten Sinne zu verstehen. Auch innerhalb einer Unternehmung können z.B. einzelne Profit-Center, Abteilungen oder Entscheider bei einer Leistungsübertragung als Kunden angesehen werden. Diese Sichtweise läßt sich auch in der betrieblichen Praxis beobachten.

317 Krcmar: Informationsmanagement, S. 1.

318 Syring: Informationssysteme, S. 3.

319 Österle; Brenner; Hilbers: Informationssystem, S. 26. Vgl. zur Problematik der Realisierung ganzheitlicher IS auch: Biethahn; Mucksch; Ruf: Informationsmanagement II, S. 3.

320 Krieger: Informationsmanagement, S. 11.

321 Vgl. hierzu und den sich dabei ergebenden gegensätzlichen Anforderungen an das IS, insbesondere den Aspekt „neue Applikationen versus Anwenderfreundlichkeit": Österle; Brenner; Hilbers: Informationssystem, S. 26 ff.

Dieser Forderung bestmöglich nachzukommen ist insbesondere deshalb von nicht zu unterschätzender Tragweite, weil neue Informationstechnologien einen erheblichen Einfluß auf intra- und interorganisatorische Abläufe haben. Einerseits ermöglichen sie den Einsatz von Simulationssystemen, Systemen zur Entscheidungsunterstützung sowie Expertensystemen und führen zu einer Integration solcher Aufgaben, die bislang von verschiedenen internen und/oder externen Organisationseinheiten durchgeführt wurden. Andererseits fördert die feststellbare Tendenz einer Konzentration auf Kernkompetenzen Kooperationen und läßt dadurch die Anforderungen an integrierte IS wachsen[322].

## 6.4 Bedeutung der Software

Die Qualität der Datenverarbeitung in HIS korreliert direkt mit der Leistungsfähigkeit ihrer einzelnen Systemkomponenten. Die Anforderungen an die Systemkonfiguration sind dabei direkt abhängig von der jeweiligen Komplexität des zu modellierenden Warenprozeßsystems. In diesem Kontext erscheint es evident, daß umsatzstarke Handelskonzerne bei der Beherrschung mehrerer Komplexitätsstufen wesentlich höhere Ansprüche an die Informationslogistik stellen, als es beispielsweise bei einem filialisierten Mittelständler der Fall ist.
Über diesen Zusammenhang zwischen Unternehmungsgröße und IS-Komplexität hinaus, ist die Anzahl und Art der Warenbereiche mit entscheidend für die Systemstrukturierung. Objektbereichsspezifische Lösungen erhöhen den notwendigen Leistungsumfang des Gesamtsystems und werfen Fragen hinsichtlich der Kompatibilität von Subsystemen auf. Diese Problematik wurde häufig beim Software-Engineering nicht berücksichtigt, so daß nach den jeweiligen individuellen Benutzeranforderungen betriebsformen-, branchen-, betriebstypen-, und/oder warenbereichsspezifische Unikate entstanden. Dies ist auch der Grund dafür, daß heute noch die Software von WWS nicht selten aus vielen hundert miteinander kombinierten Einzellösungen besteht[323]. Insofern ist es nicht verwunderlich, daß

322 Die Konzentration auf Kernkompetenzen wird ebenfalls unter dem schon mehrfach eingebrachten Begriff „Outsourcing" diskutiert. Speziell in Industrieunternehmungen wird dadurch insbesondere eine Verringerung der Fertigungstiefe angestrebt, bis zum Jahre 2000 um rund 10 Prozent. Baumgarten: Perspektiven, zit. in: Krieger: Informationsmanagement, S. 22.

323 Hertel: Design, S. 3. Mangelnde Kompatibilität von WWS ist auch ein Problem bei Unternehmungszusammenschlüssen im Handel. Insbesondere das Erzielen von Synergieeffekten durch eine gemeinsame Beschaffungslogistik kann dadurch behindert werden.

bei einer Befragung von 100 Einzelhandelsunternehmungen rund 48 Prozent der Befragten ihren Mitarbeitern Akzeptanzprobleme attestierten[324].

Man geht fehl in der Annahme, daß die Branchenspezifität berücksichtigende WWS aufgrund ihrer Spezialfunktionen sowie Terminologie der Bedienerführung („Branchensprache") grundsätzlich leistungsfähiger sind. Auch standardisierte Systeme mit nur einigen wenigen angepaßten Modulen kommen für einen Einsatz in Frage. Dafür muß - wenn überhaupt - nur eine relativ leicht durchführbare und somit kostengünstige Modifikation einer standardisierten Software-Variante vorgenommen werden[325]. Der modulare Aufbau derart standardisierter Programme schafft die Grundlage für eine Wiederverwendung in der Analyse- und Designphase sowie bei der Programmierung[326]. Dadurch stehen den hohen Entwicklungskosten von WWS-Software dann höhere Abverkaufszahlen von Programmen oder Modulen gegenüber, die insgesamt zu einer Kostendegression[327] und sinkenden Angebotspreisen führen. Die Entscheidung für Individual- oder Standardsoftware ist nicht alternativ, sondern kombinativ zu sehen. Dies ist auch der Grund dafür, daß sich zukünftig stark standardisierte Individualsoftware für WWS durchsetzen wird[328]. In der Personal- und Finanzwirtschaft ist dies bereits seit längerem der Fall, weil die Funktionalität entsprechender Sub-IS stark durch branchenübergreifend identische Rechtsvorschriften determiniert wird[329].

Anders stellt sich dieser Entscheidungstatbestand bei dem Einsatz von Software für Management-Support-Systeme (MSS) dar. Ein alleiniger Einsatz von Standardsoftwaresystemen kann hier längerfristig zu einer schlechteren Wettbewerbssituation führen, weil sich dadurch das Methodenrepertoire konkurrierender Unternehmungen weiter angleicht[330]. Mangelnde Flexibilität entsprechender Module sowie stark eingeschränkte Möglichkeiten ihrer Anpassung durch Mitarbeiter der

---

324 o.V.: Informationstechnologie im Handel, S. 74.

325 Bullinger: Warenwirtschaftssysteme, S. 28.

326 Obwohl die Wiederverwendung zu einer erheblichen Produktivitätssteigerung in der Softwareentwicklung führen kann, gelangt sie in der betrieblichen Praxis zur Zeit nur sehr eingeschränkt zum Einsatz. Appelfeller: Softwareentwicklungsprozeß, S. 219 ff.

327 Für die Erarbeitung eines Softwareentwurfs entstehen bei Logistikprojekten etwa 40 Prozent der gesamten Projektkosten. Die spätere Softwarepflege kostet monatlich ca. 0,8 Prozent der Erstellungskosten. Martin: Trends, S. 3.

328 Martin: Trends, S. 10.

329 Atzberger: Warenwirtschaft, S. 10; Voßschulte; Baumgärtner: Controlling im Handel, S. 258.

330 Vgl. zur Problematik sich angleichender Leistungsprofile konkurrierender Betriebsstätten auch Gliederungspunkt 1. dieses Kapitels.

Fachabteilungen sind Schwachstellen, die den Einsatz leistungsfähigerer Werkzeuge verlangen[331]. Diese werden im zweiten Kapitel der Arbeit vorgestellt.

## 6.5 Client-/Server-Management und virtuelle Organisationen

„Client-Server-Architekturen bedeuten im Kern eine Trennung der EDV-Systeme in einen benutzernahen Teil (Client) und in einen von allen Benutzern gemeinsam genutzten Teil (Server), der durch ein Netzwerk erreichbar ist“[332]. Im Vergleich zu zentralistischen Mainframe-Architekturen bieten solche verteilten IT-Infrastrukturen (lokale Netze) wesentlich bessere Möglichkeiten, Geschäftsprozesse abzubilden, weil rechenintensive arbeitsplatzbezogene Aufgaben lokal bearbeitet werden (Dezentralisierung), eine konsistente Datenhaltung aber zentral erfolgt[333]. Kostenseitig stehen bei Client-/Server-Architekturen geringeren Hardwarekosten höhere finanzielle Belastungen für die Systemverwaltung gegenüber. Noch stößt die verteilte Verarbeitung und Speicherung von Daten auf mehreren miteinander vernetzten Systemen „in speziellen Fällen an die Grenzen der EDV-Technologie, da bisher am Markt noch keine verteilten Standard-Datenbanksysteme verfügbar sind“[334]. Trotzdem kann davon ausgegangen werden, daß zentrale Großrechner zunehmend stärker durch Client-/Server-Architekturen verdrängt werden[335]. Dies in Verbindung mit einer Verlagerung von Rechnerleistung an einzelne Arbeitsplätze schafft die infrastrukturellen Voraussetzungen für entscheidungsunterstützende Systeme, die im zweiten Kapitel der Arbeit dargestellt werden[336].

Die oben dargestellte dezentrale Architektur eines nach dem Client-/Server-Prinzip ausgerichteten IS ist auch eine besonders gut geeignete Plattform für die Entstehung virtueller Organisationen. Als Kooperationsverbund rechtlich selbständiger Leistungspartner zeichnet sich diese innovative Organisationsstrategie durch eine starke Streuung physischer Standorte aus und wird erst durch den Einsatz von IS und Kommunikationsnetzen lebensfähig[337]. Virtuelle Organisationen haben „fast keine Hierarchie, kein festes Organigramm und keine Abteilungen

331 Rieger: Führungsinformationssysteme, S. 6.
332 Krieger: Informationsmanagement, S. 49.
333 Heinrich: Re-Engineering, S. 6; Krieger: Logistik, S. 12.
334 Krieger: Informationsmanagement, S. 49.
335 *Krieger* spricht von einem kontinuierlichen Ablösungsprozeß. Krieger: Logistik, S. 12.
336 Chamoni; Gluchowski: Organisatorische Aspekte, S. 25.
337 Vgl. hierzu: Krieger: Informationsmanagement, S. 32.

mit eindeutig definierten Stellenbeschreibungen“[338]. Diese stark reduzierte Struktur-Determiniertheit der Aufbauorganisation setzt eine permanente Analyse des Wertschöpfungsnetzwerkes voraus, die auf der Strategie „Konzentration auf Kernkompetenzen“ in Verbindung mit konsequentem „Outsourcing“ aufbaut. Mithin ist in virtuellen Organisationen die Schaffung von Flexibilitätspotentialen nur durch eine Limitierung einzelbetrieblicher Aufgaben und einer ausgeprägten Kooperationsfähigkeit möglich[339]. *Müller-Stewens* unterscheidet grundsätzlich vier Dimensionen einer Virtualisierung[340]:

(1) Dauer der Wertschöpfungspartnerschaften,
(2) Wertschöpfungstiefe,
(3) Zentralisierungsgrad der Organisation (Eigenverantwortung der Beteiligten) und
(4) Integrationsintensität.

Es ist davon auszugehen, daß sich einzelne Handelsunternehmungen zukünftig stärker in virtuellen Organisationen engagieren werden, weil insbesondere elektronische Märkte sowohl Ausschaltungsgefahren mit sich bringen als auch neue Kooperationsstrategien verlangen. Insofern müssen einerseits die Voraussetzungen für dezentrale Zugriffsmöglichkeiten auf zentral gespeicherte Daten geschaffen werden, andererseits müssen interorganisatorisch verteilte Informationen im Verbund neues Wissen fördern („Knowledge Networks“)[341]. So wäre es durchaus vorstellbar, daß in einer als virtuelle Organisation konzipierten „Electronic Mall“ auf Großhandelsebene

- eine Unternehmungsberatung die Informationsstrategie entwirft und weiterentwickelt,
- ein EDV-Systemhaus die Umsetzung und Pflege übernimmt,
- eine Multimedia-Agentur für den Web-Auftritt verantwortlich ist,

338 Hirn: Sprung, S. 79.

339 Die aus den unterschiedlichen Formen von Unternehmungszusammenschlüssen resultierenden wirtschaftlichen und rechtlichen Bindungsintensitäten bedingen einen teils annähernd fließenden Übergang von einzelbetrieblichen Aufgaben zu solchen, die von den angeschlossenen Partnern, z.B. von Konzerntöchtern oder Franchise-Nehmern, erbracht werden. Letztlich wird die Strukturierung der Aufbauorganisation und damit die interne Abgrenzung von Organisationseinheiten „lediglich“ auf das unmittelbare Unternehmungsumfeld verlagert, was einer externen Festschreibung von Aufgabenfeldern gleichkommt.

340 Müller-Stewens: Virtualisierung, S. 33. Vgl. für eine weiterführende Aufzählung von Merkmalen einer virtuellen Organisation auch: Picot; Reichwald; Wigand: Grenzenlose Unternehmung, S. 398 ff.

341 o.V.: Virtuelle Organisationen, S. 66.

- Hersteller als Category-Leader Produktinformationen über die von den Händlern inhaltlich definierten Warengruppen bereitstellen, wobei die hierfür ggf. benötigten Ton- und Videosequenzen von Werbehelfern eingebracht werden,
- (Versand-) Großhändler die Lagerlogistik übernehmen,
- Logistik-Dienstleister die außerbetriebliche Transportlogistik abwickeln und
- Banken die Zahlungsvorgänge steuern.

Bei dem lediglich grob skizzierten Beispiel werden die Sortimentskompetenz sowie die Lagerkapazitäten und Kommissionieranlagen der auf Sortimentsteile spezialisierten Großhändler genutzt, wodurch sich deren Geschäftsvolumen erhöht. Selbst wenn diese Händler Wettbewerber sind, können sie diesen Teil ihres Geschäftes gemeinsam betreiben („Coopetition"[342]).

Die auf Netzwerkebene insgesamt notwendigen Zusatzinvestitionen können geteilt werden und lassen sich dadurch senken, daß Ressourcen (z.B. Data Warehouse und Web-Server per Extranet[343]) gemeinschaftlich genutzt werden. Dem sich aus rasch wandelnden Kundenwünschen resultierenden Flexibilisierungsdruck kann dadurch besser begegnet werden, daß ein aus der Kombination von Kernkompetenzen entstehendes (evtl. besseres) Leistungsprodukt schneller modifiziert werden kann. Um jedoch dauerhaft strategische Wettbewerbsvorteile erzielen zu können, müssen Unternehmungen, die eine Virtualisierung ihres Geschäftes anstreben, erkennen, daß betriebliche IS im allgemeinen sowie HIS im besonderen nicht nur eine Modellierung realer Objektflüsse induzieren, sondern darüber hinaus auch eigene Realität[344] gewinnen.

## 7. Zusammenhang zwischen Informationslogistik und Handelscontrolling

Zur besseren Beherrschung von Betriebsabläufen werden komplexe Aufgaben in Teile zerlegt und relativ eigenverantwortlichen organisatorischen Einheiten (Funktionsbereichen, Abteilungen) zugeordnet. Durch diesen „Kunstgriff" via Organisationsmodell entstehen zwischen solchen meist funktional abgegrenzten,

342 Müller-Stewens: Virtualisierung, S. 35.
343 Die hier verwendeten Begriffe werden im folgenden Teil der Arbeit inhaltlich gekennzeichnet.
344 Vgl. zu dieser Sichtweise auch: Hertel: Warenwirtschaftssysteme (I), Sp. 2661.

offenen Subsystemen Schnittstellen, die aufgrund zahlreicher Relationen Hindernisse im Managementprozeß darstellen.

Eine Möglichkeit der Entschärfung dieser Problematik ist der Einsatz solcher Organisationsmodelle, bei denen durch bewußt erzeugte Kompetenzüberschneidungen Kreativität auslösende Konflikte erzeugt werden[345]. Doch sind auch diese Ansätze nur als Näherungslösung zu verstehen. Denn einerseits intendieren Prozeßmanagement und interorganisatorische Netzwerke eine Verschmelzung[346] von Funktionsbereichen, auch wirtschaftsstufenübergreifend, wodurch künstlich geschaffene Komplexität wieder reduziert werden soll[347]. Andererseits besteht bei neueren oder an Bedeutung gewinnenden Funktionsbereichen die Tendenz, daß die unter ihnen subsumierten Inhalte sich immer mehr überlappen, was insbesondere zu Unklarheiten bei Zuständigkeiten führt[348]. Eklatant tritt dieses Problem bei der Abgrenzung der Aufgabenbereiche von Informationslogistik und Controlling auf, weil in beiden die zielorientierte Koordination und Verbesserung der Informationsversorgung von Führungsinstanzen im Mittelpunkt steht.

Bislang scheint es eine Frage der Auslegung bzw. der „Besitzansprüche“[349] zu sein, welche Funktion die andere - im Sinne von „Master and Servant“ - unterstützt. Dies kommt auch durch den in der Literatur auffallend uneinheitlich definierten Begriff des Controlling zum Ausdruck, bei dem mindestens drei gänzlich unterschiedliche, unvereinbare Fassungen parallel existieren, die es als institutionalisierte Führungshilfe, Managementfunktion oder Führungskonzeption ausweisen[350]. Bei letztgenannter, also bei extensiver Begriffsauslegung des Controlling, wird der gesamte Lenkungsprozeß von der Planung bis zur Kontrolle von diesem

345 Weber: Controlling, S. 29. Bei der Matrixorganisation beispielsweise erfolgt eine simultane Betrachtung zweier Aspekte eines Problems (i.d.R. Funktion und Objekt). Vgl. für eine Erläuterung der führungstechnischen Vorteile einer solchen Aufbauorganisation im Handel: Barth: Unternehmungsführung, S. 62 ff.

346 Beim Category Management zeigt sich diese in der Zusammenlegung von Einkauf und Verkauf. Vgl. hierzu Gliederungspunkt 5.3.2 dieses Kapitels.

347 Bei verschiedenen Management-Konzepten, wie beispielsweise dem Lean-Management, ist die Grundidee eine Hinwendung zur „Kunst des Einfachen“. Vgl. hierzu: Gerl: Lean-Production, S. 3.

348 Ahlert; Olbrich: Schnittstelle, S. 224 f.

349 Ahlert; Olbrich: Schnittstelle, S. 225.

350 Vgl. hierzu auch: Schmidt: Controlling, S. 2. Für eine anschauliche Gegenüberstellung dieser unterschiedlichen Begriffsauffassungen vgl. auch: Ahlert: Warenwirtschaftsmanagement, S. 48 ff.

umschlossen[351]. Demzufolge gilt es dann als Synonym für den Begriff Management und wird somit ad absurdum geführt[352].

Den Versuch, die dem Controlling in der Praxis zukommende Bedeutung induktiv zu erfassen, hat *Ahlert* in Form einer empirischen Untersuchung unternommen. Die darin befragten 112 Unternehmungen wiesen insgesamt 50 unterschiedliche Funktionen des Controlling aus, was deren stark uneinheitliche Interpretation der Aufgabenbereiche widerspiegelt[353]. Bei der Frage, wem die Funktionenerfüllung in personeller Hinsicht obliegen sollte, dem Controller, dem Manager (Selbstcontrolling) oder beiden, waren 78 Prozent der Probanden der Ansicht, daß hier arbeitsteilig zu verfahren sei. Mithin ist auch der pragmatische Definitionsansatz „Controlling is what Controllers do" nicht nur irreführend, sondern auch falsch[354]. *Schmidt* kommt auch deshalb zu dem wenig überraschenden Ergebnis, daß der Begriff des Controlling aufgrund seiner praxeologischen Herkunft „nicht auf dem Wege einer Definition beschrieben werden kann".[355]

Um aber dennoch das Controlling in der handelsbetrieblichen Führungskonzeption positionieren zu können, bedarf es einer Systematisierung seiner tatsächlichen Funktionen, die abgeleitet werden können aus den Ursachen für die Einführung und den verfolgten Zielen[356]. Auf diesem Wege können dem Controlling die Grundfunktionen der Steuerung und der Koordination attestiert werden, die beide von der Informationsfunktion als Querschnittsfunktion überlagert werden[357]. Diese drei Funktionsarten werden nachfolgend kurz gekennzeichnet.

351 Ahlert: Warenwirtschaftsmanagement, S. 48. Bei funktionaler Interpretation des Begriffs Unternehmungsführung (hier synonym zum Begriff Management verwendet) kann bei prozessualer Sichtweise zwischen den Hauptfunktionen Planung, Entscheidung, Durchsetzung und Kontrolle differenziert werden.

352 Als Beispiel einer solchen extensiven Begriffsauslegung sei die Definition von *Haseborg* genannt. Nach diesem umfaßt das Controlling „die Gesamtheit der Management-Teilfunktionen (..), welche die Instrumente des Managementzyklus der Planung, Kontrolle, Informationsversorgung, Personalführung und Organisation mittels Information zielorientiert koordinieren". Haseborg: Controlling, Sp. 1542.

353 Vgl. für eine nähere Darstellung der Ergebnisse dieser schriftlichen Befragung zu Begriff und Aufgaben des Handelscontrolling: Ahlert: Warenwirtschaftsmanagement, S. 64 ff.

354 *Weber* weist darauf hin, daß Controlling erst durch die Teamarbeit von Managern und Controllern entsteht. Der Manager ist dabei für das Ergebnis verantwortlich, der Controller für die wirtschaftliche Aussage und Ergebnistransparenz. Weber: Controlling, S. 36.

355 Schmidt: Controlling, S. 4.

356 Vgl. hierzu auch: Schmidt: Controlling, S. 184.

357 Schmidt: Controlling, S. 185.

Im Rahmen der Steuerungsfunktion wird das dem Controlling inhärente „klassische“ Prinzip der Regelung, welches Soll-Ist-Vergleiche und Abweichungsanalysen beinhaltet und die Deduktion von Korrekturmaßnahmen vorbereitet, um eine antizipative Komponente erweitert, die insbesondere fundierte Prognosen in die permanente Prämissenkontrolle einbezieht[358]. Wegen der Integration zukunftsorientierter Gegensteuerungsmaßnahmen bei Abweichungen vom Kurs auf festgelegte Unternehmungsziele wird der Controller auch als „Navigator“ bezeichnet[359].

Im Rahmen der strategischen Steuerung, die häufig auch als strategisches Controlling ausgewiesen wird, kommen Analyse- und Prognoseinstrumente zum Einsatz, die größtenteils dem strategischen Management entliehen sind[360]. Mithin handelt es sich also nicht um originäre Controllingmethoden, sondern vielmehr um einen weiteren Versuch, die Funktionenintegration bzw. die „Besitzansprüche“ durch Eingliederung auszudehnen[361].

Die Koordinationsfunktion determiniert die Abstimmung der an den Regelungs- und Steuerungsprozessen beteiligten Organisationsmitglieder[362]. Die ihr zufallenden Aufgaben sind um so komplexer, desto differenzierter betriebliche Abläufe und desto dezentralisierter einzelne Instanzen sind.
In institutionaler Hinsicht kann es in Abhängigkeit von der Organisationsstruktur deshalb empfehlenswert sein, das Controlling als Linien-Stab-Konzept neben den „eigentlichen“ Instanzen in der Aufbauorganisation zu verankern[363]. Dem Control-

---

358 Schmidt: Controlling, S. 185.

359 Piontek: Distributionscontrolling, S. 2.

360 Vgl. zur Subsumption des Produktlebenszyklus-Konzeptes, der Lücken-, Erfahrungskurven- und Portfolio-Analyse, der Szenario-Technik usw. unter strategisches Controlling: Eggers; Eickhoff: Controlling, S. 8 ff.; Horváth: Controlling umsetzen, S. 195. f.

361 *Pfohl/Zettelmeyer* weisen in diesem Zusammenhang darauf hin, „daß an den operativen und strategischen Controller in einer Person zu hohe Qualifikationsanforderungen (Wissen, Denkweise, Fähigkeiten, Fertigkeiten) gestellt werden“. Pfohl; Zettelmeyer: Strategisches Controlling, S. 167.

362 „Diese Funktion, nämlich Sorge dafür zu tragen, daß die notwendigen Abstimmungsprozesse rechtzeitig und mit der erforderlichen Sorgfalt stattfinden und daß sie effizient moderiert und professionell abgewickelt werden“, sieht *Ahlert* als die wichtigste Aufgabe des Controlling an. Ahlert: Warenwirtschaftsmanagement, S. 58. Diese Ansicht zeigt deutlich, daß *Ahlert* Anhänger der von *Horváth* begründeten koordinationsbetonten Controlling-Sicht ist. Kritische Stimmen sprechen bei dieser Interpretation auch von einer Überbewertung der Koordinationsfunktion. Vgl. hierzu: Henneböle: Information Systems, S. 13.

363 Hinsichtlich der von *Ahlert* empfohlenen Implementierung des Controlling als Parallelhierarchie (vgl. hierzu: Ahlert: Warenwirtschaftsmanagement, S. 58.) ist kritisch anzumer-

ler fällt dann in seiner Stabsfunktion die Aufgabe zu, als Methodenspezialist, Verlustquellenanalyst und Informationsversorger den Linienmanagern eine effiziente Führung zu ermöglichen, besonders hinsichtlich der Zielsetzungen eines operativ/ taktischen Gewinnmanagement[364].

Um die Informationsfunktion als dritte Funktionsart des Controlling inhaltlich zu präzisieren, muß in einem ersten Schritt die wechselseitige Abhängigkeit zwischen Controlling und Informationslogistik aufgezeigt werden. Diese kommt dadurch zustande, daß IS einerseits als Fundament der Informationslogistik heute unverzichtbare Voraussetzung für die Überwachung und Steuerung von Prozessen sind. Sie aber andererseits „wegen ihrer Komplexität und strategischen Bedeutung selbst Gegenstand und Aufgabenbereich des Controlling“[365] sein können.
Um nun überhaupt eine Grenzziehung vornehmen zu können, muß die Frage gestellt werden, welche Aufgaben der Informationslogistik zufallen, die nicht gleichzeitig auch dem Controlling zuzuordnen sind. Dies hängt, wie oben deutlich wurde, insbesondere von der dem Controlling im betrieblichen Einzelfall zugewiesenen Funktionstiefe ab.

Unabhängig von dieser variablen Spannweite der Funktionenwahrnehmung liegt es aber eindeutig im Aufgabenbereich des strategischen Informationsmanagement, die Informationsstrategie zu entwerfen bzw. zu modifizieren. Durch diese nämlich wird „die grundsätzliche Ausrichtung der Informationsstrukturen und -prozesse einer Informationswirtschaft an der Erschließung neuer Nutzenpotentiale“[366] formuliert. Solche Nutzenpotentiale ergeben sich zum einen durch Reorganisationsmaßnahmen im Informationsmanagement (z.B. Implementierung einer Client-/ Server-Architektur), aber besonders durch den Einsatz neuer Informationstechnologien (z.B. Data Warehouse) bzw. Informationsflußmitteln[367]. Letztgenannte nämlich versetzen Unternehmungen in die Lage, die Prozesse der Informations-

---

ken, daß die hierdurch entstehende Komplexität der Controllingorganisation bezüglich der eines „Lean Management“ kontraproduktiv sein kann.

364 Barth: Betriebswirtschaftslehre, S. 343 f.

365 Krieger: Informationsmanagement, S. 183. Dies kommt auch in den Begriffen EDV-Controlling oder Controlling der Informationsversorgung (IV-Controlling) zum Ausdruck. Vgl. hierzu: Ahlert; Olbrich: Schnittstelle, S. 231. Der Begriff Informationsversorgungssystem wurde von *Horváth* geprägt, dem die IS zugeordneten Begriffsinhalte als zu umfassend erscheinen und der deshalb diesen Terminus umgeht. Vgl. zu dieser hier kritisch dargestellten Vorgehensweise: Horváth: Controlling, S. 357.

366 Ahlert; Olbrich: Schnittstelle, S. 228.

367 Ahlert; Olbrich: Schnittstelle, S. 228.

beschaffung, -aufbereitung, -speicherung und -weiterleitung wesentlich effizienter zu erfüllen[368]. Das ist auch eine Voraussetzung für die Umsetzung einer Informationsstrategie, welche die konsequente Ausrichtung der Geschäftsprozesse an den Bedürfnissen der Märkte und Kunden zum Ziel hat, um insbesondere „lokale Präsenz, kundenindividuelle Problemlösungen und Entscheidungskompetenz vor Ort“[369] zu ermöglichen. Wegen des oben genannten Effizienzkriteriums verlangt das ökonomische Prinzip, die genannten Aufgabenbereiche der Informationslogistik zuzuordnen. Wird diese Zuständigkeitszuweisung beidseitig akzeptiert, können die sicherlich nie gänzlich vermeidbaren Konfliktpotentiale zumindest begrenzt werden[370].

Informationsverwendende Prozesse hingegen, die in oben entworfener Zuweisungssystematik nicht genannt wurden, sind an das Controlling zu übertragen; aber nur in den Fällen, wo die Koordination von Informationsbedarf und Informationsangebot einen solchen Umweg auch verlangt[371]. Bei bestimmten, später noch näher zu kennzeichnenden Management Support Systemen ist dieses deshalb teils nicht mehr der Fall, weil die Entscheider, die bekanntlich keine Controller im eigentlichen Sinne sind, den Datenpool durch Abfragesysteme auch selbst auswerten können (passive Informationsbereitstellung) und dann Entscheidungen ohne Vorfilterung durch das institutionalisierte Controlling treffen[372]. Mithin ist

368 Die für eine Problemlösung notwendige und hier nicht angesprochene Verwendung adäquater Informationen (vgl. hierzu auch Gliederungspunkt 6.1.1 dieses Kapitels) wird nachfolgend als Kristallisationspunkt einer Funktionenzuweisung an Controlling oder Informationslogistik gekennzeichnet.

369 Dies sind die zentralen Erfolgsfaktoren einer Informationsstrategie. Wildemann: Kundennähe, S. 9.

370 *Horváth* akzeptiert diese Zuständigkeitszuweisung nicht. Aufgrund der erheblichen Funktionstiefe seiner Controlling-Konzeption bestimmt das Planungs- und Kontrollsystem (PK-System) die Struktur des IS (respektive Informationsversorgungssystems), welchem somit lediglich eine unterstützende („Servant“-) Funktion zukommt. Vgl. hierzu: Horváth: Controlling, S. 359.

371 Schmidt: Controlling, S. 116 und 158. Ein solcher Koordinationsbedarf besteht besonders beim Anfall von Massendaten, wie sie innerhalb von WWS generiert werden. Deshalb kann das Handelscontrolling auch als Brücke zwischen WWS und dem Handelsmarketing interpretiert werden. Ahlert: Warenwirtschaftsmanagement, S. 24.

372 Indem Entscheider durch geeignete Software-Tools eigene Datenauswertungen vornehmen und somit informationsvorbereitende Prozesse generieren, übernehmen sie zwar Controllingfunktionen durch Selbstcontrolling, werden dadurch aber nicht zu Controllern, weil solche aus einem institutionalisierten Controlling stammen. Vgl. zu der daraus resultierenden Notwendigkeit einer Trennung der Begriffe Controlling und Controller im Rahmen einer managementbezogenen Controlling-Begriff-Auslegung: Biethahn; Huch: Controlling, S. 33 sowie die dort angegebene Literatur.

bei zunehmender IT-Unterstützung und dadurch verbesserten Möglichkeiten des Selbstcontrolling eine Rückdelegation des institutionalen Controlling zu konstatieren, welches sich letztlich als integrative Dienstleistungskomponente der Informationslogistik darstellt.

Obige Ausführungen zeigen, daß das Controlling zwar weitreichende Service- und Querschnittsfunktionen erfüllt, jedoch nicht Bestandteil der zentralen Führungsaufgabe einer Unternehmung ist. Demzufolge bedeutet Controlling nie selbst Führung, sondern immer nur Entscheidungsvorbereitung und -unterstützung[373]. Es wird daran gemessen, inwieweit die von ihm koordinierten informationsverwendenden Prozesse geeignet sind, das betriebliche Leistungsprodukt zu verbessern. Dies hängt besonders stark von der Qualität nachfolgend untersuchter Handelsinformationssysteme ab.

373 Vgl. hierzu: Barth: Betriebswirtschaftslehre, S. 344; Mehrmann; Wirtz: Controlling, S. 12.

# Kapitel II

# Architekturen und Komponenten integrierter Handelsinformationssysteme

## 1. Architekturen betrieblicher IS

Generelles Sachziel der Informationslogistik ist die Erschließung von Leistungspotentialen der Informationsfunktion durch die Generierung und Pflege einer adäquaten Informationsinfrastruktur. Unter diesem Sammelbegriff, der alle Einrichtungen, Maßnahmen und Mittel einer Unternehmung für die Produktion, Verbreitung sowie Nutzung von Information und Kommunikation umfaßt, wird die Gesamtheit der betrieblichen IS-Architekturen subsumiert[1].

Der hiermit eingebrachte Begriff Architektur verleiht - allgemein formuliert - dem Willen des Menschen Ausdruck, sein Umfeld (durch ein Regelwerk[2]) zu ordnen und zu gestalten[3]. Um die komplexen Architekturen von IS beherrschbar zu machen, gelangen als Hilfsmittel Modelle zum Einsatz, die abstrahierte Abbilder von Systemen liefern.

Architekturmodelle im Rahmen der Informationslogistik dienen der systematischen, komprimierten und strukturierten Darstellung von geplanten oder bereits existierenden IS und stellen somit deren Entwicklung (Konstruktion) bzw. Weiterentwicklung (Rekonstruktion) sicher[4]. Sie gelten deshalb als Voraussetzung für die Computerisierung betrieblicher Prozesse bzw. für die Ableitung informationstechnischer Verbesserungsmöglichkeiten[5].

---

1 Heinrich: Informationsmanagement, S. 19. *Heinrich* weist darauf hin, daß es für die Informationsinfrastruktur immer mehrere Architekturen gibt, „deren Elemente nebeneinander stehen, aufeinander aufbauen oder in anderer Beziehung zueinander stehen". Heinrich: Informationsmanagement, S. 62.

2 Scheer: ARIS, S. 83.

3 Schmidt: Informationsmanagement, S. 2.

4 Adam: Entscheidung, S. 44.

5 Scheer; Brombacher; Hars: Informationsmodellierung, S. 175.

## 1.1 Systematisierung von Ansätzen zur Modellierung von IS

Architekturmodelle der Informationsinfrastruktur sind auf hoher Abstraktionsebene angesiedelt (Unternehmungsmodelle[6]) und basieren auf den durch Geschäfts- und IS-Strategien verfolgten Zielsetzungen[7]. Sie erhöhen zwar einerseits die Planbarkeit einer integrierten Informationslogistik durch eine Ordnung maßgeblicher System-Elemente und -Beziehungen bzw. -Relationen[8]; andererseits eröffnen sie aber durch ihren nur sehr geringen Detaillierungsgrad noch keine tieferen Einsichten in IS-Subsysteme. Deshalb ist ein zusätzlicher Entwurf von Architekturmodellen für niedrigere Aggregationsebenen notwendig, beispielsweise in Form von Bereichs- oder Projektmodellen.

Die unterschiedlichen Perspektiven, aus denen Architekturen von IS betrachtet werden können, sind durch einen morphologischen Kasten der Architekturmodellierung abbildbar:

Abb. 2: Morphologischer Kasten der Architekturmodellierung

| Merkmale | Merkmalsausprägungen | | | |
|---|---|---|---|---|
| Beschreibungssicht | Daten / Objekte | Funktionen / Objekte | Organisation | Prozesse |
| Beschreibungsebene | Fachkonzept | | DV-Konzept | Implementierungskonzept |
| Geltungsanspruch | Istmodell | | Sollmodell | Idealmodell |
| Inhaltliche Individualität | Unternehmungsspezifisches Modell | | Referenzmodell | Mastermodell |

Quelle: Rosemann: Informationsmodellierung, S. 22.

---

6 Im Rahmen überbetrieblicher Kooperationen werden auch Modelle mit noch größerem Bezugsbereich diskutiert. Vgl. hierzu: Scheer; Brombacher; Hars: Informationsmodellierung, S. 179. Die Bedeutung solcher Interorganisationssysteme wird in den Gliederungspunkten 3.3 ff. dieses Kapitels verdeutlicht.

7 Vgl. hierzu: Krcmar: Informationsmanagement, S. 39; Hildebrand: Informationsmanagement, S. 169 f. Vgl. zu den Wechselwirkungen von Organisations- und IS-Gestaltung: Becker; Schütte: Aspekte, S. 344 f.

8 Vgl. hierzu Schmidt: Informationsmanagement, S. 2; Hildebrand: Informationsmanagement, S. 170. Vgl. hierzu auch die terminologischen Grundlagen der Systemtheorie im Gliederungspunkt 3.4.1 des ersten Kapitels.

Die Beschreibungssicht[9] stellt das in der Literatur am häufigsten genannte Differenzierungskriterium bei Architekturmodellierung dar. Dabei wird zwischen Objekten (z.B. Daten oder Funktionen), organisatorischen Aspekten und Prozessen unterschieden (Zerlegungsprinzip[10]). Eine solche Systematisierung ist das typische Merkmal einer traditionellen Modellierung von IS, bei der mindestens eine Trennung zwischen Daten- und Funktionssicht erfolgt. Dieser Modellierungsart stehen Ansätze sogenannter objektorientierter Entwurfstechniken gegenüber, durch welche eine ganzheitliche Systemmodellierung erreicht werden soll; bisher konnten sich solche Verfahren jedoch nicht durchsetzen[11].

Insgesamt werden in der Literatur eine Vielzahl unterschiedlicher Architekturmodelle für den Aufbau von IS innerhalb dieser beiden Klassen von Beschreibungssichten ausgewiesen[12]. Speziell für HIS wurde von *Becker/Schütte* jüngst ein umfassendes, auf der traditionellen Modellierungs-Methode basierendes Konzept vorgestellt[13]. In Anlehnung an die von *Scheer* entwickelte Architektur integrierter IS (ARIS) unterscheiden sie dabei zwischen Daten-, Funktions-, Organisations- und Prozeßsicht[14]. Einer solchen Einteilung von Betrachtungsrichtungen liegt die Erkenntnis zugrunde, daß jeder Prozeß (Prozeßsicht) als eine

(1) zeitlich-sachlogische Abfolge einzelner betrieblicher Funktionen, z.B. Lagerung und Transport (Funktionssicht),
(2) zur Bearbeitung eines betriebswirtschaftlich relevanten Objektes, z.B. Informationen oder Ware, gekennzeichnet werden kann (Datensicht[15]),
(3) für den bestimmte Organisationseinheiten verantwortlich sind (Organisationssicht)[16].

Auf Beschreibungsebene wird zwischen Fach-, DV- und Implementierungskonzept unterschieden. Abgrenzungskriterium ist dabei der Konkretisierungsgrad die-

9 Synonym wird auch von Schichten oder Gliederungen gesprochen.
10 Scheer: ARIS, S. 86.
11 Becker; Schütte: Handelsinformationssysteme, S. 29.
12 Vgl. zu den unterschiedlichen Architekturvorschlägen exemplarisch: Hildebrand: Informationsmanagement, S. 171 ff.; Schmidt: Informationsmanagement, S. 2 ff.
13 Becker; Schütte: Handelsinformationssysteme, S. 147 ff.
14 Scheer; Brombacher; Hars: Informationsmodellierung, S. 175 ff.
15 „Als Beschreibungssprache für die Datensicht haben sich Datenmodelle auf der Basis des Entity Relationship Modells (...) durchgesetzt". Scheer; Brombacher; Hars: Informationsmodellierung, S. 175.
16 Vgl. hierzu und den nachfolgenden Begriffstypologien: Becker; Schütte: Handelsinformationssysteme, S. 53.

ser Modelle in bezug auf ihre informationstechnische Umsetzung, wobei einzelne Entwicklungsphasen von der betriebswirtschaftlichen Problemstellung bis zur technischen Implementierung durchgängig beschrieben werden[17]. Bei ARIS erfolgt in jeder dieser Phasen eine Betrachtung der vier oben dargelegten Beschreibungssichten.

Der Geltungsanspruch bezieht sich auf den Status quo, die Ziel- sowie Idealvorstellungen bei dem vorhandenen bzw. gewünschten IS.

Nach inhaltlicher Individualität lassen sich unternehmungsspezifische, Referenz- sowie Master-Modelle voneinander abgrenzen, die sich dadurch auch in ihrer Allgemeingültigkeit unterscheiden. Von besonderer Bedeutung für die Entwicklung eines Architekturmodells ist die Verwendung eines Referenzmodells, welches für eine Branche oder Gruppen von Unternehmungen konstituierende Merkmale in sich trägt und somit quasi als „Schablone“, Rahmen bzw. „Generalbebauungsplan“[18] bei der Konstruktion einer unternehmungsindividuellen Lösung dient. Hierbei tritt allerdings das Problem der Bestimmung des optimalen Abstraktionsgrades auf[19].

Durch diese Kurzdarstellung der - aufgrund fehlender einheitlicher Systematik und Begrifflichkeit keinesfalls vollständigen - Klassifikation von Kriterien zur Einteilung von Architekturmodellen konnte deutlich gemacht werden, daß bei der Modellierung von IS aus der Vielzahl an Strukturierungsmöglichkeiten ein äußerst komplexes Betrachtungsfeld resultiert. Dieses wird von Benutzern, Entwicklern, Anbietern und Anwendern auf unterschiedliche Weisen wahrgenommen und beurteilt („Sichtweise auf den Gegenstand“[20]).
Während Systementwicklern (Entwicklersicht) sowohl analytische als auch kreative Fähigkeiten bei der Konstruktion/Rekonstruktion von IS abverlangt werden, bleiben dem überwiegenden Teil der Anwender (Anwendersicht) von IS Einsichten in derartige Modellkonzeptionen weitgehend verborgen. Dies ist um so stärker der Fall, desto mehr der Betrachtungsausschnitt weg von betriebswirtschaftlichen Fragestellungen (Fachkonzept) und hin zu konkreten Informatik-Lösungen (DV-Konzept) rückt. Umfassende Systemkenntnisse sind bei den Anwendern aber auch

17 Scheer: ARIS, S. 87.
18 Köpper: Logisches Kernsystem, S. 57.
19 Marent: Referenzmodelle, S. 312.
20 Heinrich: Informationsmanagement, S. 62.

nicht zwingend erforderlich, weil der Nutzen von IS, nämlich das Leisten eines Beitrages zu Problemlösungen, auch durch ein nur partielles Systemverständnis, insbesondere fundierte „Front-End-Kenntnisse", aufgebracht werden kann. Es ist anzunehmen, daß aus Anwendersicht die gedankliche Erfassung der Architektur von Informations(sub)systemen durch eine Strukturierung ihrer Hard- und Software-Komponenten erfolgt.

## 1.2 Komponenten von IS

Ein idealtypisches IS setzt sich aus folgenden Subsystemen bzw. Komponenten zusammen, die durchaus auch mehrfach implementiert sein können[21]:

(1) Betriebssystem (z.B. Unix oder Windows NT)
(2) Kommunikationssystem, bestehend aus:
  (a) Datenstationen (z.B. PC mit ISDN-Karte und -Anschluß)
  (b) Datenübertragungswegen (z.B. Glasfaserkabel)
  (c) Datenübertragungsverfahren und Protokollen (z.B. EDIFACT)
(3) Daten- und Textbanksystem, insbesondere:
  (a) Datenbank
  (b) Datenbankverwaltungssystem
(4) Programm-Bibliotheks-System[22]
(5) Methoden-Bibliotheks-System[23]
(6) Tool- und Sprachen-System[24]
(7) Management-Support-Systeme (MSS)
(8) Data Dictionary (Meta-IS)

Nachfolgend werden einzelne dieser Komponenten sowie die weiter oben dargestellten Architekturen betrieblicher IS speziell für das Erkenntnisobjekt Handel modifiziert und konkretisiert.

---

21 Biethahn: Informations- und Kommunikationssystem, S. 391 ff.

22 Dieses beinhaltet Anwendungsprogramme für das Tagesgeschäft. Bei der Systemkonstruktion sind zwei Prinzipien zu beachten. Erstens die Möglichkeit Programmbausteine auswechseln zu können (Modularisierung), sowie zweitens eine Trennung von Daten- und Programmebene, damit „Datenunabhängigkeit" erreicht wird.

23 Das Methoden-Bibliotheks-System dient als „Lager" für solche Programmbausteine (Module), die eine kurzfristige Erstellung spezieller Applikationen ermöglichen.

24 Das Tool- und Sprachen-System beinhaltet Werkzeuge (Utilities) zur Entwicklung und Erstellung neuer Applikationen.

## 2. Architekturen und Komponenten von HIS

Bei der Konstruktion eines Grund- bzw. grob strukturierten Referenzmodells für integrierte HIS müssen zuerst solche Hauptkomponenten als Subsysteme inhaltlich gekennzeichnet werden, welche die Plattform für übergeordnete Datenbanksysteme und MSS bilden. Das insgesamt zu wählende hohe Abstraktionsniveau resultiert aus dem Gültigkeitsanspruch der zu gewinnenden Ergebnisse für den gesamten Objektbereich Handel. Dessen unterschiedliche Betriebstypen und -formen lassen es fragwürdig erscheinen, ob die in einem Referenzmodell verankerten konstituierenden Merkmale weitgehend Allgemeingültigkeit besitzen.
Diese Frage kann unter Betrachtung des heutigen umfangreichen Angebotes und Einsatzes von Standardsoftware auf Ebene des Fachkonzeptes bzw. der Fachkonzepte bejaht werden[25]. Unterscheidet man weiterhin zwischen den Organisationsformen Großhandel, Versandhandel und filialisierter Einzelhandel, so beruht bei den beiden erstgenannten das warenwirtschaftliche Kernsystem auf der Auftragsabwicklung, deren einzelne Arbeitsschritte überwiegend klar strukturiert sind[26]. Beim filialisierten Einzelhandel hingegen ist dieses Kernsystem wesentlich komplexer, insbesondere in mehrstufigen Handelssystemen. Deshalb empfiehlt es sich, den Einzelhandel in den Mittelpunkt bei der Konstruktion eines „Generalbebauungsplans" zu stellen, weil die auf diese Weise gewonnenen Erkenntnisse dann auf die weniger komplexen Organisationsformen übertragen werden können.

Schließlich ist die Frage zu klären, ob IS verschiedener Einzelhandelsunternehmungen ein gemeinsames „Kernsystem" haben, das beschrieben und handhabbar gemacht werden kann. Diese ist dann mit ja zu beantworten, wenn neue Technologien nicht in alte Denkmuster (Applikationen) integriert werden[27].

---

25 Vgl. zu dieser Begründung sowie zahlreichen Quellen, die den vermehrten Einsatz von Standardsoftware in der Zukunft prognostizieren: Hansen; Marent: Referenzmodellierung, S. 372. Besonders deutlich wird dies durch Software-Referenzmodelle wie dem *SAP (R/4) Retail*.

26 Köpper: Logisches Kernsystem, S. 57.

27 Köpper: Logisches Kernsystem, S. 59. In diesem Zusammenhang ist ausdrücklich darauf hinzuweisen, daß *Becker/Schütte* in ihrem Handels-H-Modell Einkauf und Verkauf voneinander trennen und die Dualität des Handelsmarketing explizit verkennen, indem sie konstatieren, daß Marketing ein Teilsystem des Vertriebsbereiches sei. Vgl. hierzu: Becker; Schütte: Handelsinformationssysteme, S. 10.

## 2.1 Architekturen von HIS

Bisherige handelsspezifische Referenzmodelle bzw. Ansätze zu deren Entwicklung weisen innerhalb eines intraorganisatorischen Bezugsbereiches meist eine fokussierte Betrachtung warenwirtschaftlicher Funktionen oder Prozesse auf. Deshalb werden solche Modelle an dieser Stelle nur übersichtsartig aufgezählt, eine genauere Betrachtung erscheint im Rahmen der späteren Darstellung von WWS sinnvoller.

Beispiele handelsspezifischer Referenzmodelle i.w.S. sind[28]:
(1) das Grundmodell der Warenwirtschaft von *Ebert*[29],
(2) das Konzept der operativen Einheiten von *Hertel*[30],
(3) die Retail Application Architecture (RAA) von *IBM*[31],
(4) das Basismodell von *Marent*[32] sowie
(5) das Handels-H-Modell von *Becker/Schütte*[33].

Diesen Ansätzen zur Bildung von Grund- bzw. Referenzmodellen ist gemein, daß sie WWS entweder als Basis von HIS ausweisen oder diese begrifflich gleichsetzen. Mithin erscheint es notwendig, zuerst einen für diese Arbeit gültigen Grundaufbau von HIS zu skizzieren, bevor einzelne Komponenten detailliert betrachtet werden.

## 2.2 Systematisierung der Komponenten von HIS

Die für diese Arbeit entwickelte Basis-Architektur von HIS basiert auf vier aufeinander aufbauenden Komponenten (Bausteinen):

---

28 Für eine Kurzdarstellung der Modelle (1) bis (4) vgl.: Hansen; Marent: Referenzmodellierung, S. 373 ff.

29 Ebert: Warenwirtschaftssysteme, S. 107 ff. Dieses Modell wurde insbesondere von *Zentes*, *Ahlert* und *Olbrich* für weiterführende Untersuchungen zugrunde gelegt.

30 Hertel: Warenwirtschaftssysteme (II), S. 146 ff.

31 Stecher: Retail Application Architecture, S. 281 ff.

32 Marent: Referenzmodelle, S. 310 f.; Hansen; Marent: Referenzmodellierung, S. 377 ff. *Marent* dienten die Modelle (1) bis (3) als Grundlage.

33 Becker; Schütte: Handelsinformationssysteme, S. 9 ff.

(1) Betriebswirtschaftlich-Administratives System (BAS)[34],
(2) Warenwirtschaftssystem(e) (WWS),
(3) Data Warehouse (DW) und
(4) Management-Support-Systeme (MSS), wie Abbildung 3 zeigt.

Abb. 3: Grundaufbau eines Handelsinformationssystems

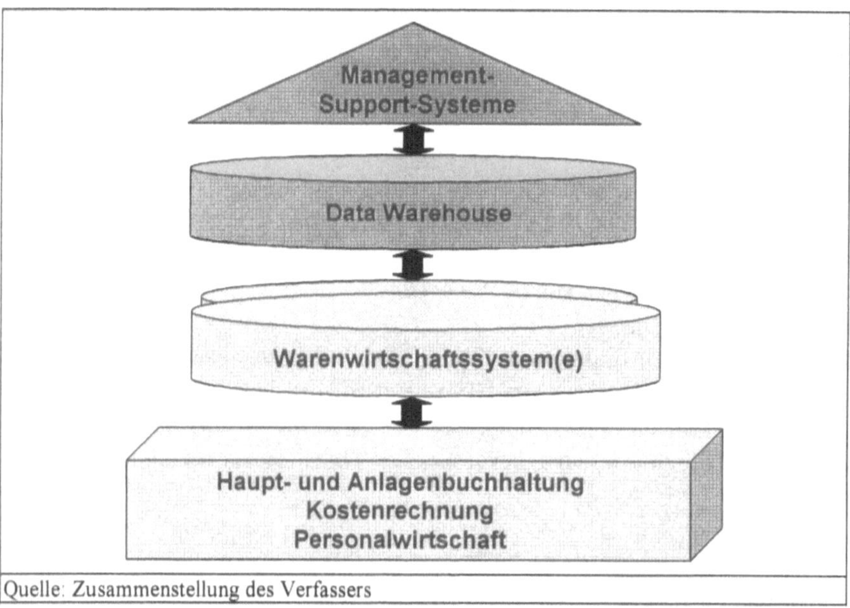


Quelle: Zusammenstellung des Verfassers

Haupt- und Anlagenbuchhaltung, Kostenrechnung sowie Personalwirtschaft bilden als betriebswirtschaftlich-administratives System (BAS) eine tragende Säule des HIS. Auf eine Kennzeichnung der einzelnen Komponenten aus technischer Sicht soll an dieser Stelle verzichtet werden, ihr Einfluß auf Ergebnis- und Personalcontrolling wird im dritten Kapitel der Arbeit diskutiert.

Vielmehr sollen die drei anderen Bausteine, beginnend mit den WWS, nachfolgend einer genaueren Betrachtung unterzogen werden. An dieser Stelle sei jedoch bereits darauf hingewiesen, daß die Darstellung von DW-Architekturen und MSS erst nach der Behandlung sogenannter integrierter HIS erfolgt. Dadurch wird zwar der Untersuchungsbereich vorzeitig auf externe Organisationseinheiten, z.B. Hersteller und Kunden, ausgedehnt, da aber in DW und MSS auch auf diese Weise

34 Vgl. hierzu: Becker; Schütte: Handelsinformationssysteme, S. 10; Voßschulte; Baumgärtner: Controlling im Handel, S. 258.

gewonnene externe Daten verarbeitet werden (müssen), erscheint eine erst spätere Behandlung integrierter Systeme als nachteilig. Der dadurch auf den ersten Blick entstehende Mangel an Untersuchungsstringenz wird jedoch nach Meinung des Verfassers durch eine verbesserte Darstellungsmöglichkeit der Systemzusammenhänge überkompensiert.

## 2.3 Warenwirtschaftssysteme als Basiskomponenten von HIS

Der Begriff Warenwirtschaft umschreibt ein System der Warenverteilung vom Hersteller bis zum Letztverwender oder -abnehmer und bildet die „Summe aller Tätigkeiten im Zusammenhang mit der Ware“[35]. Dabei wird die Ware vom Handel regelmäßig stofflich nicht verändert, so daß sie, wie zu Beginn der Untersuchung bereits angesprochen, die Stellung eines Regiefaktors einnimmt[36]. „Die Warenwirtschaft ist das Herzstück der Administration in einem Handelsunternehmen. Nur aus der Warenwirtschaft resultieren Gewinne. Hat man in der Warenwirtschaft Ordnung, aktuelle und stimmende Daten, dann lassen sich auch andere, mit der Warenwirtschaft verbundene administrative Themen sehr viel 'eleganter' und mit bedeutend größerer wirtschaftlicher Effizienz lösen“[37].

Durch die handelsbetrieblichen Transpositionsleistungen entstehen im Bereich der Warenwirtschaft physische Warenströme, die durch von diesen untrennbare Informationsprozesse abgebildet werden. Mithin beinhaltet die Warenwirtschaft eine physische Komponente, die als Warenprozeßsystem[38] bezeichnet wird, und eine

35 Ahlert: Warenwirtschaftsmanagement, S. 6. Die hier zugrunde gelegte ganzheitliche Betrachtung der Warenwirtschaft trägt den neuen, kooperativen Entwicklungen in Distributionssystemen Rechnung. Früher dominierten fokussierende Betrachtungsweisen wie die von *Ebert*, der die Warenwirtschaft auf den Bereich des Handelsbetriebes beschränkt. Vgl. hierzu: Ebert: Warenwirtschaftssysteme, 1986, S. 17.

36 Vgl. zum Regiefaktor Ware, insbesondere der Sinnhaftigkeit einer Trennung von Waren- und Betriebskosten: Barth: Betriebswirtschaftslehre, S. 64 f.

37 Conradi: Unternehmensführung, S. 106.

38 Ein Warenprozeßsystem erfüllt die Gesamtheit aller physischen Aufgaben der Logistik und kann auch als Abwicklungssystem bezeichnet werden. Krieger: Informationsmanagement, S. 9. Aus einzelbetrieblicher Perspektive können als Subsysteme des Warenprozeßsystems die Beschaffung, der inner- und außerbetriebliche Transport, die Lagerhaltung, die Kommissionierung und der Warenabsatz genannt werden, welche bereits als Funktionsbereiche der Handelslogistik gekennzeichnet wurden.

immaterielle, informatorische Komponente, welche als sogenanntes WWS Untersuchungsobjekt der folgenden Ausführungen ist[39].

Zusammenfassend bleibt somit festgestellt, daß die Strukturierung der informatorischen Ebene der Warenlogistik von WWS übernommen wird. Diese stellen zwar eine Modellierung[40] realer warenbezogener Handelsaktivitäten dar, sind jedoch von diesen faktisch unabhängig[41], denn als Basiskomponenten von HIS bilden sie warenorientierte Prozesse „nur" informatorisch ab[42].

Bereits am Ende des ersten Kapitels wurde angesprochen, daß bisherige Definitionsansätze für WWS in zweierlei Hinsicht zu kritisieren sind. Erstens ist eine starke Ausrichtung an den betrieblichen Funktionen und nicht den Prozessen zu konstatieren[43]. Zweitens ist das ihnen zugesprochene Einsatzspektrum deshalb meist zu weit gewählt, weil insbesondere MSS (nicht zuletzt aufgrund des bereits angesprochenen kombinativen Einsatzes mehrerer WWS in einer Unternehmung) fälschlich als integrative Subsysteme von WWS gekennzeichnet werden[44]. So spricht insbesondere *Zentes* im Rahmen sogenannter geschlossener WWS von einem Marketing- und Management-Informations-Modul[45]. In diesem Zusammenhang weist *Ahlert* zwar zurecht darauf hin, daß gegenwärtig noch umstritten ist, „wie weitgehend die Verarbeitung der aus der Warenwirtschaft stammenden, zwangsläufig großen Datenmassen zu entscheidungsrelevanten Informationen in den Zuständigkeitsbereich"[46] von WWS gehört, liefert aber keinen konkreten Lösungsbeitrag.

39 Vgl. zu diesen beiden Hauptkomponenten der Warenwirtschaft: Ahlert: Warenwirtschaftsmanagement, S. 17 ff.

40 Hertel: Warenwirtschaftssysteme (I), Sp. 2658 ff.

41 *Krieger* spricht in diesem Zusammenhang von „zwei Seiten ein und derselben Münze". Krieger: Informationsmanagement, S. 9. Auch *Hertel* weist darauf hin, daß der physische Warenfluß nicht Bestandteil des WWS ist. Hertel: Warenwirtschaftssysteme (I), Sp. 2659. Trotzdem wird in der Handelspraxis beim Einsatz von WWS teils nicht zwischen Waren- und Informationsflüssen unterschieden, so z.B. bei der *Rewe-Gruppe*. Fürbeth: Warenwirtschaftssysteme, S. 30.

42 Becker; Schütte: Handelsinformationssysteme, S. 12 f.

43 Vgl. hierzu auch: Becker; Schütte: Handelsinformationssysteme, S. 13; Becker; Schütte: Aspekte, S. 344 f.

44 Zu dieser Falschannahme trägt auch die unkritische Übernahme dieser falschen Systematisierung in betriebswirtschaftlicher Basisliteratur bei. Vgl. hierzu exemplarisch: Meffert: Marketing, S. 652.

45 Zentes: Merchandising, S. 4.

46 Ahlert: Warenwirtschaftsmanagement, S. 9.

In diesem Zusammenhang muß deutlich herausgestellt werden, daß nur die für eine Durchführung operativer Prozesse erforderlichen Daten durch das WWS generiert werden[47]. Dieser Sachverhalt, der eine verhältnismäßig enge Begriffsauslegung von WWS impliziert, kommt auch in der hier zugrunde gelegten Definition zum Ausdruck. WWS stellen „das immaterielle und abstrakte Abbild der warenorientierten dispositiven, logistischen und abrechnungsbezogenen Prozesse für die Durchführung der (intra- und interorganisatorischen[48]) Geschäftsprozesse (...) dar“[49].

### 2.3.1 Aufgabenbereiche, Voraussetzungen und Formen von WWS

Die wichtigste Aufgabe von WWS ist eine Unterstützung folgender Geschäftsbereiche:
(1) Disposition,
(2) Bestellwesen,
(3) Wareneingangserfassung,
(4) Rechnungskontrolle,
(5) Warenausgangserfassung,
(6) Kassenabwicklung sowie die
(7) Bereitstellung von Steuer-Informationen für die Durchführung operativer bzw. transaktionsorientierter Geschäftsprozesse[50].

Eine wesentliche Voraussetzung für die IS-gestützte[51] Warenwirtschaft ist die sich möglichst auf ein einheitliches Numerierungssystem stützende Codierung der

47 Dieses Zwischenergebnis ist ein auf den Ausführungen zum Data-Warehouse (vgl. Gliederungspunkt 5.1 dieses Kapitels) basierender Umkehrschluß.

48 Ergänzung des Verfassers dieser Arbeit, die sich auf Feststellungen im Gliederungspunkt 6.1.2 des ersten Kapitels stützt.

49 Becker; Schütte: Handelsinformationssysteme, S. 13. Diese Definition wird auch von der *Rewe-Gruppe*, Europas größtem Lebensmittelhändler, verwendet. Fürbeth: Warenwirtschaftssysteme, S. 30.

50 Zentes: Merchandising, S. 4; Zentes: Warenwirtschaftssysteme, S. 1285.

51 Teilaufgaben von WWS können sowohl auf konventionelle, also manuelle Weise bearbeitet werden als auch rechnergestützt. Mithin zählt die Computerunterstützung nicht zu den konstitutiven Merkmalen von WWS, wird jedoch im folgenden vorausgesetzt, da ohne sie in Groß- und Mittelbetrieben des Handels keine effektive Warenwirtschaft möglich ist. Die *Metro AG* verfügte bereits 1964 - und nicht als erste Handelsunternehmung - über eine funktionierende computergestützte Warenwirtschaft. Vgl. hierzu: Conradi: Unternehmensführung, S. 103.

Handelsware. Dafür haben sich Strichcodes, bzw. Bar- oder Balkencodes durchgesetzt[52]. Diese Kennzeichnung ermöglicht durch sogenanntes Scanning das elektronische Erfassen artikelspezifischer Stammdaten. Speziell das EAN-System[53] bildet im Konsumgüterbereich die Grundlage für das Erfassen artikelspezifischer Stamm- und Bewegungsdaten. Der 13-stellige Code liefert verschlüsselte Informationen über jede Verkaufseinheit, z.B. hinsichtlich Farbe, Größe, Modell, Warengruppe, Lieferant und Preis[54]. Um ein reibungsloses Funktionieren der WWS zu gewährleisten, müssen die artikelspezifischen (sortenreinen) Stammdaten, wie Artikelname, -nummer, -ein- und -verkaufspreise, sowie die einzelne Phasen durchlaufenden Bewegungsdaten, die unter anderem Aufschluß über den gegenwärtigen Status der Sendung geben, stets aktuell und richtig[55] sein[56]. Die zuverlässige sowie exakte Erhebung und Verwaltung dieser Datenarten ist auch die wichtigste Voraussetzung für ein erfolgreiches Mikromarketing[57].

WWS lassen sich nach ihrer Form grundsätzlich einteilen in offene und geschlossene Systeme. Offene Systeme zeichnen sich dadurch aus, daß sie - meist unter Verzicht auf modularen Softwareaufbau - als Vorstufe[58] zu den (nachfolgend noch zu definierenden) geschlossenen WWS rangieren. Warenbezogene Informationsprozesse werden nur partiell und teils sogar mit untereinander inkompatiblen Software-Programmen erfaßt. Der inner- und außerbetriebliche Datenaustausch wird durch diese „Einstiegssysteme" erschwert. Aufgrund unzureichender Schnittstellenharmonisierung ist für bestimmte Systemfunktionen eine mehrfache Daten-

---

52 Innovative zweidimensionale Barcodes ermöglichen bereits die Darstellung von bis zu 3000 Zeichen pro Symbol. Krieger: Logistik, S. 13.

53 Vgl. für eine umfassende Kennzeichnung des EAN-Codes: DHI: Warenwirtschaftssysteme, S. 59 ff.

54 DHI: Warenwirtschaftssysteme, S. 59.

55 Eine empirische Erhebung bei führenden deutschen Handelsunternehmungen ergab, daß die aus Scannerkassen eingehenden Daten Fehlerraten zwischen 0,5 und 30 Prozent aufwiesen. Müller: Know-how, S. 40. Beim interorganisatorischen Datenaustausch stellt die *CCG* noch 1998 fest: „DIE GROSSE HÜRDE SIND DIE STAMMDATEN". CCG: ECR-Partnerschaft, S. 21.

56 Vgl. für eine übersichtliche Darstellung von Stamm- und Bewegungsdateien: Ebert: Warenwirtschaftssysteme, S. 157 ff. Die Abfrage des aktuellen Status der Sendungen bzw. Waren wird erst durch einen lückenlosen Daten- und Kommunikationsverkehr entlang der Logistikkette möglich. Vgl. dazu auch die Ausführungen zum Gliederungspunkt 5.3.3.3 des ersten Kapitels.

57 Biester: Data Warehousing, S. 38.

58 Die Realisation eines geschlossenen WWS kann sich aufgrund des aus verschiedenen Phasen bestehenden Informationsflusses in mehreren Stufen vollziehen. Vgl. zur Kompatibilität intraorganisatorischer Teilsysteme Gliederungspunkt 5.6 dieser Arbeit.

erfassung erforderlich, mit der Zeitaufwand und Fehlerhäufigkeit korrelieren. Solche Insellösungen sind für ein geschlossenen Systemen inhärentes, artikelgenaues Warenmanagement nicht geeignet[59]. Jedoch bietet sie dem Management die Chance, durch Überführung in geschlossene WWS die angesprochenen Problemfelder zu eliminieren und Funktionen ohne Wertschöpfung abzubauen.
Ein - bei weitem noch nicht in allen Handelsunternehmungen realisiertes - geschlossenes WWS liegt dann vor, wenn der gesamte physische Warenfluß von der Disposition bis zum Warenausgang wert- und mengenmäßig vollständig[60] erfaßt und die dabei gewonnenen Daten zielgerichtet weitergeleitet werden[61]. Die Möglichkeit einer artikelgenauen Erfassung hängt dabei unmittelbar von dem Anteil codierter Ware ab, der sich warengruppenspezifisch stark unterscheidet[62]. So müssen beispielsweise für einen Hersteller in der Möbelbranche aufgrund mannigfaltiger Ausprägungen von Farben, Stoffen und Größen für 100 verschiedene Modelle bis zu 30 Mio. Artikelnummern bereitgestellt werden, was die Entwicklung und Einführung von Artikel-Numerierungs- und Codierungssystemen erschwert[63].

### 2.3.2 Module geschlossener WWS

Die Basis eines WWS bilden seine Stammdaten. Diese sind feste Daten über Artikel, Zulieferer (Spediteure, Logistik-Spezialisten), Hersteller, Kunden, Verkäufer, Filialen, Verbundgruppenmitglieder, Konzerntöchter usw. Bewegungsdaten hingegen entstehen erst bei dynamischer Systembetrachtung, insbesondere durch warenbezogene Informationsflüsse. Anhand der dabei durchlaufenen Phasen läßt sich

59 Bullinger: Warenwirtschaftssysteme, S. 11.

60 Der darüber hinausgehende Umfang einer Erfassung von Ruhens- und Bewegungszuständen ist im Rahmen einer unternehmungsindividuellen Kosten-/Nutzenanalyse festzulegen.

61 Barth: Betriebswirtschaftslehre, S. 389. Die Begriffsauslegung von „geschlossenes System“ ist hier offensichtlich eine andere als im Zusammenhang mit der Systemtheorie (vgl. Gliederungspunkt 4.1 des ersten Kapitels) erörtert, da hier auf einen geschlossenen Datenkreislauf bzw. eine artikelgenaue Bestandsführung und nicht auf die Existenz von Verbindungen des Systems zur Außenwelt abgehoben wird. Vgl. hierzu auch: Simmet: Informations- und Kommunikationstechnologien, S. 93.

62 Führend bei der Artikelauszeichnung ist der Lebensmittelhandel, in welchem bereits 1991 etwa 85 Prozent des Umsatzes mit EAN-codierten Waren getätigt wurde. Wieland; Gerling: Zum geschlossenen System, S. 70.

63 Vgl. zur Entwicklung des EDIFACT-Subsets LOGIFURN für die Möbelbranche: Jansen: EDIFACT, S. 112 ff.

die Struktur geschlossener WWS, unabhängig von der Branchenspezifität, modular darstellen[64].

*Ebert* unterscheidet in seinem verrichtungsorientierten Grundmodell zwischen den Basismodulen[65]
(1) Einkauf (insbesondere Dispositions- und Bestellwesen-Modul),
(2) Wareneingang,
(3) Lagerwirtschaft und
(4) Warenausgang.

Anhand von Stamm- und Bewegungsdaten wird innerhalb der Disposition in erster Linie das Ziel angestrebt, die zukünftig benötigte Menge und den Zeitpunkt der Beschaffung eines Artikels zu prognostizieren. Dispositionsprozesse im weiteren Sinne werden durch Warenprozesse ausgelöst oder lösen diese aus; dies ist der Fall bei Warenbestellung, Auftragseingang, Rechnungseingang, -prüfung, -schreibung, Lieferscheinerstellung, Inventur etc.[66] Mithin ist das Bestellwesen, welches die Lieferantenauswahl, die Bestellschreibung (Bestellauslösung) sowie die Bestellbestandsüberwachung umfaßt, eng mit der Disposition verbunden.
In der Wareneingangsphase werden die einzelnen Artikel bei Anlieferung erfaßt und hinsichtlich der Bestellscheindaten quantitativ, qualitativ und nach zeitlichen Gesichtspunkten geprüft. Bei Unstimmigkeiten wird der vorgelagerte Bestellprozeß nicht gleichzeitig abgeschlossen.
Nach (eventuell nicht erforderlicher) Lagerung, Kommissionierung, Transport und Warenpräsentation im Verkaufsraum (bei stationärem Einzelhandel) folgt die artikelgenaue Erfassung der Handelsware am Warenausgang. Durch die von Check-Out-Systemen anhand der Scanning-Technik gelieferten Informationen werden Disposition und Bestellwesen erneut aktiviert, die permanente Inventur[67] ermöglicht, Reaktionsdaten ermittelt und der Datenkreislauf geschlossen.

---

64 Zentes: CIM, S. 69.

65 Das aus oben genannten Gründen in hiesiger Systematik nicht ausgewiesene Modul für die Bereitstellung verdichteter Führungsinformationen (Marketing- und Management-Informations-Modul) ist in den herkömmlichen - zu umfassenden - Strukturierungsansätzen von WWS den Basismodulen - zurecht - übergeordnet. Vgl. hierzu auch: Simmet: Informations- und Kommunikationstechnologien, S. 100.

66 Hertel: Warenwirtschaftssysteme (I), Sp. 2659.

67 Permanente Inventur bedeutet die tägliche Übernahme der durch Scannerkassen erfaßten Abverkaufsdaten zum Zwecke der Bestandsprüfung. Schmidhäusler: POS, S. 76.

Eine ähnliche Unterteilung geschlossener WWS in sogenannte Funktionsmodule trifft *Hertel*[68]:
(1) Einkauf[69],
(2) Warenabwicklung[70],
(3) Marketing/Verkauf[71] und
(4) Abrechnung[72].

Des weiteren weist er das Funktionsmodul „Information/Planung"[73] aus, auf welches - wie schon bei der Darstellung des Modells von *Ebert* - wegen genannter Systematisierungsschwächen nicht weiter eingegangen werden soll. Die wichtigsten Inhalte der Systemmodule (1) bis (3) wurden bereits durch die Beschreibung der Modellkomponenten von *Ebert* gekennzeichnet. Das Funktionsmodul (4) „Abrechnung" resultiert unmittelbar aus dem von *Hertel* entwickelten Konzept der operativen Einheiten, welches drei wesentliche Vorteile bietet[74]:

(1) „Operativen Einheiten"[75], z.B. Lager, Filiale oder Zentrale, werden warenwirtschaftliche Elementarfunktionen (z.B. Wareneingang und -ausgang) zugewiesen, die durch sie auch ausgelöst werden. Die Kombination dieser Elementarfunktionen innerhalb und zwischen operativen Einheiten ermöglicht eine Zusammenfassung gleichartiger warenwirtschaftlicher Prozesse.
(2) Die Trennung der Warenbewegungs- von der Abrechnungsebene [vgl. Funktionsmodul (4)] bewirkt eine getrennte Erfassung und Speicherung von Menge und Wert der Waren.

---

68 Hertel: Warenwirtschaftssysteme (I), Sp. 2662.

69 Hierzu zählen Lieferantenauswahl, Sortimentsgestaltung, Konditionenverwaltung, Disposition/Bestellwesen, Aktionenverwaltung und Schnittstellen zu Lieferanten.

70 Mit den Komponenten Lieferavis, Wareneingang, Bestandsführung, Lagersteuerungsschnittstellen, Kundenauftragsabwicklung, Kommissionierung, Warenausgang, Retourenabwicklung, Kassenschnittstellen, Inventur und Ressourcenplanung.

71 Hierzu gehören die Aufgabengebiete Verkaufspreiskalkulation, Preisabschriften, Space-Management, Aktionen- und Kundenverwaltung.

72 Mit den Komponenten Rechnungsprüfung und -schreibung, Reklamationsbearbeitung, Lieferantenschnittstellen, Kundenschnittstellen, Schnittstellen zur Finanzbuchhaltung.

73 Dieses Modul enthält die Komponenten Statistik-Subsystem, Wareninformations-, Lieferanten-, Kunden-, Filial-, Lager- und Mitarbeiter-IS, das Handelscontrolling sowie Entscheidungsunterstützungssysteme.

74 Vgl. zu dieser systematischen Kurzdarstellung: Hansen; Marent: Referenzmodellierung, S. 374 ff.

75 „Operative Einheiten" sind beliebige betriebliche Einheiten oder Leistungsstellen, in denen operatives Geschäft, also Warenbewegungen, stattfindet. Hertel: Warenwirtschaftssysteme (II), S. 148.

(3) Durch die beiden oben genannten Vorteile entsteht ein modulartiges Baukastensystem, das durch Vereinfachung und Vereinheitlichung eine Komplexitätsreduktion bewirkt[76].

Auf die Darstellung weiterer oben genannter Architekturmodelle soll mit Verweis auf die dort angeführte Literatur an dieser Stelle verzichtet werden. Der Modulcharakter von WWS wurde für hiesigen Untersuchungszweck insoweit hinreichend herausgestellt, als daß erstens die Module, die Datenquellen sind, transparent wurden und zweitens eine Positionierung von WWS in HIS möglich wird.

## 2.4 Besonderheiten von HIS in mehrstufigen Handelssystemen

Von Mehrstufigkeit wird in hiesigem Kontext dann gesprochen, wenn sich die warenwirtschaftlichen Anforderungen einer Handelsunternehmung bzw. eines Konzerns oder einer Genossenschaft über mehrere Stufen bzw. Hierarchieebenen erstrecken, beispielsweise von der Zentrale über Zentrallager und regionalen Niederlassungen (Niederlassungszentralen) bis hin zu verschiedenartigen Betriebs- und Filialtypen[77]. Dadurch können mehrstufige Handelssysteme sowohl Großhandels- als auch Einzelhandelsfunktionen abdecken, weil beispielsweise eine Regionalniederlassung gegenüber den ihr angeschlossenen Filialen wie ein Großhändler auftritt.

Die informationstechnische Abbildung von in mehrstufigen Handelssystemen ablaufenden physischen Warenprozessen in (evtl. verschiedenen, warengruppenspezifischen) WWS bringt zwangsläufig neue Komplexitätsstufen bezüglich des erforderlichen Leistungsumfanges der Systeme mit sich, weil sowohl unterschiedliche Hierarchieebenen als auch Waren- und Dispositionsprozesse zwischen diesen organisatorischen Unternehmungseinheiten verwaltet und gesteuert werden müssen[78]. Dabei ist zu beachten, daß diese Prozesse innerhalb bestimmter Vertriebslinien, z.B. selbständige Großhandelskunden und zentralistisch geführte Filialen, bei ihrer informationstechnischen Abbildung nicht miteinander vermischt werden dürfen[79]. Auch deshalb kommen auf jeder Hierarchiestufe die oben aufge-

76 Hertel: Design, S. 2.
77 Hertel: Warenwirtschaftssysteme (I), Sp. 2661.
78 Hertel: Warenwirtschaftssysteme (I), Sp. 2662.
79 Fürbeth: Warenwirtschaftssysteme, S. 31.

zeigten Basismodule von WWS zum Einsatz (sog. Verschachtelung[80]), wobei Umfang und Anzahl pro Ebene und Linie variieren.

Sind WWS nur auf einer Stufe des Handelssystems implementiert, spricht man von zentralen Systemen, bei Verteilung über mehrere Hierarchieebenen von dezentralen. Über IS in den Zentralen (z.B. Konzern-, Verbundgruppen-, Genossenschafts- oder Franchise-Geber-Zentrale) hinaus ist dabei zuerst an eine entsprechende informationstechnische Ausstattung der Lagerwirtschaft und erst dann an die einzelner Geschäftsstätten (z.B. Filialen, Verbundgruppen-/Genossenschaftsmitglieder oder Franchise-Nehmer) zu denken[81]. Auch wenn dezentrale WWS für viele Arten von Handelssystemen die einzig effiziente Lösung darstellen, so muß die Vorteilhaftigkeit gegenüber zentralen Systemen nicht immer gegeben sein, denn die beste IS-Allokation hängt unter anderem von Sortimentsbeschaffenheit[82], Lagerstruktur sowie Anzahl, Größe und Verteilung der Standorte ab.

Die Vernetzung von IS unterschiedlicher Hierarchieebenen ist kein konstitutives Merkmal dezentraler Systeme. Erst die stufenübergreifende Verknüpfung geographisch getrennter Organisationseinheiten oder rechtlich selbständiger Organisationen durch elektronischen Austausch von Daten führt zu integrierten Systemen.

## 3. Voraussetzungen und Formen integrierter HIS

Wird in mehrstufigen Handelssystemen der Dialog zwischen einzelnen, räumlich getrennten Hierarchieebenen, beispielsweise der zwischen Zentrale und angeschlossenen Filialen, elektronisch abgewickelt, bezeichnet man diese informationstechnische Anbindung im Rahmen einer Klassifizierung von HIS als interne Integration (dezentrale, intern integrierte HIS). Durch die Kopplung der IS mit Lieferanten, Spediteuren, Logistikdienstleistern oder anderen externen Marktpartnern, z.B. Kredit- und MaFo-Instituten, entstehen extern integrierte Systeme,

80 Ebert: Warenwirtschaftssysteme, S. 99 ff.

81 In der Handelspraxis findet man auch heute noch auf Zentral- und Lagerebene geschlossene WWS, die an der Rampe beim Warenausgang enden.

82 Beispielsweise ist ein dezentrales WWS für einen Discounter mit 150 Artikeln nicht so dringend notwendig wie für einen Vollsortimenter.

durch die absatzseitig mit Hilfe von Karten- und Electronic Retailing-Systemen auch Kunden eingebunden werden können[83].
Die jeweiligen Interaktionen in diesen beiden Integrationsformen können unterschiedliche Intensitätsgrade besitzen, die sich in Art und Dauer der Bindung sowie im Umfang der Arbeitsteilung bzw. Leistungsbereitstellung niederschlagen. Deshalb wird für die Systematisierung der unterschiedlichen Formen integrierter HIS ein entsprechendes Differenzierungskonzept vorangestellt.

Im allgemeinen wird für die Erklärung der ökonomischen Leistungskoordination von Organisationseinheiten zwischen folgenden drei Grundformen unterschieden:
(1) Hierarchie,
(2) Markt und
(3) Kooperation,
wobei die Formen (1) und (2) Extrempunktverankerungen[84] darstellen, zwischen denen Kooperationen in ihren vielfältigen Erscheinungsformen (virtuelle Organisationen, Joint Ventures, strategische Allianzen, Netzwerke etc.) eingebettet sind[85]. Als Abgrenzungskriterien werden in der Literatur insbesondere Koordinationsprinzipien sowie Abhängigkeitsgrade verwendet. Damit lassen sich verschiedene Typenklassen ausweisen, deren Grenzen fließend sind.

Für die Unterscheidung spezieller Ausprägungsformen elektronischer Leistungskoordination bei integrierten HIS erscheint es sinnvoll, die bereits vorgenommene Zweiteilung in interne und externe HIS zu ergänzen. Der zusätzliche Ausweis integrierter Handelssysteme sowie von Interorganisationssystemen[86] ist deshalb vorteilhaft, weil innerhalb von Handelssystemen nicht nur Konzernstrukturen, sondern auch Verbundsysteme, z.B. Franchise-Systeme oder freiwillige Ketten, als rechtlich selbständige (symbiotische[87]) Organisationsformen anzutreffen sind

83 Vgl. für eine solche Unterteilung in interne und externe Integration: Olbrich: Warenwirtschaftssysteme, S. 119 ff. Vgl. zur Integrationsreichweite als spezifische Ausprägungsform der integrierten Informationsverarbeitung: Mertens: Informationsverarbeitung, S. 2 ff.

84 *Meffert* spricht in diesem Zusammenhang von Endpunkten eines Kontinuums. Meffert: Marketing, S. 935.

85 Vgl. hierzu: Zbornik: Elektronische Märkte, S. 45 ff.; Alt; Cathomen: Interorganisationssysteme, S. 31 ff.

86 Interorganisationssysteme sind gekennzeichnet durch die Beteiligung von zwei oder mehr rechtlich selbständiger Organisationen, welche (elektronische) Daten bzw. Informationen und eventuell andere Ressourcen teilen. Alt; Cathomen: Interorganisationssysteme, S. 34.

87 Meffert: Marketing, S. 937. Die wirtschaftliche Selbständigkeit (als ein Definitionsmerkmal symbiotischer Systeme) kann insbesondere in Franchise-Systemen stark eingeschränkt sein.

und somit die Dimension „intern" unterschiedliche Systemtypen beinhaltet. Weil aber Interorganisationssysteme ex definitione durch computerbasierte Integration externer Organisationen entstehen, kommt es insofern zu einer Überlappung in der Klassifikation, als daß dann Verbundsysteme sowohl als Handelssysteme als auch Interorganisationssysteme gekennzeichnet werden müssen. Deshalb wird eine Zweiteilung vorgenommen in integrierte Handelssysteme sowie handelssystemübergreifende Interorganisationssysteme.

Absatzseitig werden im Rahmen der Interorganisationssysteme sowohl gewerbliche Kunden als auch private Haushalte erfaßt. Letztere können deshalb einbezogen werden, weil sie nach herrschender Meinung als Wirtschaftssubjekte ebenfalls dem Begriff Organisation zurechenbar sind[88]. Diese Zusammenhänge werden in nachfolgender Abbildung 4 visualisiert.

Abb. 4: Formen der Leistungskoordination aus Handelsperspektive

| | | Interorganisationssysteme (IOS) | | | |
|---|---|---|---|---|---|
| | Interne Integration (Integrierte Handelssysteme) | | Externe Integration (Handelssystemübergreifende IOS) | | |
| | Hierarchie | Kooperation | Hierarchie | Kooperation | Markt |
| Koordinationsprinzip | Fremdsteuerung über Anweisung | Vertragliche Zusammenarbeit | Fremdsteuerung über Anweisung | Vertragliche Zusammenarbeit | Selbststeuerung über Preis/Leistung |
| Abhängigkeitsverhältnis | Subordination | Gegenseitige Bindung, Verpflichtung | Subordination | Gegenseitige Bindung, Verpflichtung | Autonomie, Freiwilligkeit der Teilnahme |
| Beispiele aus Sicht des Handels | Zentralseitige strikte Filialsteuerung und -überwachung via HIS | HIS gestütztes Verbundgruppenmanagement | EDI mit Lieferanten bei starker Nachfragemacht | Efficient Replenishment, Category Management | Kartensysteme, Electronic Retailing-Systeme |

Quelle: In Anlehnung an: Alt; Cathomen: Interorganisationssysteme, S. 30.

88 Böventer: Mikroökonomie, S. 45 ff.

Da jede elektronische Leistungskoordination zwischen Organisationen bzw. räumlich getrennten Organisationseinheiten den Einsatz von Technologien für den elektronischen Austausch von Daten voraussetzt, werden die dafür notwendigen Instrumente vor den unterschiedlichen Integrationsformen behandelt.

## 3.1 Kommunikationssysteme als Voraussetzung für integrierte HIS

Für die Schaffung integrierter HIS müssen deren Komponenten ein Kommunikationssystem[89] beinhalten. Die darin enthaltenen Datenstationen sind Ausgangs- und Empfangspunkt beim Datenaustausch und stellen gleichzeitig das Bindeglied zwischen Inhouse-Anwendungen und Übertragungsnetzen dar.

Beim elektronischen Austausch von Geschäftsdaten kann grundsätzlich zwischen unstrukturierten und strukturierten Verfahren unterschieden werden. Die folgende Abbildung 5 greift zwar der hier zugrunde gelegten Systematisierung vor, dient jedoch einer besseren Übersicht und Abgrenzung.

Abb. 5: Arten des elektronischen Geschäftsdatenaustausches

<table>
<tr><th>Austausch nicht strukturierter Daten</th><th colspan="4">Austausch strukturierter Daten [Electronic Data Interchange (EDI)]</th></tr>
<tr><td rowspan="3">Elektronische Schriftstücke, übermittelt per:<br>- E-mail<br>- Telefax<br>u.s.w.</td><td>bilateral</td><td colspan="3">standardisiert</td></tr>
<tr><td rowspan="2">Firmenindividuelles bzw. konzerninternes Schnittstellenmanagement</td><td>national nach Branchen</td><td>international und branchenneutral</td><td>international nach Branchen</td></tr>
<tr><td>Beispiele:<br>SEDAS (D)<br>ALLEGRO (F)</td><td>UN/EDIFACT</td><td>UN/EDIFACT-Subsets, z.B. EANCOM</td></tr>
</table>

Quelle: In Anlehnung an: Meyer: EDI, S. 91.

Aufgrund des heutzutage beinahe selbstverständlichen Umganges mit Formen des unstrukturierten Datenaustausches wie E-mail oder Telefax scheint deren vertie-

89 Vgl. hierzu auch die Systematisierung der Komponenten eines idealtypischen IS in Gliederungspunkt 1.2 dieses Kapitels.

fende Betrachtung vernachlässigbar, weil bekannt. Des weiteren sind diese Verfahren für die Integration von IS im Business to Business-Bereich nicht geeignet. Auch soll auf firmenindividuelle (bilaterale) Austauschlösungen strukturierter Art nicht vertiefend eingegangen werden, weil solche Insellösungen jeglichen Standardisierungsbemühungen widersprechen und deshalb suboptimal sind. Somit steht der standardisierte Austausch strukturierter Daten im Mittelpunkt einer Betrachtung von Kommunikationssystemen in HIS. Bevor dieser untersucht wird sei abschließend noch die in hiesiger Systematik nicht berücksichtigte kommunikationstechnische Anbindung von Massen-IS[90] angesprochen, die Voraussetzung für interorganisatorische Bestell- und Reservierungssysteme bzw. das Zustandekommen elektronischer Märkte ist, und gesondert im Rahmen der Darstellung von Electronic Retailing-Systemen behandelt wird[91].

### 3.1.1 Grundlagen und Bausteine des Electronic Data Interchange (EDI)

Der Begriff EDI kennzeichnet die unternehmungsübergreifende Übermittlung strukturierter und normierter Geschäftsdaten[92] ohne Doppelerfassung innerhalb der beteiligten, nicht selten heterogenen IS[93].

Bei den Voraussetzungen für EDI lassen sich vier Bereiche unterscheiden, nämlich
(1) Datenaustauschformate,
(2) Verbindungs- / Übertragungswege,
(3) Übertragungsverfahren / -protokolle und
(4) Übertragungsnetze,
die nachfolgend näher betrachtet werden.

(1) Datenaustauschformate

Für die Schaffung identischer Datenaustauschformate ist die Standardisierung der Kommunikationsregeln von größter Bedeutung. Da bilaterale Absprachen hier nicht zielführend sein können, wurden Regelwerke, sogenannte Datenformatstan-

90 Vgl. zu diesem Begriff: Hansen: Info-Highway, S. 21 ff.
91 Vgl. hierzu die Gliederungspunkte 3.3.1.3 ff.
92 Beispiele für solche Geschäftsdaten bzw. -dokumente sind Bestellungen, Lieferabrufe, Rechnungen aber auch technische Daten.
93 Vgl. zu dieser Begriffsabgrenzung: Scheckenbach: EDI, S. 37.

dards, als Grundlage für EDI aufgestellt, die sich wiederum in vier Gruppen klassifizieren lassen[94]:

(1.1) International gültige branchenübergreifende Datenformatstandards
Als Beispiel einer solchen Normung dient das EDI for Administration, Commerce and Transport (EDIFACT) bzw. die Version dieses Regelwerkes der Vereinten Nationen, das UN/EDIFACT. EDIFACT definiert den Nachrichtenaufbau zweistufig nach Syntaxregeln und Nachrichtenbündelung. Aufgrund der universellen Anwendbarkeit ist die internationale Normenreihe EDIFACT sehr umfangreich. Deshalb wurden an unternehmungs- und branchenspezifische Belange angepaßte Nachrichtentypen entwickelt.

(1.2) International gültige branchenspezifische Datenformatstandards
EDIFACT-Subsets sind von bestimmten Anwendergruppen festgelegte Teilmengen von EDIFACT. Sie reduzieren die Komplexität des branchenübergreifenden Standard-Nachrichtentyps auf den branchenspezifisch unbedingt benötigten Umfang[95].
Beispiele für solche angepaßten Nachrichtentypen sind[96]:
- EANCOM (Konsumgüterwirtschaft),
- EDITEX (Textilbranche),
- EDIFASHION (Modische Bekleidung),
- EDIFICE (Elektroindustrie),
- EDI-BHB (Heimwerker-, Bau- und Gartenmärkte),
- EDIWHITE [Haushaltsgeräte (weiße Ware)],
- LOGIFURN (Möbelbranche),
- CEFIC (Chemische Industrie) und
- UNSM (Transportwirtschaft),

die alle auf derselben Syntax basieren. Jeder Nachrichtentyp unterscheidet sich nochmals nach unterschiedlichen Nachrichtenarten. Mitte 1997 wurde das Leistungsangebot von EANCOM durch einen EDIFACT-Releasewechsel noch von 27 auf 42 Nachrichtenarten erweitert, insbesondere um die Artenklassen „Handelsnachrichten“, „Transport- und Speditionsnachrichten“ sowie „Geschäftsvor-

94 DHI: Warenwirtschaftssysteme, S. 143 f. Vgl. zur Wahl der Datenformatstandards, die insbesondere durch die Qualität und Art der auszutauschenden Daten beeinflußt werden: Dörflein: EDI, S. 37.
95 Krieger: Informationsmanagement, S. 45.
96 Vgl. für eine nähere Darstellung dieser Anwendergruppen: Staudte: Zeitgewinn, S. 28.

fälle mit Banken und Finanzinstitutionen“[97]. Ohne diese im einzelnen erörtern zu wollen, soll nachfolgende Abbildung nur exemplarisch ausgewählte Nachrichtenarten bei der Kommunikation zwischen Hersteller/Lieferant und Händler zeigen.

Abb. 6: Ausgewählte Nachrichtenarten des EDIFACT-Subsets EANCOM bei Kommunikation zwischen Hersteller und Händler

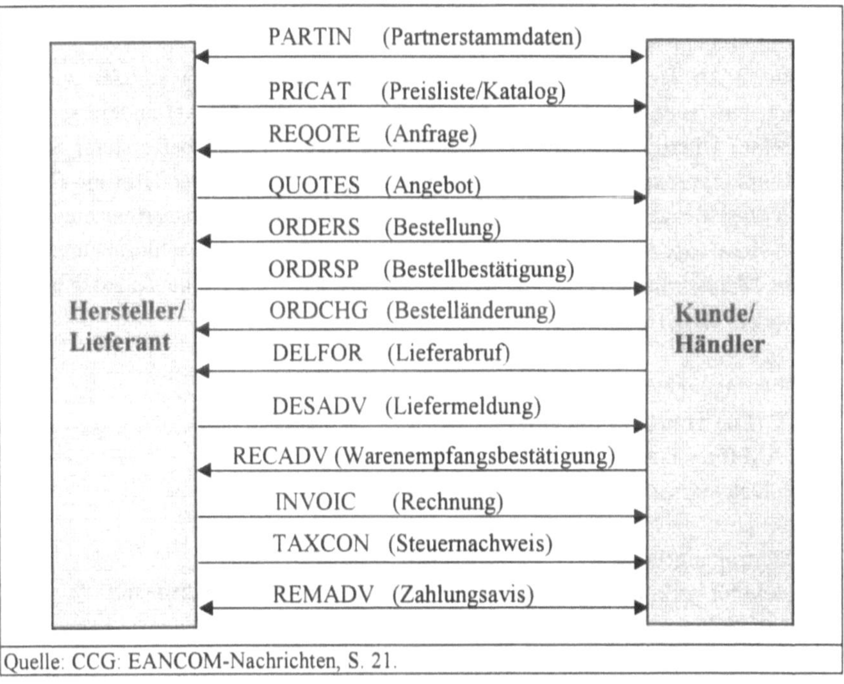


Quelle: CCG: EANCOM-Nachrichten, S. 21.

(1.3) National gültige branchenübergreifende Datenformatstandards, zum Beispiel ANSI[98] AS C X.12 und TRADACOM[99].

(1.4) National gültige branchenspezifische Datenformatstandards, beispielsweise SEDAS (D), ALLEGRO (F), TRADACOMS (GB), ICOM (B/LUX), AECOM (E), HANCON (DK), CODICOM (P) und TRANSCOM (NL)[100].

97 Ritter: ECR und CCG, S. 19.
98 ANSI ist eine Standardisierungsinstitution in den USA.
99 Vgl. zu weiteren Arten lediglich national gültiger Standards: Kotzab: Distributionslogistik, S. 46.
100 Schulte; Simmet: Von EAN zu EANCOM, S. 42.

Langfristig wird sich eine Substitution nationaler branchenabhängiger Standards zugunsten internationaler, ebenfalls branchenspezifischer Standards vollziehen. Trotzdem muß aus Kompatibilitätsgründen in der Regel mit Konvertern gearbeitet werden. Diese sorgen in erster Linie für die Umsetzung von Inhouse- in EDI-FACT-Formate und umgekehrt und sind deshalb das Herzstück des elektronischen Datenaustausches[101].

(2) Verbindungs-/Übertragungswege
Bei dieser Art der Kommunikation stehen grundsätzlich zwei Methoden zur Verfügung, einerseits eine Datendirektverbindung (Punkt-zu-Punkt) andererseits die (indirekte) Übertragung mit Zwischenspeicherung. Während bei ersterer Sende- und Empfangszeitpunkt der Daten zusammenfallen, wird bei letzterer ein (Mehrwert-) Dienstleister in die Netzverbindung der Kommunikationspartner eingegliedert. Solche sogenannten Clearing-Center leisten Adapter-, Umschlüsselungs- und andere Mehrwertdienste[102]. Sie werden deshalb auch als Value Aided Network Services (VANS) bezeichnet.

(3) Übertragungsverfahren/-protokolle, z.B.
- FTP (File Transfer Protocol) und
- FTAM (File Transfer, Access and Management),

regeln Datentransport und -steuerung.

(4) Übertragungsnetze
Beispiele für herkömmliche derzeit verwendete Übertragungsnetze sind
- Fernsprechnetze,
- Datex-Netze[103],
- Bildschirmtext (Btx),
- ISDN,
- Telebox 400 und
- Satellitenkommunikation, z.B. Dasat- oder Davis-Dienst.

---

101 Dörflein: EDI, S. 38.

102 Zu diesen Mehrwertdiensten gehört beispielsweise auch das Aufsplitten und nach Empfängern differenzierte weiterleiten einer Sendedatei.

103 Datex-Netze sind speziell auf die Erfordernisse der Datenkommunikation zugeschnitten. Die beiden Formen Datex-P (Data Exchange via Paketvermittlung) und Datex-L (Data Exchange via Leitungsvermittlung) unterscheiden sich hauptsächlich durch Vermittlungsform und -technik.

Die genannten Kommunikationsnetze unterscheiden sich insbesondere durch Kostenverursachung, Datensicherheit und Übermittlungsgeschwindigkeit. Hinsichtlich letztgenannter bleibt wegen der ADSL-Technik fraglich, ob sich ISDN insbesondere im privaten Bereich auf breiter Front durchsetzen wird[104].

Die Verbindung aller oben genannten Bereiche erfolgt in der Ablaufsteuerung, welche die Summe der Funktionen beinhaltet, die eine automatisierte Durchführung des elektronischen Datenaustausches ermöglicht. Dafür muß ein Phasenschema vorgegeben werden, nach welchem einzelne Funktionen eines EDI-Systems abgearbeitet werden[105].

Der Aufbau und die fortlaufende Verbesserung der elektronischen vertikalen Kommunikation in Deutschland wurde und wird maßgeblich beeinflußt durch die Arbeit der *Centrale für Coorganisation* (*CCG*), *Köln*. Durch ihre Dienste wurden bilaterale Datenaustauschbeziehungen zwischen Handel und Industrie zugunsten eines multilateralen Stammdatentransfers substituiert. Seit Mitte 1991 wird von der *CCG* der SINFOS-Stammdatenpool zur Verfügung gestellt, der stufenübergreifend einheitliche Artikelstämme liefert. Deren Identität auf allen Wertschöpfungsebenen ist deshalb von großer Bedeutung, weil „10,4 Prozent der EDI-Fehler auf inkorrekte, unvollständige Artikelstammdaten zurückzuführen sind"[106]. Derzeit ist sie in Deutschland Ansprechpartner für alle Fragen des EDI.

### 3.1.2 Nutzen von EDI

Durch EDI kann eine mehrfache Datenerfassung, ein damit einhergehendes größeres Fehlerrisiko sowie eine unnötige Papierflut vermieden und die Informationsbereitstellung wesentlich beschleunigt werden. Neben diesen Qualitäts-, Kosten- und Zeiteffekten[107] operativer Art, sind zukünftig inner- und zwischenbetriebliche strategische Effekte von herausragender Bedeutung, da EDI sowohl für integrierte

---

104 Vgl. zu innovativen Übertragungsnetzen im allgemeinen sowie der ADSL-Technik im besonderen Gliederungspunkt 3.1.3. dieses Kapitels.

105 Dörflein: EDI, S. 38.

106 Ritter: ECR und CCG, S. 20. Diese Problematik ist auch unternehmungsintern relevant. So werden beispielsweise bei den Töchterfirmen der *Metro AG* identische Artikel teils noch unter verschiedenen Artikelnummern geführt. Jensen, Preis, S. 124.

107 Eine Untersuchung von *Girschik zeigt*, daß durch EDI bei der Bestellabwicklung über 33 Prozent der dafür erforderlichen Zeit eingespart werden kann. Girschik: EDI, S. 64.

HIS als auch für eine Vielzahl neuerer Managementansätze, wie z.B. ECR, Voraussetzung ist. Eine sicherlich nicht gänzlich überschneidungsfreie Darstellung operativer und strategischer Effekte des EDI zeigt Abbildung 7.

Abb. 7: Operative und strategische Effekte des EDI

| Operative Effekte des EDI | Strategische Effekte des EDI |
|---|---|
| **Kosteneffekte** | **Intraorganisatorisch** |
| - Wegfall der Daten-Mehrfacherfassung | - Reduktion von Lagerbeständen |
| - Reduktion von Übermittlungs-, Personal- und administrativer Kosten | - Steigerung der Planungs- und Dispositionssicherheit |
| **Zeiteffekte** | - Entlastung des Personals |
| - Beschleunigung der Datenübertragung und interner Abläufe | - Realisierung neuer Logistik- und Controllingkonzepte |
| - ständige Erreichbarkeit und Überwindung von Zeitzonen | - schnellere Auftragsabwicklung |
| | - bessere Kontrolle der Warenbewegungen |
| **Qualitätseffekte** | **Interorganisatorisch** |
| - keine Fehler manueller Datenerfassung | - Beschleunigung der Geschäftsabwicklung |
| - aktuellere Daten | - Intensivierung des Lieferantenkontaktes |
| - Überwindung von Sprachbarrieren und Vermeidung von Mißverständnissen | - Neue Kooperationsformen |
| | - Angebot neuer Leistungen |
| | - Beschleunigung des Zahlungsverkehrs |

Quelle: Scheckenbach: EDI, S. 36.

### 3.1.3 Internet-EDI

Die Notwendigkeit der Konvertierung von Daten in EDIFACT-Formate zur Kopplung von IS mit dem Ziel einer Schnittstellenüberwindung führt zu einer wenig flexiblen Form des Datenaustausches. Deshalb wird dieser Weg meist nur bei längerfristigen Kontakten zwischen großen Handelsunternehmungen und Hauptlieferanten gewählt. Abhilfe schafft die Einbindung von Intra-[108] und Internet[109] in

108 Firmeninternes Netz, meist mit Gateway zum Internet.

109 Zu den wichtigsten im Internet (weltweites System von Computernetzwerken) angebotenen Diensten zählen das World Wide Web (WWW), das File Transfer Protokoll (FTP), Telnet,

die zwischenbetriebliche Kommunikationsinfrastruktur, weil die bislang erforderlichen Standardisierungen beim elektronischen Datenverkehr weitestgehend entfallen und eine zeitnahe sowie kostengünstige Kommunikationsanbindung mit enger Vernetzung und hoher Verbindungsdichte geschaffen wird, die auch kurzfristige Transaktionen unter Einsatz von EDI möglich macht[110]. Durch den Einsatz des Internet-EDI beim Datenaustausch im Business to Business-Bereich entstehen sogenannte Extranets, die dann den weltweiten Einbezug selbst kleinster Unternehmungen erlauben[111]. Die Realisierungsmöglichkeiten eines umfassenden Internet-Supply Chain Management[112] werden durch Lite EDI[113] noch verbessert. Bei zusätzlicher Verknüpfung mit innerbetrieblichen Intranets wird schließlich eine umfassende multimediale Regie computergestützter Warenwirtschaft Realität.

Zwar arbeitet *Wal-Mart* bereits seit März 1998 mit Internet-EDI und bindet so auch kleine Lieferanten und Speditionen informationstechnisch ein[114]; einem effizienteren Datenaustausch mittels Extranets auf breiter Front stehen jedoch noch einige Hindernisse im Wege, für deren Beseitigung folgende Forderungen erfüllt werden müssen[115]:
(1) Hinreichende Sicherheit,
(2) klare Regelungen der Eigentumsrechte von Daten und Informationen,
(3) nachvollziehbare und verbindliche Regeln für die Benutzer[116],
(4) funktionsfähige, transparente Abrechnungssysteme,

E-Mail, Usenet Newsgroups, Internet Relay Chat (IRC) und Suchdienste wie z.B. Archie, Gopher und WAIS (Wide Area Information Servers).

110 o.V.: EDI, S. 64.

111 Rode: Standardsoftware, S. 67. *Rode* beschreibt dort auch erfolgreiche Praxistest aus den USA. In Europa beispielsweise verbindet seit 1998 das Extranet „*Esos*“ über 20 Schuhhersteller mit drei Schuhhändler-Verbundgruppen. Rode: Schuhe, S. 36.

112 Würmser: Online-Manufacturing, S. 57.

113 Bei dieser „schlanken“, eine nur minimale Hardwareausstattung verlangenden Internet-EDI-Version werden die in ihrem Umfang reduzierten Daten vor und nach dem Austausch via Ein- bzw. Ausgabemasken manuell bearbeitet. Puffe: Lite EDI, S. 31 ff.

114 Rode: Internet-EDI, S. 48.

115 Vgl. zu den Punkten (1) bis (4): Isermann: Internet, S. 51 f. Diese Probleme scheinen schon heute lösbar, denn *Wal-Mart* plant bis Ende 1998 die Kommunikation mit Lieferanten und Transportfirmen („Retail Link-Netz“) komplett auf den Internet-Einsatz umzustellen. Würmser: Datenschlacht, S. 17.

116 Zu diesem Zweck werden immer häufiger einheitliche (Adress-)Formate gewählt, z.B. per Einsatz des Transmission Control Protocol/Internet Protocol (TCP/IP), auch in Local und Wide Area Networks (LAN/WAN). Letztgenannte entstehen bei der Nutzung öffentlicher Leitungen, die nicht im Besitz des Kommunizierenden sind.

(5) verbesserte Übertragungsgeschwindigkeiten sowie
(6) die Unterscheidung[117] von Datenarten beim Transport.

Ein sicherlich herausragender Punkt ist der bislang als kritisch eingestufte Sicherheitsaspekt [vgl. Punkt (1)], dem durch technische und organisatorische Maßnahmen zu entsprechen ist. Die verschiedenen Bereiche, welche die Sicherheit eines IS determinieren sind Integrität, Verfügbarkeit, Vertraulichkeit und Authentizität[118]. Um einen hinreichenden Schutz zu gewährleisten, müssen erstens elektronische Sicherheitsbarrieren (Firewalls[119]) installiert werden, die ein unbefugtes Eindringen Dritter in das Netzwerk einer Unternehmung verhindern. Damit sich diese mit der Identität eines berechtigten Nutzers nicht trotzdem einen Zugang zum internen Netz verschaffen, ist zweitens der Einsatz von Verschlüsselungstechniken in Verbindung mit digitalen Unterschriften empfehlenswert. Zwar werden bereits heute neue Verschlüsselungsverfahren mit einer Datensicherheit von einhundert[120] Prozent angepriesen, jedoch sind sowohl solche Angaben als auch die über Authentifizierungsverfahren[121] kritisch zu hinterfragen, besonders wenn es um den elektronischen Versand vertraulicher bzw. sensibler Daten geht, die beispielsweise beim Vendor Managed Inventory[122] benötigt werden.
Besonders stark hängen die Nutzungsmöglichkeiten des Internets für EDI-Anwendungen von der Entwicklung realisierbarer Übertragungsraten ab. Gemessen an den Datenmengen, die das Netz pro Sekunde passieren, kann zwischen unterschiedlichen Übertragungstechniken und -netzen differenziert werden, was Abbildung 8 zeigt.

117 Damit es bei der Wiedervereinigung von für den Transport gesplitteten Datenpaketen beim Empfänger nicht zu Synchronisationsdefiziten kommt. Diese treten bei Videokonferenzsystemen beispielsweise dann auf, wenn Ton und Bild nicht gleichzeitig eintreffen. Stein: Stau, S. 127.

118 Meli: Sicherheitsarchitektur, S. 282.

119 Firewalls können als „Brandmauer" zwischen Firmen- und anderen Computernetzen bezeichnet werden. Der Datenverkehr auf TCP/IP-Basis erfolgt paketweise, so daß die Software eines Firewall-Rechners jedes Datenpaket auf seinen Absender überprüft, ein verdächtiges abweist und ggf. den Systemverwalter alarmiert. Vgl. hierzu: http://rp-online.de/multimedia/software/hacker.shtml.

120 o.V.: EDI, S. 64.

121 Der Artikel 3 des Informations- und Kommunikationsdienstleistungsgesetzes (IuKDG) soll die rechtliche Gleichstellung handschriftlicher und digitaler Unterschriften durch Verschlüsselungs- und Komprimierungsverfahren bewirken, damit rechtsverbindliche Geschäfte im Internet möglich werden. Kersten: Handschlag, S. 56 ff.

122 Beim Vendor Managed Inventory werden das Lager bzw. Teile davon durch Hersteller oder Logistikdienstleister bewirtschaftet. Vgl. hierzu auch die Ausführungen im Gliederungspunkt 5.3.3.1 des ersten Kapitels.

Abb. 8: Übertragungstechniken, -netze und -raten

| Übertragungstechnik bzw. Kennzeichnung des Netzes | Übertragungsraten in Bits pro Sekunde |
|---|---|
| Modem (Internet 1 (I 1)) | .../28.800/36.000/56.000 |
| ISDN (I 1) | 64.000 |
| ADSL[a] | (empfangen:) 8.000.000<br>(senden:) 768.000 |
| via Stromnetz (I 1) | 576.000 |
| TEN-34[b] | 34.000.000 |
| TEN-34[b] (zweite Ausbaustufe) | 155.000.000 |
| B-WiN[c] | 155.000.000 |
| VHPBNS[d] | 155.000.000 |
| VHPBNS[d] (zweite Ausbaustufe) | 622.000.000 |
| G-WiN[e] (Nachfolge-Netz von B-WiN) | 2.400.000.000 |
| Internet 2[f] (I 2) | 2.400.000.000 |

**Erläuterungen:**
a) Die Datenübertragungstechnik Asymmetric Digital Subscriber Line nutzt das herkömmliche Kupferkabel der Telephonleitung; Pilotversuch seit 1998 in NRW
b) Europäisches Hochleistungsnetz, erste Ausbaustufe wurde 1997 bereits realisiert
c) Deutsches Breitband-Wissenschaftsnetz
d) Very High Performance Backbone Network Service; Glasfaserkabelnetz in den USA
e) Deutsches Gigabit-Netz, das mit erheblicher Zeitverzögerung zum I 2 realisiert wird
f) US-amerikanisches Wissenschaftsnetz[123]; erfolgreiche Testübertragungen bereits 1997

Quelle: Zusammenstellung des Verfassers auf Basis von: Stein: Stau, S. 126 f.; o.V.: Temporevolution, S. 10; Kniszewski; Duhm: Netz, S. 70.

Schließlich bietet sich schon in naher Zukunft auch die Anbindung von Filialen über das Internet an. Zwar entstehen beispielsweise bei einem monatlich zu übertragendem Datenvolumen von acht GByte noch Kosten in Höhe von ca. 4.000 DM[124]. Jedoch ist nach dem erfolgten Wegfall des *Telekom*-Monopols (seit Januar 1998) mit erheblichen Preiskorrekturen zu rechnen. In diesem Zusammenhang ist auch die Vorteilhaftigkeit eines Einsatzes privater Telekommunikationsdienstleister zu prüfen, wie das Beispiel der *Karstadt AG* zeigt. Dort wird sowohl die

123 Die US-amerikanische Regierung fördert dieses Projekt mit jährlich einhundert Mill. Dollar; parallel haben sich 110 Universitäten und Forschungsstätten als Mitglieder des Internet 2-Konsortiums verpflichtet, jeweils mindestens eine halbe Mill. US-Dollar jährlich in ihre internen Netze zu investieren, um eine Internet 2-Kompatibilität zu gewährleisten. Stein: Stau, S. 127.

124 Für die Übermittlung derselben Datenmenge per Datex J fielen 1998 (1997) Kosten in Höhe von ca. 1.000 DM (2.000 DM) an. Jansen: Online, S. 25.

Vernetzung von rund 800 Unternehmungsstandorten und dem zentralen Rechenzentrum als auch die für das Online-Geschäft („*My World*") von der *Mannesmann Arcor AG & Co.* betreut, dem zweitgrößten Anbieter dieser Branche in Deutschland[125].

## 3.2 HIS in integrierten Handelssystemen

Auf die Vielzahl unterschiedlicher Ausprägungsformen mehrstufiger Handelssysteme wurde bereits an anderer Stelle eingegangen. Während die Anbindung interner Zwischenverteilerstufen bezüglich des Datenaustausches Parallelen zur später noch zu erörternden Integration vorgelagerter Wertschöpfungsstufen (z.B. der Lieferantenintegration) aufweist und deshalb dort auch behandelt wird, um inhaltliche Überschneidungen zu vermeiden, steht in hiesigem Kontext die informationstechnische Vernetzung von Filial- und Verbundsystemen im Vordergrund. Denn noch heute endet die artikelgenaue Warenwirtschaft nicht selten mit der Auslieferung der Ware an die einzelnen Geschäftsstätten[126].

Bei der Darstellung von Leistungskoordinationsformen wurde bei integrierten Handelssystemen insbesondere zwischen den Formen Hierarchie (Filialsysteme) und Kooperation (Verbundsysteme) unterschieden. Ein Rückgriff auf diese Unterteilung erscheint hier zweckmäßig, weil die Nutzenpotentiale jeweiliger Filial-IS[127] different sind. Zwar eröffnen sich in beiden Fällen identische technische Realisierungs- und Einsatzmöglichkeiten, jedoch können bei Filialsystemen von der Zentrale durch Subordination klare Anweisungen an das Filialpersonal bzw. die Mitarbeiter gegeben werden, während diese Bindungsintensität in Verbundgruppen aufgrund individualistischer Ziele selbständiger Geschäftsstättenleiter schwächer ist[128]. Lassen sich aus diesem Grund zentralseitig entwickelte beschaffungs- und absatzpolitische Maßnahmen nicht umsetzen, ergeben sich bei Verbundsystemen vergleichsweise geringere Ökonomisierungspotentiale bei Investitionen in Filial-IS.

---

125 o.V.: Arcor vernetzt Karstadt, S. 58.

126 Hertel: Warenwirtschaftssysteme (II), S. 56.

127 Bei Filial-IS handelt es sich um Subsysteme von HIS auf Geschäftsstättenebene, die sowohl in Filial- als auch Verbundsystemen eingesetzt werden.

128 Vgl. hierzu auch die Ausführungen in Gliederungspunkt 1.2 des dritten Kapitels.

Diese Problemstellung ist zwar bei der Beschreibung möglicher Filial-IS-Architekturen unerheblich, wird jedoch bei der Darstellung von HIS-Nutzungsmöglichkeiten (vgl. Kapitel III) eine bedeutende Rolle spielen, weil die Möglichkeit zur standortspezifischen Geschäftsstättensteuerung (Mikromarketing) einen wesentlichen strategischen Erfolgsfaktor beim Einsatz integrierter HIS darstellt.

Für die Beschreibung der Architekturen und Komponenten von Filial-IS werden aus Vereinfachungsgründen beide Systemformen integrierter Handelssysteme nachfolgend als Filialsysteme bezeichnet[129]. Als solche können alle Betriebstypen des Groß- und Einzelhandels geführt werden. Kennzeichnendes Merkmal ist die dezentralisierte Absatztätigkeit via Standortspaltung, die entweder mit einem einheitlichen Betriebstyp (Monosystempolitik[130]) oder nach Marktsegmenten differenzierten Betriebstypen (Polysystempolitik) erfolgen kann. Es wurde bereits angesprochen, daß Filialsysteme in der Regel zentral geführt werden. Das ermöglicht eine zentrale Steuerung der Sortimente und eine Standardisierung von Merchandising und Operating zur Schaffung von Kostensenkungspotentialen[131]. Allerdings muß durch die Umsetzung solcher Standardisierungskonzepte suboptimales Standortmanagement bewußt akzeptiert werden, wenn nicht eine indivi-

129 Dies erscheint zweckmäßig und auch zulässig, zumal freiwillige Ketten auch als freiwillige „Filialbetriebe" bezeichnet werden. Barth: Betriebswirtschaftslehre, S. 111.

130 Monosystemunternehmungen erzielen vergleichsweise höhere Gewinne sind aber bezüglich der ihnen zur Verfügung stehenden Strategiealternativen auf Marktdurchdringung und -erweiterung beschränkt.

131 Aufbauorganisatorisch wurden bis in die zwanziger Jahre Einkauf und Verkauf als zusammenhängende Aufgaben aufgefaßt und meist von einer einzigen Person übernommen. Hirsch: Der moderne Handel, S. 26. Seit den fünfziger Jahren basiert(e) die Gestaltung der Aufbauorganisation auf einem Konzept der *International Association of Department Stores, Paris*. Darin wurde erstmals eine Trennung zwischen Einkauf und Verkauf explizit empfohlen, was mit der zunehmenden Komplexität beider Aufgabenbereiche begründet wurde. Hanhart: Koordination von Einkauf und Verkauf, S. 113 f. Eine solche arbeitsteilige Aufbauorganisation repräsentiert bis heute das Grundkonzept vieler Handelsunternehmungen. Bereits in den sechziger Jahren konstatierte *Barth*, daß die aus Institutionentrennung resultierenden Koordinationsprobleme durch eine Modifikation der Ablauforganisation höchstens teilkompensiert werden können. Barth: Unternehmungsplanung, S. 176 f. Schon damals wurde von ihm deshalb eine der Verrichtungs- und Warengruppenspezialisierung Rechnung tragende Organisation empfohlen. In dieser werden intraorganisatorische, logistikorientierte Arbeitsabläufe von der Warenannahme bis zur Warenübergabe durch ein Operating-Konzept als Prozeß synchronisiert und damit optimiert. Im Rahmen eines Merchandising-Bereiches werden solche Funktionsträger zusammengefaßt, die für die Auswahl der für den Absatz geeigneten Waren auf den Beschaffungsmärkten sowie für die kundenbezogene Gestaltung und absatzfördernde Darbietung des Sortiments Sorge zu tragen haben.

dualisierte Filialsteuerung durch hinreichende informationstechnische Einbindung der Geschäftsstätten ermöglicht wird[132].

Die darzustellende Filialintegration wird in drei Untersuchungsbereiche zerlegt:
(1) Komponenten von Filial-IS,
(2) Kommunikation zwischen Filialen und Zentrale und
(3) Besonderheiten der Mandantenabwicklung.

Filial-IS beinhalten im Idealfall alle für eine standortspezifische Warenwirtschaft erforderlichen Hard- und Softwarekomponenten. Erstere können sich entweder im Office- oder im Store-Bereich befinden. Beispiele[133] für Komponenten, die außerhalb der Verkaufsräume liegen (Office-Bereich), sind:
- Filialserver[134],
- Personalcomputer,
- Wareneingangs-Terminals in der Warenannahme,
- Mobile Daten-Erfassungsgeräte (MDE),
- Bildschirm-Terminals,
- Drucker,
- (Regal-)Etikettendrucker,
- Geldzählautomat,
- Energie-Steuerung (z.B. über Sensoren),
- DFÜ-Technik (z.B. TCP/IP über ISDN) und
- verkaufsvorbereitende Abpacksysteme (z.B. für Fleisch und Obst).

Als Store-Bereich-Komponenten sollen exemplarisch genannt werden:
- Ausweiskartenleser (z.B. für die Zugangssicherung im Großhandel),
- Automaten zur Flaschenrückgabe (Leergut),
- Ladenwaagen- und Etikettiersysteme,
- Multimediasysteme (z.B. Kiosk-Systeme, Internet-Cafes),
- Marktfernseher (TV-Systeme) evtl. in Verbindung mit Video,
- Ladenfunk,
- Elektronische Regaletikettiersysteme [Electronic Shelf Label (ESL)],

---

132 Vgl. hierzu auch die Ausführungen zu Beginn des dritten Kapitels.

133 Ein geringer Teil der ausgewiesenen Komponenten wurde entnommen aus: Bock; Hildebrandt; Krampe: Handelslogistik, S. 238.

134 Durch den Filialserver werden die Hard- und Softwarekomponenten der Filial-IS integriert, insbesondere Kassensysteme. Darüber hinaus ist er als direktes Bindeglied zum Zentral-IS eine tragende Säule der Kommunikation in mehrstufigen Handelssystemen.

- Artikelsicherungssysteme,
  - Quellensicherungssysteme,
  - Kamerasysteme,
- Kundenfrequenzmeßsysteme (Verkaufsraum- und Schaufenstersonden),
- Kunden-IS (Kiosk-Systeme),
- Mitarbeiter-Auskunfts-Systeme,
- Mobile Daten-Erfassungsgeräte (MDE),
- Kassen- bzw. Check-Out-Systeme [hierbei kann das Scanning durch Kassenpersonal, den Kunden (Self- und Handscanning-Systeme) oder automatisch (Supertag-System) erfolgen] und
- Kartenlesegeräte (z.B. Scheck- und Kundenkarten).

Diese beispielhafte Auflistung von Hardware-Komponenten stellt nicht den Anspruch auf Vollständigkeit, läßt jedoch deutlich erkennen, daß unterschiedlichste Kombinationen komplexer HIS-Subsysteme möglich sind. Die jeweilige Systemkonfiguration bestimmt Art und Umfang der von Filial-IS lieferbaren Daten, welche Rohstoff für eine konsequente Markt- und Kundenorientierung sind. Insofern hat sich an dem von *Naumann* bereits vor über 20 Jahren konstatierten „Informationsmonopol der Filialen“ [135] nichts geändert.

Der filialspezifisch empfehlenswerte Implementierungsumfang hängt von der zugrundeliegenden Systempolitik, dem Warenkreis, dem Sortimentsumfang, den Standortspezifika sowie dem dezentralen und zentralen Informationsbedarf ab. Ein sogenanntes „Over-Engineering“[136] ist dabei zu vermeiden. Der konkrete Integrationspfad schließlich richtet sich nach Anschaffungs- und Anbindungskosten sowie dem Nutzwert der unterschiedlichen Komponenten.

*Olbrich* unterscheidet zwischen zwei Grundformen der Filialintegration[137]:

(1) Teilintegrierten Systemen, bei denen lediglich Bestell- und Wareneingangsdaten in den Filialen erfaßt und übermittelt werden.

(2) Voll integrierten Systeme, bei welchen darüber hinaus auch eine Übernahme von Warenausgangsdaten der Filialen in das zentrale HIS erfolgt, wodurch

---

135 Naumann: Filialbetrieb, S. 122.

136 Over-Engineering kennzeichnet die Verwirklichung möglichst vieler technischer Möglichkeiten ohne kritische Berücksichtigung von Bedarf und Kosten.

137 Olbrich: Warenwirtschaftssysteme, S. 122 ff.

Bestandssituationen am POS erst transparent werden. Bei dieser Lösung liegt gleichzeitig ein auf Filialebene geschlossenes WWS vor.

Für das Funktionieren eines voll integrierten Filial-IS müssen folgende Voraussetzungen erfüllt sein[138]:

(1) Einsatz eines Filialservers als Hauptrechner und zentraler Sammelpunkt von durch Peripheriegeräte im Filialbereich gesendete Daten,

(2) artikelgenaue Wareneingangs- und Verkaufsdatenerfassung durch Scanner-Systeme sowie die

(3) kommunikationstechnische Anbindung des Filialservers an die Zentrale bzw. das zentralseitige HIS via Netzwerk und Datenfernübertragung.

Bei zuletzt genanntem Punkt, also der Kommunikation zwischen Filialen und Zentrale, kann zwischen Up- und Download unterschieden werden. Beim Upload werden die von einzelnen Filial-IS gewonnenen Daten in einem „Konzentrator"[139] gesammelt und indirekt (transaktions- bzw. geschäftsvorfallauslösend) oder direkt auf eine Datenbank in der Zentrale überspielt[140]. Die (Rück-)Übertragung aufbereiteter und neuer Daten, die dann insbesondere in Form von Anweisungen bzw. Empfehlungen vorliegen, wird im Rahmen des Downloading vorgenommen.

Bei handelssysteminternem Datenaustausch treten in der Regel keine besonderen Schwierigkeiten auf, wegen zentralseitig festgelegter Kommunikationsrichtlinien[141]; allerdings verlangt deren Umsetzung manchmal ein umfassendes Daten-Redesign, weil die Artikelnummern in verschiedenen regionalen Niederlassungen, bei Lager- und Streckenbelieferung oder in unterschiedlichen Vertriebsschienen noch uneinheitlich sind und eine vollständige Integration be- oder verhindern[142].

---

138 Hertel: Warenwirtschaftssysteme (II), S. 56 ff. Mitarbeiterschulung und notwendiger Softwareeinsatz werden an dieser Stelle nicht thematisiert.

139 Ein Konzentrator stellt die Verbindung her zwischen Filial-IS und zentralem HIS. Beispielhaft sei das Softwarepaket *„Open SCS"* (*Store Connection System*) der *Siemens Nixdorf Informationssysteme AG* genannt.

140 Hertel: Warenwirtschaftssysteme (II), S. 61.

141 Ausnahmefälle können sich beispielsweise durch die Heterogenität der Filial-IS bei Unternehmungszusammenschlüssen ergeben. Vgl. hierzu: DHI: Warenwirtschaftssysteme, S. 135 f. Neben technischen können auch verhaltensbedingte Störungen in Filialsystemen auftreten, die von Personen sowohl bewußt (Manipulation) als auch unbewußt bewirkt werden können. Vgl. hierzu: Naumann: Filialbetrieb, S. 110 ff.

142 Hertel: Warenwirtschaftssysteme (II), S. 59 f. Ein weiteres Beispiel heterogener Datenstrukturen sind unterschiedliche Lieferantennummern für denselben Lieferanten.

Zuletzt soll noch auf solche Filial-IS hingewiesen werden, welche die Abwicklung bestimmter Anwendungen für unterschiedliche und/oder fremde Organisationseinheiten ermöglichen (Mandantenfähigkeit). Dies ist dann von Bedeutung, wenn nicht nur die Warenwirtschaft eigener Filialen, sondern auch die unabhängiger Einzelhändler auf einem System abgewickelt werden (einfache mandantenfähige Filial-IS[143]) und/oder ein selbständiger Einzelhändler weitere Geschäftsstätten („Anschlußfilialen") über sein System steuert (komplexe, mehrstufige mandantenfähige Filial-IS)[144].

## 3.3 HIS in handelssystemübergreifenden Interorganisationssystemen

Für eine vertiefende Darstellung elektronischer Koordinationsformen in handelssystemübergreifenden Interorganisationssystemen unter Einsatz von HIS wird über die oben vorgestellte Systematisierung (vgl. Abbildung 4) hinaus zwischen einer vertikalen und einer horizontalen Integrationsrichtung[145] unterschieden.

### 3.3.1 Vertikale Integration

Wie bereits bei der Untersuchung des ECR-Konzeptes umfassend dargestellt, ist eine vertikale Integration gekennzeichnet durch die unternehmungsübergreifende Abstimmung von Prozessen auf vor- und nachgelagerten Wertschöpfungsstufen. Bei ersterer steht die Einbeziehung von Logistikdienstleistern und Herstellern im Vordergrund. Absatzseitig ist die Kundenintegration zentrales Anliegen, welche im Rahmen des Einsatzes von IS durch handelseigene Kundenkarten- oder der Verknüpfung mit Massen-IS erreicht wird.

143 Hierzu bedarf es auch mandantenfähiger HIS auf Zentralebene.

144 Hertel: Warenwirtschaftssysteme (II), S. 63 f.

145 Die Interpretation von Integrationsrichtungen ist in der Literatur uneinheitlich. So wählt z.B. *Mertens* im Rahmen seines Konzeptes für integrierte Informationsverarbeitung einen zum hiesigen differenten Ansatz. Vgl. hierzu: Mertens: Informationsverarbeitung, S. 4.

#### 3.3.1.1 Integration vorgelagerter Wertschöpfungsstufen

Die Integration vorgelagerter Wertschöpfungsstufen betrifft in erster Linie die Einbindung von Lieferanten, Logistik-Dienstleistern, Transportunternehmungen (Speditionen), Einkaufsagenten usw., besonders aber die der Hersteller. Einen Schwerpunkt bei den Kooperationsbemühungen bildet der Austausch normierter Geschäftsdokumente im Rahmen zwischenbetrieblicher Datenkommunikation. Dieser wurde bereits im Rahmen der Darstellung von EDI thematisiert, insbesondere in Form einer dezidierten Aufschlüsselung von Nachrichtenarten am Beispiel des EDIFACT-Subsets EANCOM. Des weiteren wurde die Integration von Lieferanten ausführlich im Rahmen des ECR-Konzeptes bzw. des Efficient Replenishment (siehe Kapitel I) behandelt. Insofern soll auf eine wiederholte Betrachtung verzichtet werden.
Der zwischenbetriebliche Austausch von Daten über Online-Medien, z.B. das Laden von Produktphotos aus den Datenbanken des Lieferanten per Internet, wird im Rahmen der „Business to Business-Kundenintegration“ behandelt[146].

#### 3.3.1.2 Kundenintegration durch Kartensysteme

Eine Integration der Kunden durch Kartensysteme erfolgt vornehmlich über die Ausgabe von handelseigenen Kundenkarten, meist in Form normierter Plastikkarten mit oder ohne Sonderfunktionen, wie beispielsweise Zahlungs-, Kredit-, Rabatt- und/oder Clubfunktion[147]. In der Regel handelt es sich dabei um scannbare Identifikationsbelege (ID-Karten), mit denen Ziele wie Kundenbindung, Analyse des Kaufverhaltens und letztlich Umsatzsteigerungen angestrebt werden[148]. Hinsichtlich des letztgenannten Punktes sei angemerkt, daß sich der durchschnittliche Kaufbetrag der Kunden durch den Einsatz von Kundenkarten signifikant steigern läßt, was besonders mit der Möglichkeit der bargeldlosen Transaktion begründbar ist.

---

146 Vgl. hierzu Gliederungspunkt 3.3.1.3.4 dieses Kapitels.

147 Eine umfassende Klassifizierung von Kartensystemen liefert: Wolff: Zahlungssysteme, S. 10 ff.

148 Vgl. auch: Olbrich: Warenwirtschaftssysteme, S. 144; Mohme: Kundenkarten, S. 315. Die Scannbarkeit von Kundenkarten ermöglicht eine einfache Handhabung, die als ein wesentlicher Vorteil gegenüber Rabattmarken gilt. Hoffmann Linhard; Olavarria: Kundenbindung, S. 56.

Die Kundenakzeptanz solcher Karten steht in unmittelbarem Zusammenhang mit den durch sie erzielbaren Vorteilen[149]. Deshalb sind die Kartenanbieter bemüht, über die oben angesprochen Funktionen hinaus, (Exklusiv-) Verträge mit Partnerfirmen abzuschließen (Co-Branding), um die damit verbundenen Vorteile an Kunden weitergeben zu können.

Sicherlich wäre die Ausgestaltung einer solchen Anreizfunktion in Form eines Preis- oder Mengenvorteils besonders effektiv, jedoch setzt das deutsche Rabatt- bzw. Zugabegesetz enge Grenzen. Gemäß deutscher Rechtslegung kann privaten Endkunden nur ein Rabatt von höchstens drei Prozent eingeräumt werden. Speziell in den USA, wo es solche Beschränkungen nicht gibt, erfreuen sich Kundenclubs (Frequent Shopper Clubs), die erhebliche karteninduzierte Preisermäßigungen offerieren, großer Beliebtheit. Die Einkaufsbeträge von Mitgliedern betragen dort das Zwei- bis Dreifache der Umsätze von Nicht-Mitgliedern[150].
Dies erscheint dann nicht mehr unglaubwürdig, wenn man sich vor Augen führt, daß beispielsweise die Handelsunternehmung *Food Lion*, eine Tochtergesellschaft von *Delhaize*, ihren Kunden folgende Rabattstaffel beim Kauf ausgewählter 1.200 Produkte unter Verwendung der Kundenkarte gewährt: fünf, zehn bzw. zwanzig Prozent Rabatt bei Einkäufen bis zwanzig, fünfzig bzw. über 50 US-Dollar[151]. Einige Hersteller rückvergüten dabei einen Teil der bei ihren Produkten nominal entstandenen Umsatzeinbußen.

Bezüglich unterschiedlicher Arten von Kundenkarten soll zwischen drei Formen unterschieden werden:
(1) Kundenkarte ohne Zahlungsfunktion
(2) Kundenkarte mit Zahlungsfunktion sowie
(3) Kundenkarte mit Zahlungsfunktion und Revolving Credit,
deren Vor- und Nachteile Abbildung 9 (siehe Seite 112) zeigt.

---

149 *Wieder* konstatiert im Umkehrschluß, daß „eine reine Mitgliedskarte ohne Einkaufsvorteile in Form von Preisnachlässen oder Exklusivangeboten (...) als Kundenbindungsinstrument" ausscheidet. Wieder: Kundenbindungsinstrumente, S. 31.

150 Rüter: Handelskarten, S. 22.

151 George; Cullum; Gulati: Retailing Review, S. 21.

Abb. 9: Vor- und Nachteile spezieller Formen von Kartensystemen

| Kartenart | Vorteile | Nachteile |
|---|---|---|
| **Kundenkarte ohne Zahlungsfunktion (Rabattbuch, Bonuskarte)** | - Keine Kosten für Bonitätsprüfung, Kontoführung und Mahnwesen<br>- keine Ablehnungen<br>- kein finanzielles Ausfallrisiko<br>- als Bonuskarte einsetzbar<br>- relativ starke Kundenbindung, speziell bei austauschbarem Warenangebot | - keine Spontankäufe<br>- Karte muß beim Abverkauf separat erfaßt werden<br>- Wertigkeit der Karte beim Kunden fraglich<br>- Informationsgewinnung beim Antrag eingeschränkt<br>- Bonus- oder Rabattfunktion ist in Deutschland nur eingeschränkt nutzbar |
| **Kundenkarte mit Zahlungsfunktion** | - starke Kundenbindung<br>- höherer Aktivität der Karteninhaber und Mehrumsatz<br>- Risiko unter eigener Kontrolle<br>- sehr gute Informationsgewinnung durch Antrag und über Kaufverhalten | - relativ hohe Investitions- und Verarbeitungskosten<br>- bindet Human Resources beim Händler<br>- oft ist notwendiges Know-how nicht vorhanden |
| **Kundenkarte mit Zahlungsfunktion und Revolving Credit*** | - sämtliche Vorteile der Kundenkarte<br>- größerer Flexibilität und Investitionsbereitschaft beim Kunden<br>- Zinserlöse beim Kartenausgeber<br>- Risiko bei der herausgebenden Bank | - erhöhter Abstimmungsbedarf bei Hinzunahme einer Bank als Herausgeber<br>- Risiko bei eigener Herausgabe |

*) Eine Revolving Credit-Karte bietet flexible Rückzahlungsmöglichkeiten. In der Regel werden Teile der Gesamtforderung erst (stark) verspätet vom Kundenkonto abgebucht.

Quelle: CCN Deutschland GmbH, Hamburg, zit. in: Markus: Kreditkarte, S. 35.

Der größte Vorteil für die Kundenkarten emittierende Handelsunternehmung liegt in der Gewinnung personen- bzw. haushaltsspezifischer Daten, weil diese ein Individualmarketing nach Profilbildung ermöglichen. Zwar lassen sich qualitative Daten, z.B. Kaufmotive, Lebensstile oder Einstellungen, nicht durch Kundenkarten erheben[152]; hierfür sind zusätzliche (kostenintensive) psychographische

152 Mohme: Kundenkarten, S. 328.

Untersuchungen in Form von Befragungen erforderlich. Jedoch können primär[153] quantitative Daten - in Abhängigkeit von der Auskunftsbereitschaft des Kunden - weitestgehend problemlos erfaßt werden. Eine Systematisierung dieser Datenart zeigt Abbildung 10.

Abb. 10: Systematisierung primär quantitativer kundenspezifischer Daten

| Soziodemographische Daten | | | Verkaufs- und marketing-historische Daten |
|---|---|---|---|
| Stammdaten | Geographische Daten | Sozioökonomische Daten | |
| - Name<br>- Vorname<br>- Straße<br>- Wohnort<br>- Telephonnummer | - Wohnort<br>- Adreßkoordinate<br>- Entfernung zur Einkaufsstätte | - Alter<br>- Geschlecht<br>- Haushaltsgröße<br>- Haushaltsnetto-einkommen<br>- Beschäftigungs-kennziffer | - Einkaufsfrequenz<br>- Kaufmenge<br>- Kaufwert<br>- Bevorzugte Waren-gruppen<br>- Einkaufszeitpunkte<br>- Akquisitionsformen<br>- Kundenreaktionen |

Quelle: In Anlehnung an: Mohme: Kundenkarten, S. 316.

Die Einbindung von Kartensystemen in HIS schafft keine nennenswerten Probleme, allerdings werden durch die Verbreitung von Kundenkreditkarten Warenausgangs- und Fakturierungsprozesse voneinander getrennt, und es wird eine kundenbezogene Debitorenbuchhaltung notwendig[154].

Eine zweite, sich in jüngster Zeit immer stärker durchsetzende Möglichkeit der vertikalen Einbindung nachgelagerter Wirtschaftssubjekte wird durch Systeme des elektronischen Vertriebs erreicht, die als Electronic Retail-Systeme bezeichnet werden.

### 3.3.1.3 Kundenintegration durch den Einsatz neuer Medien

Eine weitere Möglichkeit der Kundenintegration ergibt sich aus der rasch voranschreitenden Diffusion sogenannter Massen-IS[155], die eine elektronische Anspra-

153 Da sich die in Rede stehenden Datenarten nicht überschneidungsfrei abgrenzen lassen, wählt *Tietz* diesen Begriff. Tietz: Umbruch, S. 14.

154 Becker; Schütte: Aspekte, S. 355.

155 Vgl. zu diesem bereits oben verwendeten Begriff : Hansen: Info-Highway, S. 21 ff.

che von Kunden erst ermöglicht. Neben dem im ersten Kapitel dieser Arbeit erörterten ECR-Konzept, stellen solche Systeme den zweiten wesentlichen Trend im Handel dar, der die Betrachtung IS-gestützter Prozesse nachdrücklich fordert[156].

### 3.3.1.3.1 Terminologische Abgrenzung

Die unüberschaubare Zahl an Schlagworten mit weitreichenden inhaltlichen Überschneidungen erschwert die terminologische Abgrenzung[157] dieses Untersuchungsbereiches[158]. Auffallend häufig werden in hiesigem Kontext die Begriffe „Electronic Commerce" und „Elektronische Märkte" verwendet (vgl. hierzu nochmals die Arten elektronischer Leistungskoordination in obiger Abbildung), die durch Telematik realisierte Marktplätze kennzeichnen. Auf diesen entfallen wegen Freiwilligkeit der Teilnahme und Gleichberechtigung der Transaktionspartner einige Zutrittsbarrieren klassischer Märkte[159]. Das wird durch den Einsatz der sogenannten Neuen Medien erreicht, die sich unmittelbar dem Begriff Multimedia zuordnen lassen, der vom *EHI* definiert wird als „Interaktive Kommunikation über elektronische Datenverarbeitung, welche die simultane Kombination der (digitalisierten) Gestaltungselemente Schrift, Bild (bewegt und unbewegt), Ton (Sprache und Musik) ermöglicht"[160].

Aus Sicht einer Handelsunternehmung wird Kundenintegration mit Hilfe des Einsatzes Neuer Medien durch Electronic Retailing-Systeme realisiert. Darunter werden sämtliche Lösungen informations- und kommunikationstechnischer Art subsumiert, welche einen Anbieter in die Lage versetzen, Phasen[161] der Vermittlung bzw. Übertragung von Sach- und Dienstleistungen auf Elektronischen Märkten

156 Becker; Schütte: Aspekte, S. 345.

157 Auch die Abgrenzungsbemühungen von *Becker/Schütte* können keinen nennenswerten Problemlösungsbeitrag liefern. Sie unterscheiden Electronic Market und Electronic Retailing dadurch, daß sie letzterem das Fehlen eines Preisfindungsprozesses attestieren. Becker; Schütte: Aspekte, S. 366. Dem ist entgegenzuhalten, daß zwar der einzelne Nachfrager nicht aktiv auf die betriebliche Preispolitik einwirken kann, jedoch mittelbar die Preisbildungsfunktion des Marktes beeinflußt.

158 Vgl. für eine umfassende Aufzählung von rund 60 Begriffen aus dem Umfeld des elektronischen Handels: Zbornik: Elektronische Märkte, S. 54 f.

159 Grauer; Merten: Multimedia, S. 19.

160 Jansen: Einsatzmöglichkeiten, S. 8.

161 Informations-, Vereinbarungs- und Abwicklungsphase.

durch den Einsatz neuer Medien zu unterstützen[162] oder im Grenzfall vollständig[163] abzuwickeln[164]. Dabei wird weder die unternehmungsinterne[165] Kommunikation noch der zwischenbetriebliche elektronische Austausch von Geschäftsdokumenten per EDI zu diesen Systemen gezählt. Vielmehr stehen Einsatzmöglichkeiten im Rahmen der Absatzpolitik im Vordergrund.

Abb. 11: Merkmale der Kommunikation in innerbetrieblichen, zwischenbetrieblichen und Massen-Informationssystemen

| | Innerbetrieblich | Interbetrieblich | Massen-IS |
|---|---|---|---|
| Kommunikationspartner | Mitarbeiter einer Unternehmung | Unternehmungen | Unternehmungen und Haushalte |
| Reichweite | unternehmungsweit | multinational | global |
| Inanspruchnahme | laufend | regelmäßig | gelegentlich |
| Benutzung | wird gefordert | wird vereinbart | freiwillig |

Quelle: Hansen: Info-Highway, S. 23.

Damit erklärt sich, warum Handelsunternehmungen die größten Erfolgspotentiale bei der Nutzung der Neuen Medien in Werbung, Verkauf und PR sehen[166]. Synonym wird deshalb in der betrieblichen Praxis auch häufig der Begriff des „Electronic Marketing" verwendet[167]. Eine Übernahme dieses Terminus erscheint nicht sinnvoll, weil eine klare Abgrenzung zu Kartensystemen, Database Marketing und MSS kaum gelänge.

162 Beispielsweise durch Einsatz eines Informations-Kiosk-Systems im Verkaufsraum. Vgl. hierzu in Gliederungspunkt 3.3.1.3.2 dieses Kapitels Punkt (a).

163 So kann beispielsweise beim Softwareverkauf auf elektronischen Märkten sowohl das Verpflichtungs- als auch das Verfügungsgeschäft per IS abgewickelt werden.

164 Bei der Anzahl von durch ERS unterstützten Marktphasen ist grundsätzlich eine Unterscheidung zwischen zwei Formen möglich. ERS im engeren Sinne, die alle Phasen unterstützen, und solchen im weiteren Sinne, die nur innerhalb einzelner Phasen eingesetzt werden. Schmid: Elektronische Märkte, S. 467.

165 Die unternehmungsinternen Einsatzmöglichkeiten von Multimedia- und Hypermediasystemen werden im Rahmen von MSS behandelt.

166 Ergebnisse der *EHI*-Arbeitsgruppe Multimedia. Jansen: Einsatzmöglichkeiten, S. 10.

167 Fink: Electronic Marketing, S. 16 ff.

#### 3.3.1.3.2 Systematisierung von Electronic Retailing Systemen (ERS)

Erst durch die Verschmelzung von Informationstechnologie, Telekommunikation, Medien und (Unterhaltungs-) Elektronik wird die Basis für ERS geschaffen. Jedoch erschwert die Konvergenz dieser ehemals getrennten Industriezweige eine Differenzierung unterschiedlicher ERS-Formen.

Hilfsweise muß auf mehrere miteinander kombinierte Kriterien zurückgegriffen werden. Sodann kann bei ERS unterschieden werden nach:
(1) Typ des eingesetzten Mediums bzw. der technischen Anwendung[168];
(2) dem Ort ihrer Nutzung[169];
(3) der Art ihrer elektronischen Anbindung[170] sowie
(4) der Anzahl, der das Angebot bereitstellenden Unternehmungen[171],
was zu folgenden Ausprägungsformen führt, die Abbildung 12 zeigt.

Abb. 12: Einteilungskriterien und Ausprägungsformen von Electronic Retailing-Systemen

| Medientyp | Ort der Nutzung | Art der Anbindung | Beteiligte Anbieter |
|---|---|---|---|
| CD-ROM / HD-CD | instore / nicht domizil | lokal bzw. offline | einzelbetrieblich |
| Online-Medien | outstore / domizil | verteilt bzw. online | überbetrieblich |
| POS-Terminals | | | |
| ITV | | | |

Quelle: Zusammenstellung des Verfassers

168 Vgl. für diese nicht überschneidungsfreie und unvollständige Systematisierung insbesondere: Stremme: Elektronische Märkte, S. 113 ff.; Fink: Electronic Marketing, S. 19.

169 Letztgenannte Differenzierung wählt: Fink: Electronic Marketing, S. 23 f.

170 Während lokale Systeme sogenannte Stand-Alone-Lösungen darstellen, z.B. Offline-Einsatz einer CD-ROM im PC des Kunden oder ein unvernetzter elektronischer Kiosk, basieren verteilte Systeme auf Telekommunikationsnetzwerken. Vgl. hierzu: Alt; Cathomen: Interorganisationssysteme, S. 39.

171 Beispielsweise treten im WWW umsatzstarke Versandhandelsunternehmungen in der Regel als Alleinanbieter auf, während sich bei Mittelständlern auch horizontale Kooperationen finden.

Speziell die oben unter Punkt (1) genannten Einteilungskriterien werden in der Literatur häufig für eine Systematisierung herangezogen und deshalb im folgenden kurz dargestellt.

(a) „Typische“ Online-Medien

Zu den „typischen“ Online-Medien zählen kommerzielle Online-Dienste, z.B. T-online, AOL oder CompuServe, und das Internet. Während erstere von ihren Betreibern administriert werden (zentrale Organisation), handelt es sich beim Internet um ein mit Routern[172] verbundenes Netzwerk von i.d.R. frei zugänglichen Netzen, die nicht zentral verwaltet werden. In beiden Fällen erfolgt die Nutzung vom Computer aus. Die Möglichkeiten einer Übertragung von qualitativ akzeptablen Bewegtbildern (Videos) sind aufgrund zu geringer Übertragungsgeschwindigkeiten noch sehr beschränkt. Bis zum hinreichenden Ausbau der Datennetze werden zur Überwindung dieses Engpasses Hybrid-Systeme[173] eingesetzt. „Typische“ Online-Medien gelten auch wegen ihrer Zeit- und Ortsunabhängigkeit als ideale Plattform für ERS und werden deshalb in einem gesonderten Gliederungspunkt erneut aufgegriffen.

(b) CD-ROM / HD-CD

Die CD-ROM[174] ist als einmalig beschreibbarer portabler Datenträger heutzutage Standard bei der PC-Nutzung. Sie wird voraussichtlich abgelöst von der multifunktionalen HD-CD[175], die mittlerweile von den rivalisierenden Industrielagern akzeptiert wurde und somit die nächste CD-Generation bilden dürfte[176]. Beide optischen Speichermedien eignen sich besonders für die Aufnahme umfangreicher Datenbestände, deren Transport über Telekommunikationsnetzwerke aufgrund zu langer Übertragungszeiten (noch) nicht sinnvoll erscheint. Beispielsweise bei Produktkatalogen des Versandhandels (eine hinreichende Indizierung vorausgesetzt) oder animierenden Produktpräsentationen in Kiosk-Systemen am POS. Letztere werden derzeit allerdings noch zu achtzig Prozent mit Festplatten ausgestattet, die zukünftig von den oben beschriebenen CD-Varianten bedrängt werden. Während

172 Überbrücker zwischen Netzwerken.

173 Hybrid-Systeme entstehen durch den kombinierten Einsatz eines CD-Typs und eines Online-Mediums. Eine stärkere Kundenbindung versucht man dadurch zu erreichen, daß eine Programminstallation via CD auf dem Rechner des Nutzers notwendig wird, welche den Aufruf spezieller Online-Angebote erst ermöglicht und die ihn später per bloßer Existenz oder Desktop-Verknüpfung immer wieder daran erinnert.

174 Akronym für Compact Disc-Read Only Memory (CD-ROM).

175 Akronym für High Density-Compact Disk (HD-CD).

176 Fink: Electronic Marketing, S. 21.

ein zwischenzeitlicher Trend zum CD-I-Einsatz[177] nicht erkennbar ist[178], bewirken neue Entwicklungen im Bereich der Halbleiter-Technologie erhebliche CD-Nutzungspotentiale[179].

(c) POS-Terminals

Diese auch als Kiosk-Systeme bezeichneten Selbstbedienungs-Computerterminals lassen sich anhand der von ihnen unterstützten Funktionen in die drei Typenklassen (1) Unterhaltungs-, (2) Informations- und (3) Transaktionssysteme einteilen[180]. Gemeinsames Merkmal ist der menügesteuerte Dialog. Grundsätzlich kann zwischen Off- und Online-Lösungen unterschieden werden. Letztere setzen sich in der Praxis immer mehr durch, weil nur auf diesem Wege eine stets aktuelle Datenbasis gewährleistet ist.
Ergebnisse einer empirischen Analyse von Selbstbedienungs-IS [vgl. Typenklasse (2)] liefert *Swoboda* in Form einer Untersuchung des „Music Masters" der *Karstadt AG*[181]. Er kennzeichnet diesen Medientyp zwar als „brillantes Konzept"[182], doch trotz erweiterter Erlebnisdimensionen[183] ist sein Nutzen nur schlecht quantifizierbar[184]. Im Normalfall sind für den Betrieb von Informations-Kiosk-Systemen keine Kundendaten erforderlich, sie unterstützen lediglich den stationären Verkauf durch anonyme Beratung[185]. Mithin sind die durch sie verfolgten Ziele der Kundenbindung und -neugewinnung schwerer zu erreichen, als bei Systemen, die eine individualisierte Kundenansprache ermöglichen[186]. Die Möglichkeiten der Schaf-

177 Die Compact Disk-Interactive (CD-I) kennzeichnet einen von *Philips* entwickelten Standard, mit dem Audio- und Video-CDs abspielbar sind.

178 Jansen: Einsatzmöglichkeiten, S. 13.

179 Blaue (anstelle sonst roter) Laserdioden erzeugen kürzere Lichtwellen und können dadurch das Vierfache an Daten pro Fläche auf einem Medium voneinander unterscheiden. Dadurch lassen sich derzeit nicht nur zwölf Gigabyte auf eine CD schreiben, sondern auch erheblich mehr Daten im Barcode eines Artikels verschlüsseln. Sesin: Licht, S. 179 f.

180 Hansen: Info-Highway, S. 33 f. Unterhaltungssysteme werden aufgrund ihrer geringen Relevanz nicht weiter behandelt.

181 Swoboda: Medien, S. 247 ff.; Vgl. für eine thesenartige Kurzzusammenfassung der Untersuchungsergebnisse: Swoboda: Kommunikations-Terminals, S. 26.

182 Swoboda: Medien, S. 377.

183 Vgl. für eine entsprechende graphische Übersicht: Swoboda: Medien, S. 365.

184 Auch *Gruninger-Hermann* weist kritisch darauf hin, daß bei der Bewertung solcher Systeme nicht der Erlebniswert, sondern der Nutzen („vorrangig werden Informationen erwartet") im Vordergrund stehen sollte. Gruninger-Hermann: Multimedia, S. 29 f.

185 Jansen: Einsatzmöglichkeiten, S. 9.

186 In diesem Zusammenhang bietet sich die Integration von Lesegeräten für Kundenkarten an, die dann ein elektronisches POS-Direct-Marketing ermöglicht.

fung eines Erlebniswertes sowie innovativen Firmenimages werden mit zunehmender Verbreitung „typischer" Online-Medien abnehmen.
Bei Transaktions-Systemen [vgl. Typenklasse (3)] schließlich handelt es sich um „intelligente" Verkaufsautomaten, die in bestimmten Fällen eine 24-stündige Verkaufsbereitschaft gewährleisten. Ihre Einsatzmöglichkeiten am POS stellen nur in den wenigsten Fällen eine sinnvolle Ergänzung dar.

(d) Interaktives Fernsehen (ITV)
Im Unterschied zum Direct Response TV[187] greift beim ITV der Kunde durch ein wechselseitiges Sender-Empfängerverhältnis (Zwei-Wege-Kommunikation) aktiv in das Programm bzw. Kaufgeschehen ein[188]. Hierfür ist als technische Voraussetzung neben dem Vorhandensein digitaler Übertragungswege, Hardware beim Empfänger in Form eines TV-Gerätes sowie einer Set-Top-Box[189] notwendig. Jedoch lassen sich bezüglich der Entwicklung dieses Mediums noch keine abgesicherten Aussagen treffen, insbesondere deshalb, weil es sich noch in der Pilotphase befindet und noch vor einer Marktdiffusion durch das Web-TV[190] verdrängt werden kann. In diesem Zusammenhang stellt sich die Frage, wann es zu einer integrierten Nutzung multimedialer Geräte in privaten Haushalten kommen wird, die insbesondere eine Anschaffung unterschiedlicher Aufnahme-/Wiedergabegeräte für Ton und/oder Bild obsolet werden läßt.

### 3.3.1.3.3 Kundenintegration durch Online-Medien

Als Online-Medien können gemäß oben zugrunde gelegter Systematik
(1) „typische" Online-Medien (Internet und Online-Dienste),
(2) Online-POS-Terminals und
(3) das ITV
bezeichnet werden. Da nach Überzeugung des Verfassers das Internet langfristig die ideale Plattform für ERS darstellt, werden die Formen (2) und (3) aufgrund

---

187 Beispiele hierfür sind in Deutschland die Kanäle H.O.T. (Home Order Television) oder QVC (Quality Value Convenience Network). Aufgrund fehlender interaktiver multimedialer Kommunikation werden diese nicht bei einer Kategorisierung von ERS berücksichtigt; selbiges gilt für telephongestützte Bestellsysteme.
188 Jansen: Einsatzmöglichkeiten, S. 14.
189 Eine Set-Top-Box wandelt die digitalen Daten in analoge Signale um.
190 Technische Lösungen für Fernsehen im WWW (Web-TV) werden auch auf dem deutschen Markt bereits angeboten. Würmser: Electronic-Commerce, S. 45.

ihrer vergleichsweise geringen Relevanz von der weiteren Analyse ausgeschlossen[191].

Beim Einsatz der zur Diskussion stehenden (typischen) Online-Medien wird auch von „Online-Shopping"[192] oder „aktivem Home-Shopping"[193] gesprochen. Dabei findet kein direkter persönlicher Kontakt zwischen Anbieter[194] und Nachfrager statt. Da potentielle Kunden ex ante gänzlich unbekannt sind und auch keine erste Einschätzung durch Verkaufspersonal erfolgen kann, liegen erst nach einer elektronischen Selbst-Identifizierung des Kunden personenbezogene Daten vor. Dies setzt jedoch in der Regel das Zustandekommen einer Geschäftsbeziehung voraus. Dabei geht die Initiative (bis jetzt) immer vom Benutzer aus[195]. Um diesen für eine Identifikation zu motivieren, setzen Provider spezielle Feedback-Formen, wie Ausschreibungen, Spiele, Befragungen, Diskussionsforen oder Nutzerbeschwerden ein[196]. Zuvor aber ist der potentielle Nutzer von Online-Angeboten für einen ersten audiovisuellen Dialog anzuregen. Dafür empfehlen sich verschiedene Maßnahmen der Kommunikationspolitik, insbesondere die Publikation der URL[197] bzw. Online-Adresse in klassischen Werbemitteln, Pressetexten, Newslettern, auf Produkten, Katalogen u.ä., der Eintrag in Suchmaschinen, Online-Katalogen und Newsgroups sowie die Plazierung von Bannern[198] in geeignetem[199] Umfeld.

191 Auch *Geppert/Müller* vertreten die Ansicht, daß nur Online-Dienste das Potential haben, einen hinreichend großen Kreis an Konsumenten anzusprechen. Geppert; Müller: Akzeptanz, S. 417.

192 Gruninger-Hermann: Multimedia, S. 32 ff.

193 Geppert; Müller: Akzeptanz, S. 418. Diese Formulierung ist irreführend, weil 1997 wesentlich mehr Personen beruflich ein Internet-Anschluß zur Verfügung stand als privat. Insofern ist es nicht überraschend, daß die Anzahl der Pageviews (so z.B. bei „http://www.toyota.de") am Wochenende signifikant geringer ist als an den übrigen Werktagen. More Media: Internet, o. S.

194 Für hiesigen Untersuchungszweck wird von Handelsunternehmungen als Anbieter ausgegangen. Es kann sich dabei aber auch um Hersteller oder sonstige Dienstleister handeln, wodurch es zu Funktionenverschiebungen, Wettbewerbsverschärfung und Ausschaltungstendenzen beim Handel kommen kann, die später noch beurteilt werden.

195 Mertens; Schumann: Electronic Shopping, S. 517; Eusterbrock; Kolbe: Online-Services, S. 145.

196 Munkelt: Erkenntnisse, S. 41. *Munkelt* zitiert dort auch die *Londoner* Zeitschrift *Euromonitor*, die feststellt, daß über fünfzig Prozent der Unternehmungen das WWW für die Ergänzung ihrer Kundendatenbanken nutzen.

197 Der Uniform Resource Locator (URL) kennzeichnet die Adresse eines bestimmten WWW-Dokumentes.

198 Statische oder per Hyperlink verbindende Text- und/oder Bildelemente auf Online-Seiten.

199 Die Eignung von Plattformen wird im Rahmen der Werbewirkungsanalyse behandelt. Vgl. hierzu Gliederungspunkt 4.2.4 des dritten Kapitels.

Kundenintegration durch Online-Medien bedeutet Selbstbedienung par exellence. Dabei erhöht sich bei den Nutzern die Transparenz in bezug auf konkurrierende Angebote durch den Einsatz von Suchmaschinen, intelligenten Agenten[200] und Informationsbrokern, was bei zunehmender Homogenität der Produkte zu preis- bzw. kostenorientiertem Wettbewerb führt. Zwar kann versucht werden, durch Zusatzleistungen[201], Paketpreise (Price-Bundling) und/oder Exklusivmarken dieser Vergleichbarkeit zu begegnen, jedoch sind diesen Maßnahmen Grenzen gesetzt, insbesondere durch unterschiedliche Eignungsgrade[202] von Waren und Dienstleistungen für den elektronischen Vertrieb. So kann bei informationsbasierten[203] Produkten bzw. Dienstleistungen die räumliche Transposition direkt über das Netz erfolgen (Elektronische Märkte im engeren Sinne). Dann entfallen Distributionszwischenstufen in der Wertschöpfungskette, die Möglichkeiten der Erbringung von Zusatzleistungen werden geringer, es kommt zur Margenerosion.

Werden hingegen aufgrund der Leistungsart nur „ausgewählte Transaktionsphasen“[204] elektronisch unterstützt (Elektronische Märkte im weiteren Sinne; beispielsweise der Verkauf von Lebensmitteln), bedarf es einer physischen Warenlogistik bzw. eines parallelen Warenprozeßsystems. Bei dieser Vertriebsform handelt es sich um modernen Distanzhandel, bei dem neben klassische Versender, welche „auf diesem Gebiet die Rolle des Innovators übernommen haben“[205], auch sogenannte Customer-Response-Retailer treten, die mit innovativen Marktbearbeitungskonzepten Versorgungslücken oder Marktnischen abdecken. Neben die für den Versandhandel typische „Frei-Haus-Lieferung“[206] tritt die Möglichkeit einer Bereitstellung physischer Güter in verbrauchernahen Geschäftsstellen, z.B.

200 Softwareprogramme, welche die mit Hilfe vorgegebener Suchkriterien gefundenen Informationen vorstrukturiert bereitstellen und aus dem Nutzungsverhalten des Anwenders lernen. Vgl. für eine nähere inhaltliche Kennzeichnung: Mertens; Schumann: Electronic Shopping, S. 521 f.

201 Vgl. hierzu auch: Becker; Schütte: Aspekte, S. 365.

202 Die Eignungsgrade korrelieren positiv mit Digitalisierbarkeit, Lagerfähigkeit, Wertdichte und Standardisierungsgrad von Produkten; sie korrelieren negativ mit Erlebnisorientierung („touch and feel“), Bedienungsintensität und Erklärungsbedürftigkeit.

203 Beispielsweise Software, Online-Literatur, Musik, Filme und Beratungsgeschäfte.

204 Becker; Schütte: Aspekte, S. 363.

205 Geppert; Müller: Akzeptanz, S. 434.

206 Für diese Lieferart werden in neuerer Zeit auch eigenständige Kommissionierlager für Food-Homeservice geplant und bereits betrieben. Rode: Lieferservice, S. 42 ff.

Tankstellen, Kiosken oder Einzelhandelsgeschäften des täglichen Bedarfs zur Selbstabholung[207].

Abb. 13: Eignung ausgewählter Warengruppen für den Vertrieb über Online-Medien

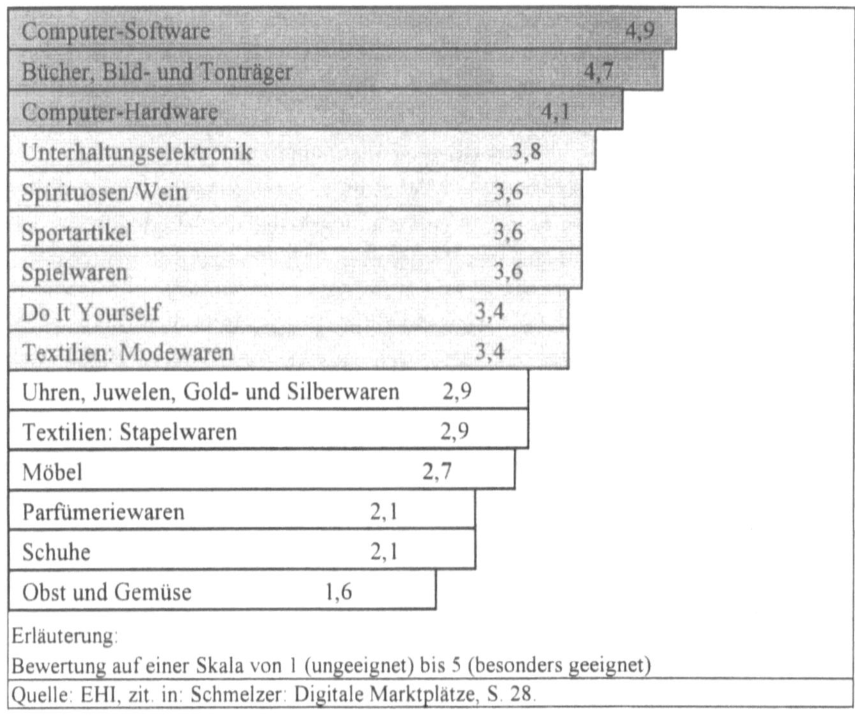


Letztlich ergeben sich aus der Notwendigkeit einer Abwicklung der Warenlogistik zahlreiche Varianten für die Erbringung von Zusatzleistungen. Insbesondere das anderenorts bereits gekennzeichnete Lieferservice-Niveau[208] wird vor dem Hintergrund eines wachsenden Convenience-Marktvolumens[209] zu einer herausragenden Wettbewerbsdeterminante.

207 Die Möglichkeit einer 24 Stunden-Selbstabholung kommissionierter Waren bieten (gekühlte) Schließfächer (sogenannte Drop-Boxen), die nur mit Schlüssel oder Code geleert werden können. Nemitz: Chancen, S. 4.

208 Vgl. zu den einzelnen, das Lieferservice-Niveau determinierenden Komponenten Gliederungspunkt 5.1.2.1 des ersten Kapitels.

209 Dieses lag 1997 bereits bei ca. 30 Mrd. DM und hat hohe Zuwachsraten. Greipl: Perspektiven, S. 18.

#### 3.3.1.3.4 Besonderheiten des Einsatzes von Online-Medien im Business to Business-Bereich

In den oben dargestellten Zusammenhängen galt der Begriff „Kunde“ vordergründig dem Business to Consumer-Bereich. Zwar sind die Ergebnisse auf den zwischenbetrieblichen Bereich weitgehend übertragbar, jedoch ergeben sich einige Besonderheiten, die am Beispiel des Internet-Einsatzes aufgezeigt werden sollen. Es wird nochmals herausgestellt, daß hierbei nicht der Austausch normierter Geschäftsdokumente thematisiert wird (dieser wurde im Gliederungspunkt 3.1.2 dieses Kapitels behandelt), sondern das Electronic Shopping bzw. „Electronic Supply“ im Business to Business-Bereich.

Als gewerbliche Kunden kommen hierbei insbesondere Großabnehmer sowie selbständige Einzel- und Großhändler in Frage. Mithin kann auch die via Internet distribuierende Handelsunternehmung im Rahmen ihrer Beschaffungspolitik als Online-Kunde auftreten. Im Gegensatz zum Geschäft mit Privatkunden sind im Business to Business-Bereich die Dialogpartner häufig bekannt, und das Einkaufsverhalten ist stark von rationalen bzw. ökonomischen Gesichtspunkten geprägt[210]. Deshalb müssen beim Software-Engineering Bedarfsanalyse und Produktpräsentation „auf die Kenntnisse sowie kognitiven Fähigkeiten der Kunden“[211] zugeschnitten werden. Produktempfehlungen, Indexierung, Regie beim Auswahlvorgang, Produktpräsentation sowie Subventions-, Finanzierungsberatung, Verfahrensvergleiche und/oder Wirtschaftlichkeitsrechnungen müssen zu der vorab ermittelten Kunden- bzw. Firmentypologie passen[212].

Die Individualkommunikation ist aber keine Besonderheit von Business to Business-Systemen, da sie auch im Privatkunden-Geschäft größte Bedeutung erlangen wird. Selbst eine kundenindividuelle Fertigung physischer Produkte[213] kann für den Massenmarkt realisiert werden, wenn Schnittstellenkompatibilität und JIT-

210 In diesem Zusammenhang müssen Informations- und Entscheidungsverhalten, Auswahlentscheidungen und Einfluß einzelner Mitglieder sogenannter Buying Centers berücksichtigt werden. Backhaus: Industriegütermarketing, S. 60.

211 Popp; Schumann: Business, S. 18.

212 Vgl. für eine systematische Darstellung von Ausprägungsformen der genannten Gestaltungsparameter: Popp; Schumann: Business, S. 18. ff.; Speziell bei der Finanzierungsberatung liegt ein Einsatzfeld für wissensbasierte Systeme. Mertens; Schumann: Electronic Shopping, S. 519.

213 Dies gilt selbstverständlich nicht für unindividualisierbare Güter wie beispielsweise Benzin, Strom und Ersatzteile. Oschmann: Einkaufslust, S. 34.

Fertigung durch CIM-Systeme gewährleistet sind. Mithin liegt der wesentliche Unterschied beim Business-to-Business-Bereich in den unterschiedlichen Nutzerprofilen, denen zukünftig aber ohnehin entsprochen werden muß.

### 3.3.1.3.5 Anforderungen von Online-Medien an HIS

Die Hardware von HIS muß für die oben beschriebenen Formen der Kontaktgestaltung um die jeweils erforderlichen Module erweitert werden. Dies ist in der Regel mit keinen besonderen Schwierigkeiten verbunden. So müssen beispielsweise für eine Webpräsenz lediglich entsprechende Server die Verbindung zu unternehmungsexternen Netzen herstellen. Die oben bereits angesprochenen Firewalls trennen dabei Web-Server und Inhouse-System zum Schutz vor ungewollten Eingriffen.

Der Softwareeinsatz hingegen ist nicht unproblematisch. Bei der Anbindung von Web-Servern an bestehende HIS bezweifeln die großen deutschen Versender, daß Standardsoftware[214], obwohl sie immer günstiger und variantenreicher wird, diese Aufgabe hinreichend erfüllen kann[215]. Deshalb arbeiten sie auch weiterhin mit Individualsoftware, welche auf die Belange der jeweiligen Unternehmung zugeschnitten ist. Dies ist mit ein Grund dafür, daß die Daten- bzw. Softwarekompatibilität ein großes Hemmnis bei der Verknüpfung der in Rede stehenden IS-Komponenten ist. Siebzig Prozent der Kosten von Electronic Commerce-Projekten bei der Unternehmungsberatung *Anderson Consulting* wurden „durch die Verbindung der Back-end-Systeme mit der Web-Oberfläche verursacht“[216]. Das Hauptproblem liegt dabei in der qualitativ hinreichenden Verknüpfung von Internet-Software und relationalen Datenbanken[217].

---

214 Diese wird in Preisklassen von 5.000 bis über 100.000 US Dollar angeboten. In hochpreisigen Programmen sind auch Möglichkeiten zu individuellen Kundenansprache, Such- und Zahlungsfunktionen als Module integriert. Rode: Standardsoftware, S. 67.

215 Rode: Standardsoftware, S. 66. Ausnahmen bildet der Zukauf von Komponenten, z.B. solchen, welche die Zahlungsfunktion unterstützen.

216 Rode: Standardsoftware, S. 66 f. Hundert unterschiedliche Datei-Formate in einem HIS sind keine Ausnahme. Schmidhäusler: Informations-Dschungel, S. 28.

217 So die Einschätzung eines IS-Spezialisten der Unternehmungsberatung *Roland Berger*. Vgl. hierzu: Rode: Standardsoftware, S. 70. Vgl. zu relationalen Datenbanken Gliederungspunkt 4.1. dieses Kapitels.

Der Stellenwert dieser Problematik wird bei einer näheren Betrachtung der Zielsetzungen des Einsatzes innovativer „Shopping-Software“ deutlich. Im Vordergrund steht zunächst einmal die Automatisierung der Kundenregistrierung[218], Informationsausgabe und Auftragserfassung, die in den meisten Fällen lediglich eine „strukturierte Reihe vordefinierter Aktivitäten“[219] verlangt.

Die weitere Auftragsbearbeitung verläuft dann bei nicht informationsbasierten Produkten nach dem Schema der Versandhandelslogistik[220]. Nach einem ersten Geschäftsvorfall ist dann die programmierte automatische Umsetzung eines Individualmarketing möglich, indem das Leistungspaket auf personalisierte bzw. firmentypologische Interessenprofile zeitlich und inhaltlich abgestimmt wird[221].

Die (datenschutzrechtlich problematischen) Auswertungen des Kauf- bzw. Nutzungsverhaltens führen somit zu einer individualisierten Informationsausgabe (z.B. Produktbeschreibungen, -bilder, -preise etc.), die einen entsprechenden Datenaustausch zwischen Datenbanken und Web-Servern verlangt. Letztlich ist langfristig eine Lösung anzustreben, bei der „Externe“ (dies können auch Reisende etc. der Handelsunternehmung sein) sich mit Hilfe eines Browsers[222] am Web-Server anmelden und automatisch einen Online-Durchgriff auf das angeschlossene HIS und den Ihnen zugedachten Betrachtungsausschnitt erhalten[223].

---

218 Durch die Selbst-Identifizierung des Kunden wird das Entstehen unnötiger Schnittstellen, z.B. Eingabe einer traditionellen (schriftlichen) „Mail-Order“ in das HIS, und somit ein Medienbruch vermieden.

219 Schulenburg: Workflow, S. 24. Die automatisierte Bearbeitung eines Geschäftsvorfalles wird auch unter dem Schlagwort „Workflow“ diskutiert, das im dritten Kapitel inhaltlich näher gekennzeichnet wird.

220 Vgl. für eine Darstellung der wesentlichen Inhalte der Versandhandelslogistik Gliederungspunkt 5.3.3.3 des ersten Kapitels. Fehlt der Unternehmung dafür das entsprechende Know-how, können sowohl Logistik- als auch EDV-Dienstleister hinzugezogen werden.

221 Ein solches System nutzt die *Metro-Gruppe* bereits für ihre WWW-Shopping-Mall (http://www.entertainmentpark.de). Rode: Standardsoftware, S. 70; Rode: Virtuelle Parks, S. 48.

222 Fachbegriff für Internetsteuerungssoftware.

223 Die hierfür erforderlichen (externen) Front-End-Hardwarevoraussetzungen werden in der Regel von jedem IBM-kompatiblen Rechner mit Netzanschluß erfüllt.

### 3.3.1.3.6 Zukünftige Bedeutung von ERS

Zwar erzielte der *Otto Versand* im Geschäftsjahr 1996/97 einen Umsatz von 420 Mio. DM über Neue Medien, *Quelle* in einem Vergleichszeitraum 100 Mio. DM, *Neckermann* 67 Mio. DM[224]. Damit fällt dem *Otto Versand* hierbei eine dominierende Rolle zu, weil 1996 kaum mehr als 750 Mio. DM Umsatz per ERS erzielt wurden[225]. Schätzungen zufolge wurden 1997 insgesamt aber nur 0,01 Prozent des Einzelhandelsumsatzes durch ERS erzielt[226]. Die *FAZ* konstatiert im selben Jahr: „Deutsche Handelsunternehmen sind kaum im Internet vertreten“[227].

Euphorische Prognosen weisen beim europäischen Lebensmittelhandel (!) im Jahr 2005 bzw. 2025 einem Umsatzanteil der ERS von 5 bzw. 25 Prozent aus[228]. *Forrester-Research*, USA-Cambridge, schätzt das weltweite Marktvolumen im Jahr 2000 im Business to Business-Bereich auf 66 Mrd. US-Dollar, im Business to Customer-Bereich auf 7,2 Mrd. US-Dollar[229]. Diese enormen Zuwachsraten basieren auf einer Vielzahl erwarteter Entwicklungen:
- massiver Ausbau der Kommunikationsnetze[230],
- starker Anstieg der Anzahl vernetzter Haushalte,
- verbesserte Rechtssicherheit[231] und Bezahlungssysteme[232],
- zunehmender Einsatz preiswerter und benutzerfreundlicher Network Computer (NC; synonym auch als Internet-PC bezeichnet; bei diesen kann auf fest installierte Software und Speichermedien weitgehend verzichtet werden[233]) sowie

---

224 Jansen: Spezialversender, S. 17.

225 Göpfert; Jung; Würmser: Electronic-Shopping, S. 42.

226 Dieser Wert (ohne geographische Eingrenzung und Quellenangabe) wurde entnommen aus: Becker; Schütte: Aspekte, S. 368.

227 o.V.: Internet, S. 19.

228 Staudte: Handel, S. 46.

229 Szelenyi: Electronic Commerce, S. 60; Heintze: Expreß, S. 74.

230 Bis heute stellt der ein Standard-Modem einsetzende „Surfer“ fest, daß „WWW für ‚weltweites Warten‘ steht“. Oschmann: Einkaufslust, S. 34.

231 Vgl. hierzu: Spar; Bussgang: Regeln, S. 39 ff. Vgl. zur Diskussion wichtiger Punkte des neuen Multimediagesetzes: Helfrich: rechtsfreier Raum, S. 52 ff.

232 Jäschke; Albrecht: Investitionsentscheidung, S. 179.

233 Network Computer (Internet-PC's) beziehen ihre Software leihweise von einem Server. Der Grundgedanke dabei ist, einen voll einsetzbaren, aber aus Hardwaresicht „möglichst schlanken Client“ zu nutzen, um Kostenvorteile zu mobilisieren. Ihre Einsatzmöglichkeiten hängen stark von realisierbaren Übertragungsgeschwindigkeiten (vgl. Gliederungspunkt 3.1.3 des zweiten Kapitels) ab. Insbesondere *Lary Ellison*, Chef und Gründer der amerikanischen Softwarefirma *Oracle*, verkündete bereits Anfang 1998, „er werde schon in Kürze den gesamten Markt mit Netzcomputern überziehen“. Gutowski: Leier, S. 128. Eine rasche

- verbesserte Darstellungs- und Ausgabemöglichkeiten (Bildschirme[234], Drucker etc.).

Insgesamt wird deutlich, daß Entwicklung und Anwendungsschwerpunkte von ERS zwar auch von der Kundenakzeptanz, aber besonders von der technischen Reife bzw. Realisierbarkeit einzelner Elemente von Massen-IS abhängen. Mithin ist die Intensität und Qualität von Technologieinnovationen entscheidend für die Nutzenpotentiale bzw. Wirtschaftlichkeit von ERS („technology push"). Trotz oben genannter „groben" Schätzwerte kommt man zu der Feststellung, daß die mittel- und langfristige Entwicklung des Internet kaum einschätzbar ist. Zwei gegensätzliche Szenarien zu der Qualität von Mehrwertleistungen im Internet belegen dieses:

(1) „Freiheit der Navigation, effiziente Suchmöglichkeiten, kreatives Browsing, klare Orientierung, ästhetisch befriedigende Präsentation, gute Benutzerführung, leistungsstarke Filter-Techniken, kognitiv plausible Vernetzung, globale Freizügigkeit.

(2) Zufällige Suchtreffer, unkontrollierte Vokabularien bei der Suche, chaotisches Sich-Treibenlassen, *Lost in Cyberspace*, dilettantische Amateurgraphiken oder gar professionelle Anmache, Information von der Stange, Informationsüberlastung, zufällige Assoziationen, Information als Ware"[235].

Nicht nur diese gegensätzlichen Einschätzungen belegen, daß der Ausspruch des Media-Gurus *Nicholas Negroponte* vom *Massachusetts Institute of Technology, USA*, „Forget the dealers, we don't need them anymore"[236] unbedacht war. Denn der Vertrieb nicht informationsbasierter Produkte via Online-Medien löst warenlogistische Prozesse aus und stellt Distanzhandel dar, welcher hohe Logistikkompetenz fordert[237]. Des weiteren zeigt eine empirische Untersuchung deutlich, daß

---

Marktdiffusion solcher Rechner in Deutschland ist unwahrscheinlich, weil nach Expertenschätzungen die Datenübertragungstechnik ADSL 1999 bzw. 2002 nur 40 bzw. 70 Ortsnetze anbinden soll. Erst im Jahre 2008 wird mit rund vier Mill. angeschlossenen Haushalten gerechnet. Kniszewski; Duhm: Netz, S. 70.

234 Insbesondere Computergroßbildschirme sowie Hologrammbegleiter als Vorführ- und Simulationstechnologie. Vgl. hierzu: Kürten: Hologramm, S. 43 f.

235 Kuhlen: Informationsmarkt, S. 487.

236 Negroponte: Cybermarketing, S. 4, zit. in: Jäschke; Albrecht: Investitionsentscheidung, S. 183.

237 Die Bedeutung innovativer Logistikkonzepte im Versandhandel wird insbesondere dadurch deutlich, daß der *Otto Versand* 1996 mit dem Deutschen Logistik-Preis 1996 der *Bundesvereinigung Logistik (BVL)* ausgezeichnet wurde. Würmser: Serviceoffensive, S. 14 ff. Vgl. zum Efficient Replenishment im Distanzhandel Gliederungspunkt 5.3.3.3 des ersten

potentielle Anbieter Absatzkanalkonflikte scheuen und - wenn überhaupt - logistische Aufgaben an versandhandelserfahrene Unternehmungen vergeben[238].

### 3.3.2 Horizontale Integration

Die horizontale Vernetzung interorganisatorischer Rechnersysteme wird auf folgende Wirtschaftssubjekte beschränkt:
(1) Kreditinstitute (Banken),
(2) MaFo-Institute und
(3) horizontale Verbundgruppen.

Bei der Integration von Kreditinstituten haben neben computergestützter zwischenbetrieblicher Zahlungsabwicklung insbesondere Cash-Management-Systeme und POS-Banking eine besondere Bedeutung erlangt[239].
Erstere bezeichnen den Bereich von Bankdienstleistungen durch den spezielle Finanzdaten (z.B. Tagessalden sowie Soll- und Habensätze) zwischen Kreditinstituten und Firmenkunden beleglos und teils automatisch übermittelt werden. Diese spezielle Form des „Electronic Banking" bewirkt über dessen Integration in das Finanzmanagement der Unternehmung eine Verbesserung ihrer Finanzdisposition.

Unter dem Begriff POS-Banking hingegen werden alle die Zahlungsvorgänge im Einzelhandel zusammengefaßt, bei denen der Kunde bargeldlos mittels Karte bezahlt. Dazu gehören sowohl die bereits seit längerer Zeit Verwendung findenden Kreditkarten als auch die auf EC-Karten basierenden Zahlungsverfahren. Bei letztgenannten wird die Bank des Kunden entweder über Online-Verbindung zur Autorisierungszentrale direkt (Electronic Cash) oder per Lastschrift-Auftrag (Einzugsermächtigung) indirekt in Anspruch genommen. Kundenkarten mit Zahlungsfunktion wurden bereits im Rahmen der Kundenintegration durch Kartensysteme thematisiert.

---

Kapitels. In diesem Zusammenhang unterstreicht der Präsident des Verbandes *Schweizerischer Telematik-Anbieter* und Leiter Elektronische Medien beim *Jelmoli Versand, Zürich,* daß die Synchronisation der Ablaufstrukturen in Marketing, Informatik und Logistik für den erfolgreichen Online-Marktauftritt entscheidend sei. Nierlich: Navigation, S. 78.

238 Göpfert; Jung; Würmser: Electronic-Shopping, S. 43 f.

239 Vgl. Olbrich: Warenwirtschaftssysteme, S. 135 f.

Im Mittelpunkt der Integration von MaFo-Instituten steht die Panelforschung. Dabei handelt es sich um Erhebungen in einem bestimmten, gleichbleibenden Kreis von Adressaten, in regelmäßigen Abständen und zum gleichen Untersuchungsgegenstand[240]. Erfolgt die Erfassung der aufzunehmenden Daten elektronisch, kann grundsätzlich zwischen POS-Scanning mit und ohne Kundenkarte sowie In-home-Scanning unterschieden werden[241]. Solche elektronischen Panels bzw. Scanning-Panels liefern Daten, die traditionell in voneinander getrennten Haushalts- und Handels-Panels erhoben werden. Weitere Vorteile sind kontinuierliche Erhebungsfrequenzen, kurze Berichtszeiträume, Erfassung tatsächlicher Abverkäufe und Preise, schnelle Berichtsverfügbarkeit sowie geringe Kosten[242].
Bezüglich der durch sie unterstützten Analysebereiche unterscheidet *Olbrich* zwischen Marktbeobachtung, Wirkungs- und Zielgruppenanalysen[243]. Deren Inhalte werden im dritten Kapitel dieser Arbeit thematisiert, weil der überwiegende Teil der in POS-Scanning-Panels übernommenen Daten ein „Nebenprodukt" der Abverkaufsdatenerfassung ist, mithin eine Trennung zwischen Panel- und Nicht-Paneldaten willkürlich wäre. Dies ist auch der Grund dafür, daß diese Form der horizontalen Integration nicht klar von der vertikalen abgegrenzt werden kann, was sich wie folgt begründen läßt.

Besonders wertvoll sind Scanning-Panels bzw. EPOS-Daten für die Markenartikelindustrie, insbesondere vor dem Hintergrund der Vertikalisierung der Distribution, die im Rahmen des ECR-Konzeptes bereits ausführlich dargestellt wurde. Allerdings kann eine einzelne Handelsunternehmungen nur Marktdaten ihrer Vertriebslinien liefern, so daß in Deutschland drei überbetriebliche elektronische Handelspanels entstanden: MADAKOM[244] der *CCG*, ScanTrack der *A. C. Nielsen GmbH* und InfoScan der Firma *EuroScan*, einer Tochter der *Gesellschaft für Konsumforschung* (*GfK*). Neuerdings wird den Einkäufern im LEH von *Nielsen* das Datenpaket „*CatCom Solution*" angeboten, durch welches die Umsätze von rund

240 Berekoven; Eckert; Ellenrieder: Marktforschung, S. 123.

241 Vgl. zu den Vor- und Nachteilen dieser Varianten sowie den unterschiedlichen Formen des In-home-Scanning: Weis; Steinmetz: Marktforschung, S. 184.

242 Weis; Steinmetz: Marktforschung, S. 187 f.

243 Vgl. hierzu und einzelnen Beispielen: Olbrich: Warenwirtschaftssysteme, S. 147 ff.

244 Bei MADAKOM (Akronym für Markt-Daten-Kommunikation) werden die in 250 Geschäften gesammelten Scannerdaten über mehr als 350.000 Artikel interessierten Unternehmungen zur Verfügung gestellt. Ritter: ECR und CCG, S. 20.

1.000 Herstellern in unterschiedlichen Vertriebsschienen von 40 Handelsunternehmungen auf Warengruppenebene vergleichbar gemacht werden[245].

Vermarktet der Handel seine scannerinduzierte Informationsmacht bei oben genannten Organisationen, kann dies ein lukratives Nebengeschäft sein, jedoch wird zunehmend häufiger darauf verzichtet. Den Grund dafür bringt *Obi*-Gründer *Maus* plakativ auf den Punkt: „Ich müßte doch verrückt sein, die Angaben meiner Kunden an andere zu verkaufen“[246]. Diese Ansicht verdeutlicht nochmals, warum das Category Management aus Industriesicht als besonders wichtiges Kooperationsfeld klassifiziert wird, denn es eröffnet die Möglichkeit, Handelsdaten einzusehen.

Abschließend sei noch auf die neueste Form der elektronischen Panelforschung hingewiesen, sogenannte „Internet-Panels“, bei denen eine Datenerhebung zur Internet-Nutzung einzelner Personen und Haushalte mit Hilfe eines speziellen Registrierungssystems erfolgt[247].

Horizontale Verbundgruppen entstehen im Wege der Kooperation auf Einzel- oder Großhandelsstufe und verschaffen sich insbesondere durch die gemeinsame Nutzung von HIS Kostenvorteile[248]. Ferner kann auch die Nutzung von Online-Medien als Absatzkanal im Rahmen eines horizontalen Unternehmungsverbundes erfolgen (überbetriebliche Elektronische Märkte). Der Austausch von Kundendaten zwischen nicht konkurrierenden Anbietern schafft kostengünstige Potentiale zur Kundengewinnung und -bindung (Cross Selling).

Abschließend werden die behandelten Integrationsformen in Abbildung 14 noch einmal zusammengefaßt. Auf eine graphische Einbindung horizontaler Verbundgruppen wurde aus Übersichtlichkeitsgründen verzichtet.

245 Langfristige Umsatzanalysen sind durch die Gegenüberstellung der letzten drei Zwölfmonatswerte möglich. Eine aktive Sortimentspolitik wird durch das Datenpaket allerdings kaum unterstützt, weil die Daten nur alle zwei Monate aktualisiert werden und nicht artikelspezifisch sind. o.V.: Einkauf, S. 50 f.

246 Hohensee: Informationen, S. 131.

247 Mertens; Schumann: Electronic Shopping, S. 524.

248 Barth: Betriebswirtschaftslehre, S. 111 ff.

Abb. 14: Umgebung und Komponenten integrierter Handelsinformationssysteme

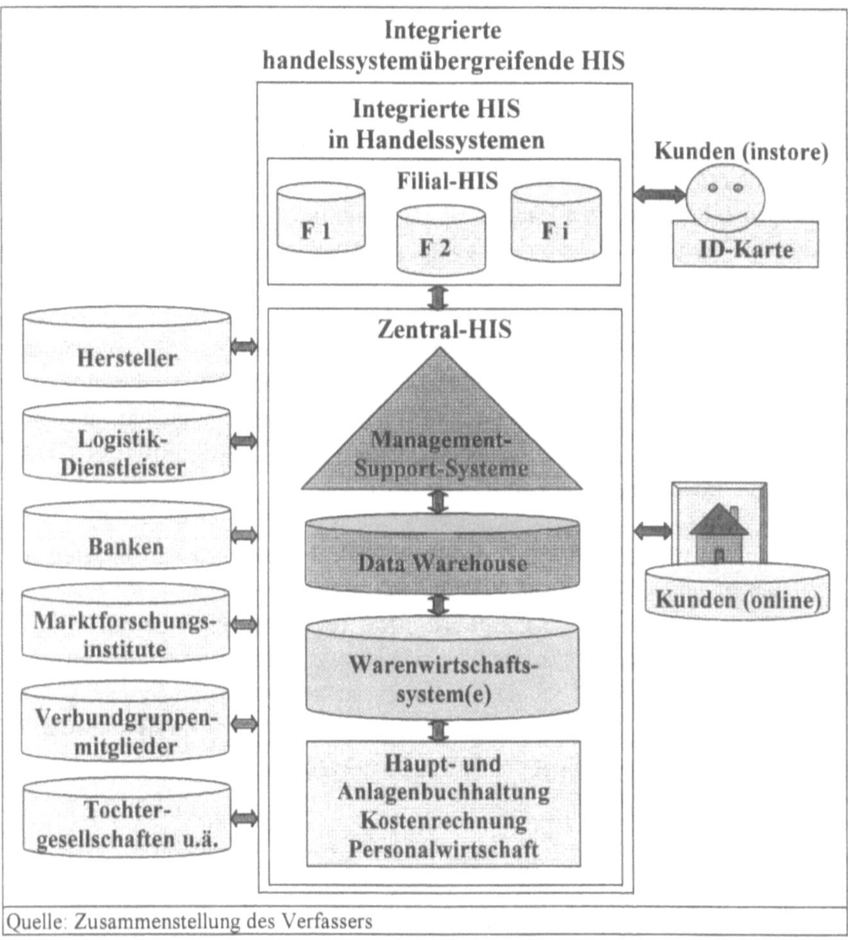


Quelle: Zusammenstellung des Verfassers

## 4. Analytische Informationssysteme

HIS bestehen aus verschiedenen Ebenen, deren höchste die Informations- und Planungsprozeßebene darstellt. Auf dieser wird von speziellen IS die Aufgabe übernommen, sowohl die in den operativen Systemen gewonnenen Rohdaten als auch „von außen importierte Daten“[249] für eine Unterstützung von Führungs- und Fachkräften (Management) nutzbar zu machen. Dafür müssen bestimmte Voraussetzungen erfüllt sein, z.B. die exakte, schnelle und umfassende Bereitstellung adäquater Datensätze sowie Möglichkeiten ihrer methodischen Aufbereitung[250].

Die terminologische Kennzeichnung dieser Ebene bzw. ihrer Komponenten ist in der Literatur und Praxis höchst uneinheitlich. Der Versuch einer Zuordnung von computergestützten Systemen zur Verbesserung der Durchführung von Managementaufgaben nach Einsatzgebieten und Grenzen ihrer Funktionalität mündet in einem Wirrwarr von Akronymen, wie z.B. CIS, DSS, EUS, EIS, FIS, ESS, GDSS, MIS, MSS, MUS oder SFIS[251].

Eine kaum trennscharfe Abgrenzung dieser auch uneinheitlich verwendeten Begriffe scheint umgänglich, da nachfolgend für die hier zu untersuchende Ebene ein Architekturkonzept zugrunde gelegt wird, für welches unlängst der Oberbegriff „Analytische Informationssysteme“[252] (AIS) geprägt wurde. Diese bilden zwar ein „logisches Komplement“[253] zu den oben dargestellten operativen Systemen, werden jedoch deshalb nicht als „strategische IS“ bezeichnet, weil sie sich sowohl für strategische als auch operative Planungsaufgaben eignen[254].

---

249 Solche externen Daten werden auch als Außeninformationen bezeichnet. Gluchowski; Gabriel; Chamoni: Management-Support-Systeme, S. 32.

250 Vgl. für die an eine solche Aufbereitung zu stellenden Anforderungen: Gluchowski; Gabriel; Chamoni: Management-Support-Systeme, S. 36 f. Vgl. zum Begriff „adäquate Information“ Gliederungspunkt 6.1 des ersten Kapitels.

251 Vgl. hierzu auch: Behme, Mucksch: Informationsversorgung, S. 14 f. Die genannten Akronyme stehen für: CIS (Chef-Informations-System), DSS (Decision-Support-System), EUS (Entscheidungs-Unterstützungs-System), EIS (Executive-Information-System *oder auch* Enterprise-Information-System) FIS (Führungs-Informations-System), ESS (Executive-Support-System), GDSS (Group-Decision-Support-System), MIS (Management-Information-System), MSS (Management-Support-System) MUS (Management-Unterstützungs-System), SFIS (Strategisches Führungs-Informations-System).

252 Chamoni; Gluchowski: Analytische Informationssysteme, S. 3 ff.

253 Vgl. zu dieser begrifflichen Kennzeichnung: Chamoni; Gluchowski: Analytische Informationssysteme, S. 11.

254 Gabriel: Analytische Informationssysteme, S. 417.

Ein AIS umschließt „als logische Klammer“[255] die Hauptkomponenten
(1) DW und
(2) MSS.

Ein DW bildet dabei die Ebene zwischen den operativen Systemen und dem MSS. Speziell bei dem Erkenntnisobjekt Handel repräsentiert ein MSS - bildlich gesprochen - das „Cockpit“[256] eines HIS[257].

## 4.1 Data Warehousing als Plattform für Management-Support-Systeme

Ein Datenbanksystem bildet als zentrale Informationsquelle bzw. Zentralarchiv die Grundlage der Informationsversorgung einer Unternehmung. Es besteht aus einer Datenbank, einem Verwaltungssystem sowie einer Kommunikationsschnittstelle[258]. Bei Datenbank-Architekturen läßt sich in der Regel zwischen einer internen, externen und konzeptbezogenen Ebene unterscheiden[259]. Letztgenannte kennzeichnet „die logische Gesamtsicht der Unternehmensdaten“[260] und sorgt dadurch nicht nur für die vom jeweiligen Datenmodell verlangte Datenabstraktion, sondern stellt auch Funktionen zur Verfügung, welche für die Definition von Daten, Schemata und Datenoperationen benötigt werden[261]. Die interne Ebene ist zuständig für grundlegende Datenbankfunktionen, beispielsweise die physische Datenspeicherung, die Transaktionsverarbeitung sowie die Daten-Integrität[262]. Schließlich bezieht sich die externe Ebene auf „die Sicht einzelner Anwendungsprogramme bzw. (...) der Benutzer auf die Daten“[263].

Traditionelle ältere Ansätze der Datenbank-Architektur zeichnen sich aufgrund ihrer hierarchischen Organisation und engen Verknüpfung mit den Anwendungs-

255 Chamoni; Gluchowski: Analytische Informationssysteme, S. 3.
256 So die Formulierung von *Kleine*, Mitarbeiter der Firma *MicroStrategy, Köln,* in einem Gespräch anläßlich der Messe „Technology Forum 97“ in *Düsseldorf* am 29.10.1997.
257 Des öfteren werden in der Literatur MSS fälschlich als Komponenten von DW ausgewiesen. Vgl. exemplarisch: Gilmozzi: Data Mining, S. 159. Jedoch ist eine Data Warehouse „an analytical database that is used as the foundation of a decision support system“. Poe: Data Warehouse, S. 24.
258 Gabriel; Röhrs: Datenbanksysteme, S. 256.
259 Vgl. hierzu: Schlageter; Stucky: Datenbanksysteme, S. 26 ff.
260 Schlageter; Stucky: Datenbanksysteme, S. 26.
261 o.V.: Datenbank-Fundament, S. 77.
262 o.V.: Datenbank-Fundament, S. 77.
263 Schlageter; Stucky: Datenbanksysteme, S. 26.

programmen durch ein hohes Maß an Inflexibilität aus[264]. Die Zugriffsmöglichkeiten sind dann softwarebedingt stark reglementiert und können nur mit großem Aufwand verändert werden. Letztlich bleibt dadurch die Datenauswertung Experten vorbehalten, welche mit meist kurzlebiger Anwendungssoftware die Datenspeicher nur sequentiell[265] bzw. batchorientiert nutzen können. Diese Problematik führte insbesondere zum partiellen Scheitern der oben dargestellten Vorläuferkonzepte von MSS.

Eine Revolutionierung der Datenhaltung erfolgte durch die Entwicklung der heute maßgeblichen Generation sogenannter relationaler Datenbanken[266]. Diese ermöglichen einen schnellen und direkten Zugriff auf vorhandene Daten mit paralleler Abfragetechnik und fördern eine flexiblere Auswertbarkeit, da die Datenbankverwaltung durch eine „Normalisierung von Daten"[267] unabhängig von der Anwendungssoftware wird.

Eine umfassende Hard- und Software-Architektur in Verbindung mit einer speziellen, interne und organisationsexterne[268] Daten speichernde (Datenimport) Informationsdatenbank wird als DW bezeichnet[269]. In dieses gelangen nicht nur die Daten, welche für die innerbetriebliche Entscheidungsunterstützung bei unternehmungs- und marketingstrategischen Aufgabenstellungen relevant sind, sondern auch externe, die dann ebenfalls (selektiert) an Hersteller, Logistikdienstleister, MaFo-Institute oder Kunden[270] per Direktzugriff weitergegeben werden können[271]. Da sich der interaktive Zugriff auf die Datenbasis eines zentralen DW als unflexibel und schwerfällig erweisen kann, werden häufig auf Funktionsbereiche oder Personengruppen zugeschnittene Extrakte aus der einheitlichen Datenbasis

264 Preissner: Sprung, S. 67.
265 Sequentielles Suchen bedeutet Ablesen von Datenträgern in fest vorgegebener Reihenfolge.
266 Vgl. hierzu auch: Preissner: Sprung, S. 67.
267 Preissner: Sprung, S. 67.
268 Als externe Daten können insbesondere Ergebnisse aus Markt-, Wettbewerbs- und Kundenanalysen in das DW einfließen.
269 Rose: Data Warehouse, S. 12.
270 Die Möglichkeit des Zugriffs auf ein DW via Intra- und Internet-Zugang wurde bereits realisiert. Müller: Daten, S. 60.
271 Die hierfür festzulegenden Nutzungsrechte werden im Gliederungspunkt 1.1 des dritten Kapitels behandelt.

entnommen und als dezentrale Data Marts[272] separat gespeichert[273]. Diese dienen der Lösungsfindung eher taktischer Aufgabenstellungen[274].

Die in solchen DW-Architekturen entstehenden Datenflüsse lassen sich durch ein ursprünglich von *Richard Hackathorn* stammendes Modell nach Phasen systematisieren[275]:

(1) In-Flow-Phase:
Diese Eingangsphase stellt eine Konsolidierung und Integration der aus operativen Bereichen selektiv eingehenden Daten sicher.

(2) Up-Flow-Phase:
Hier erfolgt eine zielgerichtete Datenaufbereitung und -verdichtung, erforderlichenfalls eine Datenverteilung auf Data Marts für optimierte Zugriffsmöglichkeiten.

(3) Down-Flow-Phase:
Die Zielsetzung dieser Bewertungsphase ist die Offenhaltung der Kommunikationskanäle durch die Festlegung von Datenprioritäten, der Wahl physikalischer Speichermedien nach erwünschter Zugriffsschnelligkeit und der Löschung von Daten.

(4) Out-Flow-Phase:
In dieser Phase erfolgt die benutzerindividuelle Bereitstellung von Ausgangsdaten. Neben automatisierten Informationsrecherchen wird der Outflow in erster Linie durch das „aufgesetzte", später noch näher erläuterte MSS bestimmt.

(5) Meta-Flow-Phase:
Ergänzend weist *Hackathorn* diese Phase aus, die eher einer Funktion entspricht, die zur Aufgabe hat, Inhalte und Datenflüsse eines DW in einem Data Dictionary bzw. Meta-IS abzubilden.

Umgebung, Komponenten und Phasen [(1), (2) sowie (4) und (5)] einer Data Warehouse-Konzeption zeigt Abbildung 15 (siehe Seite 136).

---

272 Data Warehouse-Ableger mit einem Datenvolumen unterhalb 20 Gbyte, auf die im Gegensatz zu originären Data Warehouse-Lösungen durchaus auch ein Schreibzugriff durch den Endbenutzer erfolgen kann. Chamoni; Gluchowski: Organisatorische Aspekte, S. 25 f.

273 Gluchowski: Data Warehouse, S. 48 f.

274 Munkelt: Erkenntnisse, S. 39.

275 Reichmann: Controlling, S. 544 f.; Hoffmann; Kusterer: Handels-Controlling, S. 50 f.; Schrempf: Wein, S. 30 f.

Abb. 15: Umgebung, Komponenten und Phasen einer Data Warehouse-Konzeption

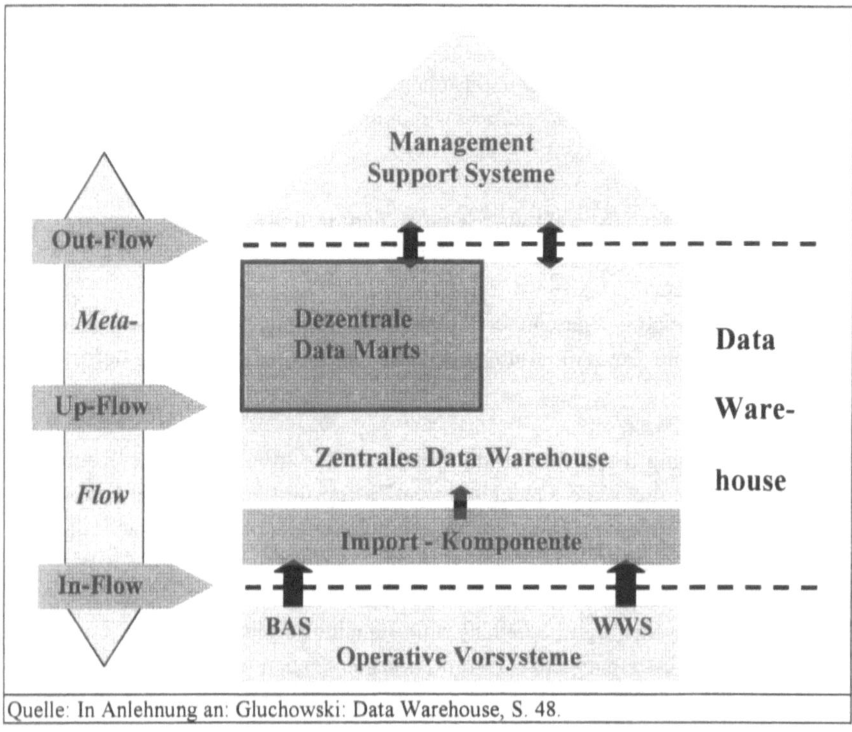


Quelle: In Anlehnung an: Gluchowski: Data Warehouse, S. 48.

Insgesamt wird durch parallele Informationsaufbereitung, -strukturierung und -verdichtung ein schneller Informationsfluß nach Abruf (Datenzugriff) sichergestellt. Operative Datenbanken bleiben dabei in ihrer Arbeitsweise weitgehend unbeeinflußt und werden von Zugriffen[276] entlastet, weil die in ihnen enthaltenen (wert- und mengenbezogenen[277]) Daten nach einer Vorselektion in bestimmten Zyklen[278] als Kopie in das DW importiert werden[279]. Daten, die lediglich für die

276 Z.B. dringliche umfassende Analysen für Vorstandssitzungen, die Rechnerkapazitäten auf Transaktionsebene binden und dadurch das Tagesgeschäft behindern.

277 Vgl. zu dieser Zweiteilung auch die Ausführungen zum Modell der operativen Einheiten von *Hertel* im Gliederungspunkt 2.3.2 dieses Kapitels.

278 Die automatischen, zeitgesteuerten (meist periodischen) Aktualisierungen sollten [möglichst täglich (Müller: Daten, S. 60.)] in belastungsarmen Zeiten erfolgen. Gluchowski: Data Warehouse, S. 48. Es sind aber auch Ad-Hoc-Abfragen möglich. Zur Gewinnung zeitpunktaktueller Daten kann die Installation eines Operational Data Mart sinnvoll sein, welches Zeitspannen zwischen periodischen Datenübernahmen überbrückt. Holthuis: Data Warehouse, S. 8.

279 Schrempf: Wein, S. 27.

Durchführung operativer Prozesse erforderlich sind (sogenanntes „Tagesgeschäft"), werden nicht übernommen[280]. Deshalb ist es empfehlenswert, das DW eng an originäre Datenlieferanten zu koppeln, um in Ausnahmefällen Durchgriffe auf Detailebenen zu ermöglichen[281].

Als Regulativ für die Übertragungshäufigkeit, den Datenumfang und die Speicherdauer im DW können die dadurch verursachten Kosten dienen[282]; allerdings können diese dem erzielbaren strategischen Nutzen noch nicht gegenübergestellt werden. Häufig werden originäre EPOS- bzw. Bon-Daten sofort oder nach wenigen Monaten zu Abteilungs- oder Warengruppen- und somit zu Durchschnittsdaten aggregiert[283]; jedoch ist der Online-Zugriff auf artikelgenaue Umsätze pro Tag und Filiale bzw. Vertriebsschiene über einen Zeitraum von mindestens 15 Monaten Voraussetzung für zahlreiche Analysen wie Neulistungs- und Aktionserfolgskontrollen[284]. Danach sollte auch die Vorteilhaftigkeit einer unverdichteten Zwischenarchivierung auf Offline-Datenträgern geprüft werden, die kostengünstiger ist, aber einen zeitintensiveren Zugriff bewirkt.

Konkret besteht die wichtigste Aufgabe eines DW darin, subjektorientiert, integriert, zeitbezogen und dauerhaft die zur Unterstützung von Entscheidern relevanten Daten zu sammeln, zu selektieren, zu verdichten und zu verteilen, was eine unternehmungsweit konsistente Datenhaltung voraussetzt[285]. Nur so kann die Zielsetzung einer weitreichenden Unabhängigkeit von Datenbank-Formaten und Technologie-Plattformen erreicht werden. Dies läßt auch den Schluß zu, daß ein DW eine zentrale Komponente von IS-Strategien darstellt[286].

Die wesentlichen Vorteile eines DW liegen im erweiterten Endanwenderkreis (Integration der Wertschöpfungspartner), dem Umstand, daß neue Softwarean-

280 Chamoni; Zeschau: Data-Warehousing, S. 65. Doch sicherlich bilden die durch Scanning gewonnenen operativen Daten das Planungsfundament.

281 Rieger: Führungsinformationssysteme, S. 2.

282 Müller: Daten, S. 60.

283 Müller: Know-how, S. 41.

284 Bertram; Wallner: Data Warehouse, S. 83.

285 Vgl. zu einer solchen aufgabenorientierten Definition von DW: Inmon: Data-Warehouse, S. 29; Schrempf: Wein, S. 28 f.; Gluchowski; Gabriel; Chamoni: Management-Support-Systeme, S. 267.

286 Dies ist der Grund dafür, daß auf einem DW-Kongreß in *Köln*, im November 1997, keiner der Referenten aus Wettbewerbsgründen über bereits implementierte DW-Lösungen berichten wollte. „Statt dessen sprach man über strategische Vorteile". o.V.: Data Warehouse, S. 66.

wendungen ohne einschneidende Restriktionen auf den bereits vorhandenen Datenbestand zugreifen können, und der Gewinnung neuer Erkenntnisse durch konsolidierte Betrachtungen im Rahmen des Einsatzes von MSS[287]. Speziell die letztgenannten Punkte deuten die starken Interdependenzen zwischen DW und MSS bereits an. Diese bilden zwar keine Einheit, sind aber bei der Beurteilung ihrer Nutzenpotentiale gemeinsam zu betrachten. Dies zeigt sich auch bei einer Auflistung der Kernfragen, die vor der Erstellung eines DW zu beantworten sind[288]:

(1) Welche Informationen werden von wem zukünftig benötigt?
(2) Welche dafür erforderlichen Daten sind bereits vorhanden, welche nicht?
(3) In welchen Formen müssen die Daten aufbereitet werden?
(4) Welche Komponenten (Rechner, Datenbanksysteme, Softwarewerkzeuge) sind für die Informationsbereitstellung erforderlich?

Diese Fragen können nur unternehmungsindividuell beantwortet werden. Somit sind DW keine „schlüsselfertigen" Lösungen, sondern in Projektarbeit entwickelte Unikate. Dabei sind insbesondere die richtigen Partner bei der Auswahl und Implementierung der notwendigen Soft- und Hardwarekomponenten wichtig. Diese Aufgabe wird heute bereits des öfteren in Kompetenzzentren gelöst, die nicht selten als Tochterunternehmungen von Handelsbetrieben das notwendige Entwicklungs- und Methoden-Know-how besitzen und auch vermarkten, z.B. die *Rewe Informationssysteme GmbH*, die *Edeka Datenverarbeitungs GmbH*, die *Douglas Informatik und Service GmbH* sowie *Filialdata* der Drogeriemarktkette *dm*[289]. Des weiteren kommt es immer häufiger zu strategischen Allianzen zwischen Handelskonzernen und IT-Anbietern[290]. Schließlich sind Übernahmen oder enge Kooperationen bei kleinen Softwarehäusern und IT-Branchenriesen zu konstatieren[291]. Die Notwendigkeit einer solchen Spezialisierung bzw. Zusammenarbeit läßt sich

---

287 Preissner: Sprung, S. 67. Konsolidierung beinhaltet unter anderem die Angleichung unterschiedlicher Datenausgangsformate sowie die Beseitigung von fehlerhaften Daten und Inkonsistenzen. Vgl. hierzu: Schrempf: Wein, S. 30.

288 Rose: Data Warehouse, S. 13.

289 Hallier: Quantensprünge, S. 5.

290 So haben beispielsweise die *Metro AG* und die *Daimler*-Dienstleistungstochter *Debis* gemeinsam *Primus Online, Köln,* gegründet. Dietz: Internethandel, S. 58 f. Aufgrund von Beteiligungen an Telephon- und Multimedia Unternehmungen [*Debitel*, *Stuttgart* (46 Prozent), *RSL COM*, *Frankfurt* (12,5 Prozent), *Telegate*, *München* (< 25 Prozent), *Metronet*, *Köln* (100 Prozent)] wird die *Metro AG* bereits als „Telekommunikations-Großmacht" bezeichnet. Berke: Ferngespräche, S. 47. Daß die drei in der Klammer zuerst genannten Telephon-Dienstleister kooperieren, ist beinahe selbstverständlich.

291 Chamoni; Gluchowski: Organisatorische Aspekte, S. 25. Beispielhaft sei hier die Eingliederung der OLAP-Sektion von *IRI-Software* bei *Oracle* genannt.

unter anderem damit begründen, daß erfolgreiche DW-Lösungen nur in etwa siebzig Prozent der Fälle erzielt werden[292]. Mithin wird die Bündelung neusten Know-hows durch Konsolidierung als „strategische Waffe“ eingesetzt.

Bei einigen europäischen Handelsunternehmungen befanden sich DW bereits 1996 im Einsatz, z.B. bei der *Metro* (AU/D), *Tengelmann* (D), *Alli Frischdienst* (D), *Edeka/Minden* (D) in enger Abstimmung mit der *Hamburger* Zentrale, bei *Casino* (F), *Leclerc* (F), *Tesco* (GB) und *Albert Heijn* (NL)[293]. Das größte und wohl bekannteste DW weltweit ist das des US-amerikanischen Handelsriesen *Wal-Mart*, *Bentonville*, (Umsatz 1997: ca. 190 Mrd. DM) namens „*Teradata*“, welches bereits heute über 25 Terabyte (25.000 GByte) an Daten umfaßt und täglich bis zu 20.000 Abfragen bewältigt[294]. Artikelgenaue Umsätze von rund 80.000 Artikeln werden jeweils 65 Wochen lang gespeichert[295].

## 4.2 Entwicklungshistorie von MSS

Das DW stiftet keinen Nutzen, wenn nicht geeignete Zusatzapplikationen für die Datenfilterung, -analyse, -aggregation und -darstellung zum Einsatz kommen[296]. Mithin bildet das DW „nur“ die Grundlage für den Einsatz bestimmter Zugriffsverfahren, die neben standardisierten Anwendungen dem autorisierten Benutzer ein Selbstcontrolling[297] und Selbstmanagement ermöglichen[298]. Das setzt die Akzeptanz der Anwender voraus, denen bei der Interpretation von Datenmodellen

292 o.V.: Data Warehouse, S. 66.

293 o.V.: Vorreiterrolle, S. 9. Die Installation eines DW erfolgt in mehreren Schritten, was das Beispiel *Edeka* deutlich zeigt. Zunächst bilden bei der *Edeka/Minden* die Scannerdaten aus den in ein WWS integrierten Regiebetrieben die Datengrundlage für das DW. Nachfolgend wird dieses um Daten aus der Hamburger Zentrale erweitert. In Branchenkreisen wird das Investitionsvolumen der *Edeka/Minden* auf 25 Mio. DM, das der mittelfristig angestrebten gruppenweiten Lösung auf 80 Mio. DM geschätzt. Projektpartner ist dabei die *Siemens Nixdorf Informationssysteme AG*.

294 Würmser: Datenschlacht, S. 17.

295 Bertram; Wallner: Data Warehouse, S. 84.

296 Chamoni; Budde: Data Mining, S. 7. Solche Zusatzapplikationen sollten für „die Nutzung offener Schnittstellen austauschbar bleiben. In der Praxis ist allerdings häufig zur Gewährleistung bestmöglicher Performance eine enge technologische Verzahnung (...) auszumachen“. Gluchowski: Data Warehouse, S. 49.

297 Die Übernahme von Controllingaufgaben durch Manager, die keine Controller sind, wurde bereits im ersten Kapitel thematisiert.

298 Chamoni; Budde: Data Mining, S. 6 f. In der Handelspraxis werden fälschlicher Weise teils auch Werkzeuge und Methoden unter den Begriff DW subsumiert. o.V.: Babylon, S. 41.

und Selbstabfrage von Informationen die Möglichkeit gegeben werden muß, das Zustandekommen und die Beziehungen der im DW gespeicherten, teils konvergierten und aggregierten Daten erkennen zu können[299]. Insbesondere zu diesem Zweck werden Meta-Daten, die als Ordnungs- bzw. Navigationssystem dienen, zentralisiert auf den Server gelegt. Sie umfassen als „Beschreibungsdaten"[300] Entitätentypen, Attribute, Konsolidierungspfade, Formeln etc. sowie die Regeln für Datenimport und -aggregation; durch sie werden Synchronisationsdefizite vermieden und das Datenübertragungsvolumen verringert[301]. Grundsätzlich können zwei Arten von Meta-Daten unterschieden werden: Solche zwischen Transaktionssystemen und DW sowie zwischen DW und Endanwendern[302]. Die Summe der zuletzt genannten Datenart bildet den Kern eines Data Dictionary bzw. endanwenderorientierten Meta-IS, welches als eine Komponente von IS aus Anwendersicht ausgewiesen wurde[303].

Da für neue Sichten und Auswertungsmöglichkeiten entsprechende flexible Abfrageprozeduren von DV-Experten vorinstalliert werden müssen, ist es dringend erforderlich, daß die durch ein Software-Engineering ermöglichten Interpretationsformen im Dialog entstehen. Möglichkeiten einer solchen Koordination werden zu Beginn des dritten Kapitels aufgezeigt.

Um MSS inhaltlich näher zu kennzeichnen, erscheint es sinnvoll, bei deren geschichtlicher Entwicklungslinie anzusetzen. Wählt man somit die Zeit als vordergründiges Strukturierungsmerkmal, läßt dies insbesondere Rückschlüsse auf die unterschiedlichen Leistungspotentiale dieser Unterstützungssysteme zu. Bei chronologisch sortierter Abfolge sind die zuerst genannten Typen jeweils als Vorstufe und Subsystem des zeitlich nachfolgenden Systems zu verstehen. Ohne erneut eine Diskussion um Begriffe entfachen zu wollen, wird nur für eine Betrachtung der Entwicklungshistorie von MSS unterschieden zwischen[304]
(1) Management-Information-Systemen,
(2) Decision-Support-Systemen und
(3) Executive-Information-Systemen,
die dann in MSS der heutigen Generation aufgehen.

---

299 Heinrich: Re-Engineering, S. 6.
300 Schmidhäusler: Informations-Dschungel, S. 27.
301 Jenz: Data Warehouse, S. 10.
302 Poe: Data Warehouse, S. 31 ff.
303 Vgl. hierzu Gliederungspunkt 1.2 dieses Kapitels.
304 Chamoni; Zeschau: Data-Warehousing, S. 49 ff.

### 4.2.1 Management-Information-Systeme

Management-Information-Systems (MIS) ermöglichen die Extraktion detaillierter und verdichteter Informationen aus operativen Datenbeständen, jedoch ohne ordnende Problemstrukturierungshilfen (Modelle) oder logisch-algorithmische Verfahren (Methoden)[305]. Im Ergebnis ermöglicht ein MIS das Abrufen von Standardberichten, die nicht selten auch in regelmäßigen Zeitintervallen auf unterschiedlichen Daten-Aggregationsniveaus erstellt und ausgedruckt werden. Einerseits fehlt dadurch die Möglichkeit zusätzlicher Berechnungen und Analysen, andererseits gelangt der Entscheider schnell in die Problemzone des „Information Overload“, weil die Inhalte solcher Reports nur selten dem Informationsbedarf des Empfängers genau entsprechen.

Letztlich ist der Einsatz von MIS lediglich für eine Unterstützung solcher Routineaufgaben sinnvoll, die beispielsweise im Rahmen von Bestell- oder Kontrollfunktionen zu erfüllen sind. Aufgrund der Datenflut in den Funktionsbereichen auf Transaktionsebene müssen MIS für eine effiziente Anwendung aufgesplittet werden, so daß funktionenorientierte Komponenten entstehen. Deren Zuordnung orientiert sich im Handel an den oben für WWS ausgewiesenen Modulen und deren Subsystemen.

### 4.2.2 Decision-Support-Systeme

Decision-Support-Systeme (DSS) sind im Gegensatz zu MIS dialogorientiert und unterstützen Entscheidungsträger mit ausgeprägten Modellen und Methoden sowie problembezogenen Informationen bei der Lösung von Teilaufgaben in semi- bis unstrukturierten Entscheidungssituationen[306]. Solche Partiallösungen finden ihren Anwendungsschwerpunkt im operativen und taktischen Management, weil DSS keine unternehmungsüberspannenden Modelle zur Simultanplanung anbieten. Insbesondere Tabellenkalkulationsprogramme setzten sich in dieser Systemkategorie auf breiter Front durch. Die Möglichkeit des individuellen Einsatzes der angebotenen Werkzeuge durch einzelne Anwender und Anwendergruppen führt zwar zu einer größeren Autonomie, jedoch ist die Integration der Lösungen in ein

305 Chamoni; Zeschau: Data-Warehousing, S. 51.
306 Chamoni; Zeschau: Data-Warehousing, S. 53.

unternehmungsweites DV-Konzept mit einigen Schwierigkeiten verbunden, weil sich nicht selten Analyseergebnisse im Vergleich widersprechen[307].

### 4.2.3 Executive-Information-Systeme

Executive-Information-Systeme (EIS) bilden schließlich die Spitze der betrieblichen Informationspyramide und liefern dem Middle- und Topmanagement interne und externe Informationen zur Selbstselektion und -analyse über intuitiv/spontan steuerbare und individuell zugeschnittene Benutzeroberflächen[308]. Des weiteren stellt sich bei diesen stets unternehmungsspezifisch zugeschnittenen, tendenziell modell- und methodenarmen Systemen die Aufbereitung der erforderlichen Datenbasis als langwieriger und mühsamer Prozeß dar.

Alle oben dargestellten Unterstützungssysteme setzen direkt oberhalb der operativen Ebene auf, woraus in den meisten Fällen eine nur mangelhafte Datenversorgung resultiert. Dies ist eine der Hauptursachen dafür, daß noch 1993 ca. achtzig Prozent der DSS/EIS-Projekte im ersten Anlauf scheiterten[309]. Neuere, auf DW-Lösungen basierende Systeme werden nachfolgend vorgestellt.

## 4.3 Innovative AIS-Komponenten

Eingangs wurde bereits festgestellt, daß ein MSS der aktuellen Generation auf einem DW aufsetzt und aus dieser Systemkopplung AIS entstehen. In diesen gelangen aber nicht nur Tools aus oben beschriebenen MSS-Vorläufern zum Einsatz, sondern etliche Erweiterungskomponenten, welche die wesentlich höhere Performance dieser Systeme determinieren. Bevor diese näher betrachtet werden, sollen aus Übersichtsgründen das „Dachkonzept" AIS und die darin enthaltenen Komponenten in Abbildung 16 zusammengefaßt werden.

307 Chamoni: Analytische Informationssysteme, S. 4.
308 Chamoni; Zeschau: Data-Warehousing, S. 58 f.
309 Zahlenwerte der *Gartner Group*, in: Gilmozzi: Data Mining, S. 161.

Abb. 16: Komponenten Analytischer Informationssysteme

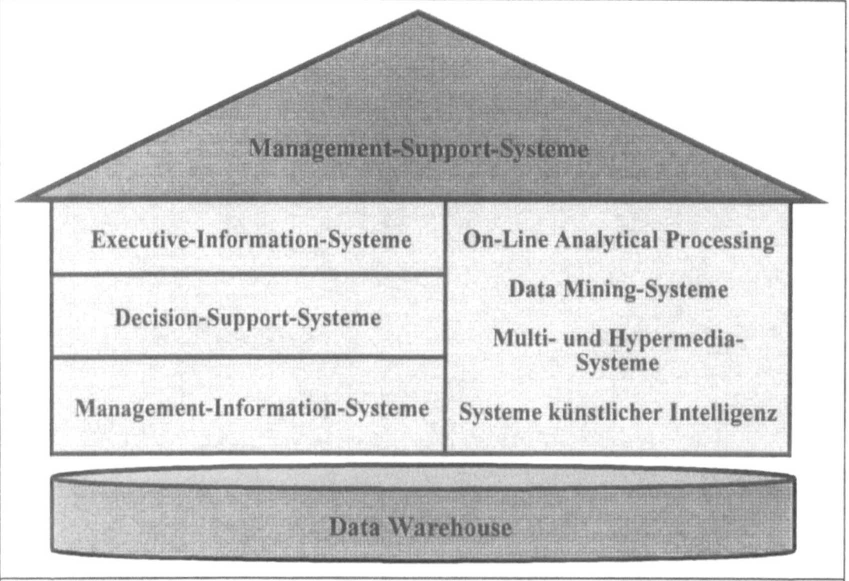

Quelle: Zusammenstellung des Verfassers

### 4.3.1 On-Line Analytical Processing- (OLAP-) Systeme

Interaktive komplexe Analysen in Form einer mehrdimensionalen Sicht auf vorhandene Datenbestände unter Einsatz spezifischer MSS wird als On-Line Analytical Processing (OLAP) bezeichnet[310]. Diese Technologie in Verbindung mit AIS wird auch unter dem Oberbegriff Business-Intelligence-Systems (BIS) zusam-

310 Vgl. hierzu: Gärtner: Datenmodelle, S. 188. Einerseits schlägt *Gärtner* vor, anstelle von OLAP den von *Philippe Kahn* geprägten Begriff Online Complex Processing (OLCP) zu verwenden, um eine bessere Distanzierung zum Online Transaction Processing (OLTP) zu erzielen. Andererseits setzt sich das *OLAP-Council* dafür ein, daß bei der Vermarktung von OLAP-Systemen den von *Codd* (geistiger Vater des OLAP) und der *Gartner Group* entwickelten Regeln bzw. Anforderungen sowie Definitionen entsprochen wird. Vgl. hierzu: Gilmozzi: Data Mining, S. 161; Möller: OLAP-Server, S. 338 sowie die dort angegebene Literatur. Vgl. für eine systematische Darstellung der Regeln von *Codd*: Codd; Codd; Salley: Providing OLAP, S. 18 ff. Eine Kurzzusammenfassung liefern: Chamoni; Zeschau: Data-Warehousing, S. 71 ff. Einen die Regeln von *Codd*, der *Gartner Group* und von *IRI Software* zusammenfassenden Überblick liefert: Farner: Rules for Evaluating OLAP Systems, S. 5 ff.

mengefaßt[311]. Die graphische Umsetzung der OLAP-Datensicht stellt sich für den Front-End-User[312] als mehrdimensionales Objekt dar (Hypercube-Konzept), wobei sich als Abfrage-Instrument ein Spreadsheet[313] anbietet[314]. Eine spezielle Visualisierungsart in Würfelform (Multicube-Konzept) zeigt Abbildung 17.

Abb. 17: „Slicing" und Integration von Betrachtungsrichtungen bei Einsatz des Multicube-Konzeptes im Handel am Beispiel „Umsatzermittlung"

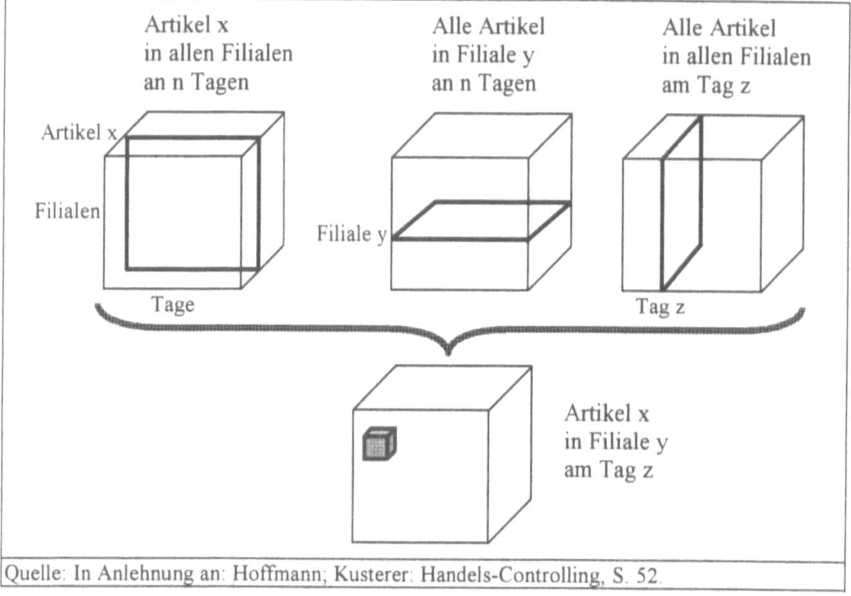


Quelle: In Anlehnung an: Hoffmann; Kusterer: Handels-Controlling, S. 52.

311 Gilmozzi: Data Mining, S. 163. Um ein Mindestmaß an Übersichtlichkeit bei der ohnehin verwirrenden Begriffsvielfalt zu erreichen, wird das Akronym BIS im folgenden nicht mehr verwendet.

312 Die Sicht der Benutzer auf die Daten wurde oben als externe Ebene von Datenbank-Architekturen gekennzeichnet. Vgl. hierzu Gliederungspunkt 4.1 dieses Kapitels sowie die dort angegebene Literatur.

313 Für Produktanbieter ergeben sich bei dieser zweidimensionalen Darstellungsart Vorteile, weil die gewohnte Benutzeroberfläche von Tabellenkalkulationsprogrammen lediglich durch zusätzliche Buttonleisten und Menüoptionen (sogenannte Add-Ins) erweitert wird, woraus eine vergleichsweise hohe Akzeptanz bei den Anwendern resultiert. Chamoni; Gluchowski: OLAP, S. 427.

314 Gärtner: Data-Warehouse, S. 142. In diesem Zusammenhang sei darauf hingewiesen, daß es sich als vorteilhaft erweist, graphische Oberflächentools von Drittanbietern zur individuellen Gestaltung der Benutzeroberfläche integrieren zu können. SAP: Unternehmenscontrolling, S. 4.

Hinsichtlich der dafür erforderlichen (physischen) Datenorganisation haben zwei Modellierungs-Philosophien bzw. Formen von Datenbanksystemen, nämlich relationale und multidimensionale, eine besondere Bedeutung erlangt. Deren Verbindung mit sogenannten „OLAP-Engines", die eine Transformation von Datenstrukturen vornehmen, ermöglicht relationales bzw. multidimensionales OLAP (ROLAP bzw. MOLAP).

Bei ROLAP werden große Datenmengen dynamisch konsolidiert und den vielfältigen Anforderungen entsprechend skaliert[315]. Allerdings lassen sich die in einer relationalen Datenbank abgelegten Daten nur dann mehrdimensional analysieren, wenn durch zusätzliche Softwarekomponenten flache Tabellen miteinander verknüpft und räumlich interpretiert werden können[316]. *Gärtner* kommt zu dem Schluß, daß „die Erweiterung der relationalen Technologie mit einer entsprechenden Datenbanksprache, die sich an SQL[317] orientiert"[318], die beste Ausgangsbasis für eine innovative Informationsinfrastruktur bildet. Zwar können durch ROLAP auch Massendaten „in der Regel problemlos"[319] verarbeitet werden, jedoch „lassen sich mit den heutigen Werkzeugen aus Performancegründen nur gering dimensionierte Würfel generieren"[320].

Die Hauptprämisse der MOLAP-Architektur ist, daß die für eine multidimensionale Analyse erforderlichen Daten auch tatsächlich multidimensional gespeichert werden müssen[321]. Eine derartige Modellierung zeichnet sich allerdings dadurch aus, daß sie kompilierungsintensiv[322] ist, sich an statischen Batchkonsolidierungen orientiert und nur bei Eingangsdatenmengen bis zu zwanzig[323] GB eine adäquate Performance bietet. Vor dem Hintergrund enorm umfangreicher Datenbestände in Großbetrieben des Handels stellt MOLAP somit eine Speziallösung dar, die sich

315 MicroStrategy: OLAP, S. 3.
316 Chamoni: On-Line Analytical Processing, S. 239; Kirchner: Online Analytical Processing, S. 156.
317 Akronym für Structured Query Language, die als Programmier- bzw. normierte Abfragesprache eine Standardanwendung darstellt, von hoher praktischer Bedeutung ist und den Zugriff auf relationale Datenbanken erlaubt. Hansen; Peschanel: Informationsverarbeitung, S. 236; Kuhlen: Informationsmarkt, S. 270.
318 Gärtner: Datenmodelle, S. 207.
319 Kirchner: Online Analytical Processing, S. 157.
320 Chamoni: On-Line Analytical Processing, S. 239.
321 MicroStrategy: OLAP, S. 8.
322 Kompilieren bedeutet Aggregation und Induzierung von (unangeforderten) Daten. Mit steigendem Kompilierungsgrad sinken die Zuwächse an Performance-Flexibilität.
323 Vgl. zu diesem Grenzwert: Chamoni; Gluchowski: OLAP, S. 422.

(bei unverdichteten EPOS-Daten) eher für Aufgabenstellungen bis hinauf zur Filialebene eignet, und für die es sich dann empfiehlt, sie als Data Mart zu konzipieren[324]. Die beschränkte Datenbank-Flexibilität und Verfügbarkeit der Daten bei MOLAP-Architekturen steht einer unternehmungsweiten bzw. unternehmungsübergreifenden Nutzung verfügbarer Datenressourcen durch flexible Abfrageprozeduren entgegen[325].

Schließlich weisen beide gekennzeichneten Konzepte Vor- und Nachteile auf, die nicht nur eine Auswahl der effizienteren Speicherform für bestimmte Aufgabenstellungen erschweren, sondern auch eine Steigerung der Leistungsfähigkeit solcher Systeme verlangen. Trotz dieser kritischen Anmerkungen ist zu konstatieren, daß sich bereits heute zahlreiche Nutzungsmöglichkeiten durch eine Verknüpfung von DW und MSS (AIS) in Verbindung mit OLAP ergeben, die folgende Abbildung 18 zusammenfaßt.

Abb. 18: Hauptfunktionen von Management-Support-Systemen

| Managementaktivität | | MSS-Funktion |
|---|---|---|
| Überwachen, Filtern | ⟺ | Exception Reporting |
| Analysieren, Erforschen | ⟺ | Drill-Down/-Up[326]; Pivoting[327] |
| Suchen, Explorieren | ⟺ | Navigation (Retrace) |
| Prognostizieren | ⟺ | Trendanalyse |

Quelle: In Anlehnung an: Chamoni; Zeschau: Data-Warehousing, S. 61.

Neuerdings wird auch eine Verschmelzung von Internet- und OLAP-Technologien angestrebt, um flexible, intuitiv bzw. leicht erlernbare Navigationsmöglichkeiten von WWW-Oberflächen nutzbar zu machen[328]. Da auch neue Betriebssysteme immer mehr die Funktionalität und Gestaltung von Browser-Software aufweisen, können zukünftig die durch OLAP unterstützten Managementaktivitäten auch via Intranet erfolgen. Zusätzliche Informationspotentiale

---

324 MicroStrategy: OLAP, S. 3. Insofern kann es wenig überraschen, daß eine US-amerikanische Umfrage ergab, daß Data Marts „trendy" sind. Martin: Data Warehousing, S. 127.

325 Vgl. hierzu auch: Hildebrand: Informationsmanagement, S. 196 f.

326 Drill-Down/-Up kennzeichnet das Springen (nach unten bzw. oben) zwischen Verdichtungsstufen bzw. Detaillierungsgraden.

327 Pivoting ermöglicht die Betrachtung bestimmter „Drill-Up/-Down-Ebenen" aus verschiedenen Perspektiven. MicroStrategy: OLAP, S. 5.

328 Chamoni; Gluchowski: Organisatorische Aspekte, S. 25.

lassen sich dadurch erschließen, daß nachfolgend aufgezeigte Komponenten in AIS implementiert werden.

### 4.3.2 Data Mining-Systeme

Zielsetzung von Data Mining-Systemen ist die Datenmustererkennung[329] bzw. die Extraktion von Informationen durch „Ortung" von im DW gespeicherten Daten mit Zusammenhang und deren Transport zum Ort ihrer Weiterverarbeitung[330]. Die speziellen Begriffsinhalte wurden anfangs kontrovers diskutiert. Denn das Erfordernis des „Aufspürens" von Daten kann auch als Mißmanagement bei der Datenbankorganisation interpretiert und als zukünftig überflüssig beurteilt werden[331]. Die mittlerweile herrschende Meinung ist aber die, daß Data Mining sowohl hypothesengestütztes als auch hypothesenfreies Durchsuchen sequentieller Datenbestände mit Hilfe statistischer Verfahren, KI-basierter Logik und genetischen Algorithmen beinhaltet, mit dem Ziel, bisher unbekannte Beziehungen zwischen Daten (Datenmuster) aufzudecken[332]. Mithin ist die terminologische Bandbreite heute eingegrenzt, und die inhaltliche Interpretation rückt weg von Fragen der Datenbankorganisation, hin zu solchen kreativen Datendesigns. Dieses steht zurecht im Vordergrund, weil beim Data Mining Hypothesen in der Regel erst während der Analyse entwickelt werden, und nicht, wie ansonsten üblich, vorher. *Chamoni/Budde* nennen vier wesentliche Verfahren, die dieses ermöglichen, und unterscheiden zwischen Data Mining durch Clusteranalyse, Statistik, Induktives Lernen und Neuronale Netze[333]. Letztgenannte versprechen bei offenen Fragestellungen mittelfristig höhere Trefferquoten[334].

Bei ihrem Einsatz kann zwischen fünf nicht trennscharfen Ergebnistypen differenziert werden, die jeweils mit einem handelstypischen Beispiel illustriert werden sollen[335]:

---

329 Ein Muster ist der Zusammenhang einer Untermenge von Daten.

330 Schröder: Durchblick, S. 18.

331 Vgl. zu dieser Ansicht: Schröder: Durchblick, S. 18.

332 Vgl. hierzu auch: Düsing: Data Mining, S. 296. Für eine nähere inhaltliche Kennzeichnung einzelner Verfahren vgl.: Chamoni: Data Mining, S. 304 ff.

333 Chamoni; Budde: Data Mining, S. 21 ff.

334 o.V.: Informationen, S. 52. Der Grund hierfür dürfte darin liegen, daß Neuronale Netze bei der Datenklassifizierung als einziges Verfahren eine Fehlertoleranz anbieten und in der Lage sind, die Mustererkennung dynamisch zu verbessern. Chamoni: Data Mining, S. 319.

335 Gilmozzi: Data Mining, S. 169.

(1) Verbindungen bzw. Beziehungen,
z.B. Aussagen über direkte Verbundbeziehungen von Artikeln[336];
(2) Zeitreihenmuster,
z.B. Aussagen über zeitliche Verbundbeziehungen von Artikeln, also Ermittlung von Zeitspannen und Kaufwahrscheinlichkeiten für Additivgüter nach dem Erwerb eines bestimmten Artikels;
(3) Klassifikationen,
z.B. charakterisieren der Ort und Zeitpunkt eines Kaufs den Kundentyp;
(4) Cluster,
z.B. Aufdecken vorher unbekannter Kundentypen[337];
(5) Vorhersagen,
z.B. Absatzprognosen bei innovativem Retailing-Mix.

Allerdings ist das Auffinden solcher Ergebnistypen mit Problemen behaftet[338]:
(1) Es entsteht eine große Anzahl theoretisch möglicher Muster, was die Frage nach der Sinnhaftigkeit entdeckter Strukturen aufwirft. Um insbesondere zwischen Trends und zufälligen Clustern oder Häufungen unterscheiden zu können, werden intelligente Suchverfahren und Bewertungsstrategien benötigt.
(2) Fehlerhafte oder fehlende Daten verlangen statistische Techniken zur Abschätzung der Validität der entdeckten Muster.
(3) Die durch Data Mining-Systeme ermittelten Ergebnisse müssen gefiltert, verfeinert, kombiniert, angeordnet und in verständlicher Form dargestellt werden. Auch diese Prozesse verlangen den Einsatz entsprechender zusätzlicher Software.

Einen Lösungsbeitrag zu den beiden zuletzt genannten Problemen [(2) und (3)] leisten zum gegenwärtigen Zeitpunkt speziell zwei miteinander kombinierbare Technologien. Erstens die Verschachtelung von künstlichen Neuronen bzw.

---

336 Hier machte die von *Wal-Mart*-Analysten aufgedeckte Verbundbeziehung zwischen Bier (für den kaufenden Vater) und Babywindeln (für das Kind) Furore. Munkelt: Erkenntnisse, S. 39.

337 Für diesen speziellen Ergebnistyp zeigt Chamoni die Anwendungsmöglichkeiten verschiedener Data Mining-Verfahren. Chamoni: Data Mining, S. 305 ff. Ein Beispiel für Kundensegmentierung im Versandhandel liefern: Chamoni; Budde: Data Mining, S. 19. Durch Data Mining konnte der *Neckermann-Versand* ein Prozent der Neukunden im Rahmen einer Bonitätsprüfung besser beurteilen, was zu einer Vermeidung von Forderungsausfällen in einer Größenordnung von mehreren hunderttausend DM führte. Wendeln-Münchow: Risiken, S. 13.

338 Vgl. zu diesen Problemen: Klösgen: Data Mining, S. 173 f.

selbstlernenden Neuronalen Netzen[339], die sich zweitens mit Fuzzy-Logic, die fließende Übergänge ermöglicht, gut verbinden läßt[340].

Da die komplexen Data Mining-Algorithmen viel Rechenleistung erfordern, ist die beobachtbare Diffusion dieser schon älteren Methode (früher „Wizards" genannt) auf den Preisverfall bei Speichermedien und Prozessoren zurückzuführen, der den Unternehmungen erst den Aufbau der erforderlichen Infrastruktur ermöglicht. Schließlich wird dem Data Mining zukünftig eine immer größere Bedeutung zukommen, auch deshalb, weil sich alle 20 Monate die Menge weltweit vorhandener Daten verdoppelt[341].

### 4.3.3 Business-Support-Systeme

Eine zusätzliche Möglichkeit der Systematisierung von Support-Systemen sieht *Behme*, der sogenannte Business-Support-Systeme als spezielle Anwendungssysteme kennzeichnet, welche durch direkte Verbindung zu den operativen Systemen in die dortigen Prozesse eingreifen und dadurch weitere anstoßen[342]. Für diesen Zweck unterscheidet er zwischen
(1) Category Management-Systemen,
(2) Risk Management-Systemen und
(3) Database Marketing-Systemen,
ohne jede inhaltliche Konkretisierung[343].

Die Sinnhaftigkeit einer solchen erweiterten Systematisierung ist fraglich, weil im Rahmen der Diskussion um Prozeßorientierung und -optimierung die bloße Erweiterung von Schlagworten durch den Terminus „-System" keinen Erkenntnisfortschritt bewirkt. Des weiteren wäre eine Abgrenzung zwischen Category Management- und Database Marketing-Systemen wohl kaum möglich, weil diese in absatzpolitischer Hinsicht teils identische Aufgaben erfüllen. Mithin läßt sich aus

339 Neuronale Netze sind im Bereich der Künstlichen Intelligenz (vgl. hierzu auch Gliederungspunkt 4.3.5 dieses Kapitels) anzusiedeln und sind ein Teilgebiet der Neuroinformatik, welche sich auf die Erforschung biologischer Informationsverarbeitung per IS-Einsatz konzentriert. Vgl. hierzu sowie natürlichen und künstlichen Neuronalen Netzen: Mallot: Neuronale Netze, S. 814.

340 Litterst; Bernhard: Data Mining, S. 197 f.

341 Mertens; Bissantz; Hagedorn: Data Mining, S. 180.

342 Behme: Business-Intelligence, S. 41.

343 Behme: Business-Intelligence, S. 41.

diesem als Exkurs zu verstehenden Gliederungspunkt lediglich die Empfehlung ableiten, auf den Bau solcher „Potemkinschen Dörfer“ zu verzichten.

### 4.3.4 Multi- und Hypermedia-Systeme

Über eine Informationsdarstellung in Form von Texten und Grafiken hinaus, erfolgt heutzutage die zusätzliche Einbindung von digitalisierten akustischen Signalen sowie Fest- und Bewegtbildern durch sogenannte Multimediasysteme. Deren wesentliche Merkmale können trotz fehlender eindeutiger Definition wie folgt gekennzeichnet werden[344]:

(1) zweckgerichtete Integration zeitvarianter (kontinuierlicher) und zeitinvarianter (diskreter) Medien,
(2) Interaktion mit dem Benutzer,
(3) assoziativer Zugriff auf Informationen,
(4) Simulation von Benutzerwünschen sowie
(5) Speicherung, Übertragung und Verbreitung aller Medien in digitaler Form.

Werden diese Merkmale um ausgeprägte Verwaltungs- und Retrievalfunktionen ergänzt, entstehen Hypermediasysteme, in denen durch eine Verknüpfung fester und assoziativer Verbindungen zu informationstragenden Objekten[345] komplexe Informationsnetze entstehen, die insbesondere die Navigations- („Browsing“-) und Suchmöglichkeiten in MSS ausgezeichnet unterstützen[346]. Dies auch deshalb, weil Hypermedia-Anwendungen eine Informationssuche ohne tieferes Vorwissen erlauben und zusätzliche Suchmechanismen, wie bei klassischen indexorientierten Retrieval-Systemen, nicht erforderlich sind[347]. Insbesondere das wenig effiziente freie Suchen von Informationen („free browsing“) kann dabei durch einen „personalized navigation support in finding relevant nodes and paths“[348] unterstützt werden. Beispielsweise können die in Hypermedia Systemen für alle Anwender

344 Vgl. zu diesen Merkmalen und einer Sammlung unterschiedlicher Begriffsdefinitionen: Grauer; Merten: Multimedia, S. 8 ff.

345 Solche Objekte werden als Knoten bezeichnet, beinhalten mindestens einen Medientyp, und bilden durch Verknüpfung (über sogenannte Kanten) ein Netzwerk. Grauer; Merten: Multimedia, S. 119.

346 Chamoni; Gabriel; Gluchowski: Management-Support-Systeme, S. 13 f.

347 Grauer; Merten: Multimedia, S. 120.

348 Brusilovsky: Personalized Hypermedia, S. 255. Im allgemeinen lassen sich drei Methoden der individualisierten Informationsbereitstellung unterscheiden: User-Driven-, System-Supported- sowie System-Driven-Personalization.

identisch ausgewiesenen Dokumentverknüpfungen („same set of links to all users“) personenspezifisch angelegt werden, wodurch sich Informationsangebote den unterschiedlichen Wissensständen sowie Interessen der Anwender anpassen lassen.

Die zukünftige Leistungsfähigkeit von Hypermediasystemen ist stark abhängig von Forschungserkenntnissen auf dem Gebiet der Künstlichen Intelligenz, da die Optimierung der menschlichen Wahrnehmung bei Maschine-zu-Mensch-Kommunikation auch dort ein zentrales Anliegen ist.

### 4.3.5 Systeme Künstlicher Intelligenz

In der wissenschaftlichen Disziplin[349] „Künstliche Intelligenz“ (KI) wird das Ziel verfolgt, „menschliche Wahrnehmungs- und Verstandesleistungen zu operationalisieren und durch Artefakte, kunstvoll gestaltete technische - insbesondere informationsverarbeitende - Systeme verfügbar zu machen“[350]. KI-Systeme stellen sehr anspruchsvolle „intelligente“ Softwarelösungen dar und stehen als Sammelbegriff für natürlichsprachliche, bildverarbeitende, Roboter-, Deduktions-[351] und Expertensysteme[352]. Bei letztgenannten, die auch als wissensbasierte Systeme bezeichnet werden, sind „zur adäquaten Modellierung der kognitiven Fähigkeiten der Experten sowie zur Effizienzsteigerung (..) Methoden des fallbasierten Schließens und des Explanation Based Learning“[353] zu integrieren.

Insgesamt wird durch KI-Systeme eine Nachbildung menschlicher Fähigkeiten und Sinnesvorgänge[354] angestrebt, die via Interpretation, Auswertung und Zusammenführung den Ablauf der Interaktion zwischen IS und dem einzelnen Benutzer (Dialog) optimieren soll. Zwar sind bei der Modellierung solcher Dialog-

349 KI-Forschung erfolgt in enger Zusammenarbeit der wissenschaftlichen Disziplinen Informatik, Linguistik, Philosophie und Neurowissenschaften.

350 Görz; Wachsmuth: Einleitung, S. 1.

351 Hierunter versteht man vor allem mathematisch/logische Systeme zur Beweisführung bzw. Programmverifikation. Gabriel: Wissensbasierte Systeme, S. 13.

352 Gabriel: Wissensbasierte Systeme, S. 12 f.

353 Krallmann: Wissensbasierte Systeme, S. 121.

354 Dies sind beispielsweise Sprechen, Hören, Sehen, Bewegen und Fühlen. Gluchowski; Gabriel; Chamoni: Management-Support-Systeme, S. 254.

systeme noch erhebliche Defizite[355] zu konstatieren, weil spezifische Entwurfmethoden fehlen[356]; jedoch wird im nächsten Jahrhundert die maschinelle Verarbeitung von Wissen in erheblichem Umfang zur Veränderung der Arbeitsqualität beitragen[357].

Eine neuere Studie belegt, daß bereits in naher Zukunft ein Großteil der befragten deutschen Unternehmungen dazu bereit wäre, zwischen ein und fünf Prozent des Jahresumsatzes in die Erschließung von internem und externem Wissen zu investieren, wenn dieses dadurch nutzbar gemacht werden könnte[358]. Grundvoraussetzung für „managing the knowledge"[359] ist vernetzte Kommunikation über Abteilungsgrenzen hinweg in sogenannten „crossfunctional teams"[360]. Letztgenannte wurden für das Warenmanagement im Handel von *Barth* bereits 1969 empfohlen[361]; allerdings standen zu dieser Zeit vernetzte HIS nicht zur Verfügung.

Zuletzt muß die Hypothese, daß KI-Systeme in naher Zukunft selbständig unternehmerische Findigkeit entwickeln, als utopisch verworfen werden[362]. Schließlich handelt es sich bei AIS insgesamt auch weiterhin um Systeme, die eine Entscheidungsfindung „nur" unterstützen.

355 Während akustische und visuelle Medien heute bereits verbreitete Informationsträger sind, werden haptische Eindrücke nur selten, gustorische und olfaktorische Signale hingegen gar nicht durch betriebliche IS abgebildet. Grauer; Merten: Multimedia, S. 10 f.

356 Bullinger; Fähnrich: Softwareentwicklung, S. 73. *Reichmann* attestiert insbesondere Neuronalen Netzen, daß ihre unter ökonomischen Gesichtspunkten sinnvolle Nutzung in naher Zukunft nicht möglich sein wird. Reichmann: Controlling, S. 535.

357 Dengel: Intelligenz, S. 7.

358 Eberhardt: Wissen, S. 75.

359 Kroy: Wissen, S. 40. Häufig ungenau übersetzt als „Wissensmanagement".

360 Kapell: Wissenmanagement, S. 38. Ein Schritt in diese Richtung geht beispielsweise die *Siemens AG* mit ihrem firmeninternen Einkaufs-Informations-System auf WWW-Basis, auf welches über 4.000 Mitarbeiter monatlich ca. 250.000 mal zugreifen, aber nicht nur Einkäufer, sondern insbesondere Nutzer aus den Bereichen Produktion sowie Forschung und Entwicklung (F&E). Kruse: Informationssysteme, S. 29.

361 Barth: Unternehmungsplanung, S. 176 f.

362 Dies ist auch eine Kernaussage der Untersuchung von: Kuhlmann: Informationstechnik, S. 259.

## 5. Überleitende Zusammenfassung[363]

Größere Kundenzufriedenheit und eine satisfizierende Kapitalrendite sind zwei Hauptzielgrößen bei der Erschließung von Ökonomisierungspotentialen. Das Logistikmanagement kann insbesondere in zwei Bereichen als entsprechender „Enabler“ für Kostensenkungen, Leistungsverbesserungen und die Flexibilisierung von Prozessen gesehen werden, nämlich bei der Waren- und der Informationswirtschaft. Vor diesem Hintergrund wurde im ersten Kapitel das Supply Chain Management in seine Komponenten zerlegt und beispielhaft für die inhaltliche Kennzeichnung eines primär warenorientierten interorganisatorischen Logistikmanagement herangezogen. Durch die Darstellung physischer Transpositionsprozesse wurde deutlich, daß das schnelle und kostengünstige Erfüllen von Kundenwünschen insbesondere eine netzwerkorientierte Analyse, Planung und Steuerung entsprechender Logistikaktivitäten verlangt.

Realgüterflüsse sind immer mit Informationsflüssen verbunden. In diesem Zusammenhang wurde von zwei Seiten derselben Münze gesprochen. Mithin können im Rahmen der Informationslogistik physische Warenflüsse in einem - heute zwangsläufig computergestützten - Informationssystem abgebildet werden. Zu diesem Zweck wurde im zweiten Kapitel ein idealtypisches Referenzmodell eines Handelsinformationssystems entwickelt.

Betriebswirtschaftlich-administrative Systeme und Warenwirtschaftssysteme, die den Schwerpunkt bei der innerbetrieblichen Datengenerierung bilden, stellen heterogene Administrations- bzw. Dispositionssysteme dar. Beide sind den sogenannten operativen Systemen zurechenbar, für die heute Standardsoftware erhältlich ist, welche durch zum Teil langjährigen Einsatz als stabil und ausgereift gilt[364]. Sie bilden gemeinsam das Fundament eines Handelsinformationssystems.

Durch Datenaustausch in Interorganisationssystemen im allgemeinen und in mehrstufigen Handelssystemen im besonderen entstehen verschiedene Typen integrierter Handelsinformationssysteme. Gemeinsames Merkmal ist die elektronische Leistungskoordination zwischen verteilten Informationssystemen, vor allem in Form eines Austausches strukturierter Daten bzw. normierter Geschäftsdoku-

363 Auf die Verwendung nicht einschlägiger Akronyme wird in diesem Gliederungspunkt zugunsten eines besseren Verständnisses verzichtet.

364 Vgl. hierzu: Chamoni; Gluchowski: Analytische Informationssysteme, S. 10.

mente (EDI). Die Internet-Technologie setzt sowohl hier neue Maßstäbe (Internet-EDI) als auch bei der innerbetrieblichen Kommunikation (Intranet). Sie ist auch die Grundlage für den Aufbau von Electronic Retailing Systemen, bei denen Web-Server an integrierte Handelsinformationssysteme gekoppelt werden. Dadurch wird eine innovative Form der Kundenintegration ermöglicht, die sich stark etablieren wird, wenn die aufgezeigten technischen Probleme beseitigt sind.

Logisches Komplement zu den anfangs dargestellten operativen Systemen, die das „Tagesgeschäft" dominieren, sind Analytische Informationssysteme. Deren Hauptaufgabe ist es, Daten via Transformation (in Information) für Entscheidungen nutzbar zu machen. Für das Extrahieren interner und externer Daten sowie für den Aufbau einer integrierten Datenbasis ist ein Data Warehouse eine besonders geeignete Technologie-Plattform. Es stellt eine unternehmungsweit einheitliche Datenmodellierung sicher und ermöglicht, daß Daten redundanzfrei erfaßt, gespeichert und entscheidungsorientiert weiterverarbeitet werden können. Nur so kann eine prozeßorientierte Sicht über die Funktionen gelegt werden[365]. Es muß nochmals betont werden, daß dies zwingend erforderlich ist, weil Funktionenorientierung zu isolierten Datenbasen führt und somit zwangsläufig Ineffizienzen verursacht, die insbesondere zum partiellen Scheitern der Vorläufer von Management-Support-Systemen geführt haben.

Management-Support-Systeme der heutigen Generation setzen auf einem Data Warehouse auf (diese Kombination wurde als Analytische Informationssysteme bezeichnet) und bilden im Handel somit das „Cockpit" eines Handelsinformationssystems. Sie bieten dem Front-End-User ein umfangreiches „Tool-Kit", zu dem neben OLAP- und Data Mining-Clients auch Query- und Reporting-Werkzeuge sowie „klassische" Tabellenkalkulationsprogramme gehören[366].

Durch die Integration aller aufgezeigten Subsysteme entstehen unternehmungsindividuelle integrierte Handelsinformationssysteme, deren Beitrag zur Verbesserung der Entscheidungsqualität im handelsbetrieblichen Managementprozeß im dritten Kapitel dieser Untersuchung dargestellt wird.

365 Mithin begründete die Prozeßsicht eine Integration von HIS. Scheer: ARIS, S. 86.
366 Chamoni; Gluchowski: Analytische Informationssysteme, S. 12.

# Kapitel III

# Beitrag integrierter HIS zur Verbesserung der Entscheidungsqualität

## 1. Koordination von Entscheidungen

Der optimale Informationsgrad wurde im ersten Kapitel dieser Arbeit als Zustand beschrieben, in dem hinsichtlich des Informationsangebotes eine sachliche, zeitliche, personelle und ökonomische Adäquanz zu den Problemstrukturen bzw. den Informationsbedürfnissen der Unternehmung besteht[1]. Im Vordergrund steht dabei die Deckung des Informationsbedarfs von Personen, die sich bei einer auf die Zielgruppe von MSS fokussierten Betrachtung als Manager bis hin zur obersten Führungsebene kennzeichnen lassen.

Des weiteren wurde festgestellt, daß eine Problemlösung die Beschaffung, Verarbeitung (Transformation), Weiterleitung und Verwendung adäquater Informationen bedarf[2]. Der Begriff „adäquat" kennzeichnet dabei eine auf die jeweiligen Informationsbelange des einzelnen Nutzers zugeschnittene individuelle Unterstützung. Beschaffungsquellen für Daten sowie Instrumente zu ihrer Verarbeitung wurden bereits in den vorangegangenen Ausführungen thematisiert. Da nur ein Durchlauf aller oben genannter Prozeßphasen eine Problemlösung und Verbesserung der Entscheidungsqualität ermöglicht, werden in diesem Kapitel die Weiterleitung von Daten, aber besonders ausführlich ihre Verwendungsmöglichkeiten untersucht.

Für die DW/MSS entnehmbaren Inhalte tragen nicht nur EDV-Abteilungen, sondern auch die Anwender selbst Verantwortung. Die Strukturierung des Datenmodells sollte sich deshalb auch nach ihren Vorgaben richten[3]. Insofern sind vor der Suche nach geeigneten Methoden bzw. Kriterien zur Bewertung von Nutzenpotentialen integrierter HIS zwei Sachverhalte zu prüfen. Erstens die Koordination

---

1 Vgl. zu den Anforderungen an die Gestaltung des Informationsangebotes: Olbrich: Informationsmanagement, S. 9 f. sowie die dort angegebene Literatur.

2 Schmidt: Informationsmanagement, S. 1. Die Informationsverwendung wird von *Schmidt* nicht explizit angesprochen.

3 o.V.: Informationen, S. 52.

von Zugriffs- bzw. Nutzungsberechtigungen, wobei eine Untersuchung von Zuständigkeiten bezüglich Datenqualität und -verfügbarkeit darin integriert wird, sowie zweitens Entscheidungsstrukturen in integrierten Handelssystemen.

### 1.1 Koordination von Nutzungsberechtigungen

Die Zugriffsberechtigung auf Daten betrifft sowohl Fragen der Bürokommunikation und der Konzeption von „Workflow- und Workgroupsystemen“[4] im speziellen als auch die Gestaltung des Datenaustausches mit externen Organisationseinheiten, z.B. Herstellern oder Online-Kunden, im allgemeinen. Werden zunächst einmal nur die unternehmungsinternen Zugriffsberechtigungen betrachtet, so erscheint deren Festlegung anhand von zwei Kriterien sinnvoll, der Arbeitsplatzform und dem Verantwortungsbereich.

Wird für den Ausweis unterschiedlicher Arbeitsplatzformen das RMIS-Arbeitsplatzkonzept[5] zugrunde gelegt, ergeben sich die (erlaubten) Arten[6] und der Umfang des Datenzugriffs zuerst einmal aus der Zugehörigkeit zu einer der vier Anwendergruppen, die Abbildung 19 zeigt[7].

Bezüglich der Übertragung von Verantwortungsbereichen soll bei den Übernehmenden zwischen einzelnen Anwendergruppen im allgemeinen und einzelnen Personen (Stellen) im speziellen differenziert werden. Eine Möglichkeit zur bereichsorientierten Vergabe ist ebenfalls Abbildung 19 zu entnehmen. Diese verdeutlicht, daß Administratoren die technische Funktionsfähigkeit des IS obliegt, welche hier nicht weiter thematisiert wird.

---

4 Büro-IS, die Teams bei klar definierten und insbesondere zeitlich aufeinander aufbauenden Arbeiten unterstützen (Workflow) bzw. die zeitgleiche Kommunikation von räumlich getrennten Teammitgliedern ermöglichen (Workgroup). Vgl. hierzu: Rehme: Marketing-Dokumentation, S. 102. „Im Gegensatz zu Workflow und Archivanwendungen, wo es darum geht, strukturierbare und formalisierbare Abläufe zu beschleunigen, durch umfangreiche Retrieval-Funktionen die Bearbeitungszeit zu verkürzen und unproduktive Liegezeiten abzubauen, stehen bei Groupewarelösungen und der Internet-Technologie Wissen und Kreativität der Mitarbeiter im Vordergrund“. Köhler-Frost: Vorwort, S. 11.

5 RMIS ist ein Akronym für Retail Management Information System.

6 Grundsätzlich kann zwischen Lese- und Schreibzugriffen unterschieden werden. Bei letzteren kommt das Erfassen, Ändern, Löschen und Ändern der Gültigkeit von Daten in Betracht. Hierfür können jeweils Rechte vergeben werden. Siemens Nixdorf: RMIS, S. 5.

7 Siemens Nixdorf: RMIS, S. 5 ff.

Abb. 19: Aufgabenbereiche und Merkmale von Anwendergruppen im RMIS-Arbeitsplatzkonzept

| Anwendergruppen | Aufgabenbereiche / Merkmale |
|---|---|
| **Administratoren** (Techniker) | - zuständig für die technische Funktionsfähigkeit des IS<br>- Systemparametereinstellungen; Protokollüberwachung<br>- Datenversorgung aus Vorverfahren<br>- kein Analyst |
| **Chefredakteure** bzw. „Architekten" (Geschäftsführer) | - Festlegung globaler Rahmenbedingungen<br>- definiert/pflegt die Struktur der Datenverteilung, Organisationseinheiten, Kennzahlen, Themen usw.<br>- konfiguriert einzelne Arbeitsplätze in Anwendergruppen<br>- Zugang zu allen HIS-Funktionen |
| **Redakteure** (Controller im eigentlichen Sinne) | - Festlegung lokaler Rahmenbedingungen für einzelne Manager<br>- definiert/pflegt kritische Erfolgsfaktoren und Indikatoren, Alarmregeln, Berichtsbausteine sowie Tabellenlayouts<br>- konkretisiert vom Chefredakteur vorgegebene Kennzahlenwerte<br>- Berichtserstellung und -kommentierung<br>- Zugang zu HIS-Funktionen der von ihm unterstützten Manager |
| **Manager** (Entscheider, die auch Controllingfunktionen übernehmen) | - Problemlokalisierung, -analyse und -behebung<br>- Chancenanalyse<br>- Strategie-, Maßnahmen- und Output-Evaluierung<br>- Redakteur paßt seine Benutzeroberfläche individuell an<br>- i.d.R. nur lesend auswertend<br>- Zugang zu HIS-Funktionen seines Verantwortungsbereiches |

Quelle: In Anlehnung an: Siemens Nixdorf: RMIS, S. 5 ff.

„Chefredakteure" bestimmen alle Basisoptionen; insbesondere wird durch sie zentral jede Stellenbeschreibung vorgenommen, also Aktionsradien und Verantwortungsbereiche von Redakteuren und Managern festgelegt. Mithin liegen die Aufgaben innerhalb dieser Arbeitsplatzform im Bereich der Unternehmungsführung. Eine Rekrutierung verantwortlicher Personen aus den Funktionsbereichen Organisation/ EDV ist wahrscheinlich.

Der Redakteur stellt dem Manager eine Datenbasis zur Verfügung, die ihm ein optimales Handeln ermöglicht, denn dieser benötigt unkomplizierte Front-End-Werkzeuge zur Datenabfrage und -auswertung. Mithin erfüllt der Redakteur solche Funktionen, die dem Manager nicht zusätzlich auferlegt werden sollen, also Hilfefunktionen. Diese wurden im ersten Kapitel dieser Arbeit dem Controller zugeordnet, der speziell für solche Aufgaben zuständig ist. „Denn auch bei benutzerfreundlichen Tools sind bei komplizierten Datenzugriffen naturgemäß tiefere SQL- und Datenbankkenntnisse verlangt“[8].

Die Übertragung stellenspezifischer Verantwortungsbereiche wurde im Zusammenhang mit den Aufgaben des Chefredakteurs bereits angesprochen. So ermöglichen die von ihm im Rahmen einzelner Stellenbeschreibungen festgelegten Inhalte eine individuell auf jeden einzelnen Manager zugeschnittene Form der Datennutzung. Eine solche adressatenorientierte Informations- und Berichtszuordnung erfordert als letzter Schritt der Up-Flow-Phase[9] ein umfassendes Berechtigungssystem, das den einzelnen Usern spezifische Zugriffsrechte auf das DW erteilt[10]. Beispielsweise beschränkt sich dadurch bei Bezirksleitern die Dateneinsicht in geschäftsstättenspezifischer Hinsicht auf die von ihnen jeweils betreuten Filialen.

Die Koordination von Zugriffsberechtigungen (handelssystem-) externer Organisationen erfolgt ebenfalls zentral durch den Chefredakteur. Dabei gibt dieser auch den Online-Durchgriff eines Kunden vom Web-Server auf Datensätze interner Datenbanken frei. Letztlich wird für jeden autorisierten internen oder externen Benutzer (bzw. Benutzergruppen) vom Chefredakteur ein auf ihn (bzw. sie) zugeschnittener Betrachtungsausschnitt freigeschaltet, welcher hinsichtlich der angebotenen Inhalte vom Controller erforderlichenfalls noch redaktionell aufgearbeitet wird. Eine solche individuelle Anpassung kann aber für Kunden und Lieferanten/Hersteller weitestgehend automatisiert erfolgen[11].

Insgesamt wurde deutlich, daß speziell die von Chefredakteuren übernommenen Aufgaben in direktem Zusammenhang mit der Informationsstrategie der Unternehmung stehen. In neuerer Zeit wird der leitende Chefredakteur als Chief Information Officer (CIO) bezeichnet. Dieser ist kein phantasieloser EDV-Technokrat, sondern ein ganzheitlich denkender Architekt einer „lernenden Organisation“, der die aus der Informationslogistik erwachsenden Möglichkeiten in Nutzen für das

8 Hoffmann; Kusterer: Handels-Controlling, S. 51.
9 Vgl. hierzu Gliederungspunkt 4.1 des zweiten Kapitels.
10 Hoffmann; Kusterer: Handels-Controlling, S. 51.
11 Vgl. zum One to One-Marketing durch ERS Gliederungspunkt 3.3.1.3.5 des zweiten Kapitels. Die Automatisierung geht einher mit einer Substitution von Personal durch Kapital, wodurch Kostensenkungspotentiale erschlossen werden können.

Geschäft transformiert und dadurch strategische Wettbewerbsvorteile schafft[12]. Die zukünftige Bedeutung einer Erfüllung dieser Aufgaben in Handelsunternehmungen wird deutlich, wenn man sich vor Augen führt, daß „die Zeitschrift '*Information Week*' *Randy Mott*, *Wal-Marts* Chief Information Officer und Herr über rund 1.500 DV-Mitarbeiter, zum CIO des Jahres 1997"[13] kürte.

## 1.2 Zentrale versus dezentrale Entscheidungsstrukturen in Handelssystemen

In den vorangegangenen Ausführungen wurde nochmals deutlich, daß die Integration von IS zu erheblichen Veränderungen in der Organisationsstruktur von Handelssystemen führt. Denn analog zum „Pull-Prinzip" in der Warenlogistik ermöglichen integrierte HIS ein benutzerindividuelles Abfragen von auf Adäquanz geprüften Informationen. Um präzisere Aussagen zu den jeweiligen Strukturtendenzen zu ermöglichen, wird in der Literatur die gedankliche Trennung von Informations- und Entscheidungsfunktionen empfohlen[14].

Hinsichtlich Zentralisations- oder Dezentralisationstendenzen bei der Erfüllung von Informationsaufgaben ist abweichend von älteren Auffassungen feststellbar, daß aufgrund moderner Kommunikationstechniken der Ort der physischen Positionierung bzw. Bereitstellung von Speichertechnologien (z.B. DW) und Auswertungssoftware (in erster Linie ist hierbei an MSS-Software zu denken) eine eher untergeordnete Rolle einnimmt. Ausschlaggebend sind immer weniger räumliche Distanzen zwischen einzelnen miteinander vernetzten Komponenten, sondern vielmehr die oben dargestellten Nutzungs- bzw. Zugriffsmöglichkeiten[15]. Insofern verliert die Tatsache, daß die genannten Systemkomponenten zum überwiegenden Teil auf Zentralebene implementiert sind (Informationszentralisation[16]), an Bedeutung. Bei hinreichend ausgebauten Kommunikationsnetzen ist lediglich der rasche physische Zugriff eines Administrators sicherzustellen, um in technischer Hinsicht Systemstabilität zu gewährleisten.

---

12 Froitzheim: Blinde Bosse, S. 118 ff.

13 Würmser: Datenschlacht, S. 17.

14 Grochla: Zentralisationswirkung, S. 47.

15 Vgl. hierzu auch die Ausführungen zum Client-/Server-Management im Gliederungspunkt 6.5 des ersten Kapitels.

16 Vgl. zu diesem Begriff nochmals: Grochla: Zentralisationswirkung, S. 47.

Vor diesem Hintergrund steht beim stationären Handel deshalb zukünftig die Problematik einer Zusammenfassung oder Trennung von Entscheidungsaufgaben im Mittelpunkt und somit im übertragenen Sinne die Frage nach den „Standorten der Entscheidungsfindung". Dabei ist auch zu klären, inwieweit Filialen in den Entscheidungsprozeß integriert werden sollen und können, um dispositive Funktionen, insbesondere eine Fundierung spezieller marketingpolitischer Aktivitäten wie Sortiments- und Preissteuerung, selbständig vorzunehmen[17]. Insofern ist den durch integrierte Handelssysteme bestehenden Veränderungsmöglichkeiten von Entscheidungsspielräumen in Leitungssystemen nachzugehen[18].

Bei den organisatorischen Gestaltungsalternativen sind bis zu einer später noch gezeigten Grenze unterschiedliche Freiheitsgrade bei der Filialanbindung möglich, die zwischen zwei Extrempunkten verankert sind. Ein Freiheitsgrad von null (Zentralisierung; Konzentration von Verfügungsmacht[19]) läßt keinen Spielraum auf Geschäftsstättenebene zu. Die Zentrale trifft sämtliche Entscheidungen und delegiert diese per Anweisung („imperatives Leitungssystem"). Diese Organisationsform der zentralisierten Entscheidungskompetenz wurde im Rahmen der Klassifizierung von Leistungskoordinationsformen als Hierarchie bezeichnet. Im gegensätzlichen Fall einer starken Entscheidungsdezentralisation übernimmt die Zentrale höchstens die für ein Management auf Filialebene erforderliche Verwaltung, Pflege und Koordination entsprechender Datenbestände. Eine solche „Filialautonomie" ist zuerst bei Verbundsystemen vorstellbar. Zwischen den gezeigten extremen Ausprägungsformen sind sämtliche Variationen der Zentralisation und Dezentralisation möglich[20].

Die Grenzen möglicher Freiheitsgrade bzw. dezentralisierter Filialsteuerung ergeben sich aus der Notwendigkeit gesamtunternehmungsbezogener Datenauswertungen auf Zentralebene und dem Ausbildungsstand der Filialmitarbeiter, welcher niedriger ist als der in der Zentrale[21]. Speziell dieser häufig defizitären Personalqualifikation am POS kann aber insbesondere dadurch begegnet werden, daß für einzelne oder Gruppen von Filialen zuständige DV-Berater die jeweilige Ge-

17 *Olbrich* untersucht in diesem Zusammenhang unterschiedliche idealtypische Rollen von Systemzentralen: Olbrich: Warenwirtschaftssysteme, S. 131 f.
18 Frese: Unternehmungsführung, S. 98.
19 Die Messung von Verfügungsmacht ist besonders problematisch, weil sie lediglich auf der Basis verschiedener Indikatoren geschätzt werden kann.
20 Vgl. hierzu auch: Olbrich: Warenwirtschaftssysteme, S. 127.
21 Hertel: Warenwirtschaftssysteme (II), S. 59 und 312.

schäftsleitung durch gezielte MSS-Einsätze und -Schulungen vor Ort unterstützen[22]. Die Unternehmung *Allkauf* beispielsweise hat ihr HIS so konzipiert, daß sie an jedem Standort auf alle relevanten Daten zugreifen kann[23]. Auch die *Rewe-Gruppe* stellt zentralseitig alle Informationen zur Verfügung, welche „die Niederlassungen in die Lage versetzen, ihr eigenes operatives Geschäft vor Ort selbständig zu steuern und ihren Kunden den bestmöglichen (..) Service anzubieten“[24].

Diese Praxisbeispiele zeigen deutlich, daß die eingangs geforderte stärkere Kundenorientierung eine Abkehr von Standardisierungskonzepten bzw. imperativen Leitungssystemen verlangt[25]. Jedoch bewirkt Differenzierung eine drastische Komplexitätserhöhung bei der Entscheidungsfindung aufgrund zusätzlich benötigter Steuerungsinformationen, welcher nur mit einer entsprechenden Kompetenzverlagerung[26] begegnet werden kann. Der physische Standort zusätzlicher bzw. neuer Kompetenzträger ist dabei sekundär, solange diesen der Einblick in individuelles Marktgeschehen möglich ist. Mittlerweile werden zentralseitig bereits solche virtuellen Simulations-Systeme eingesetzt, welche die standortspezifischen Besonderheiten einzelner Filialen bei der Steuerung marketingpolitischer Instrumentalvariablen berücksichtigen, getreu dem Grundsatz „all business is local“. Ebenso belegen die oben genannten Beispiele, daß die Notwendigkeit eines standortspezifischen Marketing (Mikromarketing) von der Handelspraxis in neuester Zeit stärker erkannt wird. So konstatiert auch die bei der Nutzung integrierter HIS sicherlich fortschrittliche *dm*-Drogeriemarktkette, daß Freiräume für individuelle Entscheidungen geschaffen werden müssen, um die Kundenorientierung verbessern zu können, weil selbst zwei nur 500 Meter entfernt liegende Filialen derselben Vertriebsschiene einer Kette mit stark unterschiedlichen Kundenmerkmalen konfrontiert sein können[27].

---

22 Dadurch könnten nicht nur Personalkosten gespart, sondern auch psychologische Barrieren bei der Nutzung von Filial-IS abgebaut werden. Beispielsweise hat die *Karstadt AG* in ihren Filialen Mitarbeiter beschäftigt, die über DV-Einsatzmöglichkeiten vor Ort beraten. Niederhausen: Warenwirtschaft, S. 314.

23 Gerling: Ertrag, S. 104.

24 Fürbeth: Warenwirtschaftssysteme, S. 31.

25 Von Ausnahmen im Hart-Discounter-Bereich des stationären Einzelhandels einmal abgesehen.

26 Der Umsetzung von Dezentralisationsstrategien stehen nicht selten irrationale Motive wie Machtstreben sowie zementiertes Funktionendenken entgegen.

27 Gerling; Kolberg: Ziele, S. 110.

Es wird somit festgestellt, daß die Nutzung von MSS keinesfalls nur den Mitarbeitern in den Unternehmungszentralen obliegt, wie teils fälschlich im handelswissenschaftlichen Schriftum ausgewiesen[28]. Vielmehr gilt es einen individuell festzulegenden Teil der Entscheidungen zu dezentralisieren[29]. Dabei liegt das Hauptproblem darin, die Leistungen bzw. Aktivitäten der Beteiligten durch adäquate Kommunikationsprozesse zu koordinieren. Richtungsweisend bei der Lösungsfindung sind dabei Intranets[30].

Bereits 1994 kam man bei einer Untersuchung von 100 Einzelhandelsunternehmungen aus Deutschland, Österreich und der Schweiz zu dem Ergebnis, daß rund 94 Prozent der Befragten die innerbetriebliche Vernetzung als herausragenden Trend mit zunehmender Bedeutung sehen, insbesondere mit dem Ziel einer besseren und schnelleren Informationsversorgung[31].

## 2. Methoden zur Klassifizierung von Nutzenpotentialen integrierter HIS

Die im zweiten Kapitel dargestellten Architekturen und Komponenten integrierter HIS bilden die (aus heutiger Sicht) idealtypische Plattform für eine umfangreiche Datenerfassung und -auswertung. Um in diesem Teil der Arbeit den Nutzen derartiger Systeme für das Handelsmanagement beurteilen zu können, muß ihr Beitrag zur Verbesserung der Entscheidungsqualität untersucht werden. Dabei erweist es sich als problematisch, geeignete Kriterien zu eruieren, die eine Bewertung von Nutzenpotentialen integrierter HIS ermöglichen.

### 2.1 Kritische Bestandsaufnahme bisheriger Bewertungsansätze

Ein erster Schritt zur Lösung des oben genannten Bewertungsproblems ist eine Analyse von in der Literatur gewählten Ansätzen. *Becker/Schütte* unterscheiden zwischen:

---

28 Vgl. für eine solche Falschdarstellung: Toporowski; Schleimer: Informationstechnologien, S. 182.

29 Als ähnliche Empfehlung dürfte auch *Ahlerts* Forderung „das Controlling (...) zwingend dezentral zu organisieren" zu interpretieren sein, die von ihm nicht weiter begründet wird. Ahlert: Handelsinformationssysteme, S. 14.

30 Vgl. hierzu Gliederungspunkt 3.1.3 des zweiten Kapitels.

31 o.V.: Informationstechnologie im Handel, S. 74.

(1) Strukturiertheit und
(2) Fristigkeitsgrad des Entscheidungsproblems sowie
(3) Verdichtungsgrad der Daten[32].

Die Strukturiertheit des Entscheidungsproblems [vgl. Punkt (1)] diente bereits der Klassifizierung einzelner Module der MSS-Komponente. Hierbei wurde insbesondere auf den (zum Teil fehlenden) Methodeneinsatz abgestellt. Eine Bewertung des Nutzens allein aufgrund dieses Kriterium ist nicht möglich.
Der Fristigkeitsgrad des Entscheidungsproblems [vgl. Punkt (2)] steht in direktem Zusammenhang mit den Entscheidungsebenen, nach welchen unterschieden werden kann zwischen strategischem, taktischem und operativem Handelsmanagement. Eine klare Abgrenzung ist dabei zwar ausgeschlossen, jedoch sind Rückschlüsse auf den jeweiligen Verdichtungsgrad der Daten [vgl. Punkt (3)] möglich. Mit zunehmender Fristigkeit der Planung erhöht sich der Verdichtungsgrad der Daten, und die Bedeutung unternehmungsexterner sowie qualitativer Daten nimmt zu[33].

Da auch *Ahlert*[34] resümiert, es können tendenziell unterschiedliche Maßgrößen zum Einsatz kommen, könnte der Fristigkeitsgrad als in Rede stehendes Beurteilungskriterium relevant sein, bei dem in zeitlicher Hinsicht zwischen einem transaktions- und einem planungsorientierten Horizont unterschieden werden kann.

Abb. 20: Kennzeichen des transaktions- und planungsorientierten Management

| Transaktionsorientiertes Management | Planungsorientiertes Management |
|---|---|
| Bedarf an operativen Informationen | Bedarf an strategischen Informationen |
| Effizienzsteigerung des laufenden Geschäfts | Reorganisation bestehender Strukturen und Vorstoß in neue Betätigungsfelder |
| Starke Bedeutung unternehmungsinterner Daten, insbesondere EPOS-Daten | Zunehmende Bedeutung externer sowie qualitativer Daten bzw. Informationen |

Quelle: Zusammenstellung des Verfassers

32 Becker; Schütte: Handelsinformationssysteme, S. 405.
33 Horváth: Controlling, S. 361. Unternehmungsexterne sowie qualitative Daten werden zum Teil nur fallweise oder sogar einmalig benötigt.
34 Ahlert: Warenwirtschaftsmanagement, S. 84.

Einen anderen Ansatz wählt *Olbrich*[35] und unterscheidet zwischen
(1) Marktbeobachtung[36],
(2) Wirkungsanalysen (ineinandergreifende Instrumentaleinsätze)[37] und
(3) Zielgruppen-/Segmentanalysen[38].

*Mülder/Weis* schlagen zwei Arten der Betrachtung vor:[39]
(1) Funktionaler Ablauf der Auftragsabwicklung (über Anfrage, Auftrag, Auftragsabwicklung zur Auftragskontrolle) sowie
(2) Einsatzmöglichkeiten marketingpolitischer Instrumente.

Qualitative Nutzenpotentiale integrierter HIS systematisiert *Hertel*, der dabei zwischen den Bereichen Einkauf, Disposition, Warenabwicklung, Marketing/Verkauf, Abrechnungssysteme, Planungs-/Informationssysteme sowie Organisation unterscheidet[40]; die hierbei zu konstatierende Anlehnung an die insbesondere von *Ebert* ausgewiesenen Module von Warenwirtschaftssystemen ist offensichtlich[41].

Ohne weitere, ähnlich gelagerte Systematisierungen zu kennzeichnen, führt bereits eine kritische Betrachtung der genannten Ansätze zu folgenden Feststellungen: Erstens fehlt allen oben gezeigten Ansätzen eine hinreichende Einbindung der „neuen“ Paradigmen der Marketingtheorie, insbesondere das Relationship-Marketing und die Prozeßorientierung[42]. Dadurch werden weder Möglichkeiten zur marktorientierten Vernetzung betrieblicher Funktionsbereiche adäquat berücksichtigt noch wird der dringenden Notwendigkeit einer sowohl intra- als auch interorganisatorischen Kopplung von Marketing und Logistik Rechnung getragen. Dies jedoch ist unbedingte Voraussetzung für ein Handelsmarketing, das zu einem

35 Olbrich: Warenwirtschaftssysteme, S. 147 ff.

36 *Olbrich* zählt hierzu Abverkaufs-, Marktanteils-, Preisklassen-, Preisstellungs- und Sortimentsstrukturanalysen sowie die Ermittlung von Distributionsgraden, Aktionshäufigkeiten, Käuferfrequenzen und Einkaufsbeträgen. Olbrich: Warenwirtschaftssysteme, S. 147.

37 *Olbrich* nennt hier beispielhaft Preis-Absatz-, Preis-Promotion-, Werbewirkungs- und Plazierungsanalysen sowie Verbundeffekte. Olbrich: Warenwirtschaftssysteme, S. 148.

38 *Olbrich* unterscheidet dabei zwischen Analyse der Warenkörbe anonymer und identifizierter Käufer. Olbrich: Warenwirtschaftssysteme, S. 150.

39 Mülder; Weis: Computerintegriertes Marketing, S. 353.

40 Hertel: Warenwirtschaftssysteme (II), S. 103 ff. Diese ursprünglich aus der Dissertation von *Hertel* (vgl. Hertel: Design, S. 43 ff.) stammende Systematisierung wurde auch von *Ahlert* übernommen. Vgl. hierzu: Ahlert: Warenwirtschaftsmanagement, S. 42 ff. Eine Kurzzusammenfassung findet sich bei: Piontek: Distributionscontrolling, S. 191.

41 Vgl. hierzu Gliederungspunkt 2.3.2 des zweiten Kapitels.

42 Vgl. zu den „neuen“ Paradigmen in der Marketingtheorie: Meffert: Marketing, S. 23 ff.

individualisierten, vernetzten und multioptionalen Beziehungsmanagement tendiert (integriertes Marketing)[43].
Zweitens führt eine Trennung marketingpolitischer Aufgaben in zeitlicher Hinsicht nicht in allen Fällen zu wünschenswerten Lösungen. Vor dem Hintergrund, „daß der Sortimentspolitik als Teilbereich der Leistungspolitik des Handels absolute Dominanz im Retailing-Mix zuerkannt wird“[44] stellt *Möhlenbruch* deutlich heraus, daß eine Trennung zwischen operativer und strategischer Sortimentspolitik aufgrund erheblicher Schnittstellenprobleme zu kontraproduktiven Konflikten führt[45]. Diese beiden zentralen Kritikpunkte zeigen deutlich, daß bisherige, lediglich auf Betrachtungsausschnitte ausgerichtete Ansätze zwar für eine Klassifizierung, jedoch nicht für die Bewertung aller Nutzenpotentialen integrierter HIS hinreichend geeignet sind.

Integrierte HIS sind ein Teil der handelsbetrieblichen Marketingkonzeption. Um ihre Nutzenpotentiale untersuchen zu können, müssen im Rahmen einer zwangsläufig notwendigen Komplexitätsreduktion solche Faktoren eruiert und gekoppelt werden, die den Unternehmungserfolg maßgeblich determinieren, um darauf aufbauend eine Generierung zuverlässiger Steuerinformationen zu ermöglichen. Den Ausgangspunkt zur Erfüllung dieser Forderungen könnte die Erfolgsfaktorenforschung bilden[46].

## 2.2 Die Erfolgsfaktorenforschung als möglicher Klassifizierungsansatz

Der Begriff „Erfolgsfaktor“ wird in der Literatur uneinheitlich definiert. Jedoch scheinen umfassende Abgrenzungsbemühungen durch einen entsprechenden Verweis umgänglich[47]. Davon ausgehend, daß bei der Erfolgsfaktorenforschung das Aufzeigen solcher Parameter im Vordergrund steht, die einen wesentlichen Ein-

43 Barth: Betriebswirtschaftslehre, S. 361; Meffert: Marketing, S. 26.

44 Vgl. zu dieser Feststellung: Möhlenbruch: Sortimentspolitik, S. 31.

45 Möhlenbruch: Sortimentspolitik, S. 367. Auch *Ahlert* konstatiert, „daß gerade im Handel das strategische und operative Management i.d.R. aufs engste miteinander vezahnt ist“. Ahlert: Handelsinformationssysteme, S. 21.

46 Diesbezüglich konstatiert *Hildebrandt*: „Es sind nicht nur Beziehungen zwischen einem prospektiven Erfolgsfaktor und dem Erfolgsindikator zu erwarten, sondern auch Beziehungsstrukturen unter den Erfolgsfaktoren, die zu indirekten oder vermittelten Effekten auf den Erfolg führen“. Hildebrandt: Erfolgsfaktorenforschung, S. 46.

47 Vgl. für eine übersichtliche Darstellung alternativer Definitionsansätze sowie verschiedenen Kategorisierungen von Erfolgsfaktoren: Seidel: Erfolgsfaktoren, S. 100 f.

fluß auf Erfolg oder Mißerfolg betrieblicher Aktivitäten haben, sollen die Ergebnisse bisheriger handelsspezifischer Untersuchungen beurteilt werden.

*Applebee* und *Nitzberg* identifizierten 1974 für Warenhäuser die Erfolgsfaktoren Store Layout, Good Personnel, Location Merchandizing, Managerial Capability sowie Financial Aspects, die - häufig zitiert - auch in den 90'er Jahren noch im handelswissenschaftlichen Schrifttum Beachtung finden, obgleich sie lediglich Trivialitäten erklären[48].

Der wohl bekannteste deutschsprachige Beitrag zur Erfolgsfaktorenforschung im Handel ist der von *Hildebrandt* (1986). In dem von ihm entworfenen Erfolgsfaktoren-Kausalmodell wirken die Faktoren Sortiment (in Verbindung mit Preis), Fläche, Personal, und Image interdependent auf den Erfolg ein, der durch die Kriterien ROI, Geschäftstreue und Verbundkaufintensität operationalisiert wird[49]. Sein zusätzlicher Hinweis, die Hypothesenstruktur erfasse „nur einen Ausschnitt der Einflußfaktoren"[50], erfolgt zu Recht, zumal weder Standortfragen noch außerbetriebliche Faktoren berücksichtigt wurden.

Eine systematische und umfangreiche Untersuchung 27 empirischer Studien zur Ermittlung von Erfolgsfaktoren auf Einzelhandelsebene führte *Seidel* 1997 durch, wobei er auch die Befunde von *Kube* berücksichtigt[51]. Als Zwischenergebnis seiner später speziell auf Franchise-Systeme ausgerichteten Arbeit entwirft er ein allgemein gültiges Erfolgsfaktoren-Modell für den Einzelhandel, in welchem zwischen externen und internen Faktoren unterschieden wird (vgl. Abbildung 21). Trotz dieser umfangreichen Kriterienliste, die einen Ausweis von „Nicht-Erfolgsfaktoren" kaum zuläßt, kommt *Seidel* zu dem Ergebnis, daß große Defizite in dem von ihm untersuchten Forschungsbereich festzustellen sind, insbesondere aufgrund der verwendeten Erhebungsinstrumente, die überwiegend „schriftliche Befragung" oder „gestütztes Interview" waren[52]. Zu diesem Resultat kam bereits *Schröder*, der insbesondere folgende Kritikpunkte nennt, die *Seidel* bestätigt[53]:

48 Applebee; Nitzberg: Factors, o. S., zit. in: Hildebrandt: Erfolgsfaktorenforschung, S. 39 sowie: Kube: Filialsysteme, S. 26.

49 Hildebrandt: Erfolgsfaktorenforschung, S. 47 ff.

50 Hildebrandt: Erfolgsfaktorenforschung, S. 49.

51 Seidel: Erfolgsfaktoren, S. 140 ff. Vgl. zur tabellarischen Zusammenfassung der Befunde von *Kube*: Kube: Filialsysteme, S. 161 ff.

52 Seidel: Erfolgsfaktoren, S. 156 f.

53 Schröder: Erfolgsfaktorenforschung, S. 94 ff.; Seidel: Erfolgsfaktoren, S. 152 ff.

Abb. 21: Erfolgsfaktoren-Modell für den Einzelhandel von *Seidel*

| Externe Faktoren | Interne Faktoren | |
|---|---|---|
| | - Alter des Geschäftes | - Geschäft wird eigen- oder fremdgeführt |
| | - Umsatz des Geschäftes | |
| | - Image | - Managementqualität |
| - Einzugsbebiet | - Ladengröße/-gestaltung | - Eigenkapitalquote |
| - Bevölkerungsstruktur | - Eigentumsverhältnisse | - Finanzierungsform |
| - Regionale Wirtschaft | - Unternehmungskultur | - Sortiment |
| - Geschäftslage | - Kooperationsform | - Serviceleistungen |
| - Marktwachstum | - Informationssysteme | - Produktqualität |
| - Wettbewerb | - Strategische Grundrichtung | - Logistik |
| - Relativer Marktanteil | - Betriebstypenstrategie | - Lagerhaltung |
| | - Personalintensität | - Preisniveau |
| | - Personalqualität | - Werbung |
| | - Personalkosten | - Öffnungszeiten |

Quelle: Seidel: Erfolgsfaktoren, S. 148.

(1) Mängel bei der theoriegestützten Entwicklung von Hypothesen
(2) Komplexe Konstrukte werden nicht zerlegt, sondern nur durch leicht meßbare Daten (oberflächlich) beschrieben
(3) Zusätzliche Verwendung von Sekundärdaten früherer Untersuchungen
(4) Unvollständigkeit der beeinflussenden Faktoren und zugrunde gelegten Daten
(5) Schwachstellen bei den angewandten Auswertungsverfahren
(6) Statische Betrachtung dynamischer Faktoren

Auch die bei *Seidel* nicht berücksichtigte Untersuchung von *Kalka* (1996) liefert keine Lösung dieser Probleme[54]. Schließlich bestehen hinsichtlich der für den Handel weniger relevanten PIMS-Studie[55] wegen einem „Meer von Interdependenzen“ und schwerwiegenden inhaltlichen wissenschaftstheoretischen Problemen „grundsätzliche Zweifel an der Vorgehensweise“[56].

54 Kalka: Marketingerfolgsfaktoren, S. 119 ff.
55 PIMS ist ein Akronym für Profit Impact of Market Strategies.
56 Venohr: PIMS-Programm, S. 232 f.

Eine lediglich strategische Erfolgsfaktoren fokussierende Sichtweise ist sicherlich noch weniger geeignet die hier angestrebte Komplexitätsreduktion zu bewirken und muß deshalb wohl eher als „Rückzug in das weniger Greifbare" interpretiert werden. *Meffert* beispielsweise nennt als strategische Erfolgsfaktoren im Einzelhandel Kreativität und Systematik einerseits sowie Kontinuität und Flexibilität andererseits, die gemeinsam ein Spannungsfeld bilden[57]. Die kritische Beurteilung seines Modells liefert er selbst: „Das klingt zunächst abstrakt oder vielleicht trivial. Eine solche starke Verallgemeinerung gebietet jedoch die Heterogenität der Einzelhandelslandschaft"[58].

Begründungen dieser Art im speziellen und die eher unbefriedigenden Ergebnisse bisheriger Untersuchungen im allgemeinen lassen die Vermutung zu, daß die den Erfolg einer Handelsunternehmung determinierenden Faktoren hinsichtlich ihrer Intensitäten und Interdependenzen nicht nur betriebsformen- und -typenabhängig, sondern auch auf einzelbetrieblicher Ebene stark unterschiedlich sind. Insofern konnten bisherige Studien, deren Ziel es war, bei mehreren Handelsbetrieben „den kleinsten gemeinsamen Nenner des Erfolges zu ermitteln"[59], keine befriedigenden Lösungen liefern. Somit mündet der Weg der überbetrieblichen Erfolgsfaktorenforschung in der Suche nach einem organisationsspezifischen „Variablengeflecht", durch welches das Leistungsergebnis besonders relevanter Faktoren (zumindest approximativ) ermittelbar und bestenfalls auch prognostizierbar wird. Jedoch kann ein solches Faktorenmodell, das einem retrograd aufgelösten Gesamtproduktivitätsmaß entspräche, nicht exakt ermittelt werden, weil

(1) der Output jedes Faktors durch eine Bewertung in Geldeinheiten erfolgen muß, aber
(2) Leistungsergebnis und Leistungsbereitschaft differieren, und
(3) periodenfixe Kosten keinem einzelnen Verkaufsvorgang zugeordnet werden können[60].
(4) Auch führt die Interdependenz der absatzpolitischen Instrumentalvariablen zu Problemen bei Wirkungsanalysen.

Zwar lassen sich diese Argumente bei einer isolierten Betrachtung von ERS teilweise entkräften, jedoch entfällt insgesamt „die Möglichkeit, die Leistung eines

57 Meffert: Erfolgsfaktoren, S. 27 ff.
58 Meffert: Erfolgsfaktoren, S. 31.
59 Schröder: Erfolgsfaktorenforschung, S. 101.
60 Barth: Betriebswirtschaftslehre, S. 75 ff.

Handelsbetriebes durch endlich viele deterministische Input-Output-Relationen (exakt[61]) zu beschreiben"[62]. Doch ebnen einzelbetriebliche Langzeitstudien unter Einsatz integrierter HIS den Weg zu einer Näherungslösung, welche über den Aufbau eines „dynamischen Erfolgsfaktorengenerators" die Entscheidungsqualität nachhaltig verbessert und in Anlehnung an die vom *EHI* verwendete Terminologie als Computer Integrated Trading (CIT) bezeichnet werden soll.

Abb. 22: Nutzenpotentiale von Handelsinformationssystemen

| Phase 1 | Phase 2 | Phase 3 | Phase 4 | Phase 5 |
|---|---|---|---|---|
| Rationalisierung | Optimierung sowie Vermarktung von Daten | Partielle Entscheidungsunterstützung | Institutionalisierte Entscheidungsunterstützung | Computer Integrated Trading (CIT) |
| Merkmale | | | | |
| Effiziente Preisauszeichnung; Schnelle Kassenabwicklung | Verkaufsplanung; Verkauf von Daten an Lieferanten und MaFo-Institute | Partielles Controlling, z.B. für Sortiment, Präsentation, Preis und Logistik | Mikromarketing; Automatisierung operativer Abläufe, z.B. Aufträge und Disposition | Ganzheitliche verbundorientierte Informationslogistik |
| Stammdatenpflege; Organisationsänderungen | Datenaggregation; Datensystematisierung | Basis-Know-How zur Analyse und Interpretation von Daten | IOS, EDI; ERS; Datentransfer; Schnelle und flexible Datenauswertung | Komplexe Entscheidungsmodelle in AIS; Scientific-Management |

Quelle: In Anlehnung an: Gerling: Scanning, S. 20; Hallier: Handelsmarketing, S. 55 ff.

Obige Abbildung 22 ist so zu interpretieren, daß Investitionen in HIS kurzfristig eine Rationalisierung der Preisauszeichnung und des Kassiervorganges sowie Flexibilität bei Preisvariationen bewirken („Hard-Savings"). Strategische Vorteile („Soft-Savings") werden jedoch erst durch die Verfügbarkeit solcher entscheidungsrelevanter Informationen erzielt, die aus meist mehrjährigen Datensammlungen gewonnen werden[63]. Diese in zeitlicher Hinsicht sukzessive Erschließung operativer und strategischer Nutzenpotentiale integrierter HIS wird dann zu einem CIT, wenn man unter Einsatz aller technisch und ökonomisch sinnvollen Mittel

61 Anmerkung des Verfassers.

62 Barth: Betriebswirtschaftslehre, S. 78.

63 Deshalb liegt zwischen der Investition und der Erschließung der strategischen Potentiale von HIS ein time lag. Gerling; Kolberg: Ziele, S. 108.

die oben skizzierte Näherungslösung erreicht. Die hierfür zu überschreitende letzte Phasengrenze inhaltlich genau zu kennzeichnen ist heute noch nicht möglich, weil dafür ein entsprechender Anwendungsstand in der Handelspraxis gegeben sein muß (Induktionsschluß).

Schließlich bleibt festgestellt, daß die bisherigen Erkenntnisse der (überbetrieblichen) Erfolgsfaktorenforschung als einzige Grundlage für eine weitere Untersuchung ebenfalls nicht hinreichend geeignet sind. Daran ändert auch der ergänzende Hinweis bei dem „Münsteraner Ansatz" zur Erfolgsforschung im Handel nichts, „mit hohem Fit in differenten situativen Kontexten"[64] zu arbeiten.

## 2.3 Der Kunde als möglicher Ausgangspunkt einer Bewertung

Da bisher kein geeignetes Modell zur Untersuchung von Nutzenpotentialen integrierter HIS aufgedeckt werden konnte, soll nunmehr der Kunde, der bereits beim ECR-Konzept als Keimzelle für die Gestaltung von Leistungen in Wertschöpfungssystemen identifiziert wurde, als mögliche Ausgangsbasis für den hier verfolgten Untersuchungszweck analysiert werden. Begründen läßt sich diese Vorgehensweise insbesondere mit der Feststellung *Maurers*, daß nur durch die zusätzliche Erfassung der Stimuli beim Kunden ein wirklich aufschlußreiches (wörtlich: vollständiges[65]) Bild der Marketing-Mix-Faktoren entworfen werden kann, und somit eine direkte Verbindung zur Kundenebene bestehen muß[66]. Auch *Seidel* resümiert, daß eine Einbeziehung der direkt Betroffenen unerläßlich sei[67].

Um jedoch einen tieferen Einblick in das oben angesprochene organisationsspezifische „Variablengeflecht" zu erhalten, müssen (über die beim Kunden meßbaren Kriterien hinaus) die in die jeweilige Handelsleistung eingebrachten Vorleistungen ebenfalls berücksichtigt werden. *Schröder/Tenberg* kennzeichnen in diesem Zusammenhang den Empfänger von handelssystemintern ausgetauschten

64 Ahlert: Handelsinformationssysteme, S. 49.

65 Diese Formulierung zeigt einmal mehr den unkritischen Umgang mit (nicht existierenden) Möglichkeiten einer integrierten Marketing-Totalanalyse.

66 Maurer: Marketingforschung, S. 352.

67 Seidel: Erfolgsfaktoren, S. 153. Diese Feststellung basiert auf der Forderung *Schröders*, alle relevanten Wirtschaftssubjekte ganzheitlich zu betrachten. Schröder: Erfolgsfaktorenforschung, S. 95.

Leistungen (mit Unterstützungscharakter[68]) als internen Kunden[69]. Die Möglichkeit einer Bewertung des Beitrages einzelner Vorleistungen zur Zufriedenheit (externer) Kunden hängt dabei von der „Nähe der internen Leistung zum externen Markt ab“[70].

Wird dieser Ansatz einer Betrachtung des handelssysteminternen Leistungsaustausches auf weitere Wertschöpfungsstufen ausgedehnt, entsteht ein System interner und externer Kunden („Kunden-Modell“), wobei die jeweilige Systemzugehörigkeit von der Definition einzelner Subsystemgrenzen abhängt. Dabei zeigt sich eine Inhärenz des Prozeß-Ansatzes, weil der Leistungsaustausch „in Richtung Marktreife“ eine Tätigkeitsfolge in Systemen im Zeitablauf darstellt, was bekanntlich Prozesse determiniert[71]. Auf dieser Erkenntnis beruht auch das Prozeßkostenmanagement, welches im Rahmen der entscheidungsorientierten Informationslogistik noch behandelt wird.

## 2.4 Schlußfolgerungen

Die kritische Betrachtung von Ansätzen zur Bewertung von Nutzenpotentialen integrierter HIS sowie des status quo der Erfolgsfaktorenforschung im Handel führte zur Entwicklung eines „Kunden-Modells“, welches durch seinen prozeßstufenverbindenden Charakter geeignet zu sein scheint, sowohl den handelssysteminternen Leistungsaustausch als auch den mit „externen“ Kunden zu erfassen. Weil eingangs bereits festgestellt wurde, daß der Wertschöpfungsbeitrag pro Handelsstufe stark vom jeweiligen Entscheidungsspielraum abhängt, wird in der weiteren Untersuchung die Hypothese zugrunde gelegt, daß das Ziel der kundenorientierten Leistungsabgabe insbesondere vom Handel eine möglichst marktnahe Entscheidungsfindung (Problemlösung) verlangt. Dies setzt bei Groß- und Mittelbetrieben Entscheidungsdezentralisation und Kompetenzverlagerung voraus.

---

68 *Stauss/Neuhaus* unterscheiden zwischen Leistungen mit Unterstützungs- sowie Kontrollcharakter und weisen bei letztgenannten darauf hin, daß es sich bei diesen nicht um (direkte) Vorleistungen, sondern Leistungen mit Überwachungs- und Bewertungsfunktionen handelt. Stauss; Neuhaus: Interne Kundenzufriedenheit, S. 584.

69 Schröder; Tenberg: Zufriedenheit interner Kunden, S. 155 ff.

70 Schröder; Tenberg: Zufriedenheit interner Kunden, S. 161.

71 Vgl. hierzu Gliederungspunkt 3.1 des ersten Kapitels.

Jedoch ist die Aufgabe einer möglichst vollständigen Erfassung der Nutzenpotentiale integrierter HIS durch Prozeßbetrachtung allein kaum lösbar, weil sich nicht alle (Vor-)Leistungen Prozessen zuordnen lassen, z.B. solche im Personalmanagement oder der Finanzbuchhaltung. Des weiteren erweist sich ein prozeßorientierter Untersuchungsansatz als um so weniger vorteilhaft, je komplexere Aufgaben damit gelöst werden sollen; insbesondere solche, die eine Optimierung der marketingpolitischen Instrumentalvariablen bzw. des Retailing-Mix betreffen. Insofern stellt das „Kunden-Modell" eine erweiterungsbedürftige Partiallösung dar. Aus diesem Grund wird der Prozeß-Ansatz mit weiter oben ausgewiesenen, bereits bestehenden Ansätzen gekoppelt, wodurch eine Kompensation der jeweiligen Schwächen beider Ansatzformen angestrebt wird.

Für den weiteren Verlauf der Untersuchung sollte man annehmen, daß bei einem integrativen marktorientierten Führungskonzept der Kunde den Ausgangspunkt bei der Bewertung von Leistungsprodukten bildet. Somit hätte das Auffinden von Problemlösungen mit Analysen auf (externer) Kundenebene zu beginnen. Dann müßten nur solche Untersuchungen, die dort nicht oder nur teilweise durchführbar sind, auf die jeweils vorgelagerte (dann interne) „Kundenstufe" verschoben bzw. ausgeweitet werden.

Es erweist sich jedoch als höchst unvorteilhaft, den Kunden als direkten Anknüpfungspunkt für weitere Betrachtungen zu wählen, weil bei Berücksichtigung kundenindividueller Präferenzen zuerst solche spezifischen Formen des Marketing dargestellt würden, bei denen das Handelsmanagement enorme Komplexität beherrschen, größtmögliche Kreativität einsetzen und höchste Flexibilität sicherstellen muß. Würde man sich erst nachfolgend den auf Standardisierungsstrategien basierenden Marktbearbeitungskonzepten schrittweise annähern, ließen sich zahlreiche Überschneidungen und inhaltliche Wiederholungen nicht vermeiden, weil die später zu kennzeichnenden Entscheidungen Teilmenge derer von Differenzierungsstrategien sind. Auch würden Entwicklungsschritte bei der Transformation von Standardisierungs- in Differenzierungskonzepte nicht transparent. Ferner ließen sich durch eine solche rückwärts gerichtete Zuordnung von Entscheidungsbereichen zu unterschiedlichen Kundenebenen Handlungsempfehlungen für die Praxis nur schlecht ableiten, weil der Integrationspfad entgegen der dort zwangsläufig einzuschlagenden Richtung verliefe. Aus diesem Grund wird die Betrachtungsabfolge umgekehrt, Parameter für Differenzierungsstrategien werden durch „Vorwärtsintegration" sukzessive erschlossen und eingearbeitet.

Das Schnittstellenproblem, welches bei Trennung von operativen und strategischen Einsatzbereichen marketingpolitischer Instrumente und insbesondere bei Wirkungsanalysen entsteht, wird umgangen, indem auf eine solche Zweiteilung verzichtet wird. Dies erscheint auch deshalb sinnvoll, weil weniger die Zuweisung von Aufgaben in operative und strategische „Blöcke" bedeutsam sein dürfte, als vielmehr die Stelle, das Team, der Managerarbeitsplatz, wo diese gelöst werden.

## 3. Dekomposition der handelsbetrieblichen Informationslogistik aus entscheidungsorientierter Sicht

Eine Verbesserung betrieblicher Entscheidungsprozesse im allgemeinen und eine optimierte Informationsversorgung in der Phase der Willensdurchsetzung im besonderen verlangt eine Dekomposition der handelsbetrieblichen Informationslogistik aus entscheidungsorientierter Sicht. Dabei soll zwischen objekt-, aufgaben- und entscheidungsparameterorientierter Sicht differenziert werden.

### 3.1 Objektorientierte Dekomposition

Im ersten Kapitel der Arbeit erfolgte eine Betrachtung des Logistikmanagement aus systemtheoretischer Perspektive. Dabei wurde allgemeingültig festgestellt, daß für die Gestaltung, Lenkung und Kontrolle eines Systems, dieses als Ganzes, die Beziehungen seiner Subsysteme untereinander sowie die Relationen der in diesen wiederum enthaltenen Elemente analysiert werden müssen. Vor diesem Hintergrund wurde im zweiten Kapitel der Arbeit die Informationslogistik aus technologischer Sicht sowohl ganzheitlich als auch (durch eine Untersuchung entsprechender Subsystem-Architekturen) partiell gekennzeichnet.

Eine erkenntnisfördernde Verknüpfung der in integrierten HIS abbildbaren Objekte verlangt darüber hinaus eine solche objektorientierte Dekomposition des Systems Informationslogistik, bei der sowohl Objektbereiche als auch einzelne Bezugsobjekte identifiziert werden. Bei erstgenannten lassen sich interne Ebenen, Umfeldfaktoren, Zeiträume, Marketing-Faktoren, Funktionen/Prozesse sowie Einsatzfaktoren voneinander abgrenzen. Die in diesen Objektbereichen jeweils enthaltenen Bezugsobjekte können nach Aggregationsniveaus nochmals differenziert werden. So läßt sich beispielsweise der Regiefaktor „Ware“ in Sortimentsebenen[72] oder der Umfeldfaktor „Kunde“ in Kundentypen[73] splitten. Die Summe aller möglichen Bezugsobjekte repräsentiert das informationslogistische Objektsystem einer Handelsunternehmung, dessen Grundaufbau Abbildung 23 zeigt.

Abb. 23: Informationslogistisches Objektsystem einer Handelsunternehmung

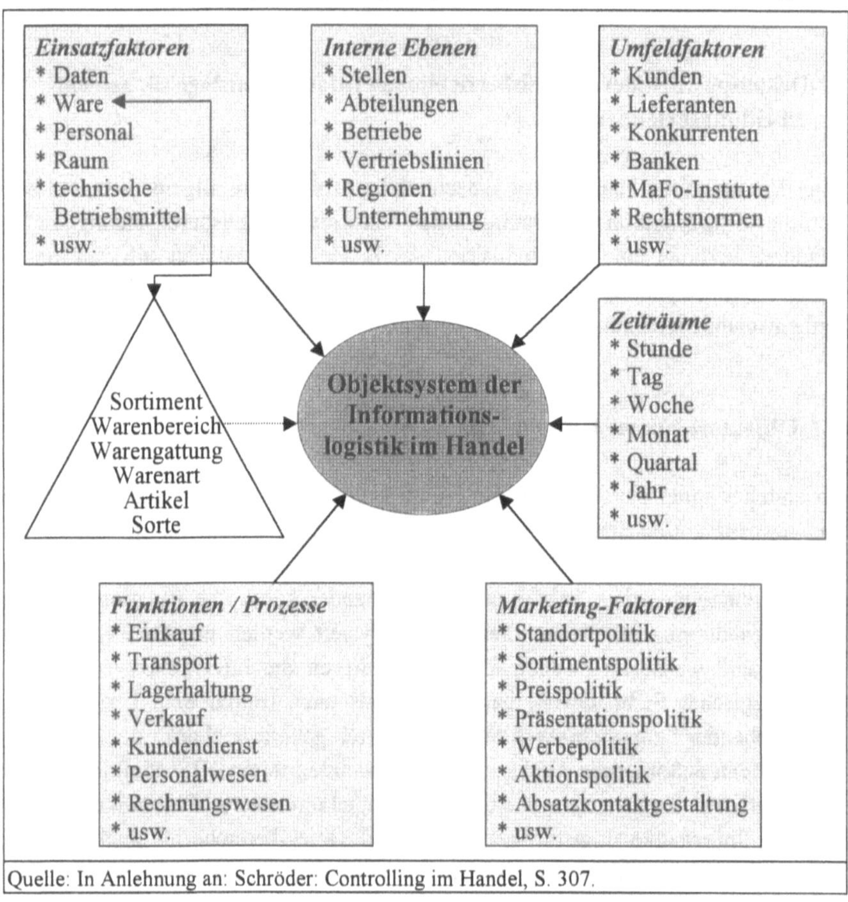


Quelle: In Anlehnung an: Schröder: Controlling im Handel, S. 307.

72 Diese bilden zusammen eine Sortimentspyramide, deren Aufbau das Dreieck in Abbildung 23 zeigt. Begrifflich geprägt wurde sie von: Seyffert: Wirtschaftslehre des Handels, S. 65.

73 Die bereits im Rahmen der Darstellung von Data Mining-Systemen kurz aufgezeigten Möglichkeiten zur Abgrenzung von Kundentypen durch Klassifikation und Clustering (vgl. hierzu Gliederungspunkt 4.3.2 des zweiten Kapitels) werden im hinteren Teil der Arbeit noch ausführlich diskutiert.

Die logische Verknüpfung einzelner Bezugsobjekte unterschiedlicher Objektbereiche eröffnet differente Sichten (Perspektiven) auf Relationen, beispielsweise auf Bestandsdaten, Absatzmengen, Umschlaghäufigkeiten, Spannen, Abschriften, Kalkulationen, Ergebnisse aus Werbe- und Sonderangebotsanalysen etc. differenziert nach Artikeln oder Warenbereichen, Preislagen, Zeiträumen, Lieferanten, Vertriebslinien, Gebindegrößen, Farben, Modellen usw.[74] Dabei determinieren die Aggregationsniveaus der miteinander kombinierten Bezugsobjekte den jeweils gewählten Betrachtungsausschnitt, dessen „Systemgrenzen" - wie zu Beginn der Arbeit bereits festgestellt wurde - stets von der Zielsetzung der Untersuchung abhängen. Insbesondere durch die im zweiten Kapitel angesprochenen Drill-down- bzw. -up- sowie Pivoting-Techniken können Betrachtungsausschnitte sowohl verkleinert (verfeinert) bzw. vergrößert als auch verschoben werden.

## 3.2 Phasen- und aufgabenorientierte Dekomposition

Durch „dynamische Verschiebungen von Subsystemgrenzen" und nahezu frei wählbare Betrachtungsrichtungen ermöglichen integrierte HIS der vorgestellten Art zwar eine Beherrschung enormer Komplexität, jedoch kann die Kennzeichnung alternativer und kombinativer Untersuchungsräume zwangsläufig nur noch anhand von Beispielen erfolgen. Doch selbst diese lassen sich nur schwer selektieren, weil

(1) Bezugsobjekte und deren Aggregationsniveaus in den einzelnen Phasen des Managementprozesses von unterschiedlicher Relevanz sind,
(2) insbesondere in Entscheidungsfeldern mit konstitutiver oder aber programmatischer Prägung.
(3) Einzelne Phasen des Managementprozesses nicht nur iterativ durchlaufen (und somit auf das engste miteinander verzahnt sind), sondern für bestimmte Problemlösungen auch übersprungen werden und
(4) bestimmte Programmplanungen vorgelagerte Rahmenplanungen konkretisieren.

Insofern erscheint es sinnvoll und notwendig, die Phasen und Bereiche der Informationsgenerierung und -verwendung inhaltlich kurz zu kennzeichnen. Für eine bessere Übersichtlichkeit wird Abbildung 24 (siehe Seite 176) vorangestellt.

74 Voßschulte; Baumgärtner: Controlling im Handel, S. 259. Prognosemodelle oder Profilanalysen zur Lieferantenauswahl etc. bleiben dabei noch unberücksichtigt.

Abb. 24: Phasenschema der Informationsgenerierung und -verwendung

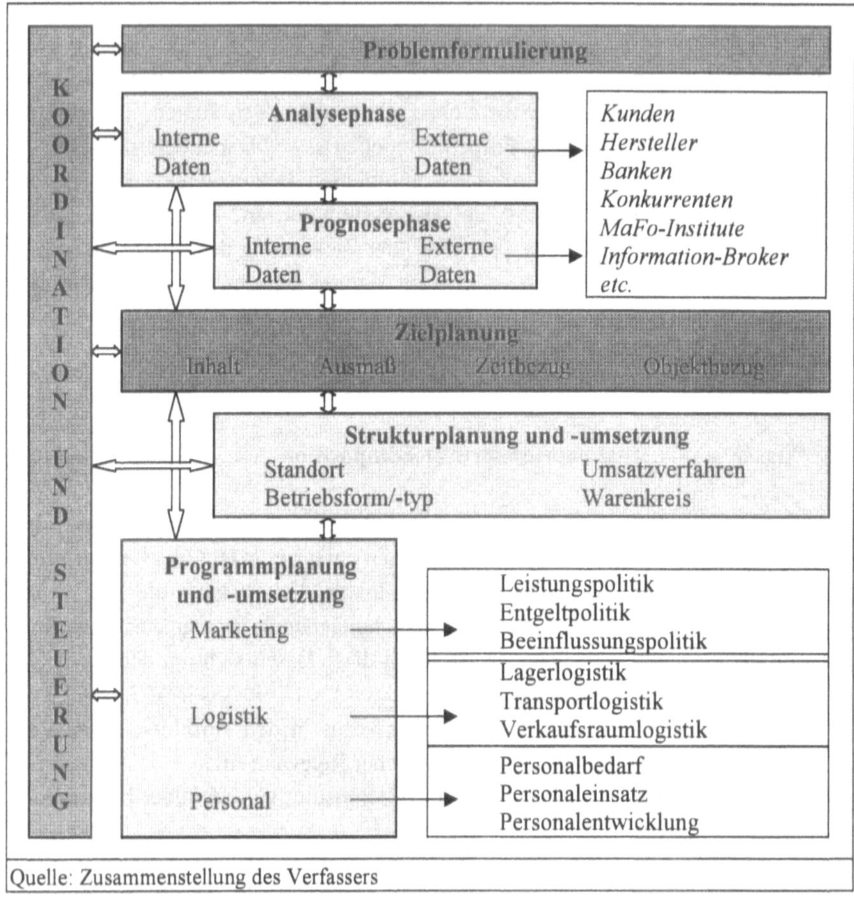


Quelle: Zusammenstellung des Verfassers

Den Ausgangspunkt bei oben dargestelltem Phasenschema bildet die Problemformulierung, der sich die Gewinnung und Interpretation entsprechender gegenwarts- und zukunftsbezogener Informationen im Rahmen von Situationsanalysen und Entwicklungsprognosen anschließt. Auf dieser Grundlage erfolgt die Zielplanung, wobei alle angestrebten Soll-Zustände nach Inhalt, Ausmaß, Zeit- und Objektbezug operationalisiert werden sollten, insbesondere um Zielerreichungsgrade messen und Bridging-Probleme zwischen Rahmen- und Programmplanungen vermeiden zu können[75]. Dabei sollte jedoch nicht - wie in der Handelspraxis üblich[76] - der Umsatz als primär quantitativ orientiertes Oberziel den Kristallisationspunkt aller nachfolgenden Planungsbemühungen bilden, weil die aus dem traditionellen Spannendenken erwachsende Hypothese, daß Absatzvolumen und Gewinnanteil eine bestimmte Relation aufweisen, falsch ist[77]. Vielmehr ist eine bestimmte Verzinsung des eingesetzten Kapitals (ROI) als Hauptzielgröße empfehlenswert. Diese sollte um quantitative[78] und qualitative[79] Partialziele erweitert und zu einem Handelszielsystem aggregiert werden, aus welchem sich dann per Deduktion Unternehmungs-, Vertriebslinien-, Filial-, Abteilungsziele etc. ableiten lassen[80].

Zur Erreichung der auf diesem Wege abgeleiteten Zielvorgaben sind im Rahmen sich anschließender Struktur- und Programmplanungen alternative Optionen zu prüfen und die ökonomisch sinnvollsten Handlungen auszuwählen (Willensbildung). Für eine Strukturierung dieser Aufgaben unterscheiden *Becker/Schütte* in Abhängigkeit von den Inhalten der jeweiligen Problemstellung zwischen zyklischen, ereignisbezogenen, interkategorialen und konstitutiven Entscheidungsbereichen[81]. Jedoch ist der vom Verfasser unternommene Versuch, diese Systematisierung zu präzisieren, gescheitert, weil interkategoriale Vergleiche (*Becker/ Schütte* nennen hier beispielhaft handelssystemübergreifende Betriebsvergleiche und Konkurrenzanalysen[82]) auch zyklisch erfolgen können. Ferner werden Maßnahmen der Sonderangebots- und Werbepolitik - ohne jede weitere Begründung - als Ereignisse[83] interpretiert, deren Wirkungen demzufolge ereignisbezogen und somit nicht-zyklisch ausgewertet werden sollen. Dies widerspricht nicht nur der gängigen Verfahrenspraxis, sondern blendet auch den Aspekt einer permanenten Informationsgenerierung, die sich im Grunde immer auf „Ereignisse" bezieht,

75 Vgl. für eine systematische Kennzeichnung von Anforderungen an die Zielplanung: Hartmann: Marketingplanung, S. 330 f.

76 Möhlenbruch; Meier: Handelscontrolling, S. 319; Voßschulte; Baumgärtner: Controlling im Handel, S. 259.

77 Barth: Betriebswirtschaftslehre, S. 345.

78 Beispielsweise Ergebnis-, Kosten- und Umsatzziele.

79 So können beispielsweise das Image und der Bekanntheitsgrad als qualitative Partialziele auf Vertriebslinienebene genannt werden.

80 Vgl. für eine übersichtliche Darstellung der vertikalen Ableitung von filial- und abteilungsspezifischen Zielvorgaben: Hartmann: Marketingplanung, S. 338.

81 Becker; Schütte: Handelsinformationssysteme, S. 405 ff.

82 Becker; Schütte: Handelsinformationssysteme, S. 408.

83 Die Autoren nennen es wörtlich „Ereignisbezogene Auswertungsrechnung". Becker; Schütte: Handelsinformationssysteme, S. 407.

gänzlich aus. Mithin ist dieser Ansatz nicht nur zu wenig trennscharf, sondern irreführend und daher ungeeignet.

Vielmehr sollte für eine aufgabenorientierte Dekomposition der Informationslogistik auf die Komponenten eines integrierten Controllingsystems im Handel zurückgegriffen werden, welche nachfolgende Abbildung zeigt[84].

Abb. 25: Integriertes Controllingsystem im Handel

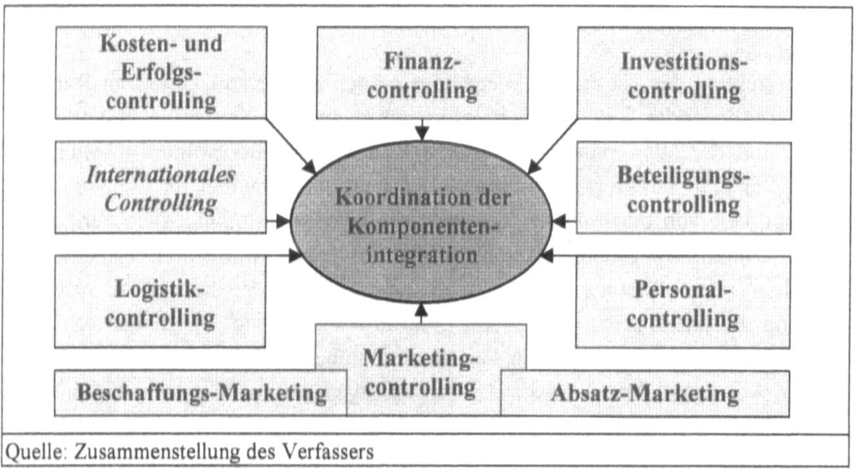


Quelle: Zusammenstellung des Verfassers

Die Aufgabengebiete Marketing, Logistik und Personal wurden im Phasenschema der Informationsgenerierung und -verwendung bereits exemplarisch genannt. Die übrigen Komponenten lassen sich analog zuordnen. Ob dabei Entscheidungen auf Struktur- oder Programmebene getroffen werden müssen, hängt von der Art der Aufgabenstellung ab. Grundsätzlich sind für jede Komponente beide Ebenen relevant. So sind insbesondere Standort, Betriebsform/-typ, Umsatzverfahren und Warenkreis auch als strukturpolitische Determinanten des Marketing und der Logistik zu verstehen. Allerdings wurde bereits darauf hingewiesen, daß derartige Trennungen kontraproduktive Konflikte auslösen können[85]. Insofern sind Abgren-

84 Eine ähnliche Unterteilung wählt *Baumgärtner*, der allerdings die interne Dimension des Betriebsvergleichs (Filialbenchmarking) und den internationalen Aspekt nicht berücksichtigt. Darüber hinaus weist er Marketing- und Beschaffungscontrolling als separate Bereiche aus, wodurch der Dualität des Handelsmarketing nur unzureichend Rechnung getragen wird. Baumgärtner: Bausteine, S. 206.

85 Vgl. hierzu Gliederungspunkt 2. dieses Kapitels.

zungsbemühungen, die letztlich auf die Wirkungsdauer von Entscheidungen abstellen, immer kritisch zu hinterfragen[86]. Aus diesem Grund wird auf weitere Unterteilungen dieser Art verzichtet.

Insgesamt ist durch die Verknüpfung der objekt-, phasen- und aufgabenorientierten Dekomposition ein Handlungsrahmen zur Beurteilung der Nutzenpotentiale integrierter HIS geschaffen worden. Dieser ist durch das hinterlegte Phasenschema als flexibel und dynamisch zu begreifen, weil Planungsstufen und Begleitprozesse (Koordination und Steuerung) iterativ[87] und zirkulierend durchlaufen werden.

Möglichkeiten zur Verbesserung der Entscheidungsqualität bieten sich in erster Linie innerhalb der aufgezeigten Bereiche (respektive Komponenten) der Struktur- und Programmpolitik. Um diese detailliert herausarbeiten zu können, werden in einem nächsten Schritt die dort für eine Willensdurchsetzung relevanten Entscheidungsparameter identifiziert.

## 3.3 Entscheidungsparameterorientierte Dekomposition

Die Bestandteile der für Entscheidungen benötigten Informationen sind in den unterschiedlichen Phasen des betrieblichen Entscheidungsprozesses und besonders in den einzelnen funktionalen Teilbereichen höchst unterschiedlich. Einerseits kann zwischen vergangenheits-, gegenwarts- sowie zukunftsbezogenen Daten differenziert werden, die im Rahmen der Analyse- und Prognosephase gewonnen werden. Andererseits ist eine Zweiteilung zwischen formatierten (primär[88] quantitativen) und nichtformatierten (primär qualitativen) Daten möglich, wobei der Bedarf an letztgenannten mit der Fristigkeit des Planungsproblems zunimmt[89].

---

86 Beispielsweise erscheint eine Trennung zwischen den Entscheidungsbereichen Logistikcontrolling und Strategischer Logistikplanung in hiesigem Kontext wenig sinnvoll. Vgl. zu einer solchen Vorgehensweise: Becker; Schütte: Handelsinformationssysteme, S. 407.

87 Hierbei sind nicht nur Vor- und Rückkoppelungen zu konstatieren, sondern auch Phasenauslassungen, die in obiger Abbildung bei der Prognosephase bereits graphisch angedeutet wurden.

88 Das Attribut „primär“ besagt auch hier, daß eine klare Abgrenzung dieser beiden Bereiche weder möglich noch sinnvoll ist.

89 Vgl. zu dieser Trennung formatierter und nichtformatierter Daten: Biethahn: Informationsmanagement, S. 13. Als Umkehrschluß ist *Ahlerts* Äußerung zu verstehen, daß Kennzahlen

Mithin sind primär qualitative Informationen besonders bei der Lösung strategisch ausgerichteter Aufgabenstellungen relevant. Diese ergeben sich besonders bei (konstitutiven) Strukturplanungen, für die in der Regel nicht zyklisch, sondern nur fallweise ein Informationsbedarf anfällt. Als Beispiele qualitativer Informationen können die zum Teil im Rahmen der Zielplanung bereits angesprochenen Parameter Kundenzufriedenheit, Kaufmotiv, Image und Einstellung genannt werden[90]. Diese an Bedeutung kaum zu unterschätzenden Kenngrößen werden später bei einer Betrachtung der „Kundenebene" erneut aufgegriffen.

In der Handelspraxis stehen primär quantitative Daten als Vorsteuergrößen für ökonomischen Erfolg im Vordergrund, was sich insbesondere mit den vergleichsweise hohen Kosten einer Gewinnung psychographischer Variablen begründen läßt[91]. Die Aufbereitung und Verdichtung primär quantitativer (formatierter) Daten mündet in der Bildung von Kennzahlen im weitesten Sinne. Sie sind eine spezifische Form von Information und vermitteln quantitativ erfaßbare, metrisch skalierte Strukturen und/oder Prozesse in konzentrierter Form[92]. Ihr Aussagewert wird begrenzt durch Qualität und Umfang der ihnen zugrunde liegenden internen und externen Basisdaten. Grundsätzlich kann zwischen Absolut-[93] und Verhältniskennzahlen differenziert werden. Bei letztgenannten, die sich in Index-, Beziehungs- und Gliederungszahlen differenzieren lassen, sind zwar alle Eingangsgrößen miteinander kombinierbar, jedoch führt nur ein sinnvoller sachlicher Bezug zu einer logischen Information.

Kennzahlen setzen sich aus zwei Teilen zusammen, dem Schlüssel und dem Wert. Als gedanklicher Hintergrund ihres Zustandekommens legt der Schlüssel die Zugriffskriterien auf den zu ermittelnden Wert fest. Dabei steht eine Messung und Bewertung ausgewählter Bezugsobjekte stets im Mittelpunkt.

---

in erster Linie im operativen Handelscontrolling eingesetzt werden. Ahlert: Warenwirtschaftsmanagement, S. 94 f.; Ahlert: Handelsinformationssysteme, S. 44.

90 Möhlenbruch; Meier: Komponenten, S. 70.

91 Vgl. zur Dominanz formatierter Daten im Handelscontrolling: Möhlenbruch; Meier: Handelscontrolling, S. 322.

92 Vgl. hierzu: Reichmann: Controlling, S. 19 f. und die dort angegebene Literatur.

93 Absolutkennzahlen können in Form von Summen, Differenzen und arithmetischen oder gewogenen Mittelwerten vorliegen.

Abb. 26: Kriterien für die Bildung von Kennzahlen im Handel und Beispiele

| Kriterien | Beispiele |
|---|---|
| Informationsobjekt | Umsatz, Absatz, Umschlag, Deckungsbeitrag |
| Objektbereich | Einsatzfaktoren, Interne Ebenen, Umfeldfaktoren |
| Bezugsobjekt | Ware, Personal, Raum, Vertriebslinie, Kunde, Auftrag |
| Aggregationsebene des Bezugsobjektes | Artikel ,Mitarbeiter, Team, Filiale, Kundencluster |
| Meßeinheit | DM, Euro, Anzahl, Stück |
| Zeitraum | Jahr, Saison, Quartal, Monat, Woche, Tag, Stunde |
| Wertetyp | Ist, Plan, Plan-Ist-Vergleich, Abweichung, Trend (Hochrechnung u. Prognose), Simulation |

Quelle: Zusammenstellung des Verfassers

Aus oben genannten Kriterien entsteht ein mehrdimensionaler Entscheidungsraum, in dem für eine Bildung von Kennzahlen nur bestimmte Kombinationen sinnvoll sind. Logische Schlüssel entstehen beispielsweise durch die Verknüpfung folgender Parameter.

Abb. 27: Beispiele für Pfade logischer Schlüssel handelsbetrieblicher Kennzahlen

| Informations-objekt | Disaggregiertes Bezugsobjekt I | Disaggregiertes Bezugsobjekt II | Meß-einheit | Zeit-raum | Wertetyp |
|---|---|---|---|---|---|
| Deckungs-beitrag | *Einsatzfaktoren*→ *Ware* → Warenbereich X | Interne Ebenen → Betriebe → Filiale Y | Euro | zweites Quartal 2000 | Plan |

| Informations-objekt | Disaggregiertes Bezugsobjekt I | Disaggregiertes Bezugsobjekt II | Meß-einheit | Zeit-raum | Wertetyp |
|---|---|---|---|---|---|
| Umsatz | *Umfeldfaktoren*→ *Kunden*→ Kundencluster X | Interne Ebenen → Regionen → Raum Düsseldorf | Euro | August 1998 | Plan-Ist-Vergleich |

Quelle: Zusammenstellung des Verfassers

Der logische Schlüssel definiert den Pfad zum zweiten Teil der Kennzahl, dem Wert. Mithin gibt der Wert Auskunft über „Erfolg/Mißerfolg“ eines durch den Schlüssel formulierten Sachverhaltes, wenn ein Vergleichsmaßstab (z.B. durch Vergangenheitsdaten, Soll-Vorgaben oder Betriebsvergleiche) vorliegt.

Bei der Zusammenführung und Verdichtung von Daten aus unterschiedlichen Funktionen/Bereichen (z.B. Personal, Kostenrechnung, Vertrieb) muß ein einheitlicher logischer Schlüssel zugrunde liegen. Sonst kann beispielsweise eine nicht trennscharfe, an Warengruppen orientierte Definition von Kostenstellen zu einer Doppelerfassung von Kosten in den Bereichen „Hartwaren“ und „Lebensmittel“ führen[94]. Solche durch Überschneidungen auftretende Unschärfen treten auch bei einem Vergleich der „über alle Artikelgruppen summierten Umsätze“ und dem (realen) „Umsatz insgesamt“ auf, weil laut Datenmodell einige Artikel keiner, andere dagegen mehreren Artikelgruppen zugeordnet sein können[95]. Dies führt zu der dringenden Forderung nach einer exakten Modellierung der Datenstruktur unter Aufsicht des Chefredakteurs bzw. CIO[96].

Die enorme Vielfalt von Kombinationsmöglichkeiten erschwert eine Klassifizierung von Kennzahlen (Auskunftsbereichen). *Ahlert* beispielsweise unterscheidet Flächen-, Personal-, Kunden-, Finanz- und weitere Kennzahlen; letztere werden von ihm nicht benannt, die übrigen in nur wenigen Beispielen konkretisiert[97]. Die *SAP AG* hingegen spricht von Logistik-, Finanz-, Personal- und (wörtlich:) „X“-IS für „detaillierte fachliche Sichten“ bzw. „operatives Controlling“[98].

Ein weiteres Problem ergibt sich dadurch, daß es bei der Interpretation konkreter Kennzahlen nicht selten dem Betrachter überlassen bleibt, die einzelnen Komponenten des Schlüssels zu erraten, weil nur bei wenigen Begriffen die terminologische Bedeutung hinreichend geklärt ist. Dies führt insbesondere bei Literaturauswertungen zu Verständnisschwierigkeiten. Kreationsmöglichkeiten für wohlklingende, aber oft nicht eindeutige Kombinationsmöglichkeiten liefert Abbildung 28.

---

94 o.V.: Auf solider Basis, S. 16.

95 o.V.: Auf solider Basis, S. 18.

96 Vgl. zu dieser Feststellung auch: Grolimund: Managementinformationssystem, S. 72.

97 Ahlert: Warenwirtschaftsmanagement, S. 79 und 93. Daß *Ahlert* nur Teilbereiche in Form von Partialdarstellungen untersucht, kritisieren auch: Möhlenbruch; Meier: Controllingsystem für den Einzelhandel, S. 21.

98 SAP: Information Warehouse, S. 3.

Abb. 28: „Kreative" Begriffspaarungen als Quelle unscharfer Terminologie

| Beispiele für alternative Begriffsanfänge | | Beispiele für alternative Begriffsendungen | |
|---|---|---|---|
| Absatz- | Plan- | -analyse | -geschwindigkeit |
| Abteilungs- | Plazierungs- | -anteil | -grad |
| Aktions- | Preis- | -auswertung | -häufigkeit |
| Artikel- | Preislagen- | -beitrag | -kosten |
| Beschaffungs- | Regal- | -deckungsbeitrag | -kraft |
| Distributions- | Service- | -diagnose | -planung |
| Filial- | Sortiments- | -effekte | -potential |
| Flächen- | Standort- | -effektivität | -produktivität |
| Größen- | Transport- | -effizienz | -prognose |
| Ladungsträger- | Trend- | -einsatz | -rechnung |
| Lager- | Verbund- | -entscheidung | -rentabilität |
| Logistik- | Warengruppen- | -entwicklung | -statistik |
| Markt- | Werbe- | -erlös | -überwachung |
| Personal- | Werbewirkungs- | -finanzierung | -wertigkeit |

Quelle: Zusammenstellung des Verfassers

Soll auch unternehmungsintern Stringenz bei der Verwendung von Fachbegriffen gewährleistet sein, ist also eine zentrale Vorgabe durch den Chefredakteur unerläßlich. Dieser hinterlegt die logischen Schlüssel einzelner Kennzahlen in einem Bibliothekssystem (Meta-IS), damit Redakteuren und Managern deren Zustandekommen (Bestandteile), Kombinierbarkeit und Verhalten im Zeitablauf (ggf. durch Veränderung einzelner Schlüsselkomponenten) ersichtlich wird. Dadurch kann vermieden werden, daß es zu Verständigungsproblemen kommt, wie es in der Handelspraxis nicht selten bei den Kennzahlen Bestandswert, Lagerreichweite, Logistikkostenanteil, Lieferantendeckungsbeitrag oder Aktionserfolg der Fall ist[99]. Dieselbe Vorgehensweise empfiehlt sich auch beim Einsatz solcher Kennzahlen, bei denen das Erreichen strukturpolitischer Zielsetzungen im Vordergrund steht[100]. Darüber hinaus sollte in Interorganisationssystemen darauf geachtet werden, daß die einzelnen Meta-IS eine Harmonisierung erfahren und aufeinander abgestimmt werden.

99 o.V.: Auf solider Basis, S. 16.
100 Vgl. hierzu auch: Schröder: Durchblick, S. 18.

Die Gefahr der Fehlinterpretation isoliert generierter Kennzahlen läßt sich durch den Einsatz widerspruchsfreier Kennzahlensysteme mildern. Häufig ist man durch sie erst in der Lage, komplexe Bedingungslagen hinreichend abbilden und Relationen zwischen Bezugsobjekten aufzeigen zu können.

Für den Aufbau eines handelsbetrieblichen Kennzahlensystems müssen die aus den operativen Systemen übernommenen Daten in einem gesamtunternehmungsbezogenen integrierten Controllingsystem, wie es oben kurz vorgestellt wurde, zusammengeführt werden[101]. Dem Investitions- sowie dem Kosten- und Erfolgscontrolling kommen hierbei eine besondere Bedeutung zu, weil die dort im Mittelpunkt stehenden Auswertungsrechnungen sowohl Analysen als auch Prognosen von Kosten-, Leistungs- und Erfolgsauswirkungen von Maßnahmen auf Struktur- und Programmpolitikebene ermöglichen. Deshalb treten Beteiligungs-, Finanz- und *Internationales Controlling*[102] in den Hintergrund. Auf die erneute Darstellung von Koordinations- und Steuerungstechniken beim physischen Logistikmanagement kann verzichtet werden, weil diese im ersten Kapitel der Arbeit bereits umfassend dargestellt wurden. Die dort aufgezeigten Logistik-Methoden finden ihren Niederschlag in Umschlaggeschwindigkeiten und Prozeßkostensätzen etc., die ebenfalls in ein Ergebniscontrolling einfließen. Dieses hat als integrative Komponente des oben dargestellten Controllingsystems die systematische ganzheitliche Planung, Koordination und Steuerung von Leistungsergebnissen zur Hauptaufgabe.

### 3.3.1 Aktionsparameter rentabilitätsorientierter Informationslogistik

Als Spitzenkennzahl einer retrograden Gewinnplanung kann der im Zusammenhang mit der Zielplanung bereits angesprochene ROI in diverse Steuerungsgrößen für handelsbetriebliche Entscheidungsprozesse transformiert werden. Innerhalb dieses von *Barth* für die Belange einer Handelsunternehmung transformierten[103]

101 Vgl. hierzu auch: Reichmann: Logistik-Controlling, S. 108.

102 Das Internationale Controlling trägt den wesentlich größeren Chancen und Risiken des internationalen Geschäfts Rechnung. Die Aufgabenstellungen sind zwar generell ableitbar, werden jedoch erheblich komplexer und verlangen die Verknüpfung länderspezifischer Informationssubsysteme, insbesondere der Marketing- und Logistikcontrollingsysteme, mit zentralen Führungssystemen. Barth; Möhlenbruch: Controlling, S. 235 f. Des weiteren ist die Planung, Koordination und Steuerung lediglich länderspezifisch integrierter Controllingsysteme („Meta-Controlling") erforderlich.

103 Vgl. hierzu: Barth: Betriebswirtschaftslehre, S. 348 ff.

hierarchischen Kennzahlensystems wird für den Ausweis von Rentabilitätsindikatoren als Ausgangspunkt die Artikelrentabilität gewählt; und zwar deshalb, weil das Kernproblem der Kostenrechnung im Handel darin besteht, daß der überwiegende Teil der Handlungskosten (Betriebs- ./. Warenkosten) „Fixkosten bzw. in bezug auf die Artikel Gemeinkosten“[104] darstellt, wodurch Kostentransparenz weitgehend fehlt.

Die artikelspezifische Ergebnisrechnung bzw. die Artikelrentabilität wird von folgenden Faktoren maßgeblich beeinflußt[105]:
(1) Handelsspanne
(2) Umschlaghäufigkeit und durchschnittlicher Lagerbestand
(3) direkt zurechenbare Kosten

Ad (1):
Artikelspannen basieren auf zwei Arten von Einflußgrößen[106]:
(a) Kostenorientierte Einflußgrößen:
Handlungskostenaufschlag[107], Gewinnaufschlag, Möglichkeiten der Spannenkalkulation und -kompensation sowie der Umschlaghäufigkeit des Artikels[108].
(b) Marktorientierte Einflußgrößen:
Wettbewerbsverhältnisse, insbesondere Beschaffungsmarktsituation, Absatzförderungsmaßnahmen Dritter sowie der Preiselastizität der Nachfrage.

Die Handelsspanne bzw. die Ertragskraft einzelner Artikel läßt sich auf zwei Arten definieren, nämlich (a) absolut als Betragsspanne und (b) prozentual als Aufschlag- oder Abschlagspanne[109]:

| Netto-Umsatz<br>./.<br>Artikel-Netto-<br>Einstandskosten | Artikel-Netto<br>Einstandskosten<br>x<br>Aufschlagspanne | Netto-<br>Verkaufspreis<br>x<br>Abschlagspanne |
|---|---|---|
| **= Handelsspanne = Deckungsbeitrag I = Bruttoertrag** | | |

104 Zentes; Exner; Braune-Krickau: Warenwirtschaftssysteme, S. 125.
105 Mellerowicz: Handelsspanne, S. 37 ff.
106 Barth: Betriebswirtschaftslehre, S. 382.
107 Kalkulatorische Kosten der übernommenen Handelsfunktionen bzw. der Handelsleistung.
108 Vgl. hierzu auch den zweiten der oben genannten drei Hauptfaktoren.
109 Vgl. hierzu auch: Möhlenbruch: Sortimentspolitik, S. 280.

Ad (2):
Die Umschlaghäufigkeit, -geschwindigkeit bzw. -leistung gibt Auskunft darüber, wie oft Sortimentsteile (z.B. ein Artikel) (a) in einem bestimmten Zeitraum (b) bestimmte Ebenen (z.B. Zentrallager, Verkaufsregal) oder das gesamte Handelssystems passiert haben.

Umschlaggeschwindigkeit ist negativ korreliert mit Zinskosten auf Bestände und das in Lagereinrichtungen gebundene Kapital, mit Abschreibungen auf Lagereinrichtungen sowie Energie- und Versicherungskosten. Die aus Verlust, Schwund bzw. Verderb und Preisabschriften bei veralteten Beständen resultierenden Kosten lassen sich durch höheren Umschlag ebenfalls verringern[110]. Es liegt somit auf der Hand, daß bei zunehmender Umschlaghäufigkeit der in einer gleichbleibenden Handelsspanne enthaltene Gewinnanteil (Gewinnspanne) steigt, wenn dadurch ausgelöste Kostenverschiebungen, insbesondere solche warenspezifischer Logistik-Einzelkosten, unberücksichtigt bleiben[111].

| Umsatz pro Zeiteinheit zu Einkaufspreisen<br>------------------------------------------------<br>durchschnittlichen Warenbestand |
|---|
| = Umschlaghäufigkeit |

Das Berechnungsschema verdeutlicht, daß der durchschnittliche Waren- bzw. Lagerbestand als integrativer Bestandteil der Umschlaghäufigkeit Auskunft über die Vorratshaltung bei bestimmten Sortimentsteilen (a) für einen bestimmten Zeitraum (b) auf bestimmten Ebenen des Handelssystems gibt. Die Qualität des im Zähler ausgewiesenen „Umsatzes pro Zeiteinheit zu Einkaufspreisen" läßt sich dadurch verbessern, daß nicht - wie allgemein üblich - mit Durchschnitts- bzw. Mischpreisen gerechnet wird, „sondern pro Artikel (..) unterschiedliche Einkaufs-Preise verwaltet und nach dem FiFo- (First In, First Out) Prinzip"[112] verrechnet werden. Die durch eine Verringerung des durchschnittlichen Lagerbestandes erschließbaren Ökonomisierungspotentiale wurden bereits im ersten Kapitel der Arbeit umfassend aufgezeigt.

110 Möhlenbruch: Sortimentspolitik, S. 282.
111 Möhlenbruch: Sortimentspolitik, S. 282.
112 Dadurch liefern sämtliche den Einkaufspreis als Verrechnungsgröße beinhaltenden Kennzahlen genauere Werte als bei der Ermittlung durch Mischpreise. Ferner kann auch die Bewertung der Verkäufe so erfolgen, „als ob die Artikel in der Reihenfolge ihres Wareneingangs verkauft würden". Schmidhäusler: POS, S. 76.

Sind Handelspanne und Umschlaghäufigkeit - also auch der durchschnittliche Warenbestand - bekannt, läßt sich anhand dieser Indikatoren die Brutto-Rentabilität sowie die Kompensationskraft ermitteln. Die Brutto-Rentabilität ist ein Rentabilitätsmaß sowie ein Selektionskriterium für Substitutionsartikel und kann im Rahmen der Kompensationskalkulation, die im Rahmen des Sortimentscontrolling behandelt wird, auch für Prüfzwecke eingesetzt werden[113].

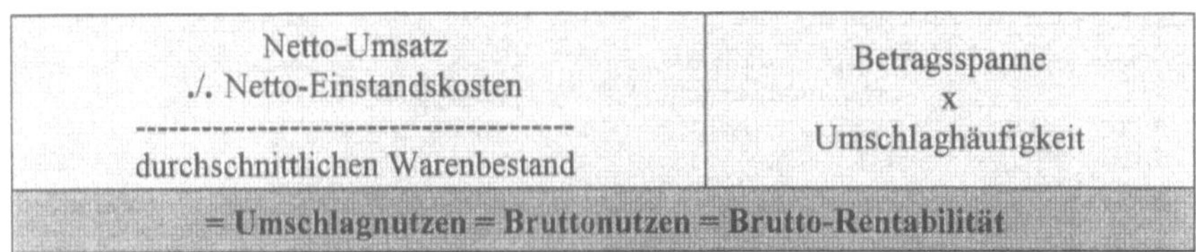


Ad (3):
Bisher unberücksichtigte, direkt oder nur indirekt zurechenbare Kosten sind Kapazitätsbeanspruchungs- und Bewegungskosten. Die Verrechnung entsprechender (summierter) Kostengrößen mit der Handelsspanne ermöglicht den Ausweis des Nettoerfolges, welcher „innerhalb einer definierten Periode zur Abdeckung der bislang noch ungedeckten Kosten sowie des Gewinns erwirtschaftet“[114] wurde.

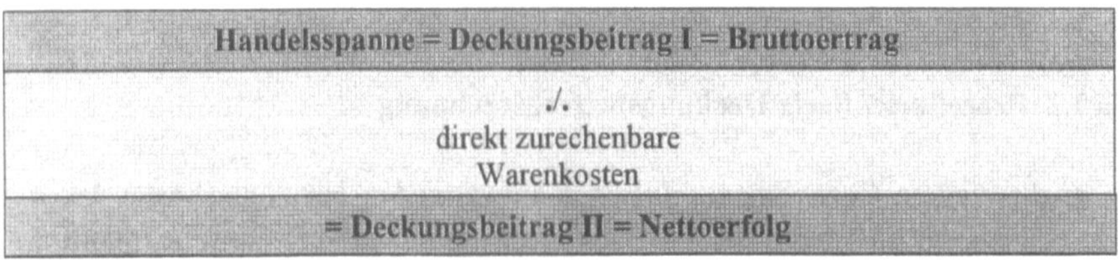


Von besonderer Bedeutung für absatzwirtschaftliche Dispositionen ist der spezifische Deckungsbeitrag je in Anspruch genommener Einheit von Engpaßfaktoren[115]. Solche knappen Ressourcen können begrenzte Verkaufsflächen, eine begrenzte Anzahl verfügbarer Personaleinsatzstunden oder das im Warenbestand gebundene Kapital sein. Mithin lassen sich relative Deckungsbeiträge je Engpaßeinheit (z.B. Quadratmeter, Personaleinsatzstunde, durchschnittlicher Warenbe-

---

113 Barth: Betriebswirtschaftslehre, S. 384 f.; Barth: Rentable Sortimente, S. 69.
114 Barth: Rentable Sortimente, S. 73.
115 Riebel: Deckungsbeitragsrechnung, S. 195.

stand[116]) ermitteln, die dann als Verkaufsflächen-, Personalleistungsproduktivität oder Lagerleistung[117] bezeichnet werden[118]:

$$\frac{\text{Deckungsbeitrag II (= Nettoerfolg)}}{\text{Quadratmeter}} \times 100$$

**= Verkaufsflächen-Produktivität**

$$\frac{\text{Deckungsbeitrag II (= Nettoerfolg)}}{\text{Personaleinsatzstunden}} \times 100$$

**= Personalleistungs-Produktivität**

$$\frac{\text{Deckungsbeitrag II (= Nettoerfolg)}}{\text{durchschnittlichen Warenbestand}} \times 100$$

**= Lagerleistung = Nettonutzen = Netto-Rentabilität**

Diese Kennzahlen werden im Rahmen der dezidierten Untersuchung programmpolitischer Entscheidungen wieder aufgegriffen.

### 3.3.2 Prozeßorientierte Deckungsbeitragsrechnung

Um die starken Gemeinkostencharakter aufweisenden Handlungskosten bei auf dem Nettoerfolg basierenden Analysen nicht mit einem (z.B. umsatzproportionalen) pauschalen Prozentsatz einrechnen zu müssen, sondern weitgehend verursachungsgerecht verteilen zu können, gelangen verschiedene Verfahren[119] zum Einsatz. Zwei von diesen weisen eine besondere praktische Relevanz auf:

---

116 „Die Kapitalbindung einer Warenart kommt in ihrem durchschnittlichen wertmäßigen Lagerbestand zum Ausdruck". Gritzmann: Kennzahlensysteme, S. 148.

117 Die Lagerleistung wird auch als Netto-Rentabilität bezeichnet. Vgl. hierzu: Barth: Betriebswirtschaftslehre, S. 388.

118 Vgl. hierzu auch: Barth: Rentable Sortimente, S. 73 ff.; Gritzmann: Kennzahlensysteme, S. 146 ff.

119 Die Teilkostenrechnung auf Grenzkostenbasis sowie die Fixkostendeckungsrechnung werden in dieser Arbeit nicht behandelt.

(1) die Deckungsbeitragsrechnung auf Basis relativer Einzelkosten sowie
(2) die Prozeßkostenrechnung, die sich auch als Ausbaustufe der artikelorientierten Methode der Direkten Produkt-Profitabilität (DPP) interpretieren läßt[120].

Die Deckungsbeitragsrechnung auf Basis relativer Einzelkosten ist eine Verrechnungsmethode der Teilkostenrechnung mit der Aufgabe des segmentspezifischen (z.B. Artikelgruppen, Profit-Center[121]) Ausweises von Ergebnisbeiträgen. Durch dieses Verfahren des Kostenmanagement werden somit bestimmte Bezugsobjekte (z.B. Kunden, Aufträge)[122] bzw. Bezugsobjektgruppen (z.B. betriebliche Segmente) als Kostenträger(-gruppen) auf unterschiedlichen Aggregationsniveaus (Stufen) mit Hilfe geeigneter Indikatoren (vgl. hierzu auch den Begriff „Meßeinheit" in Abbildung 26) bewertet. Auf eine Schlüsselung von Gemeinkosten wird dabei verzichtet.

Der Aufbau einer durch IS gestützten Deckungsbeitragsrechnung läßt sich wie folgt kennzeichnen[123]: Im Rechnungswesen werden Ist-Daten aus den Anwendungen Debitoren/Kreditoren, Betriebs- und Finanzbuchhaltung sowie Budgetierung miteinander verknüpft und redundanzfrei zentral im DW hinterlegt. Plan-Daten werden dort von der Finanzplanung eingespielt. Ein Terminplan steuert dabei Fristen der Datenabgabe für unterschiedliche Funktionsbereiche, in denen Umsätze, Wareneinstandskosten, Investitions- und Finanzzahlen sowie „allgemeine" Kostendaten ermittelt werden. Auf dieser Grundlage lassen sich unterschiedliche Deckungsbeiträge ermitteln, bei denen nicht direkt zurechenbare Kostenträgergemeinkosten erst auf übergeordneten Aggregationsebenen (Artikelgruppen-, Abteilungs-, Filial-, Vertriebslinienebene) verursachungsgerecht verrechnet werden.

---

120 Das DPP-Konzept und die Prozeßkostenrechnung bzw. das Activity Based Costing wurden bereits als Instrumente zur Beurteilung einzelner Efficient Replenishment-Komponenten kurz vorgestellt. Vgl. Gliederungspunkt 5.3.3.5 des ersten Kapitels.

121 Beispielsweise sind bei der Firma *Tengelmann* die unterschiedlichen Vertriebsschienen (z.B. *Kaisers* und *Plus*) als Profit Center organisiert, die durch ein dem Konzerncontrolling untergeordneten Spartencontrolling gesteuert werden, in welchem insbesondere Verrechnungspreissysteme integriert sind.

122 Werden für diese beiden absatzorientierten Bezugsobjekt-Beispiele segmentbezogene Erfolgsgrößen ermittelt, wird auch von „Absatzsegmentrechnung" gesprochen, die *Gegenmantel* als OLAP-gestützte Deckungsbeitragsrechnung auf Basis relativer Einzelkosten konzipiert. Gegenmantel: Absatzsegmentrechnung, S. 174 ff.

123 Vgl. hierzu auch: Grolimund: Managementinformationssystem, S. 72.

Abb. 29: Deckungsbeitragsrechnung auf Basis relativer Einzelkosten am Beispiel der Bezugsobjektgruppe „betriebliche Segmente“

| **Netto-Umsatzerlöse** |
|---|
| ./. Netto-Einstandskosten |
| **= Deckungsbeitrag I (DB I) = Artikel-Bruttoertrag bzw. -Handelsspanne** |
| ./. direkt zurechenbare Artikelkosten |
| **= Deckungsbeitrag II (DB II) = Artikel-Nettoerfolg** |
| ./. direkt zurechenbare Artikelgruppenkosten |
| **= Deckungsbeitrag III (DB III) = Artikelgruppendeckungsbeitrag** |
| ./. direkt zurechenbare Abteilungskosten |
| **= Deckungsbeitrag IV (DB IV) = Abteilungsdeckungsbeitrag** |
| ./. direkt zurechenbare Filialkosten |
| **= Deckungsbeitrag V (DB V) = Filialdeckungsbeitrag** |
| ./. direkt zurechenbare Vertriebslinienkosten |
| **= Deckungsbeitrag VI (DB VI) = Vertriebsliniendeckungsbeitrag** |
| ./. direkt zurechenbare Unternehmungskosten |
| **= Deckungsbeitrag VII (DB VII) = Ergebnisbeitrag der Unternehmung** |

Quelle: Zusammenstellung des Verfassers

Diese Methode des entscheidungsorientierten Rechnungswesens hat sich zwar im Handel bereits vor Jahrzehnten als leistungsfähig und praktikabel erwiesen[124]; ein wesentlicher Kritikpunkt[125] an dieser „klassischen“ Stufenweisen Deckungsbeitragsrechnung ist jedoch die stark segmentorientierte Kostenträgerdefinition, die das Problem der artikelgenauen Zurechnung von Gemeinkosten nicht löst[126].

*Riebel* bezeichnet den Deckungsbeitrag als „die Differenz zwischen dem Erlös und bestimmten Kosten“[127], mithin sind die zu berücksichtigenden Kostenarten nicht ex definitione fixiert. Zwar wurden bei der Berechnung des Nettoerfolges (DB II) direkt zurechenbare Warenkosten vom Bruttoertrag (DB I) subtrahiert, jedoch blieb bisher unklar, was direkt zurechenbare Warenkosten sind und auf

124 Vgl. hierzu exemplarisch: Küper: Kostenrechnung, S. 376 ff.

125 Als weitere Kritikpunkte an der Deckungsbeitragsrechnung nennen *Barth/Möhlenbruch* die evtl. ungerechtfertigte Periodenabgrenzung und den fehlenden Bezug zu Marktstrategien. Barth; Möhlenbruch: Controlling, S. 230.

126 Schröder: Kosten- und Leistungsrechnung, S. 333.

127 Riebel: Einzelkosten, S. 225.

welchen Aggregationsebenen deren Komplement (nur indirekt zurechenbare Warenkosten) wie verteilt werden kann.

Zurechenbare Warenkosten sind Prozeßkosten im weiteren Sinne. Mithin sind der Stufenweisen Deckungsbeitragsrechnung Prozeßkosten inhärent[128]. Für die Ermittlung von Prozeßkosten ist eine andere Betrachtungsrichtung einzunehmen, bei der nämlich die Handelsleistung so interpretiert wird, daß fremderstellte Sachleistungen in einem Netz wertschöpfender Haupt- und Teilprozesse mit eigenerstellten Dienstleistungen umhüllt werden. Da aber derartige Prozeßleistungen im Grunde erst durch Nachfrage einen Wert erhalten, verfolgt die Prozeßkostenrechnung das Ziel, Qualitäten interner Leistungsbündel bzw. Beiträge indirekter Leistungsbereiche im Rahmen eines Verrechnungspreissystems transparent zu machen[129]. Dabei können die entsprechenden Verrechnungspreise entweder durch die Prozeßverantwortlichen ausgehandelt oder auf der Basis von Zielkosten festgelegt werden. In beiden Fällen verlangt dieses aktivitätenorientierte Kostenrechnungsverfahren eine umfassende IS-Unterstützung, weil nicht nur prozeßorientierte Kalkulationsobjektkombinationen simuliert und bewertet, sondern einzelne Teilprozesse auch gesteuert und auf höherer Ebene koordiniert werden müssen[130].

Für die angesprochene Bewertung werden Hauptprozesse (z.B. Einkauf, Logistik, Verkauf) in Teilprozesse (bei der Logistik beispielsweise: Wareneingang/Lager, Lagerung, Kommissionierung, Warenausgang, Transport, Wareneingang/Filiale, Regalbestückung) zerlegt. Anschließend wird ermittelt, welche Einsatzfaktoren (Personal, Raum, Betriebsmittel) in Abhängigkeit vom Volumen der Prozeßleistung in welcher Menge benötigt werden und welche Kosten sie verursachen[131]. Um so stärker dabei der prozeßübergreifende Kostenverbund ist, desto aufwendiger (und anfechtbarer) werden die Kostenschlüsselungen.

Bereits an oben gewähltem Logistikbeispiel ist zu erkennen, daß den Kern einer solchen prozeßorientierten Kostenrechnung die Logistikkostenträgerrechnung bildet[132]. Weil bei dieser eine Erfassung aller pro Artikel abgegebenen Leistungs-

128 Vgl. hierzu auch: Rokohl: Prozeßorientiertes Kostenmanagement, S. 165 und 168.

129 Battenfeld: Prozeßorientierte Kostenrechnung, S. 246 ff.

130 Battenfeld: Prozeßorientierte Kostenrechnung, S. 250.

131 Battenfeld: Prozeßorientierte Kostenrechnung, S. 115 ff.

132 Diese Feststellung ergibt sich auch per Umkehrschluß aus einem Untersuchungsergebnis von *Rokohl*, die feststellt, daß sich Waren- und Dienstleistungsprozesse im Handel in Phasen einer Vor- und Endkombination zerlegen lassen, jedoch in Filialsystemen „insbeson-

mengen ökonomisch noch[133] nicht sinnvoll ist, „vermag eine nach unterschiedlichen Bezugsgrößen differenzierende Divisionskalkulation zur Ermittlung von (einzelbetrieblichen[134]) Standard-Prozeßkostensätzen die sortimentsspezifischen Ressourcenbeanspruchungen ausreichend exakt zu planen, zu erfassen und transparent abzurechnen“[135]. Bei letztgenanntem Schritt werden die im HIS hinterlegten Standard-Verrechnungspreise mit den durch einzelne (z.B. Artikel) oder mehrere Kostenträger verursachten Kostentreibermengen multipliziert[136].

Werden diese direkt zurechenbaren Warenkosten auf Artikelebene ermittelt, handelt es sich um eine Kostenträgerstückrechnung, die als „artikelbezogene Prozeßkostenrechnung“ inhaltlich dem Aufgabengebiet der DPP-Methode gleicht, welche allerdings Prozeßqualitäten nicht berücksichtigt und auch aus diesem Grund mittlerweile kritisch beurteilt wird[137]. Primärziel beider Verfahren ist der Ausweis direkt zurechenbarer Artikelkosten, die dann unmittelbar in die Nettoerfolgsermittlung (DB II) eingehen[138].

---

dere die Steuerung der Endkombination (..) aufgrund der dazu erforderlichen Kundenanwesenheit Probleme“ verursacht. Rokohl: Prozeßorientiertes Kostenmanagement, S. 313 f.

133 Dies könnte sich durch den Einsatz von Funketiketten ändern, die sowohl artikelspezifische Ruhens- und Bewegungszustände minutiös erfassen, als auch die visualisierte EAN-Codierung ersetzen und somit einen berührungslosen Kassiervorgang ermöglichen. Vgl. hierzu: Barth: Betriebswirtschaftslehre, S. 372. Noch sind solche Funketiketten mit einem Stückpreis von etwa einer DM zu teuer. o.V.: Intelligenter, S. 48.

134 Anmerkung des Verfassers.

135 Warnick: Prozeßorientierte Logistikkostenrechnung, S. 24 f.

136 Mengen von Kostentreibern können sein: Anzahl der Warenstücke, Durchsatzvolumina in $m^3$, Bestandsvolumina in $m^3$, Lagerfläche im Zentrallager in $m^2$, Verkaufsregalfläche in $m^2$, Anzahl rücksortierter Retouren. Warnick: Prozeßorientierte Logistikkostenrechnung, S. 26.

137 Den Prozeßgedanken attestiert auch *Rokohl* der DPP-Methode. Rohkohl: Prozeßorientiertes Kostenmanagement, S. 145. Vgl. für eine Zusammenfassung der Kritikpunkte an der DPP-Methode: Schröder: Kosten- und Leistungsrechnung, S. 351 f.

138 In der Praxis wird bei der DPP-Methode aus informationsökonomischen Gründen häufig mit überbetrieblichen (!) Durchschnittskosten gearbeitet. Schröder: Kosten- und Leistungsrechnung, S. 335; Rohkohl: Prozeßorientiertes Kostenmanagement, S. 147. Diese führen zu massiven Berechnungsfehlern und sind deshalb für eine Wirtschaftlichkeitsmessung und Kostenzurechnung ungeeignet, weil (so ein Controlling-Leiter der *Quelle Schickedanz AG & Co*) „Veränderungen der Sortiments- und Vertriebswegestruktur bedingen Veränderungen der Beanspruchung einzelner Ressourcen, die Sollkosten je Stück verändern sich automatisch mit der Struktur der Leistungsmengen“; und „unterschiedliche Produkteigenschaften (Gewicht, Volumen) und Dispositionsqualitäten der Sortimentsverantwortlichen (Lagerumschlag, Sortimentsbreite) bedingen sehr differenzierte Prozeßbeanspruchungen, so daß die Stückkosten bei unterschiedlichen Artikeln sehr stark voneinander abweichen können“. Warnick: Prozeßorientierte Logistikkostenrechnung, S. 24. Erst wenn sich diese Restriktionen bei der prozeßorientierten Deckungsbeitragsrechnung hinreichend berück-

Lassen sich Kostenarten auf diese Weise einzelnen Artikeln nicht zuteilen, gilt es die Prozeßkosten der nächst höheren Aggregationsebene - in obiger Abbildung der Artikelgruppe - zu eruieren. Bei diesem Schritt wandelt sich die Kostenträgerstück- zur Kostenträgergruppenrechnung, die Ebene der DPP-Methode wird dann in jedem Fall verlassen.

Insgesamt ermöglicht die Prozeßorientierte Stufenweise Deckungsbeitragsrechnung eine höhere (Gemein-)Kostentransparenz, die allerdings insofern eine Durchbrechung des Verursachungsprinzips bewirkt, als daß durch eine Schlüsselung der Kostenblöcke eine Transformation von teils periodenfixen in Leistungseinheitskosten erfolgt[139]. Eine kritische Grenze bei dieser Vorgehensweise wird sicherlich dann überschritten, wenn der unverrechnete Anteil ungedeckter Kosten pro Aggregationsebene (Restkosten), der ex definitione keine direkten Kosten darstellt[140], trotzdem umgelegt wird[141]. Schließt man diese Verfahrenspraxis aus, läßt sich der (reale) Nettoerfolg deshalb als „definitorisch dehnbare" Größe kennzeichnen, weil der Restkostenanteil pro Aggregationsebene bzw. Stufe negativ korreliert ist mit der Qualität der Methoden, welche für die Bestimmung von (Standard-) Prozeßkostensätzen bzw. Verrechnungspreisen eingesetzt werden. In jedem Fall stellen die auf Prozeßkostenbasis ermittelten Deckungsbeiträge deshalb gute Näherungslösungen dar, weil Gemeinkosten weder umsatzproportional noch nach dem Tragfähigkeitsprinzip verrechnet werden, geschweige denn unberücksichtigt bleiben. Trotzdem ist immer darauf zu achten, daß die erzielten Ergebnisse auch entscheidungsrelevant sind. Denn werden beispielsweise in Filialsystemen Prozesse in einzelnen Verkaufsstätten von der Zentrale gesteuert, liegt eine „starre Kostenseite"[142] vor, die eine Spaltung der (Standard-) Prozeßkostensätze „in zurechenbare und (vor Ort[143]) beeinflußbare Bestandteile"[144] sowie einen separaten Ausweis erforderlich macht.

---

sichtigen lassen, kann folgende These von *Tietz* falsifiziert werden: „Für den Handelsbetrieb ist das einzelne Produkt (...) kein geeigneter Kostenträger". Tietz: Handelsbetrieb, S. 1108.

139 Vgl. zu dieser grundsätzlichen Kritik an der Verteilung von Gemeinkosten Gliederungspunkt 5.3.3.5 des ersten Kapitels.

140 Schröder: Kosten- und Leistungsrechnung, S. 337.

141 Dadurch wäre auch eine stufenweise Ergebnisrechnung auf Basis direkt zurechenbarer Prozeßkosten nicht mehr möglich, und das hier vorgestellte Konzept würde ad absurdum geführt.

142 Witt: Handelscontrolling, S. 187.

143 Anmerkung des Verfassers.

144 Rokohl: Prozeßorientiertes Kostenmanagement, S. 167.

## 4. Entscheidungsunterstützung bei Struktur- und Programmpolitik

### 4.1 Informationslogistik im Rahmen der Strukturpolitik

Bei der aufgabenorientierten Dekomposition der Informationslogistik wurden als (originäre[145]) Strukturmerkmale Betriebsform/-typ, Standort, Umsatzverfahren und Warenkreis genannt, welche in die Systematisierung struktureller Entscheidungsbereiche einflossen[146]. Gemeinschaftlich determinieren diese einen konstitutiven Planungs- und Realisationsrahmen[147], dessen Architekturqualität auch von den Möglichkeiten einer IS-Unterstützung abhängt. Um diese zu zeigen, wird hier ein praxisnaher Fall der Stukturpolitik zugrunde gelegt, nämlich der Ausbau einer Vertriebsschiene, dem der Unterfall einer Neu- bzw. Umgestaltung (Revitalisierung[148]) eines bestehenden Betriebstyps inhärent ist. Somit konzentriert sich die anschließende Untersuchung zuerst auf einen Ausschnitt der Filialnetzplanung einer Polysystempolitik betreibenden Handelsunternehmung, die eine Marktausdehnung anstrebt. Für eine strukturierte Vorgehensweise wird der gewählte Fall in sieben Aufgabenbereiche zerlegt, deren Bearbeitungsabfolge teilweise fakultativ ist:

(1) Formulierung der Zielsetzung
(2) Ressourcenplanung/-prüfung
(3) Planung des interlokalen Standortes
(4) Planung des Marktbearbeitungssystems
(5) Planung der Sortimentsstruktur
(6) Planung des intralokalen Standortes

Nach einer (1) Formulierung der Zielsetzung erfolgt (2) die Planung bzw. Überprüfung der notwendigen bzw. vorhandenen Ressourcen, wobei hier zwischen finanziellen[149] und personellen sowie solchen im Logistiksystem und bei der Informationsinfrastruktur unterschieden werden kann.

---

145 Vgl. zur Unterscheidung zwischen originären und derivativen Strukturmerkmalen (Rechtsform und Betriebsgröße): Barth: Betriebswirtschaftslehre, S. 52.

146 Vgl. hierzu Gliederungspunkt 3.2 des dritten Kapitels.

147 Barth: Betriebswirtschaftslehre, S. 46.

148 Vgl. hierzu auch: Tietz: Handelsbetrieb, S. 1521 ff.

149 Zur Beurteilung finanzieller Ressourcen dienen insbesondere GuV-, Bilanz- und Liquiditätsrechnungen, deren Integration in handelsspezifische MSS *Salfeld* thematisiert. Salfeld: Führungs-Informations-Systeme, S. 248 ff.

Anschließend erfolgt (3) die Planung interlokaler Standorte. Nachdem Ländermärkte, Areale und Einzelstandorte im Rahmen einer Makroanalyse eruiert sind, müssen letztere durch eine sogenannte Mikroanalyse bewertet werden[150]. Den Ausgangspunkt solcher Standortgutachten bilden Einzugsgebietsabgrenzungen, gefolgt von branchen- und bestenfalls warengruppenspezifischen Umsatzpotentialschätzungen, was eine vorangegangene Auswahl des Warenkreises voraussetzt.

Bei der traditionellen Vorgehensweise werden die dabei erforderlichen Kaufkraft- und Umsatzkennziffern sowie soziodemographischen Angaben zur Bevölkerungsstruktur als externe Sekundärdaten von Datenbanken der Marktforschungsinstitute abgerufen. Für weitere punktuelle Standortbewertungen werden dann „in der Handelspraxis überwiegend einfache Investitionsrechenverfahren, analoge Vergleichsrechnungen (zu schon vorhandenen Filialstandorten) sowie einfache Punktbewertungsverfahren eingesetzt“[151]. Mit modernen Verfahren lassen sich durch statistische Analyseverfahren (z.B. genetische Algorithmen) mikrogeographische Typologien entwickeln, die Umsatzpotentiale homogener Wohngebietstypen straßen- (abschnitts-)genau quantifizieren, indem Daten aus Haushaltspanels mit umfassenden Zielgruppenbetrachtungen[152] verknüpft werden[153].

Flankieren lassen sich diese Untersuchungen durch solche verhaltenswissenschaftlich begründeter Art, wobei für die Gewinnung von Primärdaten besonders Imageanalysen gut geeignet sind[154]. Nach MSS-gestützten statistischen Datenanalysen erfolgt die Standortauswahl.
Wurden die ggf. unterschiedlichen Betriebstypen einer Vertriebsschiene bei der Standortbewertung noch nicht berücksichtigt, z.B. „wenn der Standort zunächst

150 Bienert: Standortcontrolling, S. 249.

151 Bienert: Standortcontrolling, S. 249.

152 Typenraster auf Straßenabschnittsebene beruhen im wesentlichen auf drei Datenquellen: Erstens einer landesweiten oder sogar grenzüberschreitenden Primärerhebung aller Wohngebäude, zweitens Altersschätzungen anhand von Vornamenanalysen sowie drittens soziodemographischen und sozioökonomischen Strukturanalysen. Beck: Gebietsanalysen, S. 74. Vgl. für eine umfassende Darstellung der Möglichkeiten einer mikrogeographischen Feinsegmentierung für Handelsunternehmungen: Schmitz; Kölzer: Einkaufsverhalten, S. 142 ff.

153 Beck: Gebietsanalysen, S. 74 f. *England* und die *Niederlande* sind bereits seit Jahren bei der Anwendung solcher kartographischen Detailanalysen führend.

154 Vgl. für eine umfassende Darstellung von Einsatzmöglichkeiten der Imageanalyse: Barth: Betriebswirtschaftslehre, S. 129 ff. Die hierfür fallweise erforderliche Befragung von Konsumenten ist als Messung der psychischen Komponente der auf den Kunden einwirkenden Stimuli zu verstehen und wird im Gliederungspunkt 5.2 dieses Kapitels behandelt.

aus Wettbewerbsgründen belegt wurde“[155], gilt es jetzt, das entsprechende (4) Marktbearbeitungssystem zu fixieren. In einem weiteren Schritt muß dann die individuelle Betriebsgröße bestimmt werden, soweit dieses im Rahmen rechtlicher und architektonischer Restriktionen (noch) möglich ist. Zwar wird diese in einer bestimmten Marge durch den vorher fixierten Betriebstyp determiniert[156], jedoch verbleibt insbesondere bei Neubauten die Möglichkeit zur Feinsteuerung der Flächenmaße, welche sich an der zuvor für das Einzugsgebiet eruierten Versorgungslage orientieren sollte.

Anschließend wird die (5) Sortimentsstruktur geplant, die grundsätzlich an der Sortimentsleitlinie des Betriebstyps auszurichten ist. Die Auswahl von Warengruppen sowie die Anzahl der darin ungefähr enthaltenen Einzelartikel orientiert sich dann zunächst an warengruppenspezifischen Umsatzpotentialschätzungen, die im Rahmen der Standortbewertung durchgeführt wurden, und logistikorientierten Sortimentsmodulen. Des weiteren empfiehlt sich die Prognose warengruppenspezifischer Rentabilitätskennzahlen, die auch durch Referenzdaten vergleichbarer Betriebstypen (Betriebsvergleich) oder bei Revitalisierungen durch im DW gespeicherten (historischen) „Standortdaten“ gestützt werden kann.

Weil die quantitative Raumzuteilung auf einzelne Warengruppen Restriktionen bei der mengenmäßigen Zusammenstellung von Sortimentseinheiten impliziert, erfolgt erst abschließend die (6) Planung des intralokalen Standortes, indem pro Waren- und ggf. Plazierungsgruppe[157] geeignete Warenträger und Plazierungszonen ausgesucht werden (Space-Utilisation[158]). Hierfür können Referenz-Flächenbelegungspläne pro Betriebstyp im DW hinterlegt werden. Einige weitere Gesichtspunkte werden noch im Rahmen des Präsentationscontrolling[159] behandelt, weil das Ende dieser Planungsphase durch einen fließenden Übergang zur Programmpolitik gekennzeichnet ist.

---

155 o.V.: Flächenmanagement, S. 16.

156 „Die Betriebsgröße (..) folgt aus den Entscheidungen bezüglich (...) des gewählten Marktbearbeitungssystems“. Barth: Betriebswirtschaftslehre, S. 52.

157 Als Plazierungsgruppe wird die themenorientierte Zusammenfassung von aus klassischen Warengruppen herausgelösten Einzelartikeln verstanden. o.V.: Flächenmanagement, S. 17. Werden Plazierungsgruppen flächendeckend eingesetzt, handelt es sich um Theme-Stores, die im Gliederungspunkt 2.3 des ersten Kapitels als innovativer Betriebstyp näher gekennzeichnet wurden.

158 Gröppel: In-Store-Marketing, Sp. 1020.

159 Vgl. hierzu Gliederungspunkt 4.2.1.2 dieses Kapitels.

Deren Darstellung ließe sich hier zwar nahtlos anfügen, jedoch ist vorher noch die Frage zu klären, ob der oben gewählte Fall der Filialnetzplanung hinreichend geeignet ist, Möglichkeiten zur Verbesserung der Entscheidungsqualität auf Ebene der Strukturpolitik durch HIS-Einsatz aufzuzeigen. Diese Frage ist zu verneinen, weil zwar einige Möglichkeiten des IS-Einsatzes im Fallbeispiel erkennbar wurden, weitere Nutzenpotentiale von HIS jedoch in der Unterstützung solcher Kommunikations- und Koordinationsprozesse zu sehen sind, die sich im Zusammenhang mit der integrativen Bearbeitung oben systematisierter Aufgabenbereiche ergeben. Mithin stehen bei der Strukturpolitik nicht nur die Transformation von Daten in Informationen im Mittelpunkt, wie z.B. die Integration, Aufbereitung und Verknüpfung von Marktforschungsdaten, sondern auch Einsatzmöglichkeiten integrierter HIS zur Koordination der entsprechenden Entscheidungsprozesse, die im Rahmen eines Exkurses kurz gekennzeichnet werden.

Zwar basieren oben gezeigte Einzelentscheidungen der Strukturplanung zu einem großen Teil auf quantitativen Daten, sie haben jedoch aufgrund ihrer Gültigkeitsdauer strategischen Charakter und bewirken deshalb bei den Entscheidern auch einen hohen Bedarf an unformatierten bzw. primär qualitativen Informationen. Begründen läßt sich dieser auf den ersten Blick nicht unbedingt sachlogische Zusammenhang durch eine Feststellung von *Becker*: Entscheidungsprozesse im Rahmen der Strukturpolitik stellen „- unabhängig von den hierfür einsetzbaren konkreten Analyse- und Entscheidungskalkülen - stets auch einen situativ geprägten unternehmensindividuellen Akt dar, der in hohem Maße von den Neigungen, Wertungen, Einsichten sowie der Professionalität der Entscheidungsträger geprägt ist“[160]. Dabei verlangen die zuletzt genannten Einflußgrößen auf den Entscheidungsprozeß - auch vor dem Hintergrund einer zunehmenden Dezentralisierung von Entscheidungen - besonders den adäquaten Ausbau von Kommunikationssystemen auf solchen Managementebenen, die Problemlösungen auf struktureller Ebene liefern sollen. Dafür reichen Online-Analysen auf DW-Basis unter Einsatz von Tabellenverarbeitungs- und Grafiksystemen alleine nicht aus.

Situativ geprägte unternehmungsindividuelle Entscheidungsprozesse auf Ebene der Strukturpolitik verlangen im besonderen Maße die zusätzliche Integration „weicher“ Informationen (Soft Facts) in die Desktop-Umgebung des Entscheiders. Konkret gilt es Texte, Sprache und Bilder sowie Mutmaßungen und Eindrücke, die sich vor allem in direkten Gesprächen ergeben, gezielt in die Willensbildung

160 Becker: Marketing-Konzeption, S. 458.

und -durchsetzung einzubinden[161]. Neben Videokonferenzsystemen für „visuelle Live-Kommunikation“ und anderen bereits angesprochenen Anwendungsbereichen ist auch text- und bildbasierte Dokumentenverarbeitung von besonderer Bedeutung, um primär qualitative Informationen in „Online-Wissensdatenbanken“ zu überführen. Diese sind in der betrieblichen Praxis bisher nur als separate Information Retrieval-Systeme installiert und stellen somit noch eine Art Stand-Alone-Lösungen dar[162].

Grundsätzlich stehen für multimediale Dokumentation von Textdaten zwei, auch miteinander kombinierbare Verfahren zur Verfügung, die Indexierung und die Verknüpfung durch Hyper-Links[163]. Letztgenannte Lösung ist jedoch als problematisch zu bezeichnen, weil ein extrem hoher Programmieraufwand entsteht, eine benutzerindividuelle Verknüpfung von Dokumenten kaum möglich ist, vorgegebene Informationspfade zwischen Dokumenten entstehen und sich die Vergabe von Zugriffsrechten als schwierig erweist[164]. Diese Problemfelder lassen sich umgehen, indem die relevanten[165] Dokumente indexiert werden. Dies hat folgende Vorteile[166]:
(1) Aktualität von Informationen,
(2) Integrität der Textdatenbestände,
(3) direkter Informationszugriff anhand unterschiedlicher und kombinierbarer Suchkriterien sowie
(4) Schaffung einer vorgangsorientierten Ablagestruktur, die
(5) Workflow- und Workgroupsysteme unterstützt.

Solche Lösungen werden auch als Integrierte Dokumentenmanagement-Systeme (IDM) bezeichnet, wobei aus oben genannten Gründen die Kennzeichnung „integriert“ irreführend ist. Der Umsatz mit entsprechender IDM-Software soll von 620 Mill. Dollar (1997) auf rund 4,2 Mrd. Dollar bis zum Jahr 2001 ansteigen[167]. Der Trend zur Nutzung solcher Systeme läßt sich insbesondere dadurch erklären, daß es erstrebenswert erscheint, sich die nach Prioritäten, Zugriffsrechten, Datum,

161 Gluchowski; Gabriel; Chamoni: Management-Support-Systeme, S. 251.
162 Biethahn: Informationsmanagement, S. 13.
163 Rehme: Marketing-Dokumentation, S. 99.
164 Rehme: Marketing-Dokumentation, S. 99 f.
165 Eine Beurteilung der Relevanz von Dokumentenklassen müßte sinnvollerweise auch durch den Chefredakteur bzw. CIO erfolgen.
166 Rehme: Marketing-Dokumentation, S. 101 ff.
167 Charlier; Hohensee: Überblick, S. 143 f.

Themen, Projekten, Bearbeitungsabfolgen etc. geordneten Dokumente per Intra-, Extra- und/oder Internet abrufen zu können, damit in kürzester Zeit die gewünschten Informationen im relevanten Planungsrahmen zur Verfügung stehen[168]. Auf diese Weise können nicht nur die in Dokumenten enthaltenen primär quantitativen Informationen (z.B. zur Filialnetzplanung), sondern auch die darin eingebrachten primär qualitativen Informationen (z.B. subjektive Einschätzungen von Erfolgsaussichten einzelner Manager) zusammenhängend betrachtet werden. Durch entsprechende Verweise (evtl. in Form von Links) bei in Textdokumenten enthaltenem Zahlenmaterial lassen sich kennzahlenorientierte Zusatzanalysen, die der vorangegangenen Entscheidungsfindung dienten, hinterlegen[169]. Entsprechende Data Dictionaries sollten dabei stets Aufschluß über den sachlogischen Schlüssel von Begriffen im allgemeinen sowie Kennzahlen im besonderen geben.
Eine auf diese Weise verbesserte Dokumentation basiert somit auf der „Verknüpfung von Arbeitsmitteln". Um auch eine Synergieeffekte auslösende „Vernetzung von Wissensträgern" forcieren zu können, empfiehlt es sich, (tatsächlich) integrierte IDM mit Groupwaresystemen zu verbinden, um auf diesem Wege nicht nur eine verbesserte Koordination und Kooperation in „selbstorganisierten Teams" zu erzielen, sondern in diesen auch Flexibilität, Auskunftsbereitschaft und schnelle Entscheidungswege („time to market"), aber besonders die Entscheidungsqualität zu fördern[170]. Solche auf Internet-Technologie basierenden Groupwaresysteme sind somit zuerst nicht für die Korrespondenz im Tagesgeschäft einzusetzen, sondern für Bereiche mit strategischer Relevanz zu konzipieren, wo die multi- und hypermedial gestützte Informationsbereitstellung von größter Bedeutung ist. Erste Versionen des hierfür erforderlichen Typus an Software wurden bereits entwickelt[171].

Nunmehr wird dieser Exkurs zu integrierten IDM und Groupwaresystemen beendet und nochmals erwähnt, daß mit Vollendung der intralokalen Standortplanung der fließende Übergang zur Programmpolitik erfolgt.

---

168 Charlier; Hohensee: Überblick, S. 144. Solche Informationen können insbesondere in folgenden Formen vorliegen: Arbeits-/Zwischen-/Endergebnisse, Statusberichte, Berichte und Protokolle für offene Punkte, Probleme und Ablaufänderungen, Qualitätsmessungsberichte sowie Performancebewertungen. Klott: Work Management, S. 108.

169 „Aktuelle Untersuchungen bestätigen, daß der am häufigsten festgestellte Nutzen von QM-Systemen in der Dokumentation der Arbeitsabläufe liegt" (QM = Qualitätsmanagement). Wilmes: Flexiblere Unternehmen, S. 152.

170 Wilmes: Flexiblere Unternehmen, S. 149 ff.

171 Hierbei handelt es sich um die Software „*Maestro II*" des Systemhauses *Softlab*, welches zum *BMW*-Konzern gehört. Charlier; Hohensee: Überblick, S. 144.

## 4.2 Informationslogistik im Rahmen der Programmpolitik

Programmpolitik ist durch die Planung, Koordination und Steuerung laufender Geschäftsprozesse gekennzeichnet. Der überwiegende Teil der insgesamt zu treffenden Entscheidungen liegt in diesem Bereich, weil sich die Problemstrukturen in stärkerem Maße ähneln und wiederholen, als bei der Strukturpolitik bzw. Rahmenplanung. Deshalb ist nicht nur bei einer höheren Anzahl von Entscheidungen Informationsbedarf häufiger zu befriedigen, sondern es können dabei identische Informationen auch mehrfach zur Unterstützung unterschiedlicher Entscheidungsprozesse herangezogen werden[172]. Dies wurde bereits bei einer Betrachtung der Kennzahl Nettoerfolg ersichtlich, als diese mit einzelnen handelsbetrieblichen Engpaßfaktoren verknüpft wurde.

Da marketingpolitische Aktivitäten Kristallisationspunkt einer Nutzenbewertung sind, und man sich in der weiteren Untersuchung aus Komplexitätsgründen zwangsläufig auf bestimmte Bereiche der Programmplanung konzentrieren muß, werden nachfolgend nicht alle, sondern lediglich selektierte Felder der entscheidungsorientierten Informationslogistik analysiert. Mithin erfolgt eine Auswahl nach subjektiver Dringlichkeit bzw. Präferenz.

### 4.2.1 Sortimentscontrolling

Im Rahmen der Leistungspolitik steht die Sortimentspolitik im Mittelpunkt, weil diese als Erfüllung der Warenumgruppierungsfunktion „den Binnenhandelsbetrieben zu ihrer Daseinsberechtigung verhilft“[173]. Mit ihr wird das Ziel verfolgt, das Warenangebot so zu gestalten, daß sowohl in der Sortimentsbreite und -tiefe als auch im Hinblick auf die Sortimentsniveaupolitik die akquisitorischen Voraussetzungen zur Erreichung der angestrebten Kapitalrendite geschaffen werden[174]. Dafür sollte ein Sortiment den Anspruchsprofilen der Nachfrager entsprechen und ein klares Erscheinungsbild, einen individuellen Stil sowie eine gute Preislagenstufung[175] aufweisen[176].

172 Gritzmann: Kennzahlensysteme, S. 107 f.

173 Buddeberg: Betriebslehre, S. 28.

174 Barth: Betriebswirtschaftslehre, S. 159.

175 Im Gegensatz zur sachlichen Preisdifferenzierung sind Waren unterschiedlicher Preislagen durch differente Qualitätsniveaus gekennzeichnet.

176 Flach: Sortimentspolitik, S. 127 ff.

Hauptaufgabe des Sortimentscontrolling ist es, innerhalb eines durch die Strukturpolitik vorgegebenen Rahmensortiments dem Sortimentsverschleiß dadurch zu begegnen, daß eine aktive Sortimentspolitik durch Sortimentskontraktion, -expansion und -konsolidierung betrieben wird[177]. Nachfolgend ist zu klären, wie bei einer solchen programmpolitischen Feinsteuerung die Entscheidungsqualität durch den Einsatz von HIS verbessert werden kann.

#### 4.2.1.1 Artikelorientiertes Sortimentscontrolling

Weil Bewertungen immer auch Vergleiche implizieren, werden für die Untersuchung HIS-gestützter Möglichkeiten eines artikelorientierten Sortimentscontrolling zuerst einzelne Categories als Bezugsrahmen für eine Bewertung von Artikelrentabilitäten gewählt. Weil mit zunehmender Sortimentsbreite der Umsatz in einer Category degressiv ansteigt, ist nicht ein Maximum, sondern ein Optimum bei der Anzahl darin enthaltener (unterschiedlicher) Artikel anzustreben[178]. Dafür müssen unter Berücksichtigung knapper Ressourcen (z.B. limitierte Verkaufs- und Lagerflächen) Segmentanteile sowohl prozentual als auch bis hin zur konkreten Artikelverteilung pro Category bestimmt werden. Das Ergebnis einer solchen Vorgehensweise soll an einem einfachen Beispiel (vgl. Abbildung 30 auf Seite 202) verdeutlicht werden.

Art und Anzahl der in einer Category enthaltenen Artikel müssen auf der Grundlage von Grenz-Rentabilitätsbetrachtungen im Inter-Category-Vergleich bestimmt werden. Das heißt unter Berücksichtigung preis-, präsentations- und aktionspolitischer Einflüsse ist die Vorteilhaftigkeit der Aufnahme bzw. Elimination eines Artikels in die bzw. aus der Category - bei insgesamt fixierter Kapazitätsgrenze des Betriebssortimentes - parallel zu den Auswirkungen auf andere Sortimentsteile zu prüfen. Diese komplexe Aufgabe läßt sich in Teilschritte zerlegen, indem zuerst lediglich zwischen benötigten Regal- bzw. Lagerfächern pro Category und erst dann zwischen konkreten Artikelverteilungen unterschieden wird. Dafür müssen neben „den Abmessungen der Regale als ganzes (..) Regalbodentiefe und

177 Vgl. zu den hier verwendeten Begriffen sowie der sogenannten passiven Sortimentspolitik, die lediglich Sortimentsaktualisierungen und -pflegemaßnahmen umfaßt: Barth: Betriebswirtschaftslehre, S. 160 ff.

178 Milde: Category Management, S. 300.

-abstand sowie die Sockelmaße aufgenommen"[179] und mit den Artikelabmessungen abgeglichen werden.

Abb. 30: Segmentierung der Category Waschmittel in einem Verbrauchermarkt

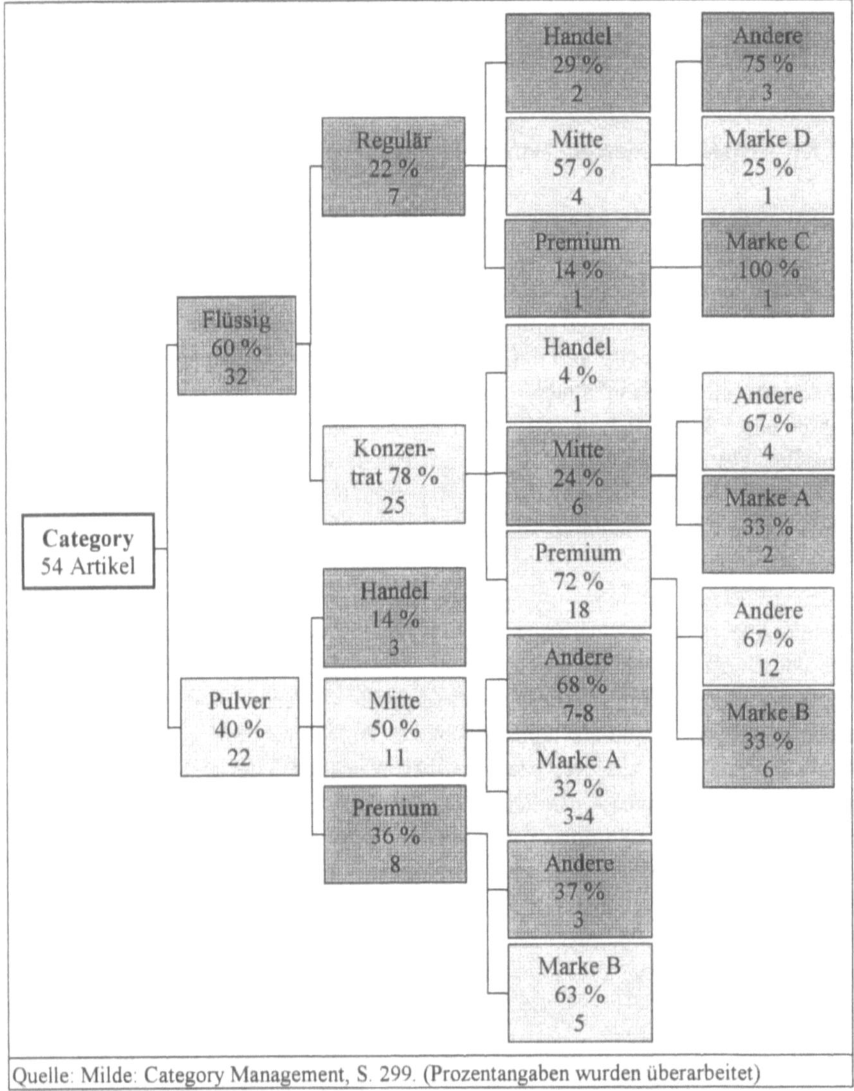


Quelle: Milde: Category Management, S. 299. (Prozentangaben wurden überarbeitet)

179 o.V.: Flächenmanagement, S. 21.

Die konkrete inhaltliche Ausgestaltung der Category, die bei oben gewähltem Beispiel zu einem Bestand von 54 unterschiedlichen Artikeln führt, kann insbesondere auf Basis der Aktionsparameter rentabilitätsorientierter Informationslogistik erfolgen, was das Vorhandensein entsprechender Daten voraussetzt[180]. Dies ist der Fall, wenn das Sortimentscontrolling im laufenden Geschäft erfolgt oder ein bereits eingeführter Betriebstyp dupliziert wird. Im zweiten Fall können im Rahmen eines (handelssysteminternen) Betriebsvergleichs[181] aktuelle Sortimentssteuerungsdaten von Geschäftsstätten mit ähnlichen Standortbedingungen übernommen werden. Die Qualität daraus abgeleiteter Gestaltungsrichtlinien ist stark geprägt von dem Instrumentarium, das bei den Vergleichsobjekten im Rahmen einer aktiven Sortimentspolitik eingesetzt wird. Dieses wird nachfolgend gekennzeichnet.

Erste wichtige Anhaltspunkte liefert die Analyse von Einzelkennziffern aus dem System artikelspezifischer Erfolgsindikatoren, welches oben in seinen Grundzügen bereits dargestellt wurde[182]. Neben den Größen Absatz-, Umsatz- und Ertragskraft lassen sich daraus auch Brutto- und Netto-Rentabilitäten als Vergleichsmaßstäbe ermitteln[183]. Basieren diese Kennzahlen auf einer prozeßorientierten Deckungsbeitragsrechnung, sollten artikelspezifische Prozeßkosten und Umschlaggeschwindigkeiten bei den diese Parameter verrechnenden Kennzahlen hinterlegt sein und per „Tiefenanalyse" erforderlichenfalls betrachtet werden können. Zusätzlich zur Gegenüberstellung der genannten Größen werden direkte Intra-Category-Vergleiche durch die Formulierung von Verhältniskennzahlen erreicht, welche dann beispielsweise die Brutto- und Netto-Kompensationskräfte einzelner Artikel ausweisen, die insbesondere als Kriterien für eine Selektion von Substitutionsartikeln fungieren können[184]:

$$\frac{\text{Ø Brutto-Rentabilität des Artikels i}}{\text{Ø Brutto-Rentabilität seiner Category}} \quad \text{(in \%)}$$

**= Brutto-Kompensationskraft**

180 Liegen entsprechende Daten nicht vor, müssen Ergebnisse aus Konkurrenzanalysen, welche immer in das Sortimentscontrolling einfließen sollten, mit stärkerer Gewichtung in die Planung integriert werden.

181 Vgl. hierzu Gliederungspunkt 4.2.6 dieses Kapitels.

182 Vgl. hierzu die Gliederungspunkte 3.3.1 und 3.3.2 dieses Kapitels.

183 Barth: Rentable Sortimente, S. 61 ff.

184 Barth: Betriebswirtschaftslehre, S. 384 f.; Barth: Rentable Sortimente, S. 78.

Abb. 31: Kennzahlensystem zur Aufschlüsselung der Brutto-Kompensationskraft verschiedener Artikel am Beispiel der Category Waschmittel

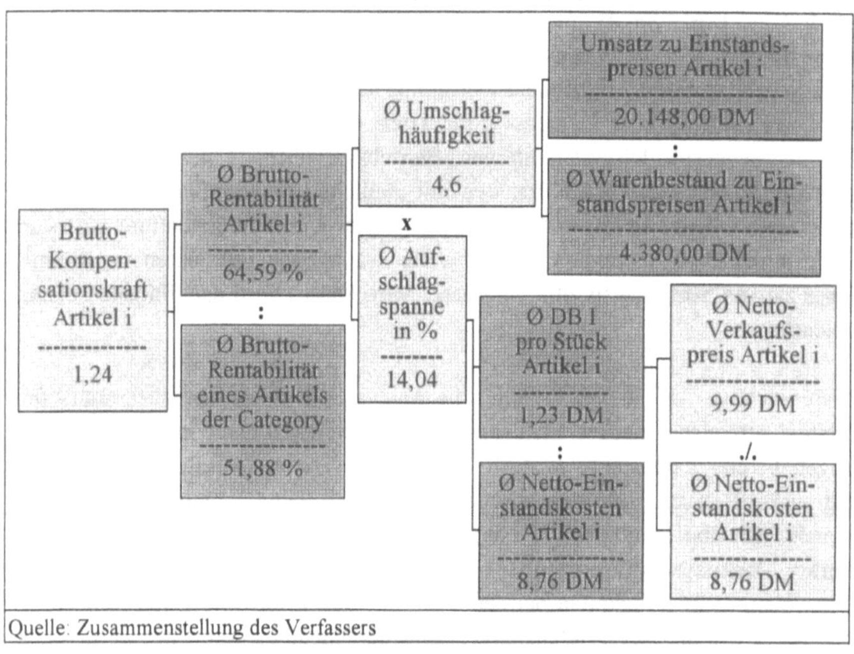


Quelle: Zusammenstellung des Verfassers

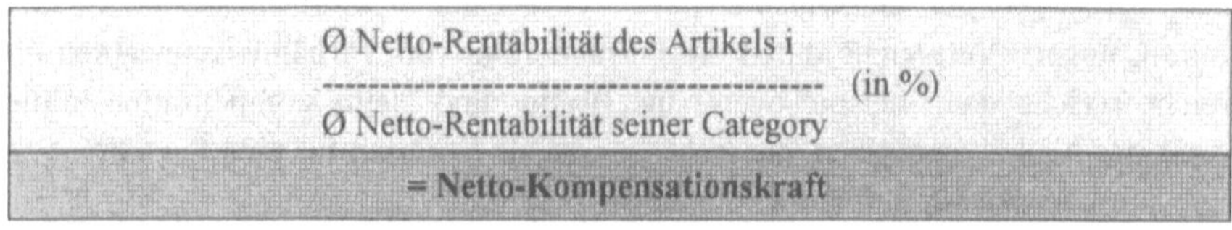


Zwar lassen sich beim artikelorientierten Sortimentscontrolling fundamentale Steuerungsinformationen insbesondere durch eine Berücksichtigung segmentspezifischer Faktoreinsätze via integrierter Prozeßkostenrechnung ermitteln, jedoch bleiben Verbundstrukturen und -intensitäten zwischen Sortimentsteilen bei einem alleinigen Einsatz dieses Bewertungssystems unberücksichtigt.

#### 4.2.1.2 Verbundorientiertes Sortimentscontrolling

*Barth* definiert den Sortimentsverbund als „eine nach absatzpolitischen Prinzipien erfolgende Zusammenfassung unterschiedlicher Artikel und Warengruppen mit der Folge eines synergetischen Effektes, wonach bei Elimination eines Sortimentsteiles nicht nur auf den über das selektierte Sortimentsteil zu realisierenden Umsatz verzichtet wird, sondern auch die Umsätze anderer Artikel von dieser Entscheidung betroffen werden"[185]. Insofern können die nur auf Grundlage der oben verwendeten Kennzahlen formulierten, artikelorientierten Steuerungsinformationen zu Fehlentscheidungen und somit zu einer Fehlallokation von Ressourcen führen. Mithin gilt es beim Sortimentscontrolling auch Verbundphänomene zu berücksichtigen, bei denen sich aufgrund unterschiedlicher Ursachen folgende Formen unterscheiden lassen[186]:

(1) Bedarfsverbund (Komplementäre bzw. additive Kaufmöglichkeiten)
(2) Auswahlverbund (Substitutive bzw. alternative Kaufmöglichkeiten)
(3) Geplanter Kaufverbund (Zusammenfassung der Waren, die ein Kunde in einem einzelnen Einkaufsvorgang zu beschaffen wünscht.)
(4) Realisierter Kaufverbund (Zusammenfassung solcher Waren, die ein Kunde in einem einzelnen Einkaufsvorgang beschafft hat.)

Während Bedarfs- und Auswahlverbund stark von der Sortimentsbreiten- (Anzahl der Categories) bzw. -tiefendimension (Artikelanzahl einer Category) abhängen, ist in hiesigem Kontext der realisierte Kaufverbund [= Warenkorb (WK)] von herausragendem Interesse. Die Messung des Zusammenhangs darin enthaltener Sortimentsteile im Rahmen entsprechender Verbundanalysen ist nicht nur aufgrund ausufernder Artikelzahlen im Handel ein äußerst komplexes Problem, sondern auch wegen uneinheitlicher Richtungszusammenhänge, die sowohl zu unterschiedlichen Tageszeiten als auch zwischen Kundengruppen/Einzelkunden voneinander abweichen können[187]. Außerdem kommt erschwerend hinzu, daß sowohl eine Variation preis-, werbe- und präsentationspolitischer Maßnahmen als auch das Kompetenzniveau des Personals sowie Art und Umfang von Rand- und Zusatzsortiment die Verbundbeziehungen im Kernsortiment verändern[188].

---

185 Barth: Betriebswirtschaftslehre, S. 168.

186 Merkle: Sortimentsverbund, S. 4 f. Die Begriffsinterpretationen sind zu denen von *Merkle* zum Teil abweichend. Des weiteren werden hier Käufe einer Person in unterschiedlichen Geschäften nicht berücksichtigt. *Barth* kennzeichnet darüber hinaus noch einem Akquisitionsverbund, der die Summe solcher Artikel bildet, die einer besonderen absatzpolitischen Förderung unterliegen. Barth: Betriebswirtschaftslehre, S. 169. Dieser Sonderfall wird im Rahmen des „Controlling des Akquisitionsverbundes" (vgl. Gliederungspunkt 4.2.5 dieses Kapitels) nochmals aufgegriffen.

187 Bordemann: Verbundbeziehungen, S. 276.

188 Bordemann: Verbundbeziehungen, S. 277.

Deshalb konstatiert *Möhlenbruch* für diesen handelswissenschaftlichen Forschungsbereich „nicht unerhebliche theoretische und empirische Defizite, deren Beseitigung in Zukunft Spezialuntersuchungen vorbehalten bleiben muß“[189]. Auch die Annahme, in der Handelspraxis würden zwischenzeitlich pareto optimale Verfahren als Kompromißlösung eingesetzt, ist falsch, weil unlängst wieder festgestellt wurde, daß „sich alle bislang entwickelten Verfahren in der Praxis nicht bewährt haben“[190].

Abhilfe in diesem Dilemma schaffen wk-orientierte Kennzahlen im allgemeinen sowie Data Mining-Verfahren im speziellen. Die erstgenannte Kategorie beinhaltet Ergebnisse „traditioneller“ WK-Analysen, die auf zwei Dateitypen basieren, WK-Rohdateien[191] und aggregierten WK-Dateien[192]. Letztgenannte entstehen durch die Festlegung zeitlicher[193], sortiments[194]- und ergebnisgrößenbezogener[195] Selektionskriterien, welche dann zur Ermittlung von WK-Anteilsverteilungen herangezogen werden[196]. Auf diesem Wege lassen sich beispielsweise durchschnittliche Umsätze, Artikelanzahlen und Deckungsbeiträge pro WK bzw. Kunde sowie Durchschnittsumsätze und -deckungsbeiträge pro WK in einer speziellen Warengruppe ermitteln[197]. Als Ergebnis erhält man dadurch erste gesamt-wk- und warengruppenbezogene Verbundhinweise für unterschiedliche Betrachtungszeiträume. Im Grunde erfolgt somit eine Verknüpfung einzelner Bezugsobjekte unterschiedlicher Objektbereiche auf WK-Basis. Mithin handelt es sich hierbei um

189 Möhlenbruch: Sortimentspolitik, S. 360. Vgl. für eine dieser Feststellung vorangestellte Systematisierung von Vor- und Nachteilen der bisher bei Verbundanalysen ohne nennenswerten Erfolg eingesetzten Mehrdimensionalen Skalierung (MDS): Möhlenbruch: Sortimentspolitik, S. 356 ff. *Milde* hat jüngst die mangelhafte Eignung indirekt bestätigt, indem sie feststellt, daß MDS eine „bisher nicht sehr übliche Analysemethode“ sei. Milde: Category Management, S. 298.

190 Recht; Zeisel: Warenkorbanalyse, S. 95.

191 Die WK-Rohdatei enthält artikelgenaue Datensätze, die jeweils aus zwölf Variablen bestehen: „Datum, Kalenderwoche, Monat, Wochentag, Uhrzeit, EAN, Bontext, Warengruppennummer, Verkaufspreis, Verkaufsmenge, Umsatz und Bonnummer“. Fischer: Computergestützte Warenkorbanalyse, S. 287.

192 Hierbei werden die Datensätze der WK-Rohdateien auf die Anzahl der Umsatzakte reduziert. Fischer: Computergestützte Warenkorbanalyse, S. 288.

193 Jahr, Monat, Kalenderwoche, Wochentag oder Tageszeit.

194 Käufer bestimmter Warengruppen, Handelsmarken, Herstellermarken oder bestimmter Artikel.

195 Umsatz, Postenzahl, Artikelanzahl, Durchschnittspreis, Warengruppenanzahl.

196 Fischer: Computergestützte Warenkorbanalyse, S. 289 ff.

197 Vgl. hierzu und den Möglichkeiten, solche WK-Kennzahlen per graphischer Darstellung miteinander zu vergleichen: Fischer: Computergestützte Warenkorbanalyse, S. 288 ff.

einen Sonderfall der bereits dargestellten OLAP-Datensicht, welcher allerdings - wie erwähnt - die zusätzliche Erfassung von WK-Rohdateien voraussetzt, was insbesondere bei *Wal-Mart* die enorme Menge gespeicherter Daten verursacht.

Insgesamt liefert das dargestellte Berechnungsschema (neben wichtigen kundenbezogenen Informationen[198]) zwar auch Anhaltspunkte über Verbundbeziehungen auf Warengruppenebene, woraus sicherlich positive Impulse bei der Sortimentsstrukturplanung hervorgehen, jedoch wären Verbundinformationen über Einzelartikel für eine aktive Sortimentspolitik wertvoller, weil die überwiegende Anzahl der Entscheidungen eine solche disaggregierte Informationsbereitstellung verlangt[199]; man denke beispielsweise an (Aus-) Listungsempfehlungen nach Neu-Artikel-Verfolgungen.

Vor diesem Hintergrund soll ein praxisnaher und verhältnismäßig einfach konzipierter Ansatz zur artikelorientierten WK-Verbundrechnung vorgestellt werden. In dessen Mittelpunkt steht die Ermittlung der Erfolgskennzahl „Verbundertrag" (synonym Conjoint Profit) für einzelne Artikel, welche in vier Schritten erfolgt[200]:

(1) Zuerst werden die einzelnen Nettoerfolge (DB II) der zu einem WK gehörenden Artikel zu einem WK-Nettoerfolg (bzw. -DB II), der positiv oder negativ[201] sein kann, aggregiert.
(2) Dieser wird dann auf die im WK enthaltenen Artikel „verursachungsgerecht" zurückverteilt.
(3) Die erforderliche Rückschlüsselung erfolgt, indem der Preis eines Artikels in das Verhältnis zum WK-Preis (= Umsatz) gesetzt wird.
(4) Anschließend werden die so auf einen bestimmten Artikel geschlüsselten (positiven und negativen) Erfolgsbeiträge über alle WK addiert.

Der so ermittelte (positive oder negative) Verbundertrag kann insbesondere bei Auslistungsentscheidungen wertvolle Dienste leisten, wenn nämlich Brutto- und/

---

198 Nutzungsmöglichkeiten kundenindividueller Informationen werden in den Gliederungspunkten 5. ff. dieses Kapitels diskutiert.

199 Vgl. zu dieser Feststellung auch: Recht; Zeisel: Warenkorbanalyse, S. 97.

200 Recht; Zeisel: Sortimentserfolgsrechnung, S. 469 ff. Die Verfasser gehen von der Annahme aus, daß wenn ein Artikel Bestandteil eines profitablen WK ist, er in bezug auf diesen WK erfolgreich ist (et vice versa); unabhängig davon, ob er bei isolierter Betrachtung positive oder negative Deckungsbeiträge erzielt.

201 Eine Untersuchung von *Maurer* im LEH zeigt, daß die überwiegende Anzahl der analysierten Warenkörbe (rund 90 Prozent) kostenneutral oder sogar verlustbringend sind. Maurer: Marketingforschung, S. 321.

oder Nettoerfolg eines Artikels zwar unbefriedigend sind, der zu bewertende Artikel innerhalb des Gesamtsortiments bzw. über die Summe aller WK aber trotzdem einen positiven Verbundertrag erwirtschaftet. Dies könnte ein Indiz dafür sein, daß sich dieser Artikel vornehmlich in WK solcher Kunden befindet, die weniger preisbewußt einkaufen und die zu binden es sich daher besonders lohnt. Auch deshalb, weil „traditionelle“ WK-Analysen das Ergebnis lieferten, daß die ersten 30 Prozent der nach Umsatzstärke sortierten WK rund 75 bis 80 Prozent des Geschäftsumsatzes repräsentieren[202]. Eine auf falschen Auslistungsentscheidungen basierende Abwanderung entsprechender (nach ABC-Analyse[203] klassifizierten) „A-Kunden“ hätte spürbare Deckungsbeitragsverluste zur Folge.

Insgesamt kommt man zu dem Schluß, daß die Kennzahl Verbundertrag das oben skizzierte System artikelspezifischer Erfolgsindikatoren sinnvoll ergänzen kann und in Standard-Spread-Sheets zur Einzelartikelbewertung als zusätzliche Spalte aufgenommen werden sollte. Damit wäre dem Entscheider zwar ein Instrument zur permanenten Verbundanalyse an die Hand gegeben, jedoch ist unschwer zu erkennen, daß die zur Errechnung des Verbundertrages vorgenommene Schlüsselung über den Verkaufspreis nicht nur den Ansatzpunkt für - eine aus der Kostenrechnung bekannte - Kritik an einer derartigen Berechnungsmethode liefert, sondern als „hemdsärmlige Universallösung“ auch ungeeignet ist, Verbundintensitäten und -richtungen zwischen weiteren Objektkombinationen abzubilden.

Es stellt sich somit die Frage, welche Art von Verbundanalyse notwendig ist, um aus einer großen Anzahl theoretisch möglicher Muster relevante Strukturen herauszufiltern und in verständlicher Form zu visualisieren. Derartige Anwendungen verlangen den Einsatz spezieller, meist unüberwachter[204] Data Mining-Verfahren. In erster Linie bieten sich bei den in Rede stehenden WK-Unter-

202 Dieses aus dem LEH stammende Beispiel liefert: Maurer: Marketingforschung, S. 321. Via Data Mining-Analyse wurde darüber hinaus sogar ermittelt, daß in Extremfällen „nur 2 % aller Kunden (...) für 15 % oder mehr (..) des Umsatzes verantwortlich sind“. Michels: Intelligent Miner, S. 14. Gemäß einer aktuellen Studie der *gdp Marktanalyse GmbH, Hamburg,* bewirken in einem Verbrauchermarkt 20 Prozent der Kunden 60 Prozent des dortigen Umsatzes. Biester: Informationen, S. 50.

203 Vgl. zur Klassenbildung durch ABC-Analysen Gliederungspunkt 5.1.1 des ersten Kapitels.

204 Während bei überwachten Verfahren der verwendete Algorithmus in einer Stichprobe (an sogenannten „Trainingsdaten“) anhand bereits vorliegender Ergebnisse so lange getestet („überwacht“) und ggf. modifiziert wird, bis er Generalisierungsfähigkeit erlangt und analoge Ergebnisse für die Grundgesamtheit liefern kann, wird bei unüberwachten Verfahren auf solche Vorsteuerphasen verzichtet. Krusch: Data-Mining-Verfahren, S. 20; Krahl; Windheuser; Zick: Data Mining, S. 61 ff.

suchungen Assoziationsanalysen an. Bevor jedoch ein Data Mining-Algorithmus die durch Regeln dargestellten Zusammenhänge [in Form von: i → j (z.B. wenn Mozzarella-, dann Tomatenkauf)] ermittelt, werden durch die Festlegung von Schwellenwerten bestimmter Kennzahlen der Umfang und damit auch die Qualität der Analyseergebnisse vorgesteuert.

Ohne vertiefend auf die dabei einsetzbaren Algorithmen (z.B „Apriori"[205]) einzugehen, werden nachfolgend nicht die im Ergebnis eher trivial wirkenden Regeln (siehe oben), sondern die sie konkretisierenden Kennzahlen, welche im Vorfeld bekanntlich einer Limitierung der relevanten Ergebnisse dienen, vorgestellt und jeweils mit einem Beispiel in Fußnoten belegt[206].

(1) Die Kennzahl „Support" erteilt als Prozentwert Auskunft darüber, in wie vielen WK ein bestimmter Artikel „i" (bzw. eine Artikelgruppe oder eine Category) enthalten war[207]:

$$\frac{\text{Anzahl der Artikel "i" enthaltenden Warenkörbe}}{\text{Anzahl aller betrachteten Warenkörbe}} \times 100$$

= Support

(2) Über den ebenfalls als Prozentwert ausgedrückten „Confidence"-Wert wird ermittelt, wie häufig ein Artikel „i" (bzw. eine Artikelgruppe oder eine Category) in Verbindung mit einem anderen, bestimmten Artikel „j" (bzw. einer Artikelgruppe oder einer Category) gekauft wurde[208]:

$$\frac{\text{Anzahl der Artikel "i" \& "j" enthaltenden Warenkörbe}}{\text{Anzahl der Artikel "j" enthaltenden Warenkörbe}} \times 100$$

= Confidence-Wert

205 Vgl. hierzu: Krusch: Data-Mining-Verfahren, S. 20 ff.

206 Vgl. zu den nachfolgend dargestellten Kennzahlen: Michels: Intelligent Miner, S. 16 f.

207 Beispiel: Kaufen von 2.000 Kunden 200 Mozzarella und 500 Tomaten, beträgt der Support von Mozzarella 10, der von Tomaten 25 Prozent.

208 Fortsetzung des Beispiels: Unter der weiteren Annahme, daß 75 Prozent aller Mozzarella-Käufer auch Tomaten erwerben (200 x 0,75 = 150), hat Mozzarella in bezug auf Tomaten demnach einen Confidence-Wert von (150 : 200 x 100 =) 75 Prozent, Mozzarella in bezug auf Tomaten hingegen nur einen von (150 : 500 x 100 =) 30 Prozent.

(3) Der als Absolutwert formulierte „Lift-Faktor" gibt an, wie stark der für eine Artikelkombination (bzw. Artikel-/Artikelgruppenkombination etc.) errechnete Confidence-Wert [des „Basis-Artikels" (hier „i") in bezug auf den „Verbundartikel" (hier „j")] vom durchschnittlichen Support des Verbundartikels (bzw. der Verbundartikelgruppe etc.) abweicht[209]:

| Confidence-Wert des Artikels "i" in bezug auf Artikel "j" |
|---|
| Support des Artikels "j" |
| = Lift-Faktor |

Mithin zeigt der Lift-Faktor die Verbundintensität eines Artikels (einer Artikelgruppe etc.) in eine bestimmte Richtung an. Bei identischen Lift-Faktoren (z.B. bei den Artikeln$_{(i;\ j)}$: i→j = j→i) spricht man von einer symmetrischen, ansonsten von einer asymmetrischen Verbundbeziehung[210].

Bei oben gekennzeichnetem Data Mining-Verfahren wurde von der realistischen Annahme ausgegangen, daß sich ein bestimmter Artikel (in beliebiger Anzahl[211]) nicht immer nur alleine in einem WK befindet (Einzelkauf), und sich somit Kombinationskäufe paarweise (binominaler Fall) für einzelne, bestimmte sowie alle WK ermitteln lassen. Letztgenannter Fall stand dabei im Mittelpunkt, weil (noch) von anonymen WK-Analysen ausgegangen wurde, bei denen keine demographischen Daten zur Identifizierung einzelner Kunden vorliegen.

Vor dem Hintergrund ausufernder Artikelzahlen im Handel erscheint es jedoch nicht sinnvoll, alle durch Gegenüberstellung in Häufigkeitstabellen ermittelten Zusammenhänge zwischen Objekt-, insbesondere Artikelpaaren als statistische Einzelgrößen auszuweisen. Deshalb müssen Schwellenwerte definiert werden, deren Überschreiten eine Unterscheidung zwischen Zusammenhängen im allge-

209 Fortsetzung des Beispiels: Da Mozzarella in bezug auf Tomaten einen Confidence-Wert von 75 Prozent aufweist, gegenüber einem durchschnittlichen Support von 10 Prozent, liegt ein Lift-Faktor von 7,5 vor. Bei Tomaten hingegen führen Confidence-Wert (30 Prozent) und Support (25 Prozent) zu einem Lift-Faktor von nur 1,2.

210 Vgl. zu den hier verwendeten Verbundbegriffen: Merkle: Sortimentsverbund, S. 35 ff.

211 Der gleichzeitige Kauf mehrerer Stücke eines bestimmten Artikels innerhalb eines Umsatzaktes (WK) kennzeichnet die sogenannte reflexive Verbundbeziehung. Merkle: Sortimentsverbund, S. 34. Diese wird durch den Support eines Artikels nicht erfaßt, ließe sich aber beispielsweise durch eine entsprechende Kennzahl „Reflex-Faktor" („Anzahl der von Artikel „i" verkauften Stücke" : „Anzahl der Artikel „i" enthaltenden Warenkörbe") als Absolutwert in das Verbund-Kennzahlensystem integrieren.

meinen und relevanten Clustern im besonderen ermöglicht. Dafür empfiehlt sich folgende Vorgehensweise: Zuerst kennzeichnet ein „Minimum Support" als prozentuelle Schwelle die minimale, noch akzeptierte Verkaufshäufigkeit einer Objekt(gruppen)kombination[212] pro betrachteter Transaktionen (= Warenkörbe)[213]. Wird dieser Grenzwert erreicht bzw. überschritten, liegt eine prägnante Artikelbeziehung vor. Dies ist beispielsweise dann der Fall, wenn eine Beziehung zwischen zwei Artikeln in 1.000.000 Transaktionen 15.000 mal (1,5 Prozent) vorkommt[214].

Dieser bei Paarvergleichen als Relevanzkriterium dienende „Minimum Support" kann auch für die Analyse komplexer (mehrfacher) Verbundbeziehungen im allgemeinen sowie transitiven im besonderen verwendet werden. Im erstgenannten Fall müßte oben genannter Mindest-Prozentwert für einen Basis-Artikel (Basis-Artikelgruppe etc.) bei mindestens zwei (oder drei etc.) Objektkombinationen nachgewiesen werden. Transitivität als Sonderfall läge dabei dann vor, wenn - ausgehend von einem Basis-Artikel „a" (bei einer Betrachtung der Artikel a, b und c) - „die Beziehungen der Artikel a→b und b→c zur Beziehung a→c führen"[215].

Die so via Data Mining-Verfahren aufgedeckten Einfach- oder Mehrfach-Binominal-Verbundbeziehungen lassen sich durch eine zusätzliche Filterung via Mindest-Confidence- und -Lift-Levels weiter reduzieren. Im Anschluß daran sollten die permanent erzeugten Einzelergebnisse vor einer Ausgabe noch nach Aspekten der fachlichen Fragestellung (z.B. Lift-Levels für Sonderangebote) sowie persönlichen Vorkenntnissen des Interpretierenden geprüft und aufbereitet werden[216]. Schließlich ist bei der Informationsdarstellung auf eine verständnisfördernde Form zu achten.

---

212 An dieser Stelle sei nochmals darauf hingewiesen, daß sich die dargestellten Kennzahlen für alle Ebenen der Sortimentspyramide ermitteln lassen, und somit die oben auch exemplarisch vorgenommene Betrachtung von Artikelpaaren nur eine der möglichen Analyseformen beschreibt. Vgl. hierzu auch: Michels: Intelligent Miner, S. 17.

213 Kurz: Data Mining, S. 259. Neben dem „Minimum Support" besteht eine weitere Möglichkeit der Beschränkung darin, mehrere Artikel als Artikelgruppe oder Category zusammenzufassen, was für die Bestimmung von Warengruppenattraktivitäten im Rahmen von Sortimentsstrukturplanungen hilfreich ist.

214 Michels: Data Mining, S. 38.

215 Merkle: Sortimentsverbund, S. 37.

216 Mertens; Bissantz; Hagedorn: Data Mining, S. 198.

Sind derartige Verbundbeziehungen zwischen Objekt(-gruppen)kombinationen ohne Schlüsselung „verursachungsgerecht" eruiert, empfiehlt es sich, die gewonnenen Ergebnisse mit Verbunderträgen, die auf Basis der prozessorientierten Deckungsbeitragsrechnung ermittelten wurden, zu verknüpfen, um die kostenorientierte mit der markt- bzw. verbundorientierten Perspektive zusammenzuführen[217]. Dieses „schlagkräftige" Instrumentarium für ein Sortimentscontrolling sollte dann von Altersstruktur- und weiteren Analysen[218] flankiert werden und schließlich in ein verbundorientiertes bzw. integriertes Ergebniscontrolling einfließen, dessen weitere Informationsquellen nachfolgend untersucht werden.

### 4.2.2 Präsentationscontrolling

Im Rahmen der Beeinflussungspolitik bildet die Präsentationspolitik eine der tragenden Säulen[219]. Während das Gros der im Rahmen des Sortimentscontrolling dargestellten Techniken weitgehend analog auch für eine Marktbearbeitung via ERS eingesetzt werden kann, und deshalb diese Bereiche nicht differenziert betrachtet wurden, ist beim Präsentationscontrolling in dieser Hinsicht zwischen stationärem und virtuellem Handel zu unterscheiden. Begründen läßt sich dies mit dem engen Zusammenhang zwischen den Formen der Warenpräsentation sowie der Absatzkontaktgestaltung[220].

Aufgabe des Präsentationscontrolling ist die Planung, Koordination und Steuerung der akquisitorischen Wirkungen von Plazierungsentscheidungen. Diese beziehen sich im stationären Handel auf die Bereiche Verkaufs- sowie Regalflächengestaltung. Die Verkaufsfläche ist kurzfristig nicht veränderbar, stellt somit ein konstitutives Element dar und wird nicht zuletzt aufgrund des ständig wachsenden

217 Sodann könnte beispielsweise für die Auswahl von für Zweitplazierungen besonders geeigneten Artikeln eine kombinierte Betrachtung von Netto-Rentabilitäten, Verbunderträgen und Lift-Faktoren erfolgen.

218 Vgl. für eine stichwortartige Zusammenfassung von Instrumenten zur aktiven Sortimentssteuerung: Witt: Handelscontrolling, S. 133. Ein zusätzlicher Einsatz der Portfolio-Methode ist abzulehnen, weil sie „ohne konkreten Nutzwert für die Entwicklung und Planung von Sortimentsstrategien" ist. Möhlenbruch: Sortimentspolitik, S. 155. Eine ähnliche Kritik trifft auch das Warengruppen-Lebenszykluskonzept. Vgl.: Möhlenbruch: Sortimentspolitik, S. 158 ff.

219 Ferner ist bei der Beeinflussungspolitik die Werbepolitik von besonderer Bedeutung. Möglichkeiten zur Analyse der Werbewirkung werden in Gliederungspunkt 4.2.4 dieses Kapitels aufgezeigt.

220 Vgl. hierzu auch: Hansen: Absatz- und Beschaffungsmarketing, S. 275.

Warenangebotes zum Engpaßfaktor[221]. Allerdings erzwingt der auf Handelsunternehmungen lastende Veränderungs- und Innovationsdruck eine kreative und dynamische Verkaufsflächengestaltung, so daß konstitutive Elemente der intralokalen Standortplanung zunehmend flexibilisiert werden[222]. Aus diesem Grund erscheint es durchaus stringent, die im Rahmen der Strukturpolitik nur kurz angesprochenen Gestaltungsfragen hier nochmals aufzugreifen.

Der Erfolg einer Category wird nicht nur durch die Attraktivität der darin enthaltenen Artikel sowie ihres synergetischen Ausstrahlungseffektes bestimmt, sondern auch von der jeweiligen Regalplatzwertigkeit innerhalb des Verkaufsraumes, die stark vom habituellen Kaufverhalten der Kunden geprägt ist[223]. Deren Einkaufsverhalten ist zwar durch wiederkehrende Muster gekennzeichnet, welche in der handelswissenschaftlichen Literatur bereits seit längerem katalogisiert werden, jedoch sollte darüber hinaus die standortspezifische Suchlogik[224] des Kunden („mental map“) in Form von Einflußfaktoren eruiert und gewichtet werden, um eine verbesserte Qualität und Stabilität bei den Plazierungslösungen zu erreichen. Hierfür bieten sich neben Erhebungsmethoden der Primärforschung solche Data Mining-Analysen an, die als Ergebnistyp zeitliche Verbundbeziehungen via Zeitreihenmuster aufdecken und so Kaufwahrscheinlichkeiten für Additivgüter nach dem Erwerb eines bestimmten Artikels ermitteln[225]. Eine Identifizierung statistisch signifikanter Entnahmeketten anhand anonymer WK Analysen ermöglicht auch die Formulierung von Empfehlungen für Zweitplazierungen im Angebotsverbund[226]. Die so gewonnenen Erkenntnisse sollten dann bei der Verkaufsflächenallokation im allgemeinen sowie der orientierungsfreundlichen Anordnung

---

221 Dieses seit längerem bekannte Problem wird durch den aus steigenden Raumkosten resultierenden Kostendruck bei absatzorientierter Standortwahl noch verstärkt, man denke an die Mietpreisentwicklung für Geschäftsräume in attraktiven City-Lagen.

222 So werden beispielsweise in Japan zum Teil ganze Warengruppen mehrfach täglich umpositioniert, um wechselnden Kundenanforderungen besser entsprechen zu können. Somit zeigt sich - wie schon bei der Sortimentspolitik -, daß eine exakte Grenzziehung zwischen konstitutiven und programmpolitischen Maßnahmen der Präsentationspolitik weder sinnvoll noch möglich ist.

223 Vgl. zu den die Artikelplazierung bestimmenden Faktoren: Barth: Betriebswirtschaftslehre, S. 224.

224 Synonym wird auch von „Strategien des Einkaufs“ gesprochen. Müller-Hagedorn: Nachfrageverbund, S. 189. Vgl. für eine Operationalisierung der bei einer Untersuchung des Suchverhaltens von Kunden relevanten Merkmale: Esch; Thelen: Suchverhalten, S. 119 f.

225 Vgl. hierzu Gliederungspunkt 4.3.2 des zweiten Kapitels sowie die dort angegebene Literatur.

226 Hasenauer: Data Mining, S. 126.

von Warengruppen bzw. Abteilungen, Ruhezonen, Aktionsflächen, der Kassenzone etc. (sog. Funktionszonen[227]) im besonderen berücksichtigt werden.
Die Erfüllung dieser Aufgaben steht im Mittelpunkt des Interior Designs, bei welchem der Grundrißplan jeder einzelnen Geschäftsstätte den Ausgangspunkt für eine solche Flächenoptimierung bildet[228]. Auch im weiteren Verlauf der Space-Utilisation, bei der eine Optimierung der quantitativen und qualitativen Raumzuteilung angestrebt wird, empfiehlt sich der Einsatz spezieller CAD-Software. Diese setzt bei Fragen der Innenarchitektur seit geraumer Zeit neue Maßstäbe und sollte für hiesigen Einsatzzweck eine Schnittstelle zum MSS aufweisen, um Ergebnisse aus Data Mining-Analysen in die Simulationen einfließen lassen zu können.

Neben der Berücksichtigung emotions-, wahrnehmungs- und verhaltenspsychologischer Erkenntnisse ist eine Flächenverteilung und -belegung durch plazierungsorientierte Aktionsparameter rentabilitätsorientierter Informationslogistik zu steuern. Neben Flächenelastizitäten und Handlingkostensätzen lassen sich als weitere Meßkriterien für die Ökonomisierung der Verkaufsfläche Raumleistungskennzahlen ermitteln, bei denen Umsätze und/oder Deckungsbeiträge auf Geschäfts-, Verkaufs- und/oder Regalfläche bezogen werden[229]. Die Kennzahl Verkaufsflächenproduktivität (als Quotient aus Nettoerfolg und beanspruchter Quadratmeterzahl) wurde oben bereits vorgestellt[230].

Auch der im Rahmen des verbundorientierten Sortimentscontrolling gekennzeichnete Verbundertrag kann mit dem von einem Artikel oder einer Artikelgruppe etc. in Anspruch genommenen Raum (Kontaktstrecke; Fläche) in Relation gesetzt werden, wodurch sich insbesondere der Verbundertrag eines Artikels je Kontaktstrecke ermitteln läßt[231]. Der Aussagewert solcher Kennzahlen läßt sich durch folgendes Zitat gut einschätzen: „Je höher die Raumleistung, desto höher die Rentabilität“[232].

227 Hansen: Absatz- und Beschaffungsmarketing, S. 298 f.
228 Lutz: Ladengestaltung, S. 30.
229 Barth: Betriebswirtschaftslehre, S. 388.
230 Vgl. hierzu Gliederungspunkt 3.3.1 dieses Kapitels.
231 Recht; Zeisel: Sortimentserfolgsrechnung, S. 475.
232 Wickern: Lebensmittel-Filialbetrieb, S. 43.

Im Rahmen der Regalflächengestaltung gilt es einzelne Artikel in Warenträgern so zu positionieren, daß

(1) Out-Of-Stock-Situationen[233] vermieden,
(2) die Sortimentsgestaltung verbessert,
(3) verkaufsfördernde Regalbilder geschaffen,
(4) Kapitalbindungs- und Flächenkosten durch Bestandsabbau gesenkt,
(5) Handlingkosten verringert und
(6) abverkaufs-, d.h. kundengerechte Plazierungen ermöglicht werden[234].

Die Optimierung einzelner Warenträger erfolgt bereits seit längerem durch Einsatz eigens dafür entwickelter Software. Solche Spacemanagement[235]-Programme sollten jedoch nicht nur Roh- und Hilfsdaten aus den Filial-IS verarbeiten, sondern sowohl Rentabilitätskennzahlen als auch Meßergebnisse von Verbundbeziehungen sowie oben genannte psychologische Determinanten berücksichtigen, was bisher nicht der Fall ist.

Derzeit fokussieren diese nicht selten von Herstellern als Profilierungsinstrument eingesetzten Systeme eine optimale Plazierungsbreite, die sich aus der Anzahl der Frontstücke (Facing) ergibt und auf Basis artikelindividueller Absatzerwartungen[236] unter Berücksichtigung von Nachfüllrhythmen und ggf. Traygrößen[237] sowie Stapelhöhen errechnet[238]. Setzt der Handel Spacemanagement-Systeme selber ein, werden die entsprechenden Belegungspläne zum Teil auf Zentralebene entwickelt und sind nur für standardisierte Sortimentsmodule[239] sowie Abteilungen mit vorgegebener Musterplazierung gültig[240]. Mithin wird in der Handelspraxis

233 In der Handelspraxis wird teilweise bereits dann von einer Out-Of-Stock-Situation gesprochen, wenn nur noch wenige oder Einzelstücke präsent sind, weil bereits zu diesem Zeitpunkt die Umschlaghäufigkeit - aufgrund einer Abwanderung der Kunden zu Substitutionsartikeln - sinkt. Biester: Out-of-Stock, S. 42.

234 Hertel: Warenwirtschaftssysteme (II), S. 217.

235 In der deutschen Handelspraxis wird das Schlagwort Spacemanagement zumeist nur als Synonym für Regaloptimierung verwendet. Hertel: Warenwirtschaftssysteme (II), S. 217.

236 Vgl. hierzu auch die Mengeneffekte unterschiedlicher Aktionstypen, die im Rahmen eines Controlling des Akquisitionsverbundes (Gliederungspunkt 4.2.5 dieses Kapitels) aufgezeigt werden.

237 Plazierungshilfen, die mehrere gleiche Artikel aufnehmen.

238 Milde: Handelscontrolling, S. 443.

239 Zwangsläufig „drapieren" dann Wahlbausteine die letztendlich nur zu suboptimalen Regalbildern transformierten Pflichtbausteine.

240 Rosik: Regaloptimierung, S. 49. So wird beispielsweise bei der *Karstadt AG* verfahren. Da dort Wahlbausteine und sämtliche Artikelpreise vom jeweiligen Abteilungsleiter festgelegt

Standortspezifika berücksichtigenden Systemen nicht genügend Beachtung geschenkt. 40 Prozent der Verkaufsregale sind mit zu breiten Facings fehlbelegt, auch weil die angenommene Korrelation zwischen Absatz und Plazierungsbreite nur sehr bedingt zutrifft[241]. Insofern können die Ergebnisse US-amerikanischer Studien nicht überraschen, daß nämlich 15 Prozent der Regalfläche ohne Umsatzverluste eingespart werden können[242].

Hier zeigt sich nochmals der hohe Bedeutungswert einer intraorganisatorischen Standortpolitik. Werden die oben aufgezeigten Controllingtechniken hierbei eingesetzt, ist es schließlich empfehlenswert, sowohl betriebstypenspezifische Referenz-Flächenbelegungspläne und Plazierungsschemata zur Orientierung bei der Verkaufs- bzw. Regalflächenoptimierung zu verwenden als auch filialspezifische Regalbilder für ein permanentes Filialbenchmarking[243] im HIS zu hinterlegen.

Im virtuellen Handel steht beim Präsentationscontrolling die Effizienz des elektronischen Plazierungskonzeptes im Mittelpunkt. An die Stelle von Verkaufs- und Regalflächenoptimierung treten Gestaltungsfragen bezüglich der durch ERS genutzten Medien. Im Mittelpunkt stehen hierbei zukünftig Struktur und Design von Webseiten (Electronic Cataloging) sowie deren aktive Steuerung, die sich klar an Kundenpräferenzen und Akzeptanzuntersuchungen orientieren muß. So ist beispielsweise das Online-Angebot der Versandhandelsunternehmung *Otto* „so gestaltet, daß der Kunde mit höchstens drei Mausklicks die gewünschten Waren aufrufen kann"[244]. Dies setzt eine entsprechende Dokumenthierarchie voraus. Bezüglich Programmergonomie und Screendesign bei virtueller Präsentation - auch via Hybrid-Systeme[245] - hat der Fachausschuß Werbung, Marketing und Vertrieb im *Zentrum für Interaktive Medien e.V. (ZIM), Köln*, folgende Gestaltungsempfehlungen erarbeitet.

werden, fallen somit Präsentations- und Preisoptimierung in unterschiedliche Zuständigkeitsbereiche, was nicht nur einem Mikromarketing entgegensteht.

241 Milde: Handelscontrolling, S. 442.

242 Davies: Einzelhandel, S. 129 f.

243 Vgl. hierzu Gliederungspunkt 4.2.6 dieses Kapitels.

244 So Versandhaus-Chef *Michael Otto*, in: Hohensee: Tempo, S. 95.

245 Vgl. zur inhaltlichen Kennzeichnung Gliederungspunkt 3.3.1.3.2 des zweiten Kapitels.

Abb. 32: Regeln zur Gestaltung elektronischer Kataloge

| | |
|---|---|
| (1) | Komfortable, automatische Selbstinstallation des Katalogprogramms [bei Hybrid-Systemen (*nachfolgend in dieser Abbildung als „HS" abgekürzt*)] |
| (2) | Integrierte Kompatibilitätsprüfung für alle benötigten IS-Komponenten (bei HS) |
| (3) | „Guided-Tour" für Erstbenutzer |
| (4) | Logisch gestaltete, selbsterklärende, intuitiv erfaßbare Oberflächen |
| (5) | Kurze Bildaufbau- und Programmladezeiten |
| (6) | Ausschließliche Verwendung bekannter und/oder assoziationsstarker Elemente zur Programmnavigation |
| (7) | Verwendung korrespondierender Gestaltungselemente des Printkataloges (wenn vorhanden) und des Corporate Designs der Unternehmung |
| (8) | Vermeidung von Datenfriedhöfen durch Update-Management (bei HS) |
| (9) | Benutzermodi für Laien, Experten und Sonderkundenbereiche |
| (10) | Möglichkeit zur rückstandsfreien De-Installation (bei HS) |

Quelle: In Anlehnung an: Weber: Markteinführung eines elektronischen Kataloges, S. 78.

Auf der Basis solcher Gestaltungsgrundsätze ist dann zwischen den Ausprägungen Unterhaltung und Information, verstanden als Extrempunktverankerungen, eine Präsentationsleitlinie zu entwickeln. Diese zeigt nicht nur im Business to Business-Bereich deutlich „in Richtung Funktionalisierung durch Nutzungsoptimierung"[246]. Mithin steht nicht die technische Machbarkeit unter Einsatz immer neuer Gestaltungstechniken (z.B. Frames, Java-Script, Active-X, Shockwave, animierte Gifs etc.) im Vordergrund, sondern vielmehr gilt der Grundsatz „form follows function"[247]. Sind Struktur und Design als eher konstitutive Elemente der Präsentationspolitik bestimmt, erfolgt eine rentabilitätsorientierte Feinsteuerung des Kataloges durch Plazierungs-, Darstellungs- und besonders Nutzungsanalysen, wobei insbesondere die kurzfristige Veränderung von (z.B. saisonspezifischen) Plazierungsgruppen dem virtuellen Angebot einen dynamischen Charakter verleiht.

### 4.2.3 Preiscontrolling

Wichtigstes Entscheidungsfeld im Rahmen der Entgeltpolitik ist die Preispolitik. Ihre oberste Zielsetzung ist es, eine gewinnoptimale Verkaufspreisfindung und

246 Weber: Markteinführung eines elektronischen Kataloges, S. 72.
247 Fuzinski; Meyer: Internet-Ratgeber, S. 210 ff.

-durchsetzung für die Summe spezifizierter Leistungsangebote zu ermöglichen, wobei neben Verbundphänomenen auch Aspekte einer räumlichen, zeitlichen und/oder personellen Preisdifferenzierung[248] zu berücksichtigen sind. Dies ist in der Handelspraxis sehr häufig nicht der Fall, wie der Direktor der Unternehmungsberatung *McKinsey & Company Inc., München*, resümiert: „Differenzierte Preispolitik wird im deutschen Handel zum Teil sträflich vernachlässigt“[249].

Die Preisfindung im Handel kann grundsätzlich unter kosten- sowie marktorientierten Gesichtspunkten erfolgen. Dabei wird die an Marktgegebenheiten bzw. Nachfragereaktionen ausgerichtete Kalkulation auch durch Konkurrenzangebote und -verhalten beeinflußt. In der Praxis ist meist eine Kombination aus kosten- und marktorientierter Preissetzung anzutreffen, wobei das institutionale Controlling häufig aus einer Kosten-plus- und Deckungsbeitragsperspektive primär hohe Margen anstrebt, während im Verkauf eher die Preisakzeptanz bzw. -response sowie Konkurrenzpreise einbezogen werden[250]. „Das führt dazu, daß das (rechnungswesenorientierte[251]) Controlling meist einen höheren Preis fordert als die Marktexperten“[252]. Controller rechnen in „vielen Unternehmen (..) am eigentlichen Bedarf des Managements vorbei“[253]. Die Marktexperten hingegen orientieren sich nicht an vorhandenen artikelgenauen EPOS-Daten, sondern „in erster Linie an der Wettbewerbssituation“[254].

Eine Möglichkeit den hier offensichtlich notwendigen Konsens zwischen Verkauf und Controlling herbeizuführen, könnte sich durch das sogenannte Target Costing eröffnen. Bei diesem steht schon vor der Leistungserstellung die Frage im Mittelpunkt, wie hoch die Kosten für ein spezifiziertes Leistungsangebot (Artikel) überhaupt sein dürfen[255]. Weil sich aber insbesondere Möglichkeiten der zeitlichen Preisdifferenzierung in dieses Konzept schlecht integrieren lassen, wird ein

---

248 Vgl. zu einer systematischen Darstellung von Möglichkeiten und Grenzen der Preisdifferenzierung im Handel: Stoffl: Preisdifferenzierung, S. 387 ff.

249 Barrenstein: Erfolgsfaktoren, S. 112.

250 Simon; Dahlhoff: Target Pricing, S. 95.

251 Anmerkung des Verfassers.

252 Simon; Dahlhoff: Target Pricing, S. 96.

253 Reischauer: Controlling, S. 60 f. So das Ergebnis einer dort näher gekennzeichneten aktuellen wissenschaftlichen Studie.

254 So das Ergebnis einer Untersuchung des *DHI*. Gerling: Scanning, S. 14.

255 Battenfeld: Prozeßorientierte Kostenrechnung, S. 205.

strategischer Durchschnittspreis mit nur geringer Aussagekraft ermittelt, woraus die Notwendigkeit des Einsatzes weiterer bzw. anderer Verfahren resultiert[256].

Bei der empirischen Schätzung von Preisreaktionsfunktionen wird festgestellt, welche alternativen Preisstellungen zu welchen Absatzmengen führen. Allerdings hat der ermittelte Funktionsverlauf nur dann volle Gültigkeit, wenn im betrachteten Zeitraum die Qualität der spezifischen Leistungsangebote, die Einsatzintensitäten der weiteren Retailing-Mix-Instrumente sowie das Verhalten der Konkurrenten konstant bleiben oder die Einflüsse dieser interdependenten Preisstimuli bekannt sind[257]. Beides ist zwar regelmäßig nicht der Fall, doch liefern Preisanalysen dieser Art sicherlich genauere Anhaltspunkte für die Preissetzung, als wenn man sich nur an den in der Literatur empfohlenen Faustformeln orientiert[258].

Bei der Ermittlung von Preis-Absatz-Funktionen auf der Grundlage von EPOS-Daten empfiehlt sich eine standortbezogene Vorgehensweise, weil die Preiszahlungsbereitschaft der Kunden auch von der geographischen Lage des Geschäfts abhängt[259]. Die Generierung linearer oder exponentieller Preiseleastizitätsfunktionen, z.B. auf Artikelebene, setzt jedoch eine vorausgegangene zeitliche Preisdifferenzierung (Zeitreihenanalyse) voraus. Eine solche Vorgehensweise erscheint um so problematischer, desto mehr ein Artikel „im Brennpunkt des Preiswettbewerbs“[260] steht. Die Preiskenntnis der Kunden determiniert die Breite des preispolitischen Aktionsfeldes, weil deren Preisurteil aus einem Vergleich von Verkaufspreis und Ankerpreis[261] resultiert. Wenn überhaupt, ist es speziell bei Artikeln mit Leitpreisfunktion für Filialsysteme vorteilhafter, in Geschäftsstätten mit möglichst ähnlichen Standortbedingungen per geographischer Preisdifferenzierung Preis-Absatz-Funktionen zu ermitteln, um durch Preisschwankungen in-

---

256 Vgl. hierzu: Woratschek: Preisforschung, S. 154 sowie die dort angegebenen Quellen.

257 Woratschek: Preisforschung, S. 162.

258 Vgl. für Beispiele solcher Faustformeln: Simon: Preismanagement, S. 517.

259 In diesem Zusammenhang spricht der Abteilungsdirektor Warenwirtschaft der *Karstadt AG, Niederhausen*, von dezentraler Verkaufspreishohheit, die es Abteilungsleitern vor Ort ermöglicht, den jeweiligen Verkaufspreis zu bestimmen. Niederhausen: Warenwirtschaft, S. 312. In der Regel generiert das jeweilige WWS dafür Preisvorschläge. Weichen Entscheider bei ihrer Preissetzung von diesen ab, kann deren dokumentierte Begründung beim Filialbenchmarking (vgl. hierzu Gliederungspunkt 4.2.6 dieses Kapitels) insbesondere dem Kollegen an einem anderen Standort wertvolle Anregungen liefern.

260 Diller: Preispolitik, S. 274.

261 Der Ankerpreis kennzeichnet „das Preisempfinden im Hinblick auf ein bestimmtes Produkt“. Schmalen: Preispolitik, S. 15.

duzierte Irritationen beim Kunden zu vermeiden[262]. Allerdings müssen für solche Feldversuche unter Umständen Deckungsbeitragsverluste und abnehmende Intensitäten bei der Kundenbindung in Kauf genommen werden, woraus die Notwendigkeit einer sorgfältigen Auswahl von Testobjekten resultiert. Im Regelfall dürften sich eher Ausgleichgeber mit unklaren Ankerpreisen anbieten. Auch *Heidel* konstatiert, „daß sich nur für eine geringe Zahl von Artikeln Preis-Absatz-Funktionen schätzen lassen"[263].

Trotz dieser Restriktionen bleibt festzuhalten, daß sich mittels historischer EPOS-Daten folgende ex post-Beobachtungen durchführen bzw. -Ergebnisse ermitteln lassen[264]:

(1) Preis-Absatz-Funktion und Preiselastizität eines Artikels,
(2) Wirkung von Preisschwellen auf Absatzmengen eines Artikels und
(3) Auswirkungen von Preisvariationen auf die Marktanteile von zwei Artikeln[265].
(4) Ferner läßt sich die Wirkung solcher Beeinflussungstechniken ermitteln, die zur Verbesserung der Preisakzeptanz des Kunden eingesetzt werden[266].

Von besonderer Wichtigkeit beim Preiscontrolling im Handel ist die zeitliche Preisdifferenzierung bei Saison- bzw. kurzen Lebenszyklen unterworfener Ware im allgemeinen sowie modischen Produkten im besonderen. Bisher war es üblich, die Zeitpunkte schrittweiser Abschriften bereits im Vorfeld festzulegen, ohne dabei die Veränderungen von Warenumschlaggeschwindigkeiten zu berücksichtigen, obwohl diese einen wesentlichen Entscheidungsparameter darstellen. Diese Erkenntnis nutzt unter anderen *Wal-Mart*, wo die zweiwöchige Verschiebung einer geplanten Preisreduktion bei nur einem Artikel den geschätzten Umsatz-

262 Durch diese Vorgehensweise lassen sich auch Spill- und Carry-Over-Effekte weitgehend eliminieren, obgleich zeitliche Wirkungsverzögerungen, die besonderes bei kommunikationspolitischen Maßnahmen auftreten, gering sind. Mithin ist die Werbeelastizität regelmäßig wesentlich höher als die Preiselastizität. Vgl. hierzu auch: Reichmann: Controlling, S. 372 und die dort angegebene Literatur.

263 Heidel: Scannerdaten, S. 160.

264 Maurer: Marketingforschung, S. 266 ff.

265 Vgl. zu solchen Preisabstandsanalysen auch: Olbrich: Warenwirtschaftssysteme, S. 148. Im LEH konnte ab einer bestimmten Preisdifferenz ein sprunghafter Anstieg des Marktanteils des günstigeren Artikels festgestellt werden. Maurer: Marketingforschung, S. 270. Auf höherer Aggregationsebene wurde außerdem ermittelt, daß ein Preisabstand von 30 bis 40 Prozent zwischen Handelsmarken und führenden Markenartikeln optimal ist. Gerling: Mikro-Marketing, S. 28.

266 Zu diesen Maßnahmen zählen beispielsweise optische Präsentation und sprachliche Etikettierung des Preises. Barth: Betriebswirtschaftslehre, S. 186 ff.

unterschied von 500.000 Dollar bewirkte[267]. Der britische Filialist *Tesco* arbeitet mit einem Vorschlagsystem, das solche Preisabschläge ermittelt, bei denen die Produkte immer noch komplett abverkauft werden; „die Abschriften sind dadurch um 25 Millionen Pfund zurückgegangen“[268]. Eine solche aktive Preispolitik läßt sich automatisieren, indem Preisänderungen (z.B. bei Saisonware) auf Grundlage der von integrierten Controllingsystemen gelieferten Informationen durch den jeweiligen Entscheider datumgesteuert werden. Die bezüglich der Regalauszeichnung hierfür notwendige Flexibilität läßt sich durch den Einsatz von ESL erreichen, wodurch Druck und Montage von Etiketten überflüssig wird.

Um auch die Sortimentsbezogenheit handelsbetrieblicher Preispolitik beim Preiscontrolling berücksichtigen zu können, sind Veränderungen der im Rahmen des Sortimentscontrolling dargestellten Verbundkennzahlen bei Preisvariationen zu analysieren. Derartige Untersuchungen, die eine Verknüpfung von Preisstellungs- und Verbundanalysen verlangen, sind nur im Rahmen eines HIS-gestützten integrierten Ergebniscontrolling durchführbar. Die inhaltliche Kennzeichnung eines derartigen Konzeptes ist Gegenstand eines bisher vernachlässigten Forschungsfeldes, in welchem *Fischer* zwar als Pionier tätig wurde, jedoch zu keinen aufschlußreichen Ergebnissen kommt, auch weil Data Mining-Analysen unberücksichtigt blieben[269].

Schließlich soll noch auf die Angebotspreisermittlung für in das Sortiment neu aufgenommene Artikel eingegangen werden, denn bei durch EPOS-Daten gestützten Analysen handelt es sich zwangsläufig um ex post Betrachtungen. Jedoch ist bei der Preissetzung eine Orientierung an Substitutionsprodukten fast immer möglich, denn 1996 waren nur 35 der 1.600 von den Herstellern als neu bezeichneten Produkten echte Innovationen[270]. Vor diesem Hintergrund kommt auch ein *Wal-Mart*-Analyst zu der Feststellung, daß „die historischen Verkaufsdaten eines vergleichbaren Artikels quasi als Schablone herangezogen werden“[271] können. Fehlen solche Vergleichsmöglichkeiten, kommen den Methoden der Primärforschung, hier insbesondere dem Conjoint-Measurement[272], eine besondere Bedeutung zu.

267 Biester: Data Warehousing, S. 40.
268 Biehl: Zeit ist Geld, S. 73.
269 Vgl. hierzu: Fischer: Verbundorientierte Preispolitik, S. 323 ff.
270 Wiezorek: Kooperation statt Konfrontation, S. 389.
271 Biester: Data Warehousing, S. 40.
272 Durch dieses multivariate Erhebungs- und Analyseverfahren der Einstellungs- und Präferenzforschung werden Gesamtnutzenwerte einzelner Objekte (z.B. Artikel) dadurch ermit-

Grundsätzlich sind die oben dargestellten Methoden des Preiscontrolling auch beim Vertrieb von Waren über ERS einsetzbar. Allerdings nimmt deren Bedeutung hier einen noch höheren Stellenwert ein, weil Preise wesentlich transparenter sind und insbesondere „per Internet für bestimmte Warengruppen tagesaktuelle Preise“[273] festgelegt werden können. Derartig schnelle Reaktionsmöglichkeiten sind zwar durch Einsatz der ESL-Technik auch im stationären Handel möglich, jedoch ist die dafür notwendige Flexibilität beim Kunden eine Generationenfrage, die bei ERS sicherlich weniger Probleme aufwirft.

### 4.2.4 Werbewirkungsanalysen

Die Werbepolitik ist eine weitere tragende Säule der Beeinflussungspolitik. Produkt- und Imagewerbung des Handels sind als Investitionen in den Markt zu verstehen, wobei der Erreichungsgrad dabei verfolgter ökonomischer und außerökonomischer Ziele durch realisationsbegleitende und erfolgsbezogene Kontrollen zu beurteilen ist[274]. In hiesigem Kontext stehen IS-gestützte Verfahren zur erfolgsbezogenen Kontrolle ökonomischer Werbeziele im Vordergrund.

Für eine Feinsteuerung von Werbeeinsätzen sind IS-gestützte Detailanalysen der Werbewirkung erforderlich. Indem sich Informationen darüber abrufen lassen, welche Stückzahlen zu Werbekonditionen verkauft und welche Ergebnisse bzw. Deckungsbeiträge dadurch erzielt wurden, können Wirkungsanalysen je Artikel und je Werbeseite durchgeführt werden[275]; auch verdichtet für weitere Aggregationsebenen von Bezugsobjekten, z.B. Categories[276], Filialen und Regionen. Den

telt, daß Teilnutzenwerte (z.B. Preisgünstigkeit) anhand entsprechender Attribute (z.B. Preise) im (Paar-)Vergleich durch Probanden beurteilt werden. Als Zwischenergebnis erhält man individuelle Preisbereitschaften, durch die sich mit Hilfe eines IS-gestützten Modells schließlich Preis-Absatz-Funktionen prognostizieren lassen. Vgl. zu einer ähnlichen Darstellung: Simon: Conjoint Measurement, S. 75; Backhaus; Erichson; Plinke; Weiber: Analysemethoden, S. 499 ff.

273 Hohensee: Tempo, S. 92.

274 Barth: Betriebswirtschaftslehre, S. 220.

275 Conradi: Unternehmensführung, S. 103. *Conradi* weist allerdings nicht darauf hin, daß diese Messungen eine Konstanz der übrigen marketingpolitischen Instrumentalvariablen verlangt, weil ansonsten Ursache-/Wirkungsbeziehungen nur schlecht hergestellt werden können. Als Ergebnis einfach strukturierter Detailanalysen erhält man sogenannte Werbeerfolgskontrollisten. Zinke: Erfolgskontrolle, S. 20.

276 In diesem Fall würde die Wirkung von Werbemaßnahmen für eine bestimmte Category in einem fixierten Zeitintervall analysiert.

beiden letztgenannten Ebenen einer solchen Messung von „Finalen Verhaltenswirkungen“[277] kommt deshalb eine besondere Bedeutung zu, weil die Betriebsstättenprofilierung das Hauptziel handelsbetrieblicher Werbemaßnahmen ist. Die Preisgünstigkeit und/oder Qualität der werblich herausgestellten Produkte soll demnach nicht nur deren Abverkauf steigern, sondern auch auf das Gesamtangebot am jeweiligen Standort bzw. im elektronischen Katalog ausstrahlen. Solche Wirkungen zu messen verlangt eine Betrachtung entsprechender Aggregationsebenen. Auf diesen ist dann für die Ermittlung des Grades der Zielerreichung nicht die Beurteilung einzelner Werbemaßnahmen relevant, sondern vielmehr die Summe ihrer Wirkungen. Dafür müssen Kennzahlenvergleiche durchgeführt werden, bei denen auf die Entwicklung von Besucher- und Käuferfrequenzen, WK-Strukturen sowie von einzelnen und kumulierten Ergebnisbeiträgen abgestellt wird. Mithin können Werbewirksamkeitsauswertungen durch die oben dargestellten OLAP-Lösungen durchgeführt werden[278].

Konkret sind für effiziente Werbewirkungsanalysen im Handel folgende Messungen unverzichtbar[279]:

(1) Erstens müssen Umsatz- und Deckungsbeitragsentwicklungen der beworbenen Artikel sowie die Anzahl der sie jeweils kaufenden Kunden ermittelt werden.

(2) Diese Basisdaten müssen in einem weiteren Schritt auch auf höheren Aggregationsebenen (z.B. Category, Abteilung, Filiale etc.) erhoben werden.

(3) Drittens müssen die Verbundkäufe ermittelt werden, die das beworbene Bezugsobjekt ausgelöst hat.

Grundsätzlich besteht bei den genannten Werbewirkungsmessungen ein Validitätsproblem, weil das beurteilte Kaufverhalten nicht nur auf Werbeimpulse zurückgeführt werden kann[280]. Trotzdem läßt sich durch sogenannte Promotionplanprogramme zeigen, welche Produkte sich bei welchen marketingpolitischen Maßnahmen am besten für eine kurz- oder mittelfristige werbliche Herausstellung

277 Steffenhagen: Werbewirkungsmessung, Sp. 2689 ff.

278 Vgl. zu dieser Feststellung auch: Chamoni; Gluchowski: OLAP, S. 425.

279 Vgl. hierzu auch die Feststellungen von *Westerman*, DW-Spezialist und ehemaliger Mitarbeiter bei *Wal-Mart*, in: Biester: Data Warehousing, S. 40.

280 Steffenhagen: Werbewirkungsmessung, Sp. 2690.

eignen, wenn Partialwirkungen absatzpolitischer Instrumente aufgrund von Erfahrungswerten hinreichend bekannt sind[281].

Auch läßt sich flankierend der zeitliche Abstand zwischen werblichem Reiz und der Reaktion bei den Adressaten messen, der dann bei der Formulierung von Werbe-Timing-Strategien[282] berücksichtigt werden sollte, insbesondere im Saisongeschäft. Insgesamt liefert eine solche Werbewirkungsanalyse trotz der genannten Zurechnungsproblematik wichtige Impulse für die Werbeetat[283]- und Werbemix-Planung.

Von zunehmender Bedeutung ist die Wirkungsanalyse bei Werbung im Internet, was bereits an den Ausführungen zu ERS im zweiten Kapitel der Arbeit erkennbar wurde. Die Werbeträgerleistung läßt sich hier wesentlich genauer ermitteln als in den oben gekennzeichneten „klassischen" Fällen. Bei den nunmehr relevanten Meßkriterien kommt der Ermittlung des quantitativen Tausender-Kontaktpreises (TKP) einer virtuellen Werbefläche (z.B. Banner) besondere Bedeutung zu, der sich als mit der Zahl 1.000 multiplizierter Quotient aus Trägerkosten und Pageviews[284] errechnet. Zusätzliche qualitative Aspekte lassen sich durch die realisierten Werbeträgerkontakte in Form sogenannter AdClicks[285] berücksichtigen. Mit deren Hilfe lassen sich die „Costs per Click" ermitteln, die direkte Vergleichsanalysen ermöglichen.

Des weiteren „kann protokolliert werden, welche Seiten wie oft und aus welcher Richtung angesprungen werden und welche Menüpositionen, Hot Words usw. der Benutzer auswählt (Registrierung eingehender Anfragen). Interessant ist es auch

---

281 Dieser Aspekt wird im Rahmen des „Controlling des Akquisitionsverbundes" erneut aufgegriffen und anhand eines Beispiels verdeutlicht.

282 Vgl. zu den Einflußfaktoren beim Werbetiming: Barth; Theis: Werbung, S. 400 ff.

283 Möglichkeiten der optimalen Verteilung von Werbebudgets auf einzelne Produkte analysiert *Albers*. Er kommt zu dem Ergebnis, daß ein gegebenes Gesamtwerbebudget nicht proportional zum (Plan-)Umsatz oder DB geeigneter Artikel verteilt werden sollte, sondern auf Grundlage der Allokationsregel „Deckungsbeitrag x Elastizität". Vgl. für eine Bewertung der Leistungsfähigkeit dieser Regel unter differenten Prämissen: Albers: Marketing-Budgets, S. 212 ff.

284 Als Pageviews (synonym Adviews) bezeichnet man die Anzahl der Zugriffe (Sichtkontakte) auf eine potentiell werbeführende Website. Vgl. http://www.dmmv.de/pgs/webkrit.htm

285 Als AdClicks bezeichnet man die Anzahl der „Klicks" auf einen Hyperlink, die zur Online-Seite eines Werbetreibenden führen. Die AdClick- oder Click-Rate gibt das Verhältnis von AdClicks zu Adviews an und ist Effizienzkriterium für Online-Werbung. Die alleinige Messung von Besucherzahlen (Pageviews) der Seite des Werbetreibenden ist hingegen dafür ungeeignet. LZ: WEB, o. S.

zu beobachten, an welchen Stellen viele Benutzer das „Surfen“ abbrechen“[286]; weil sich daraus weitere Gestaltungsregeln für das Electronic Cataloging ableiten lassen. Zunehmend wichtiger wird die Messung der Nutzungsdauer (View Time), weil mit höheren Übertragungsgeschwindigkeiten der Anteil dynamischer Inhalte (animierte Gifs, Video- und Tonsequenzen etc.) steigt.

In der Praxis werden derartige Werbewirkungsanalysen durch den Einsatz von Proxy-Cache-Servern und Firewall-Rechnern behindert[287]. Bei erstgenannten erfolgt eine lokale Zwischenspeicherung oft angeforderter Websites beim Provider oder der Firma des Nutzers, so daß der Server des Anbieters keine Seitenanforderung erhält, was zu einer Verfälschung der Meßwerte führt; allerdings können durch sogenannte CGI-Programme diese sonst überflüssigen Seitenanforderungen erzwungen werden. Bei Firewalls erscheinen die Rechner (bzw. deren internen IP-Nummern) aller Mitarbeiter einer Unternehmung extern unter einer einzigen (Sammel-) IP-Adresse, wodurch eine differenzierte Nutzungsanalyse behindert wird.

Ungeachtet dieser als geringfügig zu bewertenden Restriktionen werden sich die Möglichkeiten des sogenannten „Web-Tracking“ zukünftig noch verbessern. Die Zugriffsprotokolle der Anbieter liefern dann die oben gekennzeichneten quantitativen Größen als Datengrundlage für detaillierte Verhaltensdokumentationen, in die Ergebnisse aus der Nutzerschaftsforschung und insbesondere Reichweitenanalysen ergänzend einfließen. Schließlich sind die so bewerteten Trägerleistungen für eine Beurteilung ihrer tatsächlichen Effizienz durch Analysen der „Finalen Verhaltenswirkungen“ zu überprüfen. Die dafür oben systematisierten Messungen [vgl. (1) bis (3)] gelten analog.

### 4.2.5 Controlling des Akquisitionsverbundes

Das Controlling des Akquisitionsverbundes umfaßt die Koordination und Steuerung solcher Maßnahmen, welche „zum Zwecke der Absatzförderung und der Betriebsprofilierung“[288] im Rahmen einer kurz- bis mittelfristig angelegten Kom-

286 Mertens; Schumann: Electronic Shopping, S. 524.

287 Vgl. hierzu und der nachfolgenden Erläuterung: http://www.pz-online.de/pmonl/medonl/verfahren.htm

288 Barth: Betriebswirtschaftslehre, S. 232.

bination absatzpolitischer Instrumente (Preis, Plazierung, Werbung) getroffen werden. *Barth* kennzeichnet in diesem Zusammenhang den Akquisitionsverbund als Summe solcher Artikel, die einer besonderen absatzpolitischen Förderung unterliegen[289].

Von entscheidender Bedeutung ist dabei die Festlegung der für einen begrenzten Zeitraum zu aktionierenden Artikel. Diese können entweder aus dem bestehenden Betriebssortiment ausgewählt (Sonderangebotsartikel) oder nur für den Akquisitionsverbund gelistet und nach der Aktion wieder eliminiert werden (Aktionsartikel)[290]. Letztere Variante ist zunehmend häufiger anzutreffen, weil

(1) in einigen Betriebstypen die Preispolitik die Geschäftsstrategie determiniert,
(2) Dauerniedrigpreise bzw. Festpreispolitik in der Gunst des Kunden stehen und
(3) Preisangleichungen nach Sonderaktionen bei Artikeln des Betriebssortimentes zu Irritationen beim Kunden führen können. Besonders dann, wenn Sonderangebote gezielt als Vorstufe für Preiserhöhungen genutzt werden. Dies ist im deutschen Handel eine gebräuchliche Maßnahme, weil dadurch der Kunde den Kontakt zum vorherigen Normalpreis verlieren soll[291].
(4) Schließlich sind bei kurzfristiger Betrachtung - von Ausnahmen einmal abgesehen - Sonderangebote „kein Instrument, um den Gewinn eines Handelsbetriebes zu steigern“[292], wie eine Wirkungsanalyse auf Grundlage von EPOS-Daten zeigt.

Für eine Grobauswahl der im Akquisitionsverbund zu positionierenden Artikel werden in der Literatur Checklisten[293] empfohlen. Innerhalb dieses Orientierungsrahmens muß die eigentliche Artikelselektion und dann die Abstimmung der jeweiligen Preis-, Präsentations- und Werbemaßnahmen erfolgen. Die Kombinationsmöglichkeiten beim Instrumenteneinsatz führen neben dem Normalverkauf zu verschiedenen Akquisitionsverbundtypen, deren Mengeneffekte Abbildung 33 auszugsweise zeigt.

289 Barth: Betriebswirtschaftslehre, S. 169 f.

290 Tietz: Handelsbetrieb, S. 392.

291 Milde: Category Management, S. 300. Die Wirksamkeit solcher Maßnahmen hängt insbesondere vom Ankerpreis der jeweiligen Artikels ab. Vgl. hierzu auch Gliederungspunkt 4.2.3 dieses Kapitels.

292 Schmalen; Pechtl; Schweitzer: Sonderangebotspolitik, S. 246. Innerhalb dieses Zeitrahmens kennzeichnen die Autoren Sonderangebote dort sogar als „Verlustbringer“.

293 Vgl. hierzu exemplarisch: Barth: Betriebswirtschaftslehre, S. 234; Tietz: Handelsbetrieb, S. 394; Berekoven: Einzelhandelsmarketing, S. 212.

Abb. 33: Mengeneffekte unterschiedlicher Typen des Akquisitionsverbundes

| Preisreduzierung | +/- 0 % | - 5 % | - 10 % | - 15 % | - 20 % | - 25 % |
|---|---|---|---|---|---|---|
| Keine Promotion | 100 | 122 | 148 | 184 | 231 | 287 |
| Anzeige | 165 | 203 | 247 | 306 | 384 | 489 |
| Zweitplazierung | 177 | 217 | 264 | 327 | 411 | 523 |
| Anzeige + Zweitplazierung | 295 | 357 | 440 | 544 | 683 | 870 |
| Anzeige + Zweitplazierung + Handzettel | 391 | 444 | 603 | 741 | 853 | 1017 |
| Index 100: durchschnittlicher Wochenabsatz des Artikels bei Normalverkauf | | | | | | |

Quelle: In Anlehnung an: Milde: Category Management, S. 300; DHI: Warenwirtschaftssysteme, S. 153.

Die oben dargestellten unterschiedlichen Absatzentwicklungen eines Artikels lassen sich nicht nur ex post mit Hilfe der multiplen nichtlinearen Regression berechnen, sondern können (ex ante) auch simuliert werden[294]. In beiden Fällen ist zu prüfen bzw. zu prognostizieren, inwieweit der zusätzliche Absatz beim Akquisitionsartikel durch einen Substitutioseffekt innerhalb der Category erkauft werden mußte bzw. würde (Auswahlverbund), weil sich Maßnahmen wie Werbung, Um- und/oder Zusatzplazierungen sowie Preisänderungen auf die in weiteren Sortimentsebenen erzielten Ergebnisse auswirken.

Die gewonnenen Erkenntnisse sollten in einer Akquisitionsverbund-Dokumentation ebenfalls im HIS hinterlegt werden. In solchen von Praktikern als Aktionslisten bezeichneten Auswertungen sollten insbesondere folgende Kriterien ausgewiesen werden[295]:

(1) Aktionshäufigkeiten (Promotionintensitätsanalyse) und -maßnahmen sowie
(2) Aktionsauswertungen, insbesondere
(3) die mit dem aktionierten Artikel zusammenhängenden Verbund- und die durch ihn ausgelösten Substitutionseffekte sowie

294 Vgl. hierzu auch: Milde: Handelscontrolling, S. 439. Bereits an anderer Stelle wurde festgestellt, daß die Erfassung artikelgenauer Umsätze pro Tag über einen Zeitraum von mindestens 15 Monaten Voraussetzung für Aktionserfolgskontrollen ist. Bertram; Wallner: Data Warehouse, S. 83.

295 Vgl. zu den drei zuerst genannten Punkten: Zentes; Exner; Braune-Krickau: Warenwirtschaftssysteme, S. 36.

(4) Varianzen im Zeitablauf,
um die unternehmungsweite Akquisitionsverbundplanung effizienter gestalten zu können. Deren Bedeutung wird erkennbar, wenn man feststellt, daß in vielen Warengruppen sogenannte „aktionsstarke" Marken mehr als 50 Prozent ihres Absatzes als Sonderangebote erzielen"[296]. Die Vorteilhaftigkeit dieser Verfahrenspraxis sollte in jedem Fall eingehend geprüft werden.

Zuletzt sei noch das Timing von Preisabschriften für Aktionsware angesprochen, für das sich die Berücksichtigung von Umschlaggeschwindigkeiten empfiehlt, wie im Rahmen der Preispolitik bereits deutlich gemacht wurde.
Schließlich bleibt festgestellt, daß in der Handelspraxis zwar bereits heute „die Sortimentsbreite, die Preis- und Promotion-Elastizität sowie die Plazierung simuliert"[297] werden können, sich jedoch für eine parallele Optimierung absatzpolitischer Instrumentaleinsätze (Retailing-Mix) zweifelsohne die Notwendigkeit einer vertiefenden Forschung ergibt.

### 4.2.6 Betriebsvergleich und Filialbenchmarking

Beim Betriebsvergleich werden für die Ökonomisierung eines Betriebes Werte[298], die für den einzelnen Betrieb zur Beurteilung der situativen Bedingungslage und zukünftigen Entwicklung ermittelt wurden, mit den Werten anderer Betriebe verglichen. Beim stationären Handel erfolgt ein intraorganisatorischer Vergleich durch die Betrachtung verschiedener Geschäftsstätten eines einzelnen Handelssystems, während der handelssystemübergreifende Vergleich durch die Integration entsprechender Einheiten externer Marktteilnehmer (z.B. Konkurrenten) in der Untersuchung gekennzeichnet ist.

296 Günther; Vossebein: Aktionsverlauf, S. 49.

297 Milde: Category Management, S. 299.

298 Daten aus dem Rechnungswesen im speziellen sowie solche für Planung-, Steuerungs- und Kontrollprozesse im allgemeinen. Dabei kann es sich sowohl um realisierte - also vergangenheitsorientierte - als auch geplante und erwartete Werte handeln. Müller-Hagedorn: Betriebsvergleich, S. 334. Mithin sind ältere bzw. abweichende Auffassungen, nach welchen „es sich beim Betriebsvergleich stets um Vergangenheitsdaten handelt" (Leihner: Betriebsvergleich, S. 402), überholt.

Der Betriebsvergleich ist an drei Voraussetzungen gebunden[299]:
(1) Vergleichbarkeit der Betriebe,
(2) gleichartige Ermittlung der zu vergleichenden Werte und
(3) die Fähigkeit der Analysten, die Vergleichszahlen zu interpretieren.

Bezüglich der Vergleichbarkeit von Betrieben kann zwischen horizontalen und vertikalen Analysen unterschieden werden[300]. Während bei erstgenannten Prognosen über die Erfolgsauswirkungen von Faktoreinsatzvariationen durch den Vergleich andersartiger Betriebe aufgestellt werden sollen, werden bei Vertikalanalysen nur solche Betriebe verglichen, die eine weitgehende Übereinstimmung der Merkmale Sortiment, Standortbedingungen, Betriebsgröße und Faktorkombination aufweisen[301].

Für die Gleichartigkeit der in eine Gegenüberstellung einfließenden Werte sind nicht nur möglichst identische Analyse- und Prognoseverfahren formelle Voraussetzungen, sondern besonders einheitliche Schlüssel bei der Kennzahlengenerierung sowie qualitativ ähnliche Ausstattungen der Betriebe mit IS-gestützen Analyse-Tools[302]. So sind z.B. beim handelssystemübergreifenden Vergleich solcher Informationen, die auf Basis der prozeßorientierten Deckungsbeitragsrechnung gewonnen werden, aufgrund unterschiedlicher Berechnungsverfahren bei der Ermittlung einzelbetrieblicher Standard-Prozeßkostensätze Kompatibilitätskonflikte zu erwarten. Insofern beschränkt man sich bei dieser Vergleichsform, wo die Beschaffung externer, qualitativ hochwertiger Daten aus Wettbewerbsgründen ohnehin schnell an Grenzen stößt, nicht selten auf die Analyse von Standardkennzahlen[303]. Die zugrundeliegenden Daten werden von Marktforschungsinstituten als Durchschnittsgrößen angeboten. Beispielsweise liefert die an die *CCG* angeschlossene *MADAKOM GmbH* durchschnittliche wöchentliche Absatzzahlen verschiedener Betriebstypen, gesplittet nach bestimmten Regionen und einzelnen Handelsorganisationen[304].

299 Seyffert: Wirtschaftslehre des Handels, S. 614.
300 Müller-Hagedorn; Greune: Betriebsvergleich, S. 125.
301 Barth: Betriebswirtschaftslehre, S. 374.
302 In diesem Zusammenhang konstatiert *Tietz*: „Die Aussagen eines jeden Betriebsvergleichs werden in besonderem Maße durch die Qualität des Informationssystems (...) bestimmt". Tietz: Handelsbetrieb, S. 1229.
303 Untersuchungen dieser Art werden insbesondere vom *EHI* sowie dem *Institut für Handelsforschung an der Universität zu Köln* veröffentlicht.
304 Gerling: Scannerdaten, S. 31.

Völlig anders stellt sich die Situation im handelssysteminternen Vergleich dar, bei dem unter Einsatz oben gekennzeichneter integrierter HIS sowohl vertikale als auch horizontale Analysen problemlos per Drill-Down/-Up und Pivoting erfolgen können. Erfährt dabei lediglich die Aggregationsebene Filiale als ganzheitliche „Input-Output-Einheit“[305] eine fokussierte Betrachtung, handelt es sich bezüglich der Betrachtungsebene (nicht der Techniken) hierbei um den traditionellen Betriebsvergleich. Weiterführende Analysen mit höheren Detaillierungsgraden[306] bzw. niedrigeren Verdichtungsstufen werden im Rahmen eines sogenannten Filialbenchmarking realisiert, das somit eine Erweiterung[307] des traditionellen Betriebsvergleichs darstellt. Vor diesem Hintergrund kommt man zu dem Schluß, daß beim intraorganisatorischen Betriebsvergleich lediglich auf einen nach „oben“ begrenzten Ausschnitt der OLAP-Datensicht abgehoben wird. Insofern kann es kaum überraschen, „daß nicht nur Durchschnittswerte, „sondern die gesamte Variationsbreite eines Merkmals“[308] in die Analyse einfließen.

Es ist anzunehmen, daß der einzelnen Geschäftsstätte als Betrachtungsebene deshalb eine besondere Bedeutung zukommt, weil ihr eine Art „Profit-Center-Funktion“ zuerkannt wird, die besonders aus ihrer geographischen Isolation resultiert. Ferner ließen IS in der Vergangenheit eine freie Wahl von Betrachtungsebenen nicht zu. Allerdings waren bereits 1995, also vor dem „Siegeszug“ des Data Warehousing und OLAP, Softwarelösungen am Markt erhältlich, die einen permanenten intraorganisatorischen Betriebsvergleich - allerdings nur auf Basis von Standard-Kennzahlen - ermöglichten[309].

Werden intra- und interorganisatorischer Betriebsvergleich gekoppelt, lassen sich beispielsweise auch vertriebslinieninterne Category-Vergleiche (verschiedener Filialen) durch Adaption externer MaFo-Daten auf den relevanten Gesamtmarkt ausdehnen, wobei die Informationsdichte - wie erwähnt - zwangsläufig abnimmt. Bei ergänzenden Horizontalanalysen kann danach differenziert werden, ob es sich

305 Müller-Hagedorn: Betriebsvergleich, S. 334.

306 „Z.B. eine Arbeitsstätte, eine Kostenstelle, ein Funktionsbereich, ein einzelner Prozeß, eine strategische Geschäftseinheit“. Müller-Hagedorn: Betriebsvergleich, S. 334.

307 Vgl. zu dieser Feststellung: Müller-Hagedorn: Betriebsvergleich, S. 334.

308 Müller-Hagedorn: Betriebsvergleich, S. 333.

309 Vgl. für die inhaltliche Kennzeichnung eines entsprechenden Programms: Staudte: Action für Manager, S. 54.

bei den externen Vergleichsobjekten um identische oder unterschiedliche Handelssysteme, Distributionssysteme, Branchen und/oder Länder handelt[310].

Schließlich hängt die dritte der oben genannten Voraussetzungen, die Fähigkeit Fakten interpretieren zu können, insbesondere ab von
(1) der fachlichen Qualifikation des zuständigen Mitarbeiters,
(2) der redaktionellen Aufbereitung durch den Redakteur[311],
(3) der Gestaltung des Data Dictionary (Meta-IS)[312] und
(4) den Interpretations- bzw. visuellen Darstellungsmöglichkeiten der Vergleichswerte.

Punkt (1) bedarf keiner näheren Erläuterung; die Punkte (2) und (3) wurden bereits anderenorts behandelt. Bezüglich des zuletzt genannten Punktes werden bislang drei Auswertungsformen angeboten, nämlich „synoptische Tabellen"[313] sowie Einzelauswertungen, die entweder als reine Zahlenauswertungen oder zusätzlich textlich kommentiert und durch Schaubilder ergänzt vorliegen[314]. Letztgenannte Variante weist schon auf Einsatzmöglichkeiten integrierter IDM in Verbindung mit Groupwaresystemen hin. Insgesamt erscheint die oben vorgenommene Unterscheidung zwischen Auswertungsformen nicht mehr zeitgemäß, weil heutzutage eine Betrachtung von Betriebsvergleichergebnissen über intuitiv/spontan und individuell zugeschnittene Benutzeroberflächen erfolgen kann und sollte[315]. Dies erscheint um so vorteilhafter, desto tiefer die Betrachtungsebene ist und desto dezentraler die Entscheidungsstrukturen sind. Schließlich dürfte den per Selbstselektion generierten Benchmark-Informationen auch eine Motivationsfunktion zugeschrieben werden, weil interner Wettbewerb forciert wird.

---

310 Ahlert: Handelsinformationssysteme, S. 50.
311 Vgl. hierzu Gliederungspunkt 1.1 dieses Kapitels.
312 Vgl. hierzu auch Gliederungspunkt 4.1 dieses Kapitels.
313 Matrizen, in denen Betriebsvergleichergebnisse anonymer Teilnehmerbetriebe, die nach bestimmten Kriterien zeilenweise sortiert sind, spaltenweise verglichen werden können. Müller-Hagedorn: Betriebsvergleich, S. 343.
314 Müller-Hagedorn: Betriebsvergleich, S. 343.
315 Chamoni; Zeschau: Data-Warehousing, S. 58 f.

### 4.2.7 Konkurrenz- und Marktanalyse

Bei der Konkurrenzanalyse lassen sich vier Bereiche der Informationsgenerierung unterscheiden[316]:
(1) Organisations- und Leitungsstrukturen,
(2) Strategisches Konzept und Wettbewerbsverhalten,
(3) Intensitäten der Retailing-Mix-Komponenten sowie
(4) Basisdaten.

Informationen über die beiden zuerst genannten Bereiche liegen zwangsläufig in primär qualitativer Form vor. Insofern bietet es sich an, diese für jeden Mitbewerber in einheitlicher Form zu ermitteln und in IDM zu hinterlegen.
Klassische Bereiche der Konkurrenzanalyse sind Untersuchungen zu den Intensitäten der Retailing-Mix-Komponenten, wobei Preis(niveau)-, Werbestrategie- sowie Sonderangebotsvergleiche im Vordergrund stehen[317]. Deren Bedeutung steht in direktem Zusammenhang mit der Konkurrenzabhängigkeit, die wiederum stark von den herrschenden Wettbewerbsverhältnissen bestimmt wird. Diese können beim stationären Handel selbst in einer Betriebsschiene auffallend different sein, weil die Bedingungen an unterschiedlichen Standorten nie identisch sind. Des weiteren sind entsprechende Untersuchungen sowohl auf Intra- als auch Inter-Betriebstypenebene durchzuführen.

Möglichkeiten einer eigenen IS-gestützen Konkurrenzanalyse sind im stationären Handel rar gesät. Zwar können anhand der im Rahmen von handelssystemübergreifenden Betriebsvergleichen gewonnenen Informationen Marktanteils- und Trendanalysen sowie Distributionsgrade und Saisonstatistiken ermittelt werden, trotzdem bleibt die Gewinnung von Primärdaten (z.B. Preise der direkten Konkurrenten) ein äußerst kostenintensives Problem, zumal diese im stationären Handel per Sichtaufnahme erfolgen muß. Anders stellt sich der Fall sowohl beim klassischen Versandhandel per Katalog als auch beim Einsatz von ERS dar, weil sowohl Sortimente und Preise als auch die damit verbundenen Dienstleistungen ohne Probleme einer IS-gestützten Analyse zugänglich gemacht werden können; im letztgenannten Fall auch ohne zusätzliche manuelle Erfassung. Die Folge ist

---

316 Vgl. zu dieser an *Becker* angelehnten Systematisierung: Becker: Marketing-Konzeption, S. 346 f.
317 Tietz: Handelsbetrieb, S. 144.

eine entsprechend hohe Markttransparenz, deren mögliche Folgen bereits im zweiten Kapitel diskutiert wurden[318].

Externe Basisdaten für Marktanalysen können Drittanbieter in Form von speziellen OLAP-Modellbestandteilen als Component-Ware anbieten. „Zu denken ist in diesem Zusammenhang etwa an Datencontainer mit volkswirtschaftlichen Indikatoren, aufgegliedert etwa nach Perioden, Regionen und Datenarten (Prognose, Ist, Abweichung), die in eigenen Anwendungen einbindbar wären, sowie zusammengestellte und aufbereitete Branchen- oder Börsenkennzahlen"[319]. Der Detaillierungsgrad dieser Datenbasis ließe sich sukzessive ausbauen, so daß auch für den stationären Handel die oben angesprochenen Konkurrenzinformationen durch externe Dienstleister beschafft und per Online-Update aktualisiert werden können.

### 4.2.8 Personalcontrolling

Bisherige Personal-IS beschränken sich häufig auf vergangenheits- und gegenwartsbezogene Informationen über Personalstand, -abwesenheit (Krankenstand) und -fluktuation[320]. Darüber hinaus sollten jedoch auch Personalplanungen in bezug auf Bedarf, Beschaffung, Entwicklung, Freistellung und dergleichen möglich sein[321]. Dafür müssen diese Systeme entsprechende Schnittstellen zu angrenzenden Subsystemen aufweisen, z.B. zum Finanzcontrolling für den Abruf von Budgetvorgaben.

Ohne solche stark funktionenorientierten IS an dieser Stelle umfassend kennzeichnen zu wollen, soll hier eine kurze Betrachtung des auf Verkaufsmitarbeiter ausgerichteten Personalcontrolling erfolgen, das in seiner Funktion durchaus dem Marketingcontrolling untergeordnet werden kann und sich in vier Komponenten zerlegen läßt:
(1) Kassenplatzbezogene Auswertungen,
(2) Personal-Beurteilungssysteme,
(3) leistungsorientierte Entlohnungssysteme und
(4) abteilungsbezogene Personaleinsatzplanung.

---

318 Vgl. hierzu die Gliederungspunkte 3.3.1.3.3 ff. des zweiten Kapitels.
319 Chamoni; Gluchowski: Organisatorische Aspekte, S. 26.
320 Grolimund: Managementinformationssystem, S. 70.
321 Stoffl: Personalmanagement, S. 68.

Zu den kassenplatzbezogenen Auswertungen zählen Kassen-Einsatzberichte, Bediener-Produktivitätsberichte und Bediener-Sonderfälle[322], die als Kontrollinstrumente eine an Nachfrageschwankungen ausgerichtete Kasseneinsatzplanung flankieren[323].

Personal-Beurteilungssysteme basieren in erster Linie auf Aktivitätsrechnungen, die zeitraum- oder kundenbezogene Daten pro Mitarbeiter, Team etc. verarbeiten und beispielsweise folgende Absolut-Kennzahlen über die Leistungsergebnisse des Personals liefern:
- Umsatz eines Verkaufsteams (Mitarbeiters) pro Tag (Stunde/Woche),
- Anzahl der von einem Mitarbeiter verkauften Artikel[324] (Absatz) pro Woche,
- Deckungsbeiträge eines Verkaufsteams (Mitarbeiters) pro Tag (Stunde),
- Anzahl der Reklamationen/Retouren pro Mitarbeiter,
- Anzahl der von einem Mitarbeiter (Team) bedienten Kunden pro Tag,
- Durchschnittliche Anzahl der von einem Mitarbeiter pro Kunde verkauften Artikel (Absatz) pro Woche.

Diese Auswertungsrechnungen lassen sich in Verbindung mit Daten aus dem Ergebniscontrolling zu Leistungs-, Rentabilitäts- und weiteren Kennzahlen verdichten. Unter den Bezeichnungen Umsatz-, Deckungsbeitrags- und Kundenleistung, Stundenproduktivität, Personalkostenumschlag und Personalintensität werden sie im Personal-IS zusammen mit den Basis-Personaldaten[325] als Arbeitsplatzdaten[326] hinterlegt[327]. Aus der Summe dieser Daten lassen sich durch Einsatz von Künstlichen Neuronalen Netzen nicht nur mitarbeiterspezifische Eignungskennzahlen und -urteile generieren, sondern auch entsprechende Eignungspro-

322 Beispielsweise Abweichungen der durch EPOS-Daten ermittelten Umsätze vom tatsächlichen Geldbestand.

323 Vgl. für eine nähere Kennzeichnung der Kontrollinstrumente: Zentes; Exner; Braune-Krickau: Warenwirtschaftssysteme, S. 34.

324 Dabei kann auch die Verbundintensität der verkauften Artikel (insbesondere durch ABC-Analysen gestaffelt) berücksichtigt werden.

325 Zu den in einem Personal-IS personenspezifisch gespeicherten Basisdaten zählen Personalien, Lebenslauf, persönliche Laufbahnvorstellung, Potentialbeurteilung und -förderung sowie Angaben zur Nachfolgeplanung. Harlander; Heidack; Köpfler; Müller: Personalwirtschaft, S. 278.

326 Vgl. zu den Ordnungsbegriffen Personal-, Arbeitsplatz- und Planungsdaten: Reber: Personalinformationssysteme, S. 430 ff.

327 Auf eine inhaltliche Kennzeichnung dieser Beispiele wird verzichtet. Vgl. hierzu: Stoffl: Personalmanagement, S. 154 ff.

gnosen, die einer Personalbeurteilung sehr dienlich sein können, weil einheitliche und intersubjektiv nachprüfbare Kriterien einfließen[328].

Im Rahmen eines monetären, leistungsergebnisbezogenen Anreizsystems sollte sich die Entlohnung von Verkaufsmitarbeitern an den vom Personal-Beurteilungssystem gelieferten Ergebnissen, die noch durch mitarbeiterspezifische (qualitative) Verhaltensbeschreibungen[329] zu ergänzen sind, orientieren. Dafür müssen Beurteilungsskalen entwickelt werden, die dann nach einer Prüfung auf Objektivität, Reliabilität und Validität geeignet sind, „die informatorische Basis im Personalmanagement erheblich zu verbessern"[330].

Komplexe Beurteilungssysteme dienen aber nicht nur einer leistungsorientierten Entgeltdifferenzierung, sondern sind darüber hinaus auch Informationslieferant für die abteilungsbezogene Personaleinsatzplanung. Bei dieser werden Voll- und Teilzeitkräfte in einem IS-gestützten Arbeitszeitmodell verknüpft, welches neben Arbeits-, Pausen- und Überstundenzeiten auch Verkaufs- und Regalpflegetätigkeiten[331] etc. festlegt[332]. Außerdem lassen sich Vorschläge für den Austausch von Mitarbeitern zwischen einzelnen Geschäftsstätten generieren, was bei der Umsetzung eine kostenstellen- und leistungsmessungsgerechte Verbuchung verlangt[333].
Der Nutzen solcher Arbeitszeitmodelle wird zukünftig immer größere Bedeutung erlangen, denn zum einen führt die sicherlich noch voranschreitende Liberalisierung der gesetzlichen Öffnungszeiten zwangsläufig zu einer größeren Schwankungsbreite bei Nachfragerhythmen. Zum anderen läßt sich aber auch durch Clusteranalysen im Rahmen von Data Mining-Analysen zeigen, daß kleine Kunden-

328 Lackes; Mack: Personalinformationssystem, S. 2 ff. Dabei bleibt die von Mitarbeitern in Bedienungsabteilungen sicherlich besonders stark zu fordernde Emotionale Intelligenz keinesfalls unberücksichtigt, weil diese zwangsläufig als Input in oben dargestellte Kennzahlen einfließt und somit indirekt ebenfalls quantifiziert wird.

329 Hierzu zählen Beobachtungen, Testkäufe sowie Mitarbeiter- und Kundenbefragungen. Möhlenbruch; Meier: Komponenten, S. 66.

330 Stoffl: Personalmanagement, S. 160.

331 Das Timing von Regalpflegetätigkeiten beinhaltet im Kern eine Festlegung optimaler Nachfüllrhythmen. Die in der Praxis üblichen (nur) tagesgenauen Abverkaufsanalysen behindern allerdings entsprechende Planungen. So wird beispielsweise in der Produktbeschreibung des WWS *DEWAS II* (Version 2.40) bezüglich der Kontrolle der Bestandsentwicklungen folgendes festgestellt: „Der kleinste Zeitraum ist dabei der Tag". Superdata: DEWAS II, o. S.

332 Wieland: Personaleinsatzplanung, S. 93.

333 Hofmann: Zeitwirtschaft, S. 91.

gruppen (z.B. zwei Prozent aller Käufer) existieren, die zu bestimmten Wochen- und Tageszeiten Warenkörbe mit besonders hohen (positiven) Deckungsbeiträgen erwerben. Insofern bietet es sich an, den Personaleinsatz in Bedienungsabteilungen nicht nur - wie heute üblich - den prognostizierten Umsatzerwartungen anzupassen, sondern über mitarbeiterbezogene Eignungsurteile auch dem Kundenwert.

## 5. Entscheidungsunterstützung bei Individualmarketing

Mikromarketing wurde in dieser Arbeit bereits mehrfach als eine spezifische Form standortbezogener Unternehmungsführung gekennzeichnet, bei der eine möglichst differenzierte Marktbearbeitung erfolgt, um „eine effizientere Ansprache und Ausschöpfung zielgruppenspezifischer Absatzpotentiale am Point of Sale“[334] zu erreichen. Die Notwendigkeit einer solchen Abkehr von Standardisierungskonzepten wurde bereits zu Beginn dieses Kapitels begründet. Dort wurde außerdem festgestellt, daß Differenzierungsstrategien aufgrund zusätzlich benötigter Steuerungsinformationen eine drastische Komplexitätserhöhung bei der Entscheidungsfindung bewirken, die nur noch durch den Einsatz adäquater IS beherrschbar ist. Vor diesem Hintergrund wurden Einsatzmöglichkeiten integrierter HIS bei struktur- und programmpolitischen Aufgabenstellungen aufgezeigt, wobei der marketingpolitische Nutzen solcher Systeme im Vordergrund stand. Zwar war der dargestellten IS-gestützten Maßnahmenplanung, -koordination und -steuerung stets eine Zielgruppen- bzw. Kundenorientierung inhärent, jedoch wurden die entsprechenden Bezugsobjekte gemäß des zugrundeliegenden Untersuchungsaufbaus[335] weitgehend als „black box“ behandelt. Die sich anschließende Analyse dieser letzten Phase des Leistungsaustausches „in Richtung Marktreife“ verlangt eine vorangestellte Präzisierung der sie kennzeichnenden Terminologie.

Eine Vielzahl von Begriffen impliziert im Kern eine Abkehr vom sogenannten Massenmarketing, beispielhaft seien das Relationship-[336], One to One- bzw. 1:1-, Individual- und das Direct-Marketing genannt. Das (deutschsprachige Pendant) Direktmarketing wurde zwar bereits vor Jahren definiert „als die Gesamtheit aller

---

334 Barth: Betriebswirtschaftslehre, S. 362.

335 Vgl. hierzu Gliederungspunkt 2.4 dieses Kapitels.

336 Anderenorts wurde bereits darauf hingewiesen, daß *Meffert* das Relationship-Marketing als „neues“ Paradigma der Marketingtheorie bezeichnet. Meffert: Marketing, S. 23 ff.

Maßnahmen, die darauf gerichtet sind, bestimmten Zielgruppen Waren, Dienstleistungen oder Informationen individuell anzubieten, die Reaktionen auf das Angebot zu erfassen, um daran ansetzend die weitere Zielgruppenbearbeitung möglichst individuell zu gestalten"[337]; inzwischen ist dieser Begriff aber insbesondere bei Werbeagenturen verpönt, weil er aus etymologischer Perspektive augenscheinlich „nicht so recht zum großen Paradigmenwechsel paßt"[338], welcher seit etwa zwei Jahren unter dem Schlagwort „Kundenorientierung" intensiv diskutiert wird.

Während man mit Mikromarketing zuerst geographische Differenzierungsaspekte assoziiert, steht beim Direktmarketing die personen(gruppen)bezogene Segmentierung im Vordergrund. Trotzdem sind beide Ausprägungsformen in bezug auf die durch sie jeweils verfolgte Hauptzielsetzung, nämlich die objektbezogene Steuerung von Leistungsangeboten, identisch. Selbiges gilt für das Individualmarketing, wobei allerdings schon begrifflich (aufgrund der Semiotik) der Differenzierungsgedanke eine stärkere Betonung findet und somit deutlicher herausgestellt wird, daß die effiziente Ansprache und Ausschöpfung kleinster ökonomisch noch sinnvoller Einheiten (Feinsegmentierung) von Zielobjekten im Mittelpunkt steht. Deshalb wurde dieser Terminus hier gewählt. Einen Unterfall des Individualmarketing bildet das One to One-Marketing, welches als einzelkundenbezogenes Konzept das Vorhandensein soziodemographischer Daten voraussetzt und bereits im Zusammenhang mit ERS im Business to Business-Bereich angesprochen wurde[339].

## 5.1 Die Handelsleistung aus Kundenperspektive

Der einzige Weg, um als Handelsunternehmung die eigene am Markt offerierte Leistung aus Kundenperspektive betrachten und bewerten zu können, führt über die Marktforschung. Deren Aufgabe besteht hierbei darin, den Grad an Kundenorientierung bzw. -zufriedenheit zu bestimmen. Dies ist ein äußerst komplexes und nur schwer lösbares Problem, weil multidimensionale Erscheinungsbilder zerlegt und untersucht werden müssen.

337 Diller: Direktmarketing, S. 205.

338 Boldt: Maßstab, S. 143. Deshalb nennt sich z.B. die Werbeagentur *Ogilvy & Mather Direct* jetzt *Ogilvy One*; *McCann Direct* taufte sich um in *McCann Relationship Marketing* (*MRM*).

339 Vgl. hierzu Gliederungspunkt 3.3.1.3.4 des zweiten Kapitels.

Die Leistungsbeurteilung aus Kundenperspektive entspricht einer der vier miteinander verknüpften Sichten der Balanced Scorecard, die als Konzept des Performance Measurement eine integrative Betrachtung von Bezugsobjekten unterstützt[340]. Bei der hier relevanten „customer perspective“ werden insbesondere Kundenakquisition (Neukundengewinnung), -treue und -zufriedenheit anhand bestimmter Faktoren bewertet[341]. Dabei müssen auch Verhaltensmuster eruiert werden, die dem Kunden selbst nicht bewußt sind (z.B. Suchstrategien des Einkaufs), weil diese nicht nur einen direkten Einfluß auf die Kaufhandlung haben, sondern auch zu weiteren Möglichkeiten der Kundenbindung führen.

Bei der notwendigen Operationalisierung der das Einkaufsverhalten determinierenden Faktoren wird zwischen einer behavioristischen und einer psychischen (neo-behavioristischen) Komponente unterschieden, wobei eine solche Trennung allen Meßkonzepten immanent ist[342]. Bei psychographischen Analysen werden die der Geschäftswahl und einzelnen Einkaufsentscheidungen zugrundeliegenden Einstellungen und Motive identifiziert und gemessen, um subjektive Wahrnehmungsprozesse und schließlich kundenindividuelle Vorstellungsbilder aufzudecken. Dieses zur Imageanalyse zählende Aufgabengebiet der Primärforschung gewinnt zwar zunehmend an Bedeutung, verursacht jedoch erhebliche Kosten durch die dafür erforderlichen Befragungen. Auch ist wegen dieser Erhebungsmethode eine automatisierte Analyse der psychischen Komponente nur sehr begrenzt möglich. Aus diesen Gründen beschränkt sich in der Handelspraxis eine Integration derartiger Untersuchungen in die Marketingkonzeption noch auf Einzelfälle. Als solcher ist auch die Befragung der *dm-drogerie markt GmbH und Co. KG* zu werten, bei der ein eigens geschultes Mitarbeiter-Team über eine Mio. Antworten zum Thema was die Kunden „schätzen und was sie stört“[343] sammelte.

---

340 Neben der hier relevanten Frage „How do customers see us? (customer perspective)“ unterscheiden *Kaplan/Norton* des weiteren zwischen einer „financial“, „internal business“ sowie einer „innovation and learning perspective“. Auch diese lassen sich den folgenden Untersuchungsabschnitten zuordnen, so daß an den entsprechenden Stellen explizit auf sie hingewiesen wird. Dadurch wird einerseits die dem Untersuchungskonzept inhärente systemische Sichtweise nochmals verdeutlicht, andererseits auch herausgestellt, daß nicht nur „detaillierte fachliche Sichten“ (SAP: Information Warehouse, S. 3.), sondern besonders perspektivenreiche holistische Betrachtungen für eine stark marktorientierte Unternehmungsführung unerläßlich sind. Vgl. zum Basiskonzept der mittlerweile zum Managementinstrument weiterentwickelten Balanced Scorecard: Kaplan; Norton: Performance, S. 72.

341 Vgl. hierzu: Kaplan; Norton: Balanced Scorecard, S. 68 f.

342 Jungwirth: Geschäftstreue, S. 25 und 192 ff.

343 Rodens-Friedrich: dm-drogerie markt, S. 15.

Um einen geregelten Ablauf bei derartigen Untersuchungen sicherzustellen, müssen Kriterien der Kundenzufriedenheit vorab formuliert werden. Hierbei können überbetriebliche Untersuchungsergebnisse als Leitfaden dienen. Beispielsweise liefert eine aktuelle GfK-Studie folgende „loyalitätsbestimmende" Faktoren, die auf einzelbetrieblicher Ebene vor einer Messung zu konkretisieren sind[344]:
(1) Zufriedenheit der Kunden in relevanten Leistungsbereichen
(2) Image des Unternehmens
(3) Wechselbarrieren
(4) Critical Incidents[345]
(5) Variety Seeking
(6) Zusätzliche Kundenbedürfnisse
(7) Situative Einflüsse

Die auf oben gekennzeichnetem Weg schließlich extrahierten kundenindividuellen Vorstellungsbilder unterliegen einem sich immer rascher vollziehenden Wandel. Deshalb nimmt die Gültigkeitsdauer der ermittelten Meßergebnisse ab, was bei unverändertem Informationsstand eine Progression der ohnehin hohen Erhebungskosten zur Folge hat. Zwar sind Befragungen der beschriebenen Art für fundierte Prognosen unverzichtbar, jedoch ist für ein dynamisches und möglichst permanentes Kundenzufriedenheits-Ranking eine zweite Betrachtungsdimension erforderlich.

Vor diesem Hintergrund nimmt eine Messung der behavioristischen bzw. konativen Komponente einem besonderen Stellenwert ein. Die Möglichkeiten zur Kundenbeobachtung sind zahlreich und reichen bis zur sensorgesteuerten Kundenfrequenzmessung; allerdings nimmt die Analyse artikelgenauer EPOS-Daten auf WK-Basis eine deutlich übergeordnete Position ein. Hierbei ist die personenindividuelle Zurechenbarkeit der WK von herausragender Bedeutung, weil erst dann solche Längsschnitt- bzw. Zeitreihenanalysen möglich werden, die eine Ermittlung von Kriterien wie Marken- und Geschäftstreue, Bedarfsdeckungsraten, Kauffrequenzen etc. erlauben. Dies wird im stationären Handel erst durch den

344 Vgl. hierzu: Rode; Biester: Kunde, S. 38.

345 Kritische Ereignisse bzw. negative Einflüsse lassen sich durch ein aktives Beschwerdemanagement erheblich reduzieren, weil sich Beschwerdezufriedenheit beim Kunden einstellt und die Qualität der Beziehung insgesamt verbessert wird. Vgl. zum Beschwerdemanagement als Instrument zur Erhöhung des informatorischen Kundenwertes Gliederungspunkt 5.2 dieses Kapitels.

Einsatz von Kundenkarten[346] möglich. Diese aus Akzeptanzgründen nicht unproblematische Voraussetzung läßt sich im Großhandel teils leichter erfüllen, denn insbesondere im Cash & Carry-Bereich, wo der Kunde einen Ausweis für den Einkauf benötigt, lassen sich die aus den Antragsformularen stammenden soziodemographischen Daten in Kundendatenbanken hinterlegen. Dadurch können Warenkörbe über Kundenkartennummern beim Kassiervorgang problemlos zugerechnet und sowohl mit Kundenattributen als auch verkaufs- und marketinghistorischen Daten verknüpft werden. Selbiges gilt für den Versandhandel im allgemeinen sowie ERS im besonderen, denn soziodemographische Individualdaten liegen in beiden Fällen spätestens nach dem ersten Kaufvorgang vor. So speichert beispielsweise das US-amerikanische Versandhaus *Fingerhut* ca. 1.400 verschiedene Daten über jeden einzelnen Haushalt, wobei neben „den typischen demographischen Daten (..) u.a. auch die Art und Sequenz von Vorkäufen festgehalten“[347] wird. Schließlich sind diese Möglichkeiten personenindividueller Präferenzforschung noch durch die Integration von „Single Source-Daten“[348] erweiterbar. Diese werden auf Kundenebene erhoben und ermöglichen die Definition eines sogenannten „Store Link“ sowie „Advertising Link“[349]. Erstgenannter gibt nähere Auskünfte zur Geschäftsauswahl, letzterer zum Medienverhalten der Kunden.

Die Summe der auf diesen Wegen gewonnenen Informationen läßt nicht nur Rückschlüsse auf die Leistungsbeurteilung durch den einzelnen Kunden zu, sondern ermöglicht auch Aussagen über die jeweilige Kundenprofitabilität. Insofern erfolgt eine gegenseitige Einschätzung, bei der die Interdependenz zwischen dem handelsleistungsbezogenen Urteil des Kunden sowie dem betriebsseitig taxierten Kundenwert die oben angesprochene, euphorische Adaption des Begriffes „Relationship“ in Theorie und Praxis erklärt.

Durch die Identifikation der den Kundennutzen erklärenden Kriterien wird von der Handelsunternehmung über eine Abstimmung ihrer damit korrespondierenden „Leistungstreiber“ die langfristige Erhöhung ihres akquisitorischen Potentials an-

346 Vgl. hierzu Gliederungspunkt 3.3.1.2 des zweiten Kapitels.

347 Schlemmer: Informationstechnologie, S. 69.

348 Unter „Single Source“ wird hier die Verknüpfung von zwei Panelarten (Handels- und Haushalts-Panel) zum Scanning-Panel mit zusätzlich fokussierter Betrachtung des einzelnen Kunden verstanden. Vgl. zu einer ähnlichen Abgrenzung: Maurer: Marketingforschung, S. 351.

349 Maurer: Marketingforschung, S. 353.

gestrebt. Dieses kann im Regelfall[350] dann als hinreichend stark beurteilt werden, wenn daraus eine Intensität der Kundenbindung[351] resultiert, die bei der Zielgruppe Geschäftstreue bewirkt. Diese soll definiert werden als wiederholte und bevorzugte[352] Inanspruchnahme von Leistungen desselben Anbieters[353]. Dabei ist der Terminus „Geschäft“ nicht auf den stationären Handel beschränkt, so daß er auch solche Leistungen umfaßt, die dem Kunden via traditionellem oder elektronischem (ERS) Katalog angeboten werden.

Geschäftstreue verlangt demnach ein kundenorientiertes Marketingkonzept, für das sowohl die Ergebnisse einer Analyse der Kaufhandlungen als auch die eruierten Kundeneinstellungen richtungsweisend sind. Mithin sollten sich Struktur- und Programmpolitik grundsätzlich am Kundennutzen orientieren. Im Rahmen der oben bereits angesprochenen Balanced Scorecard geht es bei dieser „internal business perspective“ um die „critical internal operations that enable (..) to satisfy customer needs“[354]. Dabei müssen das Sortiment sowie das eingesetzte Methodenrepertoire (z.B. Konzepte der physischen Logistik und HIS) ständig weiterentwickelt werden, um im Rahmen der „innovation and learning perspective“ durch aktive Sortimentspolitik sowie Prozeß- und Verfahrensinnovationen einen Kontinuierlichen Verbesserungsprozeß (KVP) sicherzustellen.

Bevor jedoch handelsbetriebliche Leistungen kostenwirksam stärker auf Einzelkunden oder Segmente ausgerichtet werden, ist zu prüfen, in welchen Fällen Kundenbindung bzw. Geschäftstreue auch profitabel ist.

---

350 Davon ausgenommen sind Geschäfte, die mit einer ständig wechselnden Laufkundschaft konfrontiert sind (z.B. an Urlaubsorten oder Flughäfen), weil sich deren akquisitorisches Potential kaum durch die Intensität der erreichten Kundenbindung messen läßt.

351 „Der Weg zur Kundenbindung führt zweifellos nur über die Kundenzufriedenheit“. Barth; Stoffl: Kundenorientierung, S. 5. Vgl. für die inhaltliche Kennzeichnung dieses „Weges“ in Form von Stufen einer sogenannten „Loyalitätsleiter“: Kreutzer: Dialog, S. 106.

352 Der Terminus „bevorzugt“ kennzeichnet einen beim Kunden vorangegangenen positiven Entscheidungsprozeß, der kognitiv begründet ist oder nur aus habitualisiertem Verhalten resultiert. Vgl. hierzu: Jungwirth: Geschäftstreue, S. 23 f.

353 Vgl. zu dieser ursprünglich auf den stationären Handel beschränkten Definition: Jungwirth: Geschäftstreue, S. 22 ff. sowie die dort angegebene Literatur. Bei dem Anbieter kann es sich sowohl um eine kooperierende Gruppe von Anbietern als auch um die Inanspruchnahme solcher Leistungen desselben Anbieters handeln, die über verschiedene Betriebstypen, z.B. Warenhaus und ERS, bereitgestellt werden.

354 Kaplan; Norton: Performance, S. 74.

## 5.2 Der Kundenwert aus Handelsperspektive

Der Kundenwert resultiert aus einer Beurteilung der Qualität aktueller oder potentieller Kunden und dient als Steuergröße für Art und Umfang der in die Geschäftsbeziehung geleisteten Investitionen („Customer Costing"[355]). Dabei sind das Investitionsrisiko und die Intensität der Kundenbindung negativ korreliert[356]. Für eine nähere inhaltliche Kennzeichnung des multidimensionalen Konstruktes Kundenwert wird der Gesamtwert eines Kunden (Kundenwert im weiteren Sinne) zuerst in drei Komponenten zerlegt[357]:

Abb. 34: Kennzeichnung der drei Komponenten des Kundenwertes

| Kundenwertkomponente | Inhaltliche Kennzeichnung |
|---|---|
| **Informationswert** | Resultiert aus den Möglichkeiten einer Nutzung des Kunden als „Informationsquelle" für Leistungsverbesserungen, insbesondere durch ein aktives Dialog- bzw. Beschwerdemanagement. |
| **Akquisitionswert** | Resultiert aus der Nutzung des kommunikativ/akquisitorischen Potentials der Kunden, die durch Weitergabe ihrer möglichst positiven Erfahrungen an Dritte zur Neukundengewinnung und -bindung beitragen. Dies wird insbesondere durch die gezielte Beeinflussung sogenannter Referenz- bzw. Schlüsselkunden erreicht. |
| **Profitabilitätswert** | Resultiert als Kundenwert im engeren Sinne aus einer in Geldeinheiten gemessenen Beurteilung des Kunden, wobei zusätzliche kaufverhaltensrelevante Merkmale die Messung flankieren können (Multi-Item-Verfahren). Dieser häufig als Ertragswert bezeichnete gewinnorientierte Wertanteil steht im Mittelpunkt einer aktiven Steuerung der Dialogbeziehung beim Individualmarketing. |

Quelle: Zusammenstellung des Verfassers

Gemäß obiger Abbildung bildet die Kundenprofitabilität als Kundenwert im engeren Sinne den Kristallisationspunkt entsprechender Wertanalysen[358]. Die meßtechnische Erfassung dieses Kundenwertes verlangt eine Operationalisierung und auch

355 Vgl. zu diesen kundenspezifischen Aktivitätskosten: Knöbel: Kundenwert, S. 57.
356 Vgl. zu dieser Feststellung: Link; Hildebrand: Kundenbewertung, S. 161.
357 Diese Unterteilung basiert auf dem Konzept von: Schleuning: Bewertung, S. 146 ff.
358 Nachfolgend werden die Begriffe Kundenprofitabilität und -wert synonym verwendet.

Quantifizierung der ihm zugrundeliegenden Kriterien. Entsprechende Meßverfahren können als Mono- oder Multi-Item-Verfahren konzipiert sein[359].

### 5.2.1 Verfahren zur Bestimmung des Kundenwertes

Bei Mono-Item-Verfahren bieten sich in Analogie zur oben dargestellten behavioristischen Komponente der Zufriedenheitsmessung insbesondere der kundenbezogene Umsatz, DB oder Cash-Flow als Einzelmeßgrößen an[360]. Diese der „financial perspective“[361] der Balanced Scorecard zurechenbaren Beurteilungskriterien bewirken eine Verknüpfung von Kunden- und Renditeaspekten. Dabei ist der Umsatz aufgrund einer fehlenden Berücksichtigung von Kostenaspekten sowie anderenorts bereits genannter Gründe nur sehr begrenzt als Profitabilitätsindikator geeignet. Deshalb ist einem kundenbezogenen DB als Steuergröße für das Erreichen von Erfolgszielen eine wesentlich größere Bedeutung beizumessen[362]. Für seine Ermittlung und eine ihm immanente verursachungsgerechte Kostenverrechnung („Kostentreiber“) auf den Kunden werden in der Literatur die mehrstufige DB-Rechnung sowie die Prozeßkostenrechnung als alternative Verfahren diskutiert[363]. Da jedoch die Möglichkeit eines kombinativen Einsatzes dieser Verfahren in Form der Prozeßorientierten DB-Rechnung bereits oben[364] untersucht wurde, wäre jetzt nur noch die Eignung entsprechender Ergebnisgrößen als Mono-Item zu prüfen.

---

359 *Link/Hildebrand* unterscheiden statt dessen zwischen monetären Bewertungsverfahren und Punktbewertungsmodellen. Link; Hildebrand: Kundenbewertung, S. 162 ff. Diese begriffliche Abgrenzung ist jedoch nicht trennscharf, weil erstgenannte Verfahren den letztgenannten regelmäßig immanent sind, worauf die Verfasser selber hinweisen.

360 Vgl. hierzu: Plinke: Kundenanalyse, Sp. 1331 f. *Plinke* definiert dort den Kunden-Cash-Flow als die auf den Kunden bezogene „Differenz aller Einzahlungen und aller Auszahlungen (...) in einer Periode“.

361 Bei der „financial perspective“ stehen Finanzkennzahlen im Mittelpunkt, z.B. Cash Flow, Unternehmungswert, Shareholder Value und Aktienkurs. Gleich: Balanced Scorecard, S. 433. Auf die durch sie gestellte Frage „How Do We Look To Shareholders?“ (Kaplan; Norton: Performance, S. 77.) können kundenspezifische Umsätze und Deckungsbeiträge als Vorsteuergrößen allerdings nur indirekt Antwort geben.

362 Vgl. hierzu auch: Plinke: Kundenanalyse, Sp. 1331.

363 Vgl. hierzu: Schleuninger: Bewertung, S. 149 f. Vgl. exemplarisch für die Darstellung einer mehrstufigen Kunden-DB-Rechnung, in welcher die sukzessive Berücksichtigung von Marketing-, Verkaufs- und Transportkosten den Aufbau entsprechender Stufen ermöglicht: Link; Hildbrand: Kundenbewertung, S. 163.

364 Vgl. hierzu Gliederungspunkt 3.3.2 dieses Kapitels.

Allerdings wurden bereits zur Ermittlung des Verbundertrages (im Rahmen des Sortimenscontrolling[365]) die einzelnen Nettoerfolge (DB II) der zu einem WK gehörenden Artikel zu einem WK-Nettoerfolg[366] (bzw. -DB II) aggregiert. Weil ein WK den einzelnen Umsatzakt eines Kunden repräsentiert, ist der WK-DB II als Basis für eine Kundenprofitabilitätsrechnung gut geeignet[367]. Dies läßt sich außerdem damit begründen, daß ihm eine Berücksichtigung wk-spezifischer Prozeßkosten („internal business perspective") immanent ist.

Die bisher vorgenommene statische Betrachtung des Kundenwertes läßt sich in eine dynamische überführen, indem nicht nur realisierte, sondern auch zukünftig erwartete DB berücksichtigt werden. Dafür wird die Geschäftsbeziehung als Investition betrachtet und anhand der Prinzipien einer dynamischen Investitionsrechnung beurteilt[368]. Der Wert eines Kunden wird dann für die voraussichtliche Gesamtdauer der Geschäftsbeziehung errechnet, indem der insgesamt erzielbare Umsatz mit den dafür entstehenden Kosten saldiert und (z.B. durch Anwendung der Kapitalwertmethode) auf den heutigen Zeitpunkt diskontiert wird[369]. Dabei wird von der Annahme ausgegangen, daß sich mit zunehmender Dauer der Geschäftsbeziehung sowohl die Bindungsintensität als auch der Umsatz (dieser insbesondere aufgrund eines Cross-Selling) erhöhen. Der sich ergebende „Customer Lifetime Value" (CLV) ist dann mit dem für den gleichen Zeitraum errechenbaren Kunden-DB-Potential deckungsgleich, wenn die zugerechneten Kosten identisch sind und beim CLV auf eine Abzinsung verzichtet wird et vice versa[370].

Die Ermittlung beider zukunftsgerichteten Größen verlangt eine Schätzung der Geschäftsbeziehungsdauer (Kundentreue). Dafür sind solche Lebenszyklus-Daten erforderlich, welche die durchschnittliche Dauer einer Kundenbindung pro Betriebstyp in Jahren ausweisen. Jüngst wurden Ergebnisse einer entsprechenden überbetrieblichen Marktforschungsstudie von der *GfK* vorgelegt. In dieser Untersuchung werden einem SB-Warenhaus zwölf, einem Lebensmittel-Discounter ebenfalls zwölf, Drogeriemärkten acht und dem Textileinzelhandel fünfzehn Jahre

365 Vgl. hierzu Gliederungspunkt 4.2.1.2 dieses Kapitels.
366 Dieser kann positiv oder negativ sein.
367 Vgl. hierzu auch: Recht; Zeisel: Warenkorbanalyse, S. 97.
368 Homburg; Daum: Kundenstruktur, S. 400.
369 Brändli: Database Marketing, S. 12; Homburg; Daum: Kundenstruktur, S. 400.
370 Link; Hildebrand: Kundenbewertung, S. 164.

Bindungspotential attestiert, wobei sich die Anteile verhältnismäßig fest gebundener sowie wechselbereiter Kunden je Betriebstyp signifikant unterscheiden[371].

Insgesamt läßt sich somit sowohl ein statischer als auch ein dynamischer Kundenwert via Mono-Item-Verfahren ermitteln. Weil aber der Kundenwert ein ähnlich komplexes Gebilde wie die Kundenzufriedenheit ist, empfiehlt es sich, die Aussagekraft des einzelnen Indikators (hier WK-DB II) durch ergänzende Beurteilungskriterien zu präzisieren.

Die mit Multi-Item-Verfahren verfolgte Zielsetzung ist eine Integration weiterer kaufverhaltensrelevanter Merkmale in die Wertanalyse. Dabei sollen die in Frage kommenden Kriterien nicht als isolierte Einzelwerte parallel betrachtet, sondern zu einem solchen Gesamtmodell verbunden werden, das endlich den Ausweis der jeweils gesuchten Zielvariablen (z.B. Kauf- oder Abwanderungswahrscheinlichkeit) in Form eines einzigen Zahlenwertes ermöglicht. Bei derartigen Scoring-Modellen erweist es sich als nicht unproblematisch, die das Kaufverhalten und die Kundentreue erklärenden Variablen zu eruieren. Grundsätzlich existieren dafür zwei Möglichkeiten. Entweder werden die erklärenden Variablen vorab bestimmt und durch gespeicherte Kundendaten statistisch erklärt oder ihre Extraktion erfolgt direkt (z.B. via Data Mining) aus der Kundendatenbank[372]. In beiden Fällen sollte zu Beginn der Analyse die operationale Zielvariable eindeutig definiert werden, bevor eine Identifikation der sie erklärenden Beschreibungsmerkmale bzw. die Extraktion zielrelevanter Zusammenhänge erfolgt. Erst wenn Zielvariable und die sie erklärenden Parameter bestimmt sind, lassen sich schließlich die für das Kundenbewertungsmodell benötigten Zahlenwerte durch entsprechende Erklärungsmodelle[373] ermitteln[374].

---

371 Vgl. für eine zusammenfassende Darstellung der *GfK*-Untersuchungsergebnisse: Rode; Biester: Kunde, S. 38.

372 Vgl. hierzu: Gierl; Kurbel: Ermittlung des Kundenwertes, S. 181 und die dort angegebene Literatur.

373 „Die dazu eingesetzten Instrumente sind vielfältig. Es werden unter anderem statistische Verfahren wie die lineare Regression, logistische Regression, CHAID oder Clusterverfahren eingesetzt. Darüber hinaus kommen auch Werkzeuge der künstlichen Intelligenz wie neuronale Netze (..) oder Fuzzy Logik zum Einsatz". http://www.Data-Mining.de/marketinganalyse.htm. *Wilde/Hippner* nennen des weiteren die Diskriminanzanalyse und das Entscheidungsbaumverfahren als mögliche Instrumente. Wilde; Hippner: Database Marketing, S. 8.

374 Vgl. für ein sich aus beschriebener Vorgehensweise entwickelbares Phasenschema beim Aufbau eines Multi-Item-Verfahrens auch: Wilde; Hippner: Database Marketing, S. 7 ff. Die Leistungsfähigkeit eines der oben angesprochenen Erklärungsverfahren zeigt das Bei-

Werden auf diesem Wege beispielsweise auf den Einzelkunden bezogene Bestellwahrscheinlichkeiten im Versandhandel geschätzt, um den Verteilerschlüssel eines Kataloges festzulegen, können für eine höhere Validität der Ergebnisse die Daten interner Kundenbanken um externe ergänzt werden. Eine besonders vielversprechende Erweiterung stellt die Verknüpfung von Kundendatenbanken mit mikrogeographischen Typologien (vgl. hierzu Gliederungspunkt 4.2 dieses Kapitels) dar, weil die straßen(abschnitts)genaue Ortung des Wohnumfeldes eines Kunden weitere Hinweise (z.B. Lebensstil und Kaufkraft) zur Beurteilung des Kundenverhaltens und schließlich des -wertes liefert.

### 5.2.2 Der Kundenwert als Steuergröße des Individualmarketing

Um Möglichkeiten zur Steuerung von Investitionen in den Kunden anhand von Profitabilitätswerten übersichtlich aufzeigen zu können, werden zuerst die Ergebnisse des vorangegangenen Untersuchungsabschnitts zusammengefaßt und um einige wenige Aspekte ergänzt. Dies ermöglicht die Kennzeichnung eines Rahmenkonzeptes zur Ermittlung von (Partial-)Kundenwerten, welches dann den Anknüpfungspunkt für weitere Betrachtungen liefert:

(1) Kundenzufriedenheit und Gesamtkundenwert sind interdependent.

(2) Der Gesamtkundenwert setzt sich aus den Komponenten Informations-, Akquisitions- und Profitabilitätswert zusammen, wobei letztgenannter deutlich den Schwerpunkt bildet.

(3) Eine Profitabilitätsmessung *der bzw. des Kunden* setzt einen *bestimmten Datenbestand* voraus und erfolgt durch den Einsatz von Mono- und Multi-Item-Verfahren. Dabei können auch mehrere eigenständige „Profitabilitätstreiber" als Untersuchungsobjekte (Zielvariablen) definiert werden.

(4) Die Errechnung einer Zielvariablen verlangt das Aufdecken der sie erklärenden Kriterien (Schlüssel der Kennzahl[375]), wenn diese ex ante entweder gänzlich oder nur teilweise unbekannt sind.

(5) Die sich anschließende Quantifizierung (Ermittlung des Wertes) der Zielvariablen erfolgt durch Einsatz eines Software-Tools, das für die jeweilige

spiel *UNICEF*. Dort wird CHAID als Selektionsmodell zur Analyse des Spenderverhaltens eingesetzt. Durch 30 erklärende Kriterien konnten solche themenaffine Segmente identifiziert werden, die nach individualisierten Spendenaufrufen eine bis zu 80 Prozent höhere Response zeigten. Lühe: Spender, S. 16.

375 Der Schlüssel definiert den Pfad zum Wert einer Kennzahl. Vgl. hierzu Gliederungspunkt 3.3 dieses Kapitels.

Rechenoperation geeignet ist. Während bei Mono-Item-Verfahren die logische Verknüpfung der Einflußfaktoren direkt zu einem Finalwert führt, müssen bei Multi-Item-Verfahren die einzelnen quantifizierten Merkmale (Kriterien) zur Errechnung einer „Spitzenkennzahl" noch gewichtet werden.

(6) Nach einer Plausibilitätsprüfung sind die sich auf Einzelkunden oder Kundengruppen beziehenden Ergebnisse in einem Ranking[376] zu sortieren.

In Punkt (3) des oben entwickelten Rahmenkonzeptes wurde durch Kursivdruck zweier Satzteile bereits angedeutet, daß

(a) die Ermittelbarkeit und schließlich die Informationsqualität der durch Mono- oder Multi-Item-Verfahren quantifizierbaren Zielvariablen vom Umfang und der Qualität der in die Berechnung einfließenden Daten abhängt. Grundsätzlich kann in bezug auf die Datenbasis - wie bereits mehrfach erläutert wurde - zwischen anonymen und identifizierten Kunden differenziert werden, was die Möglichkeit einer personenindividuellen Zurechnung von WK und damit die Bandbreite der durchführbaren Analysen determiniert[377].

(b) Zweitens läßt sich der Wert der Zielvariablen für verschiedene Aggregationsebenen des Bezugsobjektes Kunde ermitteln. Somit können sich die durchführbaren Analysen sowohl auf Einzelkunden als auch Kundensegmente beziehen.

Die kombinierte Betrachtung dieser beiden Tatbestände ermöglicht der Handelsunternehmung eine „customer perspective", in welcher grundsätzlich zwischen vier Gruppen von Zielvariablen bzw. (Partial-)Kundenwert-Grundtypen differenziert werden kann:

(1) (Partial-)Kundenwert eines anonymen Einzelkunden,
(2) (Partial-)Kundenwert für ein Cluster anonymer Kunden,
(3) (Partial-)Kundenwert für ein Cluster einzeln identifizierter Kunden und
(4) (Partial-)Kundenwert eines identifizierten Einzelkunden.

Die Berechnung des Kundenwertes eines anonymen Einzelkunden [Fall (1)] stiftet als zeitpunktbezogene ex post-Betrachtung für ein Individualmarketing keinen

376 Vgl. hierzu auch: Krahl; Windheuser; Zick: Data Mining, S. 102.

377 Durch die Zurechnung von WK zu Postleitzahlen, Kredit- oder EC-Kartennummern lassen sich Kunden auch partiell identifizieren. Speziell die beiden zuletzt genannten Fälle ermöglichen das Anlegen einer Verkaufshistorie für ansonsten anonyme Einzelkunden. Mithin kann man sich auch stufenweise einer umfassenden Identifizierung des Kunden nähern, was bei den nachfolgend dargestellten Kundenwert-Grundtypen zu entsprechenden, nicht explizit berücksichtigten Mischformen führt.

nennenswerten Nutzen. Für eine Kundensegmentierung [Fall (2) und (3)] bieten sich in erster Linie Ansätze der Clusteranalyse an, die zur Ableitung von Klassifikationen insbesondere eine hierarchische oder partitionierende Clusterung als Methoden der Distanzberechnung verwenden[378]. Durch solche Data Mining-Analysen, deren Einsatzmöglichkeiten bereits im Rahmen des Präsentationscontrolling[379] diskutiert wurden, lassen sich ähnliche Kaufgewohnheiten anonymer Kunden [Fall (2)] identifizieren und als Cluster abbilden[380]. Aufgrund fehlender soziodemographischer und kaufhistorischer Daten läßt sich in diesem Fall allerdings das Einkaufsverhalten nicht via Längsschnittanalysen untersuchen[381]. Hierfür müssen kunden- bzw. haushaltsindividuelle Daten [Fall (3)] vorliegen. Sodann lassen sich für einzelne Cluster dieses Kundenwert-Grundtyps Zeitreihenanalysen durchführen, innerhalb welcher die Entwicklung unterschiedlicher Zielvariablen, z.B. die des WK-DB II, untersucht wird. Die dabei erzielten Ergebnisse sind dann als Steuerdaten für die Investitionen in ausgewählte Kundensegmente zu interpretieren.

Im Zeitablauf ermöglicht die Katalogisierung derartiger Untersuchungen den Aufbau einer dynamischen Kunden-Bilanz, die dann als Instrument des Individualmarketing einer Steuerung und Kontrolle der (oben systematisierten) auf den Kunden einwirkenden Stimuli dient, mit dem Finalziel, den Bedarfsdeckungsanteil (Bezugsquote) insgesamt und den DB pro Einkauf in diesem Kundencluster [noch Fall (3)] zu erhöhen. Die dafür notwendigen Investitionen können im Versandhandel z.B. Druckkosten für Direct-Mailings und Kataloge, Kosten der Bonitätsprüfung, Auftragsbearbeitung, Rechnungsstellung und Warenversendung sowie Retourenkosten sein[382]; während im stationären Handel insbesondere die

378 Vgl. hierzu: Krusch: Data-Mining-Verfahren, S. 28 ff.; Kurz: Data Mining, S. 259.

379 Vgl. hierzu Gliederungspunkt 4.2.2 dieses Kapitels.

380 Neben den bereits angesprochenen zeitorientierten Clusteranalysen (Segmentierung nach Wochentagen und Tageszeit) lassen sich für den hier in Rede stehenden Fall (2) auch warengruppenbezogene Einkaufsmuster eruieren. So zeigt eine aktuelle Analyse im LEH zehn typische Kundenprofile, differenziert nach Frische-, Vorrats-, Snackeinkauf etc. Vgl. für eine vollständige Aufzählung: Biester: Informationen, S. 50. Schließlich lassen sich zeit- und warengruppenorientierte Cluster miteinander verknüpfen und anhand der jeweiligen WK-DB II in ein „Profitabilitäts-Ranking“ überführen.

381 Ausnahmen werden durch die oben angesprochene partielle Identifikation von Kunden anhand von Kredit- oder EC-Kartennummern möglich. Aufgrund der Art des diese Zurechnung determinierenden Kriteriums sind die Anwendungsmöglichkeiten in der Praxis allerdings stark betriebstypenabhängig.

382 Diese Kostenarten können sowohl einem Kundencluster als auch Einzelkunden zugerechnet werden.

segmentorientierte Umpositionierung von Waren- oder Artikelgruppen nach Tageszeiten sowie die auf einzelne Kartenkunden via Kiosksystem zugeschnittene Angebotserstellung die in Rede stehenden Kosten verursacht. Ein vereinfachtes Schema einer solchen Kunden-Bilanz[383] im Handel zeigt Abbildung 35.

Abb. 35: Vereinfachtes Schema einer auf Mono-Item-Verfahren-Basis entwickelten Kunden-Bilanz im Handel

| **Periode 1** | | | | |
|---|---|---|---|---|
| **Segmente** | **Kundenanzahl** | **WK-DB II je Kunde** | **Σ WK-DB II** | **Investitionen pro Kundencluster** |
| Cluster A | 2.500 | 100 DM | 250.000 DM | 20.000 DM |
| Cluster B | 2.000 | 40 DM | 80.000 DM | 15.000 DM |
| Cluster C | 4.000 | 35 DM | 140.000 DM | 4.000 DM |
| Cluster D | 5.000 | ./. 5 DM | ./. 25.000 DM | 500 DM |
| *Gesamt* | *13.500* | *(im Ø) 33 DM* | *445.000 DM* | *39.500 DM* |
| **Periode 2** | | | | |
| **Segmente** | **Kundenanzahl** | **WK-DB II je Kunde** | **Σ WK-DB II** | **Investitionen pro Kundencluster** |
| Cluster A | 2.600 | 100 DM | 260.000 DM | 20.000 DM |
| Cluster B | 1.900 | 38 DM | 72.200 DM | 4.000 DM |
| Cluster C | 4.200 | 45 DM | 189.000 DM | 6.000 DM |
| Cluster D | 3.000 | ./. 5 DM | ./. 15.000 DM | 0 DM |
| *Gesamt* | *11.700* | *(im Ø) 43 DM* | *506.200 DM* | *30.000 DM* |
| *Veränderung* | *./. 1800* | *+ 10 DM* | *+ 61.200 DM* | *./. 9.500 DM* |
| **Periode 3** | | | | |
| (...) | | | | |

Quelle: Zusammenstellung des Verfassers

Schließlich werden beim One to One-Marketing mit identifizierten Einzelkunden [Fall (4)] in einer solchen Kunden-Bilanz nicht Segmente, sondern einzelne Kunden bzw. Haushalte als Bezugsobjekte betrachtet. Bei oben dargestellter Kunden-Bilanz für Fall (3) würde man quasi per Drill-Down eine der Clusterperspektive untergeordnete Betrachtungsebene anwählen.

383 Die Anregung für eine solche begriffliche Kennzeichnung stammt von: Brändli: Database Marketing, S. 13.

Ein auf den einzelnen Kunden zugeschnittenes Angebot erhöht die Kundenprofitabilität erheblich. Auch durch die Handelspraxis wurde mehrfach bestätigt, daß die Integration kundenindividueller Daten in integrierte HIS eine stärkere Kundenorientierung ermöglicht[384]. So erhöhte sich beispielsweise nach der Einführung der *TESCO*[385]-Clubcard der Marktanteil in einem Zeitraum von 12 Monaten von 16,2 auf 19 Prozent[386]. Noch auffälliger ist der Erfolg bei der schwedischen Einzelhandelsunternehmung *ICA,* wo ein - individuell ansprechbarer - Kartenbesitzer im Durchschnitt den doppelten Umsatz eines anonymen Kunden zum Gesamterlös beiträgt[387].

Ohne weiter auf Techniken der individualisierten Kundenansprache einzugehen, die sich zum größten Teil aus der oben gekennzeichneten Programmplanung[388] ableiten lassen, ist schließlich noch der Frage nachzugehen, wann sich Investitionen in den Kunden überhaupt lohnen. Dieser Problemstellung kommt deshalb eine besondere Bedeutung zu, weil im Handel der Irrglaube stark verbreitet ist und wird, daß eine uneingeschränkte Kundenorientierung die conditio sine qua non für Unternehmungserfolg sei.

Jedoch zeigte eine (im Rahmen des verbundorientierten Sortimentscontrolling bereits angesprochene) Untersuchung im LEH, daß positive Nettoerfolge (DB II) nur für einen geringen Teil der WK erwirtschaftet werden[389]. Dies läßt sich damit erklären, daß im realisierten Kaufverbund oft nur wenige solcher Artikel kombiniert wurden, die im Rahmen der Kompensationskalkulation als Ausgleichnehmer fungierten. Lassen sich die entsprechenden „Selektivkäufer", die ein sogenanntes „Cherry-Picking" betreiben, als solche identifizieren, muß unter der Annahme, daß sich deren Kaufverhalten nicht signifikant positiv beeinflussen läßt, die Empfehlung „Kundenentbindung" lauten. Begründen läßt sich dies auch mit folgender Äußerung von *Recht/Zeisel*: „Es ergibt sich die Frage, welche absatzpolitischen Maßnahmen zu treffen sind, um die Warenkörbe mit schlechtem Warenkorb-

384 Mohme: Kundenkarten, S. 315.

385 *Tesco Stores Ltd.* ist Großbritanniens führender Lebensmitteleinzelhändler mit einem Gesamtumsatz von ca. 13 Mrd. Pfund. Southworth: Tesco, S. 58.

386 Southworth: Tesco, S. 65.

387 Rode; Biester: Kunde, S. 38.

388 Vgl. hierzu die Gliederungspunkte 4.2 ff. dieses Kapitels. Vgl. für eine detaillierte Kennzeichnung kommunikationspolitischer Maßnahmen im Rahmen des Individualmarketing exemplarisch die zahlreichen Beiträge in: Hippner; Meyer, Wilde: Computer Based Marketing, S. 85 ff.

389 Maurer: Marketingforschung, S. 321.

deckungsbeitrag zukünftig entweder in solche mit positivem Deckungsbeitrag umzuwandeln oder die Kundenbindung aufzulösen, ohne die Warenkörbe mit den positiven Deckungsbeiträgen zu verlieren“[390].

Kundenbeziehungen lassen sich lösen bzw. festigen, indem „Leistungstreiber“ so gestaltet werden, daß deren Bindungspotential, also die „Bedeutung, die der Kunde der Geschäftsbeziehung beimißt“[391] (Kundenzufriedenheit) ab- bzw. zunimmt. Die oben bereits konstatierte Interdependenz von Kundenwert und -zufriedenheit sowie die alternativen Ausrichtungen von Leistungstreibern lassen sich gut in einem zweidimensionalen Positionierungsraum der Geschäftsbeziehungen visualisieren. Für die in einem solchen Kunden-Portfolio durch Einzelkunden und/ oder Kundencluster repräsentierte „Markt-Leistungs-Kombinationen“ läßt sich die jeweilige Ausrichtung segmentadäquater Leistungstreiber durch Pfeile andeuten, wie die auf Fall (3) basierende Abbildung 36 zeigt.

Abb. 36: Das Kunden-Portfolio als Instrument zur Visualisierung der Bedeutung einzelner Kundencluster

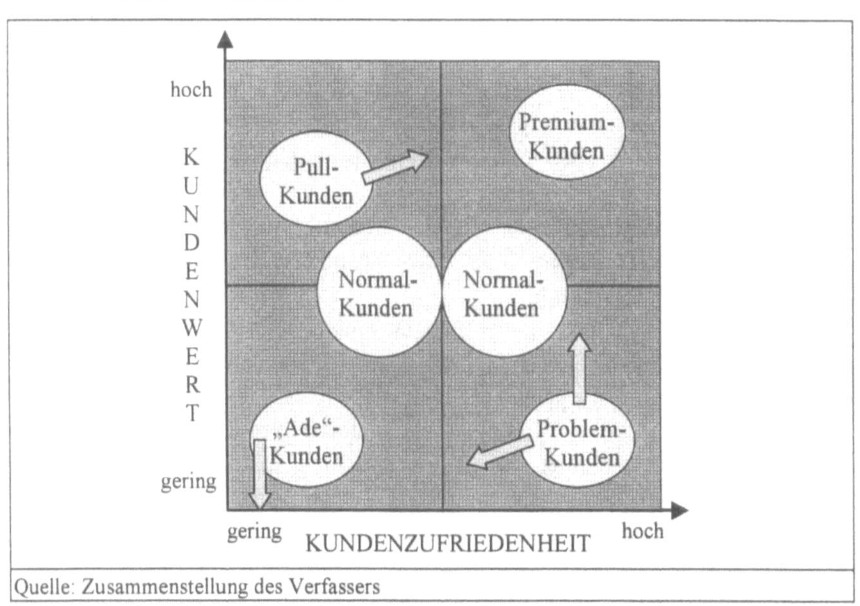


Quelle: Zusammenstellung des Verfassers

390 Recht; Zeisel: Sortimentserfolgsrechnung, S. 467.
391 Plinke: Kundenanalyse, Sp. 1335.

Zwar ließe sich aus einem derartigen Portfolio für Selektivkäufer mit insgesamt negativen WK-DB II („Ade"- und Problem-Kunden) eine Desinvestitions- als Normstrategie ableiten, jedoch werden bereits bei den „Problem-Kunden" durch Pfeile alternative Handlungsmöglichkeiten angedeutet, so daß auf eine Formulierung pauschaler Strategien verzichtet wird; auch ergibt sich Investition als Handlungsmaxime bei „Pull- und Premium-Kunden" durch logisches Schließen.

Die Portfolio-Methode ist zur Darstellung komplexer Analyseergebnisse nur bedingt geeignet, denn eine zusätzliche fokussierte Betrachtung immer kleinerer Subcluster bis hin zu identifizierten Einzelkunden, ohne Ausblendung der zuvor gewählten Aggregationsebene, verlangt den Einsatz modernerer Visualisierungstechniken. Diese liefern Ergebnisse der in Abbildung 37 gezeigten Art. Dort werden rund einhundert „Subcluster" der aus dem Kunden-Portfolio stammenden „Hauptcluster" wie folgt graphisch näher gekennzeichnet[392]:

(1) Bild 1 (Clusterebene):
   (a) Die sechs Seiten der Würfel können unterschiedliche Aspekte der Verkaufshistorie jeweils eines Subclusters kennzeichnen. Beispielsweise wäre eine Fläche des Würfels um so gelber, desto kürzer die Abstände zwischen einzelnen Umsatzakten (Kontaktfrequenz) waren.
   (b) Die Größe eines Würfels erteilt dann Auskunft über die Bestellwahrscheinlichkeit in den nächsten vier Wochen.
   (c) Die Höhenlage eines Würfels kann als periodenbezogener WK-DB II definiert werden.
   (d) Durch das Einziehen einer - in den Abbildungen nicht eingefügten - (horizontalen) „Wasserlinie" lassen sich positive und negative DB-Bereiche voneinander abgrenzen.
   (e) Durch „Stecknadeln" (siehe unteren rechten Bildausschnitt) lassen sich übergeordnete Segmente, hier z.B. „Problem-Kunden", kennzeichnen.

(2) Bild 2 (Einzelkunden-Ebene):
   Diese Betrachtungsebene ermöglicht die Tiefenanalyse eines einzelnen „Sub"- oder „Hauptclusters" (hier „Problem-Kunden"), indem das Bezugsobjekt Einzelkunde per Drill-Down angewählt wird. Einzelne quantifizierte Kriterien der Multi-Item-Perspektive lassen sich dabei berücksichtigen.

Abbildung 37 beendet diesen Untersuchungsabschnitt[393].

---

392 Vgl. zu einer umfassenden Darstellung der Möglichkeiten, welche die in Rede stehenden Visualisierungstechniken ermöglichen: Winkler: Analysen, S. 18 ff.

393 Aus drucktechnischen Gründen wurde Abb. 37 hier als Schwarzweißdruck eingefügt.

Abb. 37: Multidimensionale Visualisierung von Ergebnissen komplexer Kundenwert-Analysen

Bild 1: Clusterebene

Bild 2: Einzelkunden-Ebene

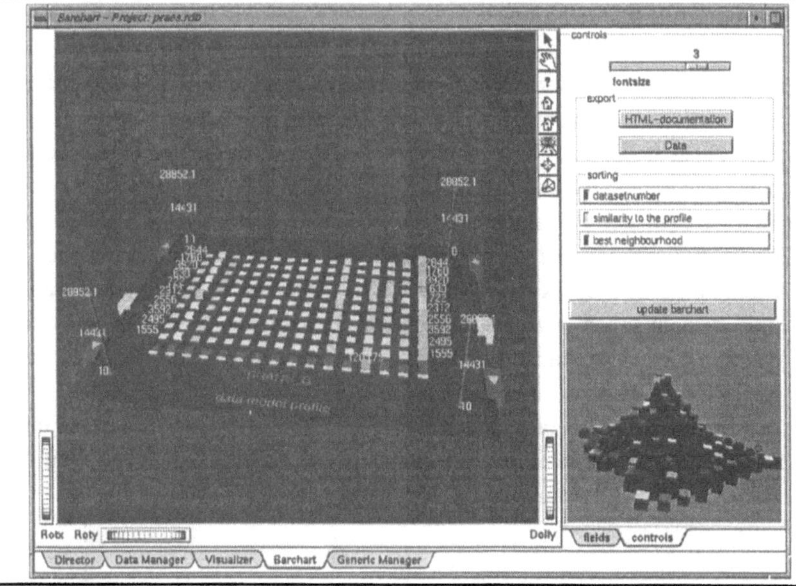


Quelle: Winkler Analysen, S. 20 f. © dbu Unternehmensberatung, Ettlingen

## 5.3 Akzeptanz des Individualmarketing beim Kunden

Bei dem Einsatz kundenspezifischer Daten für marketingpolitische Zwecke ist insofern Vorsicht geboten, als daß der Kunde eine zu genaue Kenntnis seiner Person durch Abbruch der Geschäftsbeziehungen sanktionieren kann. Insofern ist der Zustand des sogenannten „gläsernen Kunden", der durch stark forciertes Individualmarketing, insbesondere in Form traditioneller und elektronischer Direct-Mailings, entsteht, auf seine Auswirkungen hin kritisch zu überprüfen, was eine Einschätzung des jeweiligen Vertrauensverhältnisses mit einschließt.

Eine Kernfrage, die es in diesem Kontext zu beantworten gilt, lautet: Wollen Kunden analysiert, klassifiziert und katalogisiert werden? Dieses Problemfeld stand im Mittelpunkt einer US-amerikanischen Erhebung im LEH, bei der die Befragung von 2.600 Supermarktkunden zu folgenden Ergebnissen führte[394]:

(1) 57 Prozent der Befragten gaben an, verärgert zu sein, wenn sie feststellen müßten, daß Daten über ihr Einkaufsverhalten ohne ihr Wissen angelegt, analysiert und vermarktet würden; 30 Prozent wären damit einverstanden.

(2) 37,6 Prozent der Kunden sind gewillt, Informationen über ihr Einkaufsverhalten zur Verfügung zu stellen, vorausgesetzt, daß deren Nutzung zu ihrer Befriedigung beitragen würde.

(3) 76,6 Prozent der Probanden sind bereit, ihr Einkaufsverhalten beschreibende Informationen zu liefern, wenn angemessene Datenschutzregelungen bei der anschließenden Nutzung zur Grundlage gemacht würden.

(4) 52,1 Prozent der Kunden wären bei einer legitimen Informationsnachfrage entgegenkommend.

(5) 58,5 Prozent der Befragten würden es sanktionieren, wenn Daten über ihr Einkaufsverhalten ohne ihr Wissen und ihre Zustimmung genutzt würden.

(6) Rund 50 Prozent der Kunden würden eine einmalige Befragung zu ihren Einkaufsgewohnheiten begrüßen, wenn dies zur Erlangung einer ID-Karte führe, die eine pauschale Rabattgewährung offeriere; 34,7 Prozent sind indifferent, 15,8 Prozent lehnen es ab.

(7) Schließlich wurde festgestellt, daß 54,2 Prozent der Probanden einen Einblick in ihr Einkaufsverhalten billigen würden, wenn dies der einzige Weg wäre, Rabatt gewährt zu bekommen.

---

394 Vgl. zu den vom Verfasser dieser Arbeit aus dem Englischen übersetzten Untersuchungsergebnissen: Lewis: Up in smoke, S. 32.

Weil sich die Einstellungen amerikanischer Probanden nicht problemlos auf europäische Verhältnisse übertragen lassen, seien nachfolgend noch die Ergebnisse einer britischen Studie kurz angesprochen. Gemäß dieser akzeptiert zwar 90 Prozent der dort lebenden erwachsenen Bevölkerung die Speicherung von Adresse und Name, wenn sie im regelmäßigen Kontakt zu der entsprechenden Unternehmung stehen, jedoch waren nur noch 39 Prozent der Befragten damit einverstanden, daß darüber hinaus auch Daten über Lebensstil, Interessen und Hobbys in einer Datenbank hinterlegt werden[395].

Bereits aus diesen zwei Studien kann die Schlußfolgerung gezogen werden, daß im Business to Consumer-Bereich[396] Kunden nur bis zu einem bestimmten „Penetrationsgrad" ein auf ihrem Verhalten und ihrer Lebenssituation basierendes Individualmarketing schätzen bzw. dulden. Der kritische Punkt wird dabei sicherlich um so später erreicht, desto größer die aus den entsprechenden Maßnahmen erwachsenden Vorteile für den Kunden sind. Doch wird insgesamt deutlich, daß die Grenzen des Individualmarketing nicht nur von der Leistungsfähigkeit entsprechender Analyse-Tools bestimmt werden, sondern auch von der Toleranz jedes einzelnen Kunden.
Möglichkeiten zur Anhebung der jeweiligen Toleranzschwelle ergeben sich durch die Schaffung zusätzlicher Kundenvorteile. Weil aber in Deutschland insbesondere das Rabattgesetz den hierbei sehr wirkungsvollen preispolitischen Aktionismus behindert, was wiederum die Akzeptanz und somit die Diffusion von Kundenkarten bremst, stehen hierzulande der „effizienten Ansprache und Ausschöpfung" des Privatkunden im Sinne eines do ut des noch wenig liberale Regeln entgegen.

## 6. HIS-Integrations- und Entwicklungsplanung

Zu Beginn des zweiten Kapitels dieser Arbeit wurde ein Referenzmodell[397] für HIS entwickelt, das den sich anschließenden Untersuchungen bis hin zum Individualmarketing als Grundlage diente. Weil aber IS-Architekturen eine statische und

---

395 Vgl. zu dieser Studie der *Business Marketing Services Ltd.* (*BMSL*): Haslhofer: Database Marketing, S. 157.

396 Da im Business to Business-Bereich Einkaufsentscheidungen in der Regel aus rationalem Verhalten resultieren, ist eine exakt auf den Kunden zugeschnittene Angebotserstellung hier in der Regel nicht von Dissonanzen begleitet, so daß eine Untersuchung der Akzeptanzfrage aus dieser Betrachtungsrichtung vernachlässigbar erscheint.

397 Vgl. hierzu die Gliederungspunkte 2. ff. des zweiten Kapitels.

somit zeitpunktbezogene Betrachtung immanent ist, soll die IS-Planung noch um ausgewählte Aspekte einer dynamischen Sichtweise erweitert werden[398]. Dafür werden Gestaltungsempfehlungen zur HIS-Integrations- sowie Entwicklungsplanung formuliert, die dann dieses Kapitel der Arbeit abschließen.

„Business Strategic Planning comes before Information Technology (I.T.) Planning“[399]. Diese Grundregel, daß IT-Lösungen aus der Geschäftsstrategie und somit aus den Unternehmungszielen hervorgehen müssen, wurde in der Vergangenheit häufig mißachtet. Beispielsweise stellt ein Unternehmungsberater in einem an die Handelspraxis adressierten Zeitschriftenaufsatz folgendes fest: „Für die informelle Betrachtung ist die interne Organisationsstruktur ohne Bedeutung, da die Informationsinhalte im Grundsatz identisch sind“[400]. Solche aus mangelndem Sachverstand resultierenden Äußerungen führen dazu, daß die aus allgemeingültigen Referenzmodellen ableitbaren unternehmungsspezifischen Lösungen aufgrund eines nur unzureichenden Zuschnitts einer den jeweiligen Markgegebenheiten angepaßten Leistungskoordination entgegen stehen.

Um eine integrative Sichtweise auf die einzusetzende Informationstechnologie zu ermöglichen, bedarf es eines entsprechenden Rahmenkonzeptes, welches die systematische und ganzheitliche Vorgehensweise unter Betrachtung von Mensch, Organisation und Technologie abbildet. Hierfür empfiehlt sich der Einsatz sogenannter Phasenkonzepte, die den Entscheidungsprozeß in Teilschritte zerlegen und dadurch operationale, aufeinanderfolgende und abgestimmte Schritte ausweisen, an deren Schnittstellen Phasenergebnisse entstehen, die Meilensteine im Entwicklungsprozeß der HIS-Integration sind und protokolliert werden müssen[401]. Zur Kennzeichnung des Grundaufbaus derartiger Konzepte werden in Abbildung 38 (siehe nächste Seite) drei unterschiedliche Modelle miteinander kombiniert und um eine Entwicklungsperspektive erweitert. Auch bei diesem Phasenschema ist darauf hinzuweisen, daß die einzelnen Ebenen auf das engste miteinander verzahnt sind, iterativ durchlaufen werden und sich somit der beschriebene IS-Integrationsprozeß durch dynamische Vor- und Rückkopplungen auszeichnet.

---

398 Vgl. zum statischen Charakter von IS-Architekturen: Hildebrand: Informationsmanagement, S. 83.

399 Agarwal; Hookano: CIO, Slide 13.

400 Meuser: Zukunft, S. 43.

401 Biethahn; Mucksch; Ruf: Informationsmanagement (I), S. 118 f. Hierbei empfiehlt es sich besonders, die entsprechenden Protokolle in IDM zu hinterlegen, um die IS-Planung flexibler und schneller gestalten zu können.

Weil die in Abbildung 38 systematisierten Phasen einer strategischen IS-Planung bewußt selbsterklärend formuliert wurden und deren nähere inhaltliche Kennzeichnung im Bedarfsfall auch den genannten Quellen entnommen werden kann, soll nachfolgend auf die in der Literatur bisher stark vernachlässigte HIS-Entwicklungsplanung eingegangen werden.

Abb. 38: Phasenschema der strategischen Informationssystem-Planung

Unternehmungsziele und -organisation

Geschäftsfelder und -prozesse

Analyse der bestehenden Informationsverarbeitung: Informationseinsatz, Implementierung, Kosten

Analyse der relevanten Umwelt: Markttrends, technische Entwicklungen (Innovationen), Konzepte

Strategische Unternehmungs- und Geschäftsfeld-Planung

*Schwachstellen, Informationsbedarf*

*Chancen/ Risiken*

Formulierung der strategischen Informationslogistik-Ziele

Erarbeitung der IS-Strategie (Architekturen sowie Realisierungsstrategie)

Konzeption des Netzwerks und der Netzwerkdienste (technische Informationsverfügbarkeit, intern und extern)

Konzeption einer DV-Anlage (Hardware & Betriebssystem-Software)

Konzeption der Anwendungs-Software (Beschreibung von Geschäftsvorgängen durch Daten und Abläufe)

**IS**-Implementierung, -Wartung und -**Entwicklung**

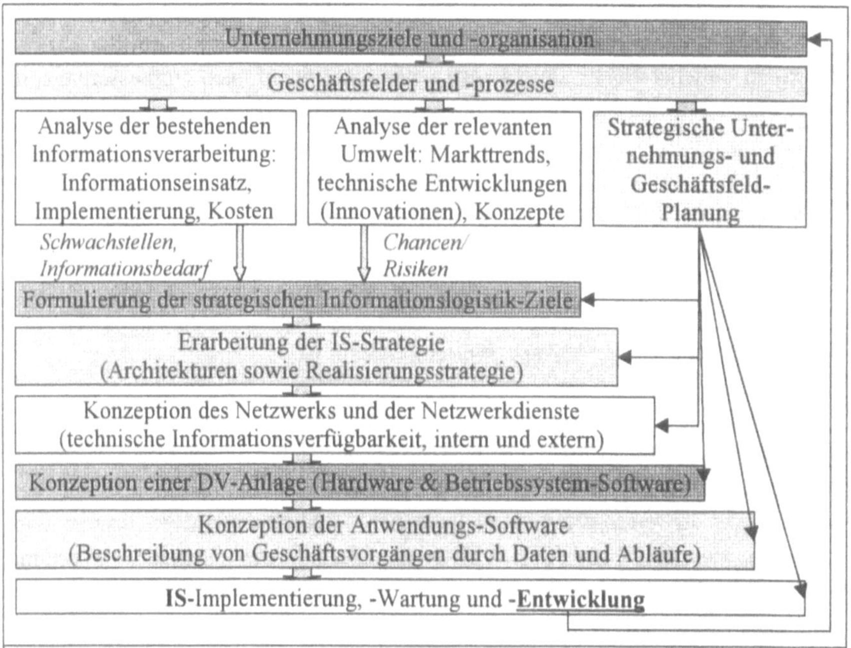

Quelle: In Anlehnung an: Neu: Informationssystem-Planung, S. 40; Hansen; Peschanel: Informationsverarbeitung, S. 221; Biethahn; Mucksch; Ruf: Informationsmanagement (I), S. 126 f.

Neue Technologien lösen Paradigmensprünge für Geschäftsverfahren aus, was sich par excellence in der Entwicklung elektronischer Märkte im allgemeinen sowie ERS im besonderen zeigt. So fungiert beispielsweise innovative ERS-Software als Enabler für die Definition neuer Unternehmungsziele, was in Abbildung 38 durch den äußeren rechten Pfeil graphisch angedeutet wird.

Vor diesem Hintergrund ist im Einzelfall zu prüfen, welchen Wert IS-Innovationen für die Marktbearbeitung haben und ob Geschäftsprozesse neu gestaltet werden können oder müssen. Gerade im Handel, wo sich die Leistungsprofile konkurrierender Betriebsstätten aufgrund fehlender Exklusivrechte für Dienstleistungskonzepte rasch angleichen, ist die Entdeckung und Erschließung von IS-Nutzenpotentialen ein zentraler Erfolgsfaktor. Zwar sind tendenziell diejenigen Unternehmungen „besonders erfolgreich (..), die als erste ein Nutzenpotential erschliessen“[402], jedoch muß sich das Handelsmanagement stets darüber im klaren sein, „that productivity is not improved with the implementation of information technology“[403]. Gerade in der Informationslogistik ist die rasche Abfolge von Innovationszyklen ursächlich für die kaum überschätzbare Bedeutung der These, daß Stillstand einen Rückschritt impliziert. Insofern gilt es nicht nur die HIS auf einzelbetrieblicher Ebene im Rahmen eines Kontinuierlichen Verbesserungsprozesses (KVP) fortlaufend und somit dynamisch zu gestalten, sondern auch eine Synchronisation von Innovationszyklen sicherzustellen, was eine Abstimmung von IT-Infrastruktur, Aufbau- sowie Ablauforganisation verlangt. Die Erfüllung dieser Aufgabe wird nicht zuletzt aufgrund voranschreitender Konzentrationsprozesse im Handel immer schwieriger, denn speziell IS-gestützte Controllingsysteme stellen stark formalisierte Gebilde dar, die sich den raschen Veränderungen auf der Bedarfsseite kurzfristig um so schlechter anpassen lassen, desto komplexer das durch sie jeweils koordinierte Führungssystem ist[404].

Aus diesem Grund muß sich eine solche ganzheitliche Denkweise in den einzelnen Köpfen des Management etablieren, durch welche die Handelsunternehmung als lernendes System begriffen wird. Nur so läßt sich in einer Organisation die Dauerbereitschaft verankern, Neuem durch eine Änderung bereits gelernter Verfahrens- und Erwartungsmuster zu begegnen[405]. Mithin reicht exklusives Führungsgespür des Einzelnen für eine effiziente Erschließung ungenutzter Ökonomisierungspotentiale nicht aus[406]. Die Fähigkeit zum Wandel verlangt den Entwurf und die Weiterentwicklung entsprechender Koordinationsmechanismen auf höchster Managementebene. Vor diesem Hintergrund ist es wenig überraschend, daß im Bereich der HIS-Entwicklung eine Untersuchung in deutschen Handelsunternehmungen zeigt, daß die Erfolgsrate beim Einsatz von AIS mit persönlicher Involviertheit der Unternehmungsleitung steigt[407]. Aus diesem Grund wurde be-

402 Pümpin; Prange: Unternehmensentwicklung, S. 255.

403 Reardon; Hasty; Coe: Productivity in Retailing, S. 445.

404 Vgl. hierzu auch: Baumgärtner: Bausteine, S. 198.

405 Vgl. hierzu: Schreyögg: Organisation, S. 551.

406 So war beispielsweise über den Aufsichtsratsvorsitzenden der *Metro AG* neulich folgendes zu lesen: „*Erwin Conradi* führt Europas größten Handelskonzern, als gehöre er ihm. Seine Manager behandelt er wie Schuljungen“. Jensen; Student: Catch & Carry, S. 60.

407 Müller: Know-how, S. 42.

reits an anderer Stelle die Eingliederung des CIO in diese Leitungsebene empfohlen. Nur so läßt es sich erklären, daß *Randy Mott*, *Wal-Marts* CIO, folgendes aussagen kann: „Bei unserem Data Warehouse haben wir früh entschieden, ein Datenmodell zu erstellen, das die Weiterentwicklung unseres Unternehmens unterstützt. Nicht nur für die Anwendungen, die wir zu dem Zeitpunkt oder in dem bestimmten Jahr entwickeln wollten, sondern auch für Anwendungen, die den zukünftigen Notwendigkeiten des Geschäfts entsprechen, auf die wir später aufbauen können“[408].

Schließlich ist in diesem Kontext noch der Frage nachzugehen, warum die HIS-Entwicklungsplanung im deutschen Handel bislang so stark vernachlässigt wurde. Eine Studie der *Banque Paribas*, *Frankreich*, attestiert dem deutschen Handel mehr als zehn Jahre Rückstand zu Großbritannien, insbesondere hinsichtlich des Einsatzes von IS[409]. Insofern kann es nicht überraschen, daß *Meier*, Geschäftsführer der *Tengelmann Internationale Handels GmbH*, schwärmt: „Unser Umsatz in Deutschland mit britischen Ergebnissen, das wäre eine schöne Sache“[410].

Vor diesem Hintergrund ist es mehr als verwunderlich, daß deutsche Handelswissenschaftler nicht einhellig den Abbau dieser strukturellen Wettbewerbsnachteile fordern, sondern kritisiert wird, daß die Analyse der Informationslogistik im Handel geprägt sei „durch unzweckmäßige Betonung des strategischen Aspekts“[411]. Des weiteren kann man einer aktuellen Publikation zu HIS folgendes Zitat entnehmen:

„Zwar ist die Informations- und Kommunikationstechnologie zweifellos inzwischen soweit ausgereift, daß es unschwer gelingen mag, jedem Händler einen ‚Rolls Royce auf den Hof zu stellen‘, d.h. ein Handelsinformationssystem, welches den höchsten Ansprüchen der Nutzung gerecht wird. Wenn aber die Handelsmanager als Nutzer nicht bereit oder befähigt sind, die Nutzenpotentiale voll auszuschöpfen, oder - um im Bild zu bleiben - wenn ihnen ‚nur Feldwege zur

---

408 Würmser: Datenschlacht, S. 19.

409 „Germany is still a relatively unsophisticated market and is arguably more than ten years behind the UK in terms of overall development of merchandising, own label and the systems (EPOS, sales based reordering, Electronic Data Interchange with suppliers), a reflection of low operation margins and a mature market“. George; Cullum; Gulati: Retailing Review, S. 99.

410 CCG: Tengelmann, S. 18.

411 Schenk: Informationsmanagement, S. 445.

Verfügung stehen', dann ist der Rolls Royce ineffizient, dann hätte es besser ein ,Land Rover' sein sollen"[412].

Fehlende Bereitschaft[413] und/oder Unfähigkeit des Management resultieren unter anderem aus einer desolaten Personalpolitik und führen dazu, daß die IS-spezifischen Strukturgegebenheiten als „Land Rover" konserviert werden. Veränderungsdruck verlangt aber von Handelsunternehmungen keine solche schleichende Kapitulation, sondern ein umfassendes Change Management.

Es bleibt festgestellt, daß ein ganzheitliches Logistikmanagement im allgemeinen und die Implementierung integrierter HIS im besonderen für Mittel- und Großbetriebe des Handels einen zentralen Erfolgsfaktor darstellen. Wird dies vom Handelsmanagement nicht erkannt, führt fehlende „Business Intelligence" mittel- bis langfristig zum Ausscheiden aus dem Markt. Damit wird nochmals die existentielle Bedeutung der Informationsstrategie angesprochen. Diese wurde in der deutschen Handelspraxis erst stark verspätet erkannt. Am Ende muß man sich hierzulande auch nicht mehr über den Siegeszug ausländischer Textilfilialisten wundern, die bereits klar erkannt haben, daß Zeit und Information nicht erst in der Zukunft die dominierenden strategischen Erfolgsfaktoren im Handel sind.

412 Ahlert: Handelsinformationssysteme, S. 55 f.

413 Diese fehlende Bereitschaft resultiert aus Furcht vor erhöhter Transparenz, drohendem Machtverlust, kürzeren Kontrollspannen und/oder einer Unterwanderung informeller Seilschaften. Chamoni; Gluchowski: Organisatorische Aspekte, S. 26.

# Kapitel IV

## Zusammenfassung der Untersuchungsergebnisse

Logistik ist ein ganzheitlicher Prozeß der Planung, Realisierung, Steuerung und Kontrolle inner- und außerbetrieblicher Objektflüsse in Systemen. Weil die Kombination fremderstellter Produkte mit eigenerstellten Dienstleistungen die Leistung kennzeichnet, welche ein Handelsbetrieb als Quantentransponator, Sortiments- und Informationsspezialist erbringt, stehen Waren und Informationen als zentrale Erkenntnisobjekte im Mittelpunkt des Logistikmanagement im Handel.

Möglichkeiten zur Leistungsverbesserung werden von Mittel- und Großbetrieben des Handels in der Regel schnell adaptiert; insbesondere deshalb, weil innovative Dienstleistungskonzepte keinen gewerblichen Schutzrechten unterworfen werden können. Die daraus resultierende Umstellungsflexibilität der Mitbewerber führt zu einer Homogenität des in der Handelspraxis eingesetzten Methodenrepertoires und zu einer Gleichartigkeit der Wettbewerbssituationen konkurrierender Betriebsstätten. Auch aus diesem Grund determinieren die kritischen Erfolgsfaktoren „Zeit" und „Information" betriebliche Zukunftschancen.

Angesichts dieser Feststellungen sind Handelsunternehmungen zur permanenten Erschließung von Ökonomisierungspotentialen gezwungen. Bei der bestmöglichen Erfüllung der von ihnen jeweils übernommenen Transpositionsaufgaben kommen der Waren- sowie der Informationslogistik eine herausragende Bedeutung zu, weil sie die wesentlichen „Enabler" für Kostensenkungen, Leistungsverbesserungen und die Flexibilisierung von Prozessen sind.

Vor diesem Hintergrund galt es zuerst die Dimensionen und Komponenten dieser beiden Hauptbereiche des Logistikmanagement umfassend zu kennzeichnen, um anschließend deren Nutzenpotentiale in Form von Qualitätsverbesserungen bei strategischen und operativen Entscheidungen systematisieren, analysieren und bewerten zu können.

Möglichkeiten zur optimierten Erfüllung von Raum- und Zeitüberbrückungsfunktionen wurden als (physisches) Logistikmanagement im Grundlagenteil der Arbeit (Kapitel I) untersucht. Dafür wurde das Supply Chain Management in seine Komponenten zerlegt und für die inhaltliche Kennzeichnung eines primär warenorientierten Logistikmanagement herangezogen. Hierbei hat es sich erwiesen, daß nur eine interorganisatorische Perspektive die Erschließung solcher Ökonomisierungspotentiale ermöglicht, die Verfahren wie beispielsweise Continuous Re- bzw. Preplenishment und Cross Docking erst schaffen. Des weiteren wurde durch die Darstellung von Entscheidungstatbeständen bei physischen Transpositionsprozessen herausgearbeitet, daß das schnelle und kostengünstige Erfüllen von Kundenwünschen insbesondere eine netzwerkorientierte Analyse, Planung und Steuerung entsprechender Logistikaktivitäten verlangt.

Realgüterflüsse sowie Entscheidungsprozesse sind immer mit Informationsflüssen verbunden und lassen sich deshalb in einem heute zwangsläufig computergestützten Informationssystem abbilden. Dieser im Mittelpunkt der weiteren Überlegungen stehenden Feststellung wurde in Kapitel II durch die Entwicklung eines idealtypischen Referenzmodells eines Handelsinformationssystems Rechnung getragen. Dessen Fundament bilden ein Betriebswirtschaftlich-Administratives System sowie Warenwirtschaftssysteme, die gemeinsam den Schwerpunkt bei der innerbetrieblichen Datengenerierung bilden. Auf diesen operativen Systemen wurde ein Analytisches Informationssystem als ein mit Management Support Systemen gekoppeltes Data Warehouse zum Zwecke der Informationsgenerierung aufgesetzt. Dieser Grundaufbau eines Referenzmodells bildete den Ausgangspunkt einer Analyse verschiedener Integrationsrichtungen von Handelsinformationssystemen. Hierbei stand die intra- und interorganisatorische elektronische Leistungskoordination zwischen verteilten Informationssystemen im Vordergrund, vor allem in Form eines Austausches strukturierter Daten bzw. normierter Geschäftsdokumente via EDI. Dabei dürfte deutlich geworden sein, daß die Internet-Technologie sowohl hier neue Maßstäbe setzt (Internet-EDI; Lite EDI) sowie bei der innerbetrieblichen Kommunikation (Intranet) als auch stärkster Potentialfaktor beim Aufbau von Electronic Retailing Systemen (E-Commerce) ist, deren hohe strategische Relevanz deutlich gekennzeichnet wurde.
Die in integrierten Handelsinformationssystemen der vorgestellten Art verfügbaren, insbesondere scannerinduzierten Daten sind als zu verarbeitender Rohstoff in dem oben bereits angesprochenen Analytischen Informationssystem zu begreifen. Dessen Hauptaufgabe ist es, Daten in Informationen zu transformieren und für Entscheidungen nutzbar zu machen, erforderlichenfalls über den „Umweg“ einer redaktionellen Aufbereitung durch das institutionalisierte Controlling. Für das Extrahieren interner und externer Daten sowie für den Aufbau einer integrierten Datenbasis hat sich ein Data Warehouse als besonders geeignete Technologie-

Plattform erwiesen. Es stellt eine unternehmungsweit einheitliche Datenmodellierung sicher und ermöglicht, daß Daten redundanzfrei erfaßt, gespeichert und entscheidungsorientiert in Management Support Systemen weiterverarbeitet werden können. Letztgenannte bieten dem Handelsmanager als Front-End-User ein umfangreiches „Tool-Kit", zu dem insbesondere OLAP- und Data Mining-Clients sowie unterschiedliche Reporting-Werkzeuge gehören, deren Leistungsvermögen gezielt zutage gefördert wurde.

Auf der Grundlage des entwickelten Referenzmodells wurden in Kapitel III zuerst Ansätze diskutiert, die eine Systematisierung der Nutzenpotentiale integrierter Handelsinformationssysteme ermöglichen könnten. Auf Basis der daraus gezogenen Schlußfolgerungen wurde auf einem informationslogistischen Objektsystem aufbauend ein Phasenschema der Informationsgenerierung und -verwendung entwickelt, bei dem für die Selektion besonders relevanter Aufgabenbereiche ein vom Verfasser konzipiertes, integriertes Controllingsystem diente.
Die Untersuchung von Möglichkeiten zur Verbesserung des Informationsstandes verlangte des weiteren eine umfassende Kennzeichnung der Aktionsparameter rentabilitätsorientierter Informationslogistik, wobei insbesondere die prozeßorientierte Deckungsbeitragsrechnung als ein ausbaufähiges, aktivitätenorientiertes Kostenrechnungsverfahren zur weitgehend verursachungsgerechten Umlage von Handlungskosten identifiziert werden konnte.
Im zweiten Teil des Kapitels III wurden zuerst eine Vielzahl konkreter Möglichkeiten der computergestützten Fundierung struktur- und programmpolitischer Entscheidungen auf Grundlage des zuvor entwickelten Referenzmodells und der darin zum Einsatz kommenden Instrumente dargelegt. Nach subjektiver Dringlichkeit erfolgte dabei eine den marketingpolitischen Aspekt fokussierende Betrachtung, wobei sich die mit oben gekennzeichnetem Tool-Kit gesteuerte verbundorientierte Sortimentspolitik als äußerst schlagkräftig erwies. Die OLAP-Datensicht zeigte sich nicht nur beim Betriebsvergleich und Filialbenchmarking als „bahnbrechend". Besonderheiten der Fundierung marketingpolitischer Entscheidungen beim Einsatz von Electronic Retailing Systemen wurden an den entsprechenden Stellen jeweils eingearbeitet. Zum Teil wich dabei die Ausgestaltung der Steuerungsinstrumente erheblich von der in „traditionellen" Bereichen ab. Dies führte neben Empfehlungen für die Gestaltung elektronischer Kataloge im Rahmen des Präsentationscontrolling zu einer Kennzeichnung wesentlich verbesserter Möglichkeiten der Kundenansprache und der Werbewirkungsanalyse.

Zuletzt wurde der Beitrag integrierter Handelsinformationssysteme zur Entscheidungsunterstützung bei Individualmarketing analysiert. Es dürfte klar geworden sein, daß der über die dargestellten Verfahren zu bestimmende Kundenwert sich nicht nur als effiziente Steuergröße für Individualmarketing eignet, sondern auch eine Kundenprofitabilitäten nicht berücksichtigende und somit undifferenzierte Kundenbindung äußerst unvorteilhaft erscheinen läßt. Dies wurde anhand eines vereinfachten Schemas einer auf Mono-Item-Verfahren-Basis entwickelten Kunden-Bilanz verdeutlicht. Aufgrund stark zunehmender Entscheidungskomplexität bei der Bearbeitung kleinster Kundensegmente und Einzelkunden wurden zwei Verfahren zur Visualisierung von Ergebnissen komplexer Kundenwert-Analysen in die Konzeption eingebunden.

Empfehlungen für die Integrations- und Entwicklungsplanung der insgesamt geschaffenen Informationssystem-Architekturen schließen die Arbeit ab. Dabei wird endlich die Forderung erhoben, bei der Formulierung und Weiterentwicklung einer Informationsstrategie sowohl den Menschen, die Wertschöpfungskette sowie die Technologie ganzheitlich zu betrachten als auch die in deutschen Handelsunternehmungen zu konstatierenden Technologie- und Know-how-Lücken schnellstmöglich zu schließen.

# Literaturverzeichnis


**Adam**, Dietrich
Planung und **Entscheidung**, 3. Aufl., Wiesbaden 1993.

**Agarwal**, PK; **Hookano**, Bill
A Toolkit For The Chief Information Officer (**CIO**), zu beziehen unter: „http://www.hookano. com/sld001.htm“, Slide 1-18.

**Ahlert**, Dieter
**Distributionspolitik**, 3. Aufl., Stuttgart/Jena 1996.

**Ahlert**, Dieter
Anforderungen an **Handelsinformationssysteme** aus Nutzersicht - Auswertungspotentiale für das Handels- und Wertschöpfungsprozeß-Management, in: Informationssysteme für das Handelsmanagement, hrsg. v. D. Ahlert; J. Becker; R. Olbrich u. R. Schütte, Berlin/Heidelberg/ New York u.a. 1998, S. 3-63.

**Ahlert**, Dieter
**Warenwirtschaftsmanagement** und Controlling in der Konsumgüterdistribution - Betriebswirtschaftliche Grundlegung und praktische Herausforderungen aus der Perspektive von Handel und Industrie, in: Integrierte Warenwirtschaftssysteme und Handelscontrolling, hrsg. v. D. Ahlert u. R. Olbrich, 3. Aufl., Stuttgart 1997, S. 3-112.

**Ahlert**, Dieter; **Olbrich**, Rainer
Zur **Schnittstelle** von marktorientierter Unternehmensführung und Informationswirtschaft - Welche unterschiedlichen Rollen spielen Controlling und Informationsmanagement auf dem Gebiet der Informationsversorgung?, in: Marketing und Marktforschung, hrsg. v. A. von Ahsen u. T. Czenskowsky, Hamburg 1996, S. 223-244.

**Al-Ani**, Ayad
Das neue strategische **Management** - Strategieentwicklung in der Post-Reengineering-Ära, in: Das neue strategische Management, hrsg. v. H. H. Hinterhuber; A. Al-Ani u. G. Handlbauer, Wiesbaden 1996, S. 11-32.

**Albers,** Sönke
Regeln für die Allokation eines **Marketing-Budgets** auf Produkte oder Marktsegmente, in: Zeitschrift für betriebswirtschaftlliche Forschung (ZfbF), 50. Jg., Nr. 3 1998, S. 211-235.

**Alt**, Rainer; **Cathomen**, Ivo
Handbuch **Interorganisationssysteme**, Braunschweig/Wiesbaden 1995.

**Althoff**, Theodor
**Begrüßung**, in: Logistik zwischen Ein- und Verkauf, Tagungsband der 36. BAG-Tagung für Unternehmensführung am 8. u. 9. Mai 1989 in Baden-Baden, hrsg. v. der Bundesarbeitsgemeinschaft der Mittel- und Großbetriebe des Einzelhandels e.V. (BAG), Köln, Köln 1989, S. 5-7.

**Appelfeller**, Wieland
Wiederverwendung im objektorientierten **Softwareentwicklungsprozeß**, dargestellt am Beispiel der Entwicklung eines Lagerlogistiksystems, Frankfurt a.M./New York/Paris u.a. 1995, zugl.: Osnabrück, Univ., Diss., 1994.

**Applebee**, R.; **Nitzberg**, S.
**Factors** Contributing to a Successful Operation of a Retail Department Store, Research Paper, 1974.

**Atzberger**, Marco
**Warenwirtschaft** von der Stange?, in: Dynamik im Handel, 41. Jg., Nr. 7 1997, S. 8-10.

**Backhaus**, Klaus
**Industriegütermarketing**, 5. Aufl., München 1997.

**Backhaus**, Klaus; **Erichson**, Bernd; **Plinke**, Wulff; **Weiber**, Rolf
Multivariate **Analysemethoden** - Eine anwendungsorientierte Einführung, 7. Aufl., Berlin/Heidelberg/New York u.a. 1994.

**Barrenstein**, Peter
Kritische **Erfolgsfaktoren** in Handel und Industrie, in: Informationssysteme für das Handelsmanagement, hrsg. v. D. Ahlert; J. Becker; R. Olbrich u. R. Schütte, Berlin/Heidelberg/New York u.a. 1998, S. 109-121.

**Barth**, Klaus
**Betriebswirtschaftslehre** des Handels, 3. Aufl., Wiesbaden 1996.

**Barth**, Klaus
Die erkenntnisfördernde Bedeutung der **Handelsfunktionen** - Plädoyer für einen verkannten Forschungsansatz, in: Mitteilungen des Instituts für Handelsforschung (IfH) an der Univ. zu Köln, hrsg. v. F. Klein-Blenkers, 34. Jg., Nr. 10 1982, S. 106-111.

**Barth**, Klaus
**Lieferzeit** und Lieferzeitpolitik, in: Handwörterbuch der Betriebswirtschaft, hrsg. v. E. Grochla u. W. Wittmann, 4. Aufl., Band I/2, Stuttgart 1975, Sp. 2504-2509.

**Barth**, Klaus
**Rentable Sortimente** im Handel - Zufall oder Ergebnis operabler Entscheidungstechniken, Göttingen 1980.

**Barth**, Klaus
Systematische **Unternehmungsführung** in den Groß- und Mittelbetrieben des Einzelhandels, Nr. 52 der Schriften zur Handelsforschung, hrsg. v. E. Sundhoff, Göttingen 1976, zugl.: Köln, Univ., Habil., 1975.

**Barth**, Klaus
Die **Unternehmungsplanung** in den Großbetrieben des Einzelhandels, in: Mitteilungen des Instituts für Handelsforschung (IfH) an der Univ. zu Köln, hrsg. v. R. Seyffert u. E. Sundhoff, 21. Jg., Nr. 12 1969, S. 173-178 u. 184.

**Barth**, Klaus; **Möhlenbruch**, Dirk
Beschaffung, Logistik und **Controlling**, in: Meilensteine im deutschen Handel, hrsg. v. E. Dichtl u. M. Lingenfelder, Frankfurt 1999, S. 207-240.

**Barth**, Klaus; **Stoffl**, Michaela
Hat das Marketing im Handel versagt? Die **Kundenorientierung** als Ansatz einer Neubesinnung, in: Handelsforschung 1997/98 (Kundenorientierung im Handel), Jahrbuch der Forschungsstelle für den Handel Berlin (FfH) e.V., hrsg. v. V. Trommsdorff, Wiesbaden 1997, S. 3-19.

**Barth**, Klaus; **Theis**, Hans-Joachim
**Werbung** des Facheinzelhandels, Wiesbaden 1991.

**Battenfeld**, Dirk
Kostenmanagement und **prozeßorientierte Kostenrechnung** im Handel, Schriften zu Distribution und Handel, Band 24, hrsg. v. D. Ahlert, Frankfurt a.M./Bern/New York u.a. 1997, zugl.: Münster (Westfalen), Univ., Diss., 1997.

**Baumgarten**, Helmut; **Wolff**, Stefan
**Perspektiven der Logistik**: Trend-Analysen und Unternehmensstrategien, Berlin 1993.

**Baumgärtner**, Jost
**Bausteine** eines praxisorientierten Controllingsystems im Handel, in: DV-gestütztes Unternehmens-Controlling, hrsg. v. T. Reichmann in Zusammenarbeit mit Sema Group Paris, München 1993, S. 197-217.

**Beck**, Klaus
**Gebietsanalysen** mit Micromarketing, in: Dynamik im Handel, 40. Jg., Nr. 9 1996, S. 73-75.

**Becker**, Jochen
**Marketing-Konzeption** - Grundlagen des strategischen Marketing-Managements, 5. Aufl., München 1993.

**Becker**, Jörg
**Informationsmanagement** und -controlling, Würzburg 1994.

**Becker**, Jörg; **Schütte,** Reinhard
Handelsinformationssysteme - intra- und interorganisationale **Aspekte**, in: Handelsforschung 1997/98 (Kundenorientierung im Handel), Jahrbuch der Forschungsstelle für den Handel Berlin (FfH) e.V., hrsg. v. V. Trommsdorff, Wiesbaden 1997, S. 343-370.

**Becker**, Jörg; **Schütte**, Reinhard
**Handelsinformationssysteme**, Landsberg am Lech 1996.

**Behme**, Wolfgang
**Business-Intelligence** als Baustein des Geschäftserfolgs, in: Das Data-Warehouse-Konzept - Architektur - Datenmodelle - Anwendungen, hrsg. v. H. Mucksch u. W. Behme, Wiesbaden 1996, S. 27-45.

**Behme**, Wolfgang; **Mucksch**, Harry
Die Notwendigkeit einer entscheidungsorientierten **Informationsversorgung**, in: Das Data-Warehouse-Konzept - Architektur - Datenmodelle - Anwendungen, hrsg. v. H. Mucksch u. W. Behme, 2. Aufl., Wiesbaden 1998, S. 3-30.

**Berekoven**, Ludwig
Erfolgreiches **Einzelhandelsmarketing** - Grundlagen und Entscheidungshilfen, München 1990.

**Berekoven**, Ludwig; **Eckert**, Werner; **Ellenrieder**, Peter
**Marktforschung** - Methodische Grundlagen und praktische Anwendung, 7. Aufl., Wiesbaden 1996.

**Berke**, Jürgen
**Ferngespräche** im Verbrauchermarkt, in: Wirtschaftswoche, 52. Jg., Nr. 27 v. 25.06.1998, S. 47.

**Berthel**, Jürgen
**Personalmanagement**, 4. Aufl., Stuttgart 1995.

**Bertram**, Hans; **Wallner**, Manfred
**Data Warehouse** für den Manager, artikelgenaue Abverkaufsdaten sind die Basis, in: Lebensmittel-Zeitung, 48. Jg., Nr. 10 v. 08.03.1996, S. 83-84.

**Bichler**, Klaus; **Schröter**, Norbert
Praxisorientierte **Logistik**, Stuttgart/Berlin/Köln 1995.

**Biehl**, Bernd
Eine Idee nimmt **Formen** an, in: Lebensmittel-Zeitung, 47. Jg., Nr. 51 v. 22.12.1995, S. 27-28.

**Biehl**, Bernd
**Kreative Umsetzung**, in: Lebensmittel-Zeitung, 49. Jg., Nr. 31 v. 01.08.1997, S. 2.

**Biehl**, Bernd
**Zeit ist Geld**, in: Lebensmittel-Zeitung Spezial, Sonderheft 2 1997, S. 72-73.

**Bienert**, Michael
**Standortcontrolling** - Systematische Netzplanung statt fallweiser Einzelanalysen, in: Handelsforschung 1995/96 (Informationsmanagement im Handel), Jahrbuch der Forschungsstelle für den Handel Berlin (FfH) e.V., hrsg. v. V. Trommsdorff, Wiesbaden 1995, S. 245-262.

**Biester**, Silke
Erfolgreicher Einstieg ins **Data Warehousing**, in: Lebensmittel-Zeitung, 50. Jg., Nr. 25 v. 19.06.1998, S. 38-40.

**Biester**, Silke
Versteckte **Informationen** - Kassenbons geben Auskunft über den Kunden, in: Lebensmittel-Zeitung, 50. Jg., Nr. 34 v. 21.08.1998, S. 50.

**Biester**, Silke
Kampf gegen **Out-of-Stock**, in: Lebensmittel-Zeitung, 50. Jg., Nr. 26 v. 26.06.1998, S. 42-43.

**Biester**, Silke
Explosive **Zeiten**, in: Lebensmittel-Zeitung Spezial, Sonderheft 3 1997, S. 16-18.

**Biethahn**, Jörg
Ganzheitliches **Informationsmanagement**, Tagungsunterlagen zum gleichnamigen Vortrag im Rahmen der Veranstaltung „Strategisches Informationsmanagement", ausgerichtet von der deutschen Gesellschaft für Operations Research u.a. an der Gerhard-Mercator-Univ. Gesamthochschule Duisburg am 13.03.1998.

**Biethahn**, Jörg
**Informations- und Kommunikationssystem**, in: Vahlens Großes Logistiklexikon, hrsg. v. J. Bloech u. G. B. Ihde, München 1997, S. 389-394.

**Biethahn**, Jörg; **Huch**, Burkhard (Hrsg.)
Informationssysteme für das **Controlling**, Berlin/Heidelberg/New York u.a. 1994.

**Biethahn**, Jörg; **Mucksch**, Harry; **Ruf**, Walter
Ganzheitliches **Informationsmanagement**, Band **I**: Grundlagen, 2. Aufl., München/Wien 1992.

**Biethahn**, Jörg; **Mucksch**, Harry; **Ruf**, Walter
Ganzheitliches **Informationsmanagement**, Band **II**: Daten- und Entwicklungsmanagement, 2. Aufl., München/Wien 1992.

**Bleicher**, Knut
Das Konzept integriertes **Management,** 2. Aufl., Frankfurt a.M./New York 1992.

**Blüthmann**, Heinz; **Freese**, Gunhild
Der **Preis** ist der größte Kick, in: Die Zeit, 51. Jg., Nr. 43 v. 18.10.1996, S. 39-40.

**Bock**, Dieter; **Hildebrandt**, Rolf; **Krampe**, Horst
**Handelslogistik**, in: Grundlagen der Logistik - Einführung in Theorie und Praxis logistischer Systeme, hrsg. v. H. Krampe u. H.-J. Lucke, München 1993, S. 233-275.

**Böhlke**, Eckhard
**Trade Marketing** - Neuorientierung der Hersteller-Handels-Beziehungen, in: Strategische Partnerschaften im Handel, hrsg. v. J. Zentes, Stuttgart 1992, S. 187-203.

**Boldt**, Klaus
Der neue **Maßstab**, in: Manager Magazin, 28. Jg., Nr. 4 1998, S. 139-150.

**Bordemann**, Heinz-Gerd
Analyse von **Verbundbeziehungen** zwischen Sortimentsteilen im Einzelhandel, Duisburg, Univ., Diss., 1985.

**Böventer**, Edwin von
Einführung in die **Mikroökonomie**, 6. Aufl., München/Wien 1989.

**Bowersox**, Donald J.
**Logistical Management**, New York/London 1974.

**Brändli**, Dieter
Unternehmensphilosophie und **Database Marketing** - Kundenbewußtsein als Voraussetzung für Kundenorientierung, in: Database Marketing, 2. Jg., Nr. 3 1998, S. 9-13.

**Brauer**, Karl M.; **Krieger**, Winfried
Betriebswirtschaftliche **Logistik,** Nachdruck der 1. Aufl. v. 1982, Berlin 1991.

**Bremen**, Achim von
Regaloptimierung als permanenter Prozeß - **Spacemanagement** - Integraler Bestandteil eines Category-Management-Konzepts, in: Dynamik im Handel, 38. Jg., Nr. 6 1994, S. 18-24.

**Bretzke**, Wolf-Rüdiger
Was bringt **Efficient Consumer Response**?, in: Blick durch die Wirtschaft, 40. Jg., v. 30.05.1997, S. 11.

**Bretzke**, Wolf-Rüdiger
Nagelprobe für **Kooperationen**, in: Lebensmittel-Zeitung, 48. Jg., Nr. 29 v. 19.07.1996, S. 46.

**Bretzke**, Wolf-Rüdiger
**Servicequalität** in der Logistik, in: Zeitschrift für Logistik, 16. Jg., Nr. 3 1995, S. 3 u. 16.

**Brusilovsky**, Peter
**Personalized Hypermedia**, in: Multimedia, Hypermedia, and Virtual Reality - Models, Systems, and Applications, hrsg. v. P. Brusilovsky, Berlin/Heidelberg/New York u.a. 1996, S. 255-256.

**Buddeberg**, Hans
**Betriebslehre** des Binnenhandels, Wiesbaden 1959.

**Bullinger**, Hans-Jörg (Hrsg.)
Marktspiegel - **Warenwirtschaftssysteme** für den Großhandel - Funktionsbeschreibung von 76 Warenwirtschaftssystemen für Großhändler, Baden-Baden 1990.

**Bullinger**, Hans-Jörg; **Fähnrich**, Klaus-Peter
Betriebliche Informationssysteme - Grundlagen und Werkzeuge der methodischen **Softwareentwicklung**, Berlin/Heidelberg/New York 1997.

**CCG** (Hrsg.)
**ECR-Partnerschaft** Rewe - Johnson & Johnson, in: Coorganisation, 17. Jg., Nr. 2 1998, S. 20-26.

**CCG** (Hrsg.)
**Efficient Consumer Response**, in: Arbeitsbericht 1995 / Ausblick 1996, hrsg. v. der Centrale für Coorganisation (CCG), Köln, Köln 1996, S. 26-27.

**CCG** (Hrsg.)
ECR - (noch) engere **Kooperationen**, in: Coorganisation, 15. Jg., Nr. 2 1996, S. 20-21.

**CCG** (Hrsg.)
ECR-Partnerschaft **Tengelmann** - Nestlé, in: Coorganisation, 17. Jg., Nr. 2 1998, S. 14-19.

**Chamoni**, Peter
**Analytische Informationssysteme** - Data Warehouse: Strategien, Konzepte und Erfahrungen, „Online 98"-Tagungsband, hrsg. v. W. Martin, Velbert 1998, S. C820.01-C820.15 (bzw. 1-15).

**Chamoni**, Peter
Ausgewählte Verfahren des **Data Mining**, in: Analytische Informationssysteme - Data Warehouse, On-Line Analytical Processing, Data Mining, hrsg. v. P. Chamoni u. P. Gluchowski, Berlin/Heidelberg/New York 1998, S. 301-320.

**Chamoni**, Peter
Entwicklungslinien und Architekturkonzepte des **On-Line Analytical Processing**, in: Analytische Informationssysteme - Data Warehouse, On-Line Analytical Processing, Data Mining, hrsg. v. P. Chamoni u. P. Gluchowski, Berlin/Heidelberg/New York 1998, S. 3-25.

**Chamoni**, Peter; **Budde**, Cornelia
Methoden und Verfahren des **Data Mining**, Nr. 232 der Diskussionsbeiträge des Fachbereichs Wirtschaftswissenschaft der Gerhard-Mercator-Univ. Gesamthochschule Duisburg, Duisburg 1997.

**Chamoni**, Peter; **Gluchowski**, Peter
**Analytische Informationssysteme** - Einordnung und Überblick, in: Analytische Informationssysteme - Data Warehouse, On-Line Analytical Processing, Data Mining, hrsg. v. P. Chamoni u. P. Gluchowski, Berlin/Heidelberg/New York 1998, S. 3-25.

**Chamoni**, Peter; **Gluchowski**, Peter
On-Line Analytical Processing (**OLAP**), in: Das Data-Warehouse-Konzept - Architektur - Datenmodelle - Anwendungen, hrsg. v. H. Mucksch u. W. Behme, 2. Aufl., Wiesbaden 1998, S. 393-436.

**Chamoni**, Peter; **Gluchowski**, Peter
**Organisatorische Aspekte** bleiben meist außen vor - Entwicklungstendenzen und Perspektiven der OLAP-Technologie, in: Computerwoche Focus, Nr. 2 v. 06.06.1997, S. 24-26.

**Chamoni**, Peter; **Gabriel**, Roland; **Gluchowski**, Peter
Erweiterungen von **Management-Support-Systemen**, Nr. 226 der Diskussionsbeiträge des Fachbereichs Wirtschaftswissenschaft der Gerhard-Mercator-Univ. Gesamthochschule Duisburg, Duisburg 1996.

**Chamoni**, Peter; **Zeschau**, Dietmar
Management-Support-Systems und **Data-Warehousing**, in: Das Data-Warehouse-Konzept - Architektur - Datenmodelle - Anwendungen, hrsg. v. H. Mucksch u. W. Behme, Wiesbaden 1996, S. 47-83.

**Charlier**, Michael; **Hohensee**, Matthias
Den **Überblick** behalten, in: Wirtschaftswoche, 52. Jg., Nr. 11 v. 05.03.1998, S. 143-144.

**Chmielewicz**, Klaus
**Forschungskonzeptionen** der Wirtschaftswissenschaft, 2. Aufl., Stuttgart 1979.

**Christener**, Paul
**Theme Stores**: ein Trend aus den USA, in: BAG Handelsmagazin, o. Jg., Nr. 9/10 1997, S. 28-29.

**Codd**, Edgar F.; **Codd** Sharon B.; **Salley**, Clynch T.
**Providing OLAP** (On-line Analytical Processing) to User-Analysts - An IT Mandate, White Paper 1993, zu beziehen unter: „http://www.arborsoft.com/essbase/wht_ppr/coddTOC.html".

**Conradi**, Erwin
Ausgewählte Aspekte der **Unternehmensführung**, in: Logistik zwischen Ein- und Verkauf, Tagungsband der 36. BAG-Tagung für Unternehmensführung am 8. u. 9. Mai 1989 in Baden-Baden, hrsg. v. der Bundesarbeitsgemeinschaft der Mittel- und Großbetriebe des Einzelhandels e.V. (BAG), Köln, Köln 1989, S. 98-110.

**Davies**, Ross
Entwicklungen im **Einzelhandel** mit ladengestützten Informationssystemen - Ein Überblick, in: GDI-Trendbuch Handel No.1, hrsg. v. J. Zentes u. H.-P. Liebmann, Düsseldorf/München 1996, S. 124-136.

**Dawson**, M.
Voll im **Strom**, in: Convenience - Das schwierige Geschäft mit der Bequemlichkeit, Lebensmittel-Zeitung Spezial, o. Jg., Sonderheft 1 1996, S. 48.

**Delfmann**, Werner
Logistik als strategische **Ressource**: Theoretisches Modell und organisatorische Umsetzung integrierten Lernens in logistischen Netzwerken, in: Zeitschrift für Betriebswirtschaft (ZfB), 65. Jg., Ergänzungsheft 3 (Lernende Unternehmen) 1995, S. 141-171.

**Dengel**, Andreas
Künstliche **Intelligenz** - allgemeine Prinzipien und Modelle, Mannheim/Leipzig/Wien u.a. 1994.

**DHI** (Hrsg.)
**Warenwirtschaftssysteme** für den Einzelhandel, hrsg. v. DHI, Reihe Enzyklopädie des Handels, Köln 1993.

**Dietz**, Dirk
**Internethandel** - Enorme Steigerung erwartet, in: Der Handel, integrierte Beilage H.I.T.S., o. Jg., Nr. 3 1998, S. 58-59.

**Diller**, Hermann
**Direktmarketing** (Direct-Marketing), in: Vahlens großes Marketinglexikon, hrsg. v. H. Diller, München 1992, S. 205-209.

**Diller**, Hermann
Fallbeispiel **Kundenclub** - Ziele und Zielerreichung von Kundenclubs am Beispiel des Fachhandels, hrsg. v. IM Marketing-Forum GmbH, Ettlingen 1996.

**Diller**, Hermann
**Preispolitik**, 2. Aufl., Stuttgart/Berlin/Köln 1991.

**Diller**, Hermann
**Shake-Out** wahrscheinlich, in: Lebensmittel-Zeitung, 49 Jg., Nr. 39 v. 26.09.1997, S. 43.

**Diller**; Hermann; **Haas**, Alexander; **Hausruckinger**, Gerhard
Mit **Discounting** in die Zukunft - Erfolgsfaktoren einer Wachstumsstrategie, in: Lebensmittel-Zeitung, 50. Jg., Nr. 3 v. 16.01.1998, S. 57-59.

**Dogan**, Dino Ivan
Strategisches **Management der Logistik**, Frankfurt a.M./Berlin/New York u.a. 1994, zugl.: Stuttgart, Univ., Diss., 1993.

**Dörflein**, Michael
Grundlagen. Wie funktioniert **EDI** eigentlich?, in: Beschaffung Aktuell, o. Jg., Nr. 10 1995, S. 37-40.

**Duerler**, Beat M.
**Logistik** als Teil der Unternehmungsstrategie, hrsg. v. J. S. Krulis-Randa u. N. Thom, Bern/ Stuttgart 1990, zugl.: Zürich, Univ., Diss., 1990.

**Dumke**, Stephan
**Handelsmarkenmanagement**, Hamburg 1996, zugl.: Duisburg, Univ., Diss., 1996.

**Düsing**, Roland
Knowledge Discovery in Databases und **Data Mining**, in: Analytische Informationssysteme - Data Warehouse, On-Line Analytical Processing, Data Mining, hrsg. v. P. Chamoni u. P. Gluchowski, Berlin/Heidelberg/New York 1998, S. 291-299.

**Eberhardt**, Karin
**Wissen** - Die große Unbekannte, in: Logistik Heute, 19. Jg., Nr. 11 1997, S. 75-76.

**Ebert**, Kurt
**Warenwirtschaftssysteme** und Warenwirtschafts-Controlling, Schriften zu Distribution und Handel, Band 1, hrsg. v. D. Ahlert, Frankfurt a.M./Bern/New York u.a. 1986, zugl.: Münster (Westfalen), Univ., Diss., 1986.

**Eggers**, Bernd; **Eickhoff**, Martin
Instrumente des strategischen **Controlling**, Wiesbaden 1996.

**Eierhoff**, Klaus
Die **Logistikkette** als Wertschöpfungselement des Handels, in: Management der Logistikkette, hrsg. v. H.-Chr. Pfohl, Berlin 1994, S. 129-147.

**Eierhoff**, Klaus
Das **Logistik-Konzept** der Karstadt AG, in: Logistikmanagement, hrsg. v. G. Schuh, Stuttgart 1996, S. 349-364.

**Esch**, Franz-Rudolf; **Thelen**, Eva
Zum **Suchverhalten** von Kunden in Läden - theoretische Grundlagen und empirische Ergebnisse, in: Der Markt, 36. Jg., Nr. 3/4 1997, S. 112-125.

**Eusterbrock**, Claudia; **Kolbe**, Lutz
Aufbau und Gestaltung von **Online-Services** für den privaten Haushalt, Handlungsrichtlinien zur Nutzung von Marketing Potentialen, in: Der Markt, 34. Jg., Nr. 3 1995, S. 133-146.

**Farner**, Gary
**Rules for Evaluating OLAP Systems** - A Critical Requirement for Business Intelligence Systems, hrsg. v. IRI Software, einem Unternehmen der Information Ressources Inc., White Paper, Waltham und Chicago 1994.

**Fink**, Dietmar
Einführung in das **Electronic Marketing** - von der Technik zum Nutzen, in: Marketing-Management mit Multimedia, hrsg. v. C. Wamser u. D. H. Fink, Wiesbaden 1997, S. 13-27.

**Fischer**, Cai
**Verbundorientierte Preispolitik** im Lebensmitteleinzelhandel - ein Ansatz zur computergestützten Nutzung von Informationen über das Verbundkaufverhalten der Kunden am Point of Sale, Berlin 1995, zugl.: Hamburg, Hochschule der Bundeswehr, Diss., 1994.

**Fischer**, Thomas
**Computergestützte Warenkorbanalyse** als Informationsquelle des Handelsmanagements - Umsetzung anhand eines praktischen Falls, in: Integrierte Warenwirtschaftssysteme und Handelscontrolling, hrsg. v. D. Ahlert u. R. Olbrich, 3. Aufl., Stuttgart 1997, S. 281-312.

**Flach**, Hans Dieter
**Sortimentspolitik** im Einzelhandel, Köln, Univ., Diss., 1966.

**Fleck**, Andree
**Hybride Wettbewerbsstrategien** - Zur Synthese von Kosten- und Differenzierungsvorteilen, Wiesbaden 1995, zugl.: München, Univ., Diss., 1994.

**Forrester**, Jay W.
Grundsätze einer **Systemtheorie**, Wiesbaden 1972.

**Frese**, Erich
Kontrolle und **Unternehmungsführung** - Entscheidungs- und organisationstheoretische Grundfragen, Wiesbaden 1967.

**Froitzheim**, Ulf J.
**Blinde Bosse**, in: Wirtschaftswoche, 52. Jg., Nr. 11 v. 05.03.1998, S. 118-120.

**Fuchs**, Herbert
**Systemtheorie und Organisation** - die Theorie offener Systeme als Grundlage zur Erforschung und Gestaltung betrieblicher Systeme, Wiesbaden 1973, zugl.: Köln, Univ., Diss., 1971.

**Fürbeth**, Karl-Adolf
Anforderungen an **Warenwirtschaftssysteme**, in: Der Handel, o. Jg., Nr. 10 1997, S. 30-31.

**Fuzinski**, Alexandra D. U.; **Meyer**, Cristian
Der **Internet-Ratgeber** für erfolgreiches Marketing, Düsseldorf/Regensburg 1997.

**Gabriel**, Roland
Strategische Bedeutung der **analytischen Informationssysteme**, in: Analytische Informationssysteme - Data Warehouse, On-Line Analytical Processing, Data Mining, hrsg. v. P. Chamoni u. P. Gluchowski, Berlin/Heidelberg/New York 1998, S. 411-420.

**Gabriel**, Roland
**Wissensbasierte Systeme** in der betrieblichen Praxis, Hamburg/London/New York u.a. 1992.

**Gabriel**, Roland; **Röhrs**, Heinz-Peter
**Datenbanksysteme** - Konzeptionelle Datenmodellierung und Datenbankarchitekturen, 2. Aufl., Berlin/Heidelberg/New York u.a. 1995.

**Gälweiler**, Aloys
Strategische **Unternehmungsführung**, Frankfurt a.M./New York 1987.

**Gärtner**, Manfred
Die Eignung relationaler und erweiterter relationaler Datenmodelle für das **Data-Warehouse**, in: Das Data-Warehouse-Konzept - Architektur - Datenmodelle - Anwendungen, hrsg. v. H. Mucksch u. W. Behme, Wiesbaden 1996, S. 133-164.

**Gärtner**, Manfred
Die Eignung relationaler und erweiterter relationaler **Datenmodelle** für das Data-Warehouse, in: Das Data-Warehouse-Konzept - Architektur - Datenmodelle - Anwendungen, hrsg. v. H. Mucksch u. W. Behme, 2. Aufl., Wiesbaden 1998, S. 187-209.

**Gegenmantel**, Rolf
Konzeption einer **Absatzsegmentrechnung** mit Hilfe von OLAP Datenbanken, in: Managementinformationssysteme in Marketing und Vertrieb, hrsg. v. U. Hannig, Stuttgart 1998, S. 173-187.

**George**, Freddie; **Cullum**, William; **Gulati**, Amita
European Food **Retailing Review**, hrsg. v. der Banque Paribas (Frankreich), London 1997.

**Geppert**, Dietmar; **Müller**, Stefan
Interaktive Medien als Kommunikations- und Distributionskanal für Güter und Dienstleistungen - Die **Akzeptanz** bei Handel und Herstellern, in: Handelsforschung 1997/98 (Kundenorientierung im Handel), Jahrbuch der Forschungsstelle für den Handel Berlin (FfH) e.V., hrsg. v. V. Trommsdorff, Wiesbaden 1997, S. 417-438.

**Gerl**, Hans
Mit **Lean-Production** nicht bis zum nächsten Schock warten, in: Logistik im Unternehmen, 9. Jg., Nr. 10 1995, S. 3.

**Gerling**, Michael
Mehr **Ertrag** auf gleicher Fläche, in: Dynamik im Handel, 40. Jg., Nr. 2 1996, S. 102-107.

**Gerling**, Michael
Auf dem Weg zum **Mikro-Marketing**, in: Scannersysteme - Neue Impulse für Organisation und Marketing, hrsg. v. EHI, Reihe Enzyklopädie des Handels, Köln 1994, S. 27-36.

**Gerling**, Michael
Die Bedeutung von **Scannerdaten** für das Flächenmanagement, in: Flächenmanagement - Ein Baustein des Category Management, hrsg. v. EHI, Reihe Enzyklopädie des Handels, Köln 1997, S. 27-31.

**Gerling**, Michael
**Scanning** - Anfang einer neuen Ära, in: Scannersysteme - Neue Impulse für Organisation und Marketing, hrsg. v. EHI, Reihe Enzyklopädie des Handels, Köln 1994, S. 7-22.

**Gerling**, Michael; **Kolberg**, Bernfried
Der Weg bestimmt die **Ziele**, in: Dynamik im Handel, 40. Jg., Nr. 2 1996, S. 108-111.

**Gierl**, Heribert; **Kurbel**, Martin
Möglichkeiten zur **Ermittlung des Kundenwertes**, in: Handbuch Database Marketing, hrsg. v. J. Link; D. Brändli; C. Schleuning u. R. E. Kehl, Ettlingen 1997, S. 174-189.

**Gilmozzi**, Stefan
**Data Mining** - Auf der Suche nach dem Verborgenen, in: Data Warehouse und Managementinformationssysteme, hrsg. v. U. Hannig, Stuttgart 1996, S. 159-171.

**Girschik**, Stefan
**EDI** und Rationalisierungspotentiale - empirische Untersuchung im Beschaffungsbereich, in: Beschaffung Aktuell, o. Jg., Nr. 4 1997, S. 62-66.

**Gleich**, Ronald
**Balanced Scorecard**, in: Die Betriebswirtschaft, 57. Jg., Nr. 3 1997, S. 432-435.

**Gluchowski**, Peter
**Data Warehouse**, in: Informatik-Spektrum, o. Jg., Nr. 20 1997, S. 48-49.

**Gluchowski**, Peter; **Gabriel**, Roland; **Chamoni**, Peter
**Management-Support-Systeme** - computergestützte Informationssysteme für Führungskräfte und Entscheidungsträger, Berlin/Heidelberg/New York u.a. 1997.

**Göpfert**, Ingrid; **Jung**, Klaus P.; **Würmser**, Anita
**Electronic-Shopping** - Kein großer Coup, in: Logistik Heute, 19. Jg., Nr. 8 1997, S. 42-44.

**Görz**, Günther; **Wachsmuth**, Ipke
**Einleitung**, in: Einführung in die künstliche Intelligenz, hrsg. v. G. Görz, Bonn/Paris/New York u.a. 1995, S. 1-13.

**Grauer**, Manfred; **Merten**, Udo
**Multimedia** - Entwurf, Entwicklung und Einsatz in betrieblichen Informationssystemen, Berlin/ Heidelberg/New York u.a. 1997.

**Greipl**, Erich
Rahmenbedingungen und **Perspektiven** des Handels, in: Marktforschung & Management, 41. Jg., Nr. 1 1997, S. 15-19.

**Gritzmann**, Klaus
**Kennzahlensysteme** als entscheidungsorientierte Informationsinstrumente der Unternehmensführung in Handelsunternehmen, Göttingen 1991, zugl.: Göttingen, Univ., Diss., 1991.

**Grochla**, Erwin
Zur Diskussion über die **Zentralisationswirkung** automatischer Datenverarbeitungsanlagen, in: Zeitschrift für Organisation, 38. Jg., Nr. 1/2 1969, S. 47-53.

**Grochla**, Erwin; **Bauer**, Wolfgang; **Fuchs**, Herbert u.a.
Zeitvarianz betrieblicher **Systeme**, Basel/Stuttgart 1977.

**Grolimund**, Freddy
**Managementinformationssystem** bei Migros - Denn sie wissen, was sie tun, in: Logistik Heute, 18. Jg., Nr. 3 1996, S. 70-72.

**Gröppel**, Andrea
**In-Store-Marketing**, in: Handwörterbuch des Marketing, hrsg. v. B. Tietz, 2. Aufl., Stuttgart 1995, Sp. 1020-1030.

**Gruninger-Hermann**, Christian
**Multimedia** und andere Informations- und Kommunikationstechnologien im Handel, Sonderheft 42 der Mitteilungen des Instituts für Handelsforschung (IfH) an der Univ. zu Köln, hrsg. v. L. Müller-Hagedorn, Göttingen 1996.

**Gümbel**, Rudolf
**Handel**, Markt und Ökonomik, Wiesbaden 1985.

**Günther**, Hans-Otto; **Tempelmeier**, Horst
Produktion und **Logistik,** 2. Aufl., Berlin/Heidelberg/New York u.a. 1995.

**Günther**, Martin; **Vossebein**, Ulrich
**Aktionsverlauf** unter der Lupe - Die Auswertung von Paneldaten bei Aktionen, in: Lebensmittel-Zeitung, 48. Jg., Nr. 31 v. 02.08.1996, S. 49.

**Gutowski**, Katja
Larrys alte **Leier**, in: Wirtschaftswoche, 52. Jg., Nr. 13 v. 19.03.1998, S. 126-128.

**Haller**, Sabine
**Handels-Marketing**, Ludwigshafen 1997.

**Härdtl**, Gunter
**Informationsgrundlagen** zur leistungsbezogenen Konditionengewährung - Leistungsindikatoren, Meßmöglichkeiten und Informationssysteme, Wiesbaden 1995, zugl.: Aachen, Techn. Hochschule, Diss., 1994.

**Hallier**, Bernd
Scanner-gestütztes **Handelsmarketing**, in: Handelsforschung 1995/96 (Informationsmanagement im Handel), Jahrbuch der Forschungsstelle für den Handel Berlin (FfH) e.V., hrsg. v. V. Trommsdorff, Wiesbaden 1995, S. 51-62.

**Hallier**, Bernd
Direkte **Produkt-Profitabilität**, in: Handwörterbuch des Marketing, hrsg. v. B. Tietz, 2. Aufl., Stuttgart 1995, Sp. 492-498.

**Hallier**, Bernd
Strategische **Quantensprünge**, in: Dynamik im Handel, 42. Jg., Nr. 3 1998, S. 4-6.

**Hanhart**, Ernst W.
Marktgerechte **Koordination von Einkauf und Verkauf** im Warenhaus, Schriftenreihe der Forschungsstelle für den Handel an der Hochschule St. Gallen, Bern 1967.

**Hanke**, Gerd
Globus denkt die **Logistik ganzheitlich**, in: Lebensmittel-Zeitung, 49. Jg., Nr. 31 v. 01.08.1997, S. 4.

**Hansen**, Hans Robert
Klare Sicht am **Info-Highway** - Geschäfte via Internet & Co., Wien 1996.

**Hansen**, Hans Robert; **Marent**, Christian
**Referenzmodellierung** warenwirtschaftlicher Geschäftsprozesse in Handelssystemen, in: Handelsforschung 1997/98 (Kundenorientierung im Handel), Jahrbuch der Forschungsstelle für den Handel Berlin (FfH) e.V., hrsg. v. V. Trommsdorff, Wiesbaden 1997, S. 371-393.

**Hansen**, Ursula
**Absatz- und Beschaffungsmarketing** des Einzelhandels, 2. Aufl., Göttingen 1990.

**Hansen**, Wolf-Rüdiger; **Peschanel**, Frank D.
Gabler Lexikon innovative **Informationsverarbeitung**, Wiesbaden 1995.

**Hansmann**, Karl-Werner
Kurzlehrbuch **Prognoseverfahren**, Wiesbaden 1983.

**Harlander**, Norbert; **Heidack**, Clemens; **Köpfler**, Friedrich; **Müller**, Klaus-Dieter
**Personalwirtschaft**, 3. Aufl., Landsberg am Lech 1994.

**Hartmann**, Ralph
Strategische **Marketingplanung** im Einzelhandel - Kritische Analyse spezifischer Planungsinstrumente, Wiesbaden 1992, zugl.: Duisburg, Univ., Diss., 1992.

**Hascher**, Hans-Stephan
Integration der Distribution - Ertragsreserven in der Lagerwirtschaft und beim **Cross Docking**, in: Lebensmittel-Zeitung, 48. Jg., Nr. 23 v. 07.06.1996, S. 46.

**Haseborg**, Fokko ter
Marketing-**Controlling**, in: Handwörterbuch des Marketing, hrsg. v. B. Tietz, 2. Aufl., Stuttgart 1995, Sp. 1542-1553.

**Hasenauer**, Rainer
Höhere Datenproduktivität durch **Data Mining**, in: Der Markt, 34. Jg., Nr. 4 1995, S. 125-127.

**Haslhofer**, Gerald
**Database Marketing** - Grundlagen, Methoden, Beispiele, Wien 1996.

**Heidel**, Bernhard
**Scannerdaten** im Einzelhandelsmarketing, in: Vertikales Marketing im Wandel - Aktuelle Strategien und Operationalisierungen zwischen Hersteller und Handel, hrsg. v. W. Irrgang, München 1993, S. 146-172.

**Heilmann**, Heidi
Thesen zur Podiumsdiskussion - Organisationsstrukturen im **Informationsmanagement**, in: Informationsmanagement - Aufgabe der Unternehmensleitung, hrsg. v. H. Heilmann; H. Gassert u. P. Horváth, Stuttgart 1990, S. 107-133.

**Heinrich**, Lutz J.
**Informationsmanagement**, 5. Aufl., München/Wien 1996.

**Heinrich**, Wilfried
Standardsysteme bei den **Re-Engineering**-Vorhaben im Vorteil, in: it Management, Sonderbeilage „Standardsoftware", o. Jg., Nr. 1/2 1996, S. 5-6.

**Heintze**, Alexander
Weihnachtsgeschäft per **Expreß**, in: Logistik Heute, 19. Jg., Nr. 12 1997, S. 74-75.

**Helfrich**, Marcus
Kein **rechtsfreier Raum** - Rechtliche Anforderungen an den unternehmerischen Einsatz globaler Informationsmedien, in: BAG Handelsmagazin, o. Jg., Nr. 7/8 1997, S. 52-55.

**Henneböle**, Jörg
Executive **Information Systems** für Unternehmensführung und Controlling, Wiesbaden 1995, zugl.: Münster (Westfalen), Univ., Diss., 1994.

**Hensche**, Hans Horst
Zeitwettbewerb in der **Textilwirtschaft** - Das Quick-Response Konzept, in: Moderne Distributionskonzepte in der Konsumgüterwirtschaft, hrsg. v. J. Zentes, Stuttgart 1991, S. 275-308.

**Hertel**, Joachim
**Design** mehrstufiger Warenwirtschaftssysteme, Heidelberg 1992, zugl.: Saarbrücken, Univ., Diss. (Arbeitstitel: Das Konzept der operativen Einheiten in mehrstufigen Warenwirtschaftssystemen), 1992.

**Hertel**, Joachim
**Warenwirtschaftssysteme (I)** (Die Kennzeichnung „I" ist nicht Bestandteil des Titels und dient lediglich der gewählten Zitierweise), in: Handwörterbuch des Marketing, hrsg. v. B. Tietz, 2. Aufl., Stuttgart 1995, Sp. 2658-2669.

**Hertel**, Joachim
**Warenwirtschaftssysteme (II)** (Die Kennzeichnung „II" ist nicht Bestandteil des Titels und dient lediglich der gewählten Zitierweise), 2. Aufl., Heidelberg 1997.

**Heydt**, Andreas von der
**Efficient Consumer Response** (ECR) - Basisstrategien und Grundtechniken, zentrale Erfolgsfaktoren sowie globaler Implementierungsplan, Frankfurt a.M./Berlin/Bern u.a. 1997.

**Hildebrand**, Knut
**Informationsmanagement** - Wettbewerbsorientierte Informationsverarbeitung, München/Wien 1995.

**Hildebrand**, Lutz
**Erfolgsfaktorenforschung** im Handel, in: Handelsforschung 1986, Jahrbuch der Forschungsstelle für den Handel Berlin (FfH) e.V., hrsg. v. V. Trommsdorff, Heidelberg 1986, S. 37-52.

**Hinterhuber**, Hans H.
Strategische **Unternehmungsführung**, Bd. I: Strategisches Denken, 5. Aufl., Berlin/New York 1992.

**Hirn**, Wolfgang
Der große **Sprung**, in: Manager Magazin, 26. Jg., Nr. 2 1996, S. 78-83.

**Hirsch**, Julius
Grundriss der Sozialökonomik - V. Abteilung - Handel, Transportwesen, Bankwesen - II. Teil - **Der moderne Handel**, seine Organisation und Formen und die staatliche Binnenhandelspolitik, 2. Aufl., Tübingen 1925.

**Hippner**, Hajo; **Meyer**, Matthias; **Wilde**, Klaus D. (Hrsg.)
**Computer Based Marketing**, Wiesbaden 1998.

**Hoffmann Linhard**, Adolfo; **Olavarria**, Marco
**Kundenbindung** im Lebensmitteleinzelhandel - Vor- und Nachteile von Ladentreue und Ladenwechsel aus Sicht der Konsumenten, in: Der Loyale Kunde - Ist Kundenbindung bezahlbar?, hrsg. v. G. Haedrich, Ergebnisse des 4. CPC Trend Forums, Mainz 1997, S. 42-57.

**Hoffmann**, Werner; **Kusterer**, Frank
**Handels-Controlling** auf Basis eines Datawarehouse und OLAP, in: Controlling, 9. Jg., Nr. 1 1997, S. 46-53.

**Hofmann**, Wolf-Werner
PEP, **Zeitwirtschaft** und Unternehmenskultur, in: Dynamik im Handel, 42. Jg., Nr. 4 1998, S. 91.

**Hohensee**, Matthias
**Informationen** liegen brach, in: Wirtschaftswoche, 51. Jg., Nr. 44 v. 23.10.1997, S. 131-133.

**Hohensee**, Matthias
**Tempo** durchhalten, in: Wirtschaftswoche, 52. Jg., Nr. 11 v. 05.03.1998, S. 92-95.

**Holthius**, Jan
**Data Warehouse** - Grundlage für effizientes Marketing, in: Database Marketing, 2. Jg., Nr. 1 1998, S. 5-11.

**Homburg**, Christian; **Daum,** Daniel
Die **Kundenstruktur** als Controlling-Herausforderung, in: Controlling, 9. Jg., Nr. 6 1997, S. 394-405.

**Horváth**, Peter
**Controlling**, 4. Aufl., München 1991.

**Horváth**, Peter
**Controlling umsetzen**, Stuttgart 1996.

**Huppert**, Egon
Der Lebensmittelhandel auf dem Weg nach **Europa**, in: Dynamik im Handel, 41. Jg., Nr. 6 1997, S. 46-51.

**Ihde**, Gösta B.
**Supply Chain Management**, in: Vahlens großes Logistiklexikon, hrsg. v. J. Bloech u. G. B. Ihde, München 1997, S. 1046-1047.

**Inmon**, William H.
Building the **Data-Warehouse**, New York 1993.

**Isermann**, Heinz
**Internet** und sein Einsatzpotential für die Produktion von Logistik-Dienstleistungen, in: Informationsfluß in der Logistikkette, hrsg. v. H.-Chr. Pfohl, Berlin 1997, S. 47-61.

**Isermann**, Heinz (Hrsg.)
**Logistik** - Beschaffung, Produktion, Distribution, Landsberg/Lech 1994.

**Jansen**, Harald
**EDIFACT** für die Möbelbranche, in: Dynamik im Handel, 40. Jg., Nr. 2 1996, S. 112-114.

**Jansen**, Harald
Grundlagen, **Einsatzmöglichkeiten** und Potentiale, in: Neue Medien im Handel, hrsg. v. EHI, Reihe Enzyklopädie des Handels, Köln 1997, S. 8-14.

**Jansen**, Harald
jpc - Jazz, Pop und Klassik **online**, in: Neue Medien im Handel, hrsg. v. EHI, Reihe Enzyklopädie des Handels, Köln 1997, S. 24-26.

**Jansen**, Harald
Online-Shopping - **Spezialversender** auf dem Vormarsch, in: Neue Medien im Handel, hrsg. v. EHI, Reihe Enzyklopädie des Handels, Köln 1997, S. 16-20.

**Jäschke**, Michael; **Albrecht**, Martin
Von der Euphorie zur **Investitionsentscheidung**, in: Markenartikel, 58. Jg., Nr. 5 1996, S. 178-184.

**Jensen**, Sören
Die **Abzocker**, in: Manager Magazin, 27. Jg., Nr. 10 1997, S. 57-66.

**Jensen**, Sören
Der **Preis** ist heiß, in: Manager Magazin, 28. Jg., Nr. 3 1998, S. 119-131.

**Jensen**, Sören; **Student**, Dietmar
**Catch & Carry**, in: Manager Magazin, 28. Jg., Nr. 7 1998, S. 60-73.

**Jenz**, Dieter E.
Was ist ein **Data Warehouse**?, in: it Management, Supplement „Data Warehouse I", o. Jg., Nr. 9/10 1995, S. 6-10.

**Jünemann**, Reinhardt
Materialfluß und **Logistik**, Berlin/Heidelberg/New York u.a. 1989.

**Jünemann**, Reinhardt
Neue verkehrslogische Konzepte für eine ökologisch verantwortbare **Transportwirtschaft**, in: Zeitschrift für Logistik, 16. Jg., Sonderheft 1 1995, S. 69-78.

**Jungwirth**, Georg
**Geschäftstreue** im Einzelhandel - Determinanten - Erklärungsansätze - Meßkonzepte, Wiesbaden 1997, zugl.: Graz, Univ., Diss., 1995.

**Kaakschlief**, Jörg; **Eberhardt**, Karin
**Simulierte Touren** mobilisieren Reserven, in: Logistik Heute, 17. Jg., Nr. 10 1995, S. 72-74.

**Kaleck**, Peter G.
**Continous Replenishment**, in: Dynamik im Handel, 41. Jg., Nr. 11 1995, S. 28-30.

**Kalka**, Regine
**Marketingerfolgsfaktoren** im Facheinzelhandel, Wiesbaden 1996, zugl.: Wien, Univ., Diss., 1995.

**Kapell**, Elisabeth
Innovative **Kundenpolitik** gesucht - Strategien im Großhandel, in: Lebensmittel-Zeitung, 49. Jg., Nr. 38 v. 26.09.1997, S. 42-43.

**Kapell**, Elisabeth
Von Kaffeeküchen und Computern - **Wissenmanagement** - direkte Kommunikation ist alles, technische Unterstützung sinnvoll, in: Lebensmittel-Zeitung, 50. Jg., Nr. 3 v. 16.01.1998, S. 38.

**Kaplan**, Robert S.; **Norton**, David P.
**Balanced Scorecard** - Strategien erfolgreich umsetzen, Stuttgart 1997.

**Kaplan**, Robert S.; **Norton**, David P.
The Balanced Scorecard - Measures That Drive **Performance**, in: Harvard Business Review, 70. Jg., Nr. 1 1992, S. 71-19.

**Kersten**, Heinrich
Online handeln - Der verbindliche digitale **Handschlag**, in: Neue Medien im Handel, hrsg. v. EHI, Reihe Enzyklopädie des Handels, Köln 1997, S. 56-59.

**Kirchner**, Martin
**Online Analytical Processing**, in: Data Warehousing, hrsg. v. W. Martin, Bonn 1998, S. 147-167.

**Klaus**, Peter
Willkommen im **ECR-Zeitalter** - logistischer Quantensprung für die Konsumgüterwirtschaft?, in: Efficient Consumer Response und die Anforderungen an die Logistikkette, Tagungsband des 2. Wissenschaftssymposiums der Deutschen Logistik Akademie (DLA) in Bremen am 15. Januar 1997, Bremen 1997, S. 7-15.

**Klein-Blenkers**, Fritz
Die Ökonomisierung der **Distribution**, Köln/Opladen 1964.

**Klöpper**, Heinz-Jürgen
Logistikorientiertes strategisches **Management**, Köln 1991, zugl.: Dortmund, Univ., Diss., 1991.

**Klösgen**, Willi
Aufgaben, Methoden und Anwendungen des **Data Mining**, in: Data Warehouse und Managementinformationssysteme, hrsg. v. U. Hannig, Stuttgart 1996, S. 173-191.

**Klott**, Hans
Workflow im Kontext eines unternehmensweiten **Work Management** , in: Electronic Office Systeme - Workflow- und Groupware-Anwendungen in der Praxis, hrsg. v. W. Köhler-Frost, Berlin 1998, S. 88-112.

**Kniszewski**, Peter; **Duhm**, Ulrike
Mit dem Turbo durchs **Netz**, in: COM!, o. Jg., Nr. 5 1998, S. 70.

**Knöbel**, Ulf
Mit Customer Costing den **Kundenwert** steigern, in: Thexis, 15. Jg., Nr. 1 1998, S. 57-59.

**Koch**, Gero
**Truppengattungen**, in: Landkriegführung, hrsg. v. J. Gerber, Osnabrück 1992, S. 721-737.

**Köhler-Frost**, Wilfried
**Vorwort**, in: Electronic Office Systeme - Workflow- und Groupware-Anwendungen in der Praxis, hrsg. v. W. Köhler-Frost, Berlin 1998, S. 7-12.

**Koppelmann**, Udo; **Glantschnig**, Elisabeth
**Prozeßorientierter Einkauf und Logistik**, in: Prozessorientierte Beschaffung, hrsg. v. U. Koppelmann u. H.-J. Lumbe, Stuttgart 1994, S. 1-8.

**Köpper**, Franz
**Logisches Kernsystem** - „Generalbebauungsplan" als Instrument zur Entwicklung von Informationssystemen, in: Dynamik im Handel, 37. Jg., Nr. 1 1993, S. 57-61.

**Kotzab**, Herbert
Neue Konzepte der **Distributionslogistik** in Handelsunternehmen in Österreich, in: Efficient Consumer Response und die Anforderungen an die Logistikkette, Tagungsband des 2. Wissenschaftssymposiums der Deutschen Logistik Akademie (DLA) in Bremen am 15. Januar 1997, Bremen 1997, S. 41-95.

**Kotzab**, Herbert
Bestandsaufnahme aktueller (innovativer) **Technologien und Techniken** der Distributionslogistik von Handelsunternehmungen, in: Der Markt, 34. Jg., Nr. 1 1995, S. 22-38.

**Krahl**, Daniela; **Windheuser**, Ulrich; **Zick**, Friedrich-Karl
**Data Mining** - Einsatz in der Praxis, Bonn 1998.

**Krallmann**, Hermann
**Wissensbasierte Systeme** in der Unternehmung - Möglichkeiten und Grenzen, in: Lösungsansätze der Wirtschaftsinformatik im Lichte der praktischen Bewährung, hrsg. v. D. Bartmann, Berlin/Heidelberg/New York u.a. 1991, S. 107-122.

**Krampe**, Ina
**Kampagnenmanagement** - Kundenbeziehungen im Direktmarketing effektiv steuern, in: Managementinformationssysteme in Marketing und Vertrieb, hrsg. v. U. Hannig, Stuttgart 1998, S. 221-229.

**Krampe**, Horst; **Lucke**, Hans-Joachim
Grundlagen der **Planung** logistischer Lösungen, in: Grundlagen der Logistik - Einführung in Theorie und Praxis logistischer Systeme; hrsg. v. H. Krampe u. H.-J. Lucke, München 1993, S. 53-82.

**Kranke**, Andre
Chinesen wissen wie **ECR** läuft, in: Logistik Heute, 19. Jg., Nr. 10 1997, S. 92-95.

**Krankenberg**, H.
Handeln mit **Effizienz**, in: Markant Handelsmagazin, 40. Jg., Nr. 12 1995, S. 34-37.

**Krcmar**, Helmut
**Informationsmanagement**, Berlin/Heidelberg/New York u.a. 1997.

**Kreikebaum**, Hartmut
Strategische **Unternehmensplanung**, 5. Aufl., Berlin/Köln 1993.

**Kreilkamp**, Edgar
Strategisches **Management** und Marketing, Berlin/New York 1987.

**Kreutzer**, Ralf T.
Die Basis für den **Dialog**, in: Absatzwirtschaft, 33. Jg., Nr. 4 1990, S. 104-113.

**Kreutzer**, Ralf T.
**Individual-Marketing** mit privaten Haushalten, in: Thexis, 7. Jg., Nr. 4 1990, S. 38-42.

**Krieger**, Winfried
**Informationsmanagement** in der Logistik, Wiesbaden 1995.

**Krieger**, Winfried
Wirtschaftliche Gestaltung des EDV-Einsatzes in der betrieblichen **Logistik**, in: Zeitschrift für Logistik, 18. Jg., Nr. 5 1997, S. 12-15.

**Kroy**, Walter
**Wissen** heißt Informationen sinnvoll verknüpfen, in: Lebensmittel-Zeitung, 50. Jg., Nr. 3 v. 16.01.1998, S. 40.

**Krulis-Randa**, Jan S.
**Marketing Logistik**, Band 21 der Schriftenreihe des Institutes für betriebswirtschaftliche Forschung der Univ. Zürich, Bern/Stuttgart 1977.

**Krusch**, Christian
Der KDD-Prozeß am Beispiel einer Kassendatenanalyse unter besonderer Berücksichtigung der Implementierung und Evaluierung verschiedener **Data-Mining-Verfahren**, unveröffentlichte Diplomarbeit des Fachgebietes Wirtschaftsinformatik und Operations Research der Gerhard-Mercator-Univ. Gesamthochschule Duisburg, Duisburg 1998.

**Kruse**, Heinz K.
Internationale Einkaufsbüros und moderne **Informationssysteme**, in: Beschaffung Aktuell, o. Jg., Nr. 1 1998, S. 28-30.

**Kube**, Christian
Erfolgsfaktoren in **Filialsystemen**, Wiesbaden 1991, zugl.: Berlin, Techn. Univ., Diss., 1990.

**Küper**, Artur
**Kostenrechnung**, in: Der Filialbetrieb als System - Das Cornelius-Stüssgen-Modell, hrsg. im Auftrag der Cornelius Stüssgen AG v. R. Nieschlag u. D. von Eckardstein, Köln 1972, S. 373-397.

**Küpper**, Hans-Ulrich
**Logistik-Controlling**, in: RKW-Handbuch Logistik, hrsg. v. H. Baumgarten, Berlin 1991, S. 1-31.

**Küpper**, Hans-Ulrich
**Vertriebs-Controlling**, in: Handwörterbuch des Marketing, hrsg. v. B. Tietz, 2. Aufl., Stuttgart 1995, Sp. 2623-2633.

**Kuhlen**, Rainer
**Informationsmarkt** - Chancen und Risiken der Kommerzialisierung von Wissen, hrsg. v. der Gesellschaft für angewandte Informationswissenschaft Konstanz (GAIK) e.V., Schriften zur Informationswissenschaft, Bd. 15, Konstanz, Univ., Diss., 1995.

**Kuhlmann**, Christian
Diffusion von **Informationstechnik**, Wiesbaden 1997, zugl.: Berlin, Freie Univ., Diss., 1995.

**Kürten,** Tanja
Beratung per **Hologramm**, in: Der Handel, o. Jg., Nr. 8 1996, S. 43-45.

**Kurz**, Andreas
Neue Wege der Datenanalyse mittels neuartigen Knowledge Discovery- und **Data Mining** Methoden, in: Data Warehousing, hrsg. v. W. Martin, Bonn 1998, S. 249-281.

**Lackes**, Richard; **Mack**, Dagmar
Konzeption, Modellierung und Implementierung von Künstlichen Neuronalen Netzen als Bestandteil von **Personalinformationssystemen**, in: N3 Nachrichten Neuronale Netze, o. Jg., Nr. 1 1996, S. 2-8.

**Laurent**, Monika
Vertikale **Kooperationen** zwischen Industrie und Handel - neue Typen und Strategien zur Effizienzsteigerung im Absatzkanal, Frankfurt a.M. 1996.

**Leihner**, Emil
**Betriebsvergleich**, in: Der Filialbetrieb als System - Das Cornelius-Stüssgen-Modell, hrsg. im Auftrag der Cornelius Stüssgen AG v. R. Nieschlag u. D. von Eckardstein, Köln 1972, S. 399-411.

**Lerchenmüller**, Michael
**Handelsbetriebslehre**, Ludwigshafen 1992.

**Lewis**, Len
Up in smoke, in: Progressive Grocer, Vol. 76, Nr. 2 1997, S. 31-32.

**Lingenfelder**, Michael
Die **Internationalisierung** im europäischen Einzelhandel, Berlin 1996, zugl.: Mannheim, Univ., Habil., 1996.

**Link**, Jörg; **Hildebrand**, Volker
**Database Marketing** und Computer Aided Selling - Strategische Wettbewerbsvorteile durch neue informationstechnologische Systemkonzeptionen, München 1993.

**Link**, Jörg; **Hildebrand**, Volker
Ausgewählte Konzepte der **Kundenbewertung** im Rahmen des Database Marketing, in: Hand-

buch Database Marketing, hrsg. v. J. Link; D. Brändli; C. Schleuning u. R. E. Kehl, Ettlingen 1997, S. 158-173.

**Lintner**, Alexander
**ECR** Europa ergreift die Initiative, in: Lebensmittel-Zeitung, 48. Jg., Nr. 2 v. 12.01.1996, S. 41-42.

**Litterst**, Stephan; **Bernhard**, Michael
Sensitives interaktives **Data Mining**, in: Data Warehouse und Managementinformationssysteme, hrsg. v. U. Hannig, Stuttgart 1996, S. 193-200.

**Lorenzen**, Klaus Dieter
Strukturen für ein integratives Logistik-Management-Informations-System (**ILMIS**) als Instrument des Logistik-Controlling, Dortmund 1994, zugl.: Dortmund, Univ., Diss., 1994.

**Lucke**, Hans-Joachim
Grundlagen logistischer **Systeme**, in: Grundlagen der Logistik. Einführung in Theorie und Praxis logistischer Systeme, hrsg. v. H. Krampe u. H.-J. Lucke, München 1993, S. 27-51.

**Lühe**, Markus von der
So gewinnt UNICEF mehr **Spender**, in: Database Marketing, 1. Jg., Nr. 1 1997, S. 14-16.

**Lukas**, Gernot
**Efficient** Consumer Response - Wenn der Kunde die Logistik nicht mehr stört, in: Logistik Heute, 19. Jg., Nr. 6/7 1997, S. 21.

**Lutz**, Ute
Mehr Flexibilität bei der **Ladengestaltung**, in: Dynamik im Handel, 38. Jg., Nr. 6 1994, S. 29-32.

**LZ** (Lebensmittel-Zeitung) (Hrsg.)
**WEB**-Lexikon - Ihr Leitfaden durch die Begriffs-Welt der Online-Kommunnikation, hrsg. v. der LZ/Verlagsgruppe Deutscher Fachverlag, Frankfurt a.M., 1997.

**Mai-Pochtler**, A.; **Schick**, E.
Schwierig, aber **machbar**, in : Lebensmittel-Zeitung, 48. Jg., Nr. 3 v. 19.01.1996, S. 38-40.

**Malik**, Fredmund
**Strategie** des Managements komplexer Systeme, 3. Aufl., Bern/Stuttgart 1989.

**Mallot**, Hanspeter A.
**Neuronale Netze**, in: Einführung in die künstliche Intelligenz, hrsg. v. G. Görz, Bonn/Paris/ New York u.a. 1995, S. 813-862.

**Marent**, Christian
Branchenspezifische **Referenzmodelle** für betriebswirtschaftliche IV-Anwendungsbereiche, in: Wirtschaftsinformatik, 37. Jg., Nr. 3 1995, S. 303-313.

**Markus**, Martina
Von der Rabatt- zur **Kreditkarte**, in: Dynamik im Handel, 41. Jg., Nr. 6 1997, S. 34-38.

**Marré**, Heribert
**Handelsfunktionen**, in: Handwörterbuch der Absatzwirtschaft, hrsg. v. B. Tietz, Enzyklopädie der Betriebswirtschaftslehre, Band IV, Stuttgart 1974, Spalte 709-720.

**Martin**, Roland
**Trends** in der Logistik aus Sicht eines Softwarehauses, in: Zeitschrift für Logistik, 17. Jg., Nr. 1 1996, S. 3 u. 10.

**Martin**, Wolfgang
**Data Warehousing** und Data Mining - Marktübersicht und Trends, in: Das Data-Warehouse-Konzept - Architektur - Datenmodelle - Anwendungen, hrsg. v. H. Mucksch u. W. Behme, 2. Aufl., Wiesbaden 1998, S. 119-133.

**Maurer**, Rudolf
**Marketingforschung** im Handel, Wien 1993.

**Mauthe**, Karl Dieter
**Strategische Analyse,** hrsg. v. W. Kirsch, München 1984.

**Meffert**, Heribert
**Erfolgsfaktoren** im Einzelhandelsmarketing, in: Marketing-Erfolgsfaktoren im Handel, hrsg. v. M. Bruhn, Frankfurt a.M. 1987, S. 13-45.

**Meffert**, Heribert
**Marketing** - Grundlagen marktorientierter Unternehmensführung, 8. Aufl., Wiesbaden 1998.

**Meffert**, Heribert
**Systemtheorie** aus betriebswirtschaftlicher Sicht, in: Systemanalyse in den Wirtschafts- und Sozialwissenschaften, hrsg. v. K.-E. Schenk, Berlin 1971, S. 174-206.

**Mehrmann**, Elisabeth; **Wirtz**, Thomas
**Controlling** für die Praxis, Düsseldorf/Wien 1992.

**Meli**, H. H.
**Sicherheitsarchitektur** für eine Electronic Mall, in: Electronic Mall - Banking und Shopping in globalen Netzen, hrsg. v. B. Schmid, Stuttgart 1995, S. 279-314.

**Mellerowicz**, Konrad
Die **Handelsspanne** bei freien, gebundenen und empfohlenen Preisen, Freiburg im Breisgau 1961.

**Melzer-Ridinger**, Ruth
Abstimmung der **Leistungen im logistischen Kanal**, in: Beschaffung Aktuell, o. Jg., Nr. 9 1995, S. 26-27.

**Merkel**, Helmut
**Logistik-Managementsysteme** - Grundlagen und informationstechnische Umsetzung, München/Wien 1995.

**Merkle**, Erich
Die Erfassung und Nutzung von Informationen über den **Sortimentsverbund** in Handelsbetrieben, Schriften zum Marketing, Band 11, hrsg. v. E. Dichtl u. F. Böcker, Berlin 1981, zugl.: Mannheim, Univ., Diss., 1979.

**Mertens**, Peter
Integrierte **Informationsverarbeitung**, 11. Aufl., Wiesbaden 1997.

**Mertens**, Peter; **Bissantz**, Nicolas; **Hagedorn**, Jürgen
**Data Mining** im Controlling - Überblick und erste Praxiserfahrung, in: Zeitschrift für Betriebswirtschaft (ZfB), 67. Jg., Nr. 2 1997, S. 179-201.

**Mertens**, Peter; **Schumann**, Petra
**Electronic Shopping** - Überblick, Entwicklungen und Strategie, in: Wirtschaftsinformatik, 38. Jg., Nr. 5 1996, S. 515-530.

**Meuser**, Rolf
Im Verbund liegt die **Zukunft**, in: Dynamik im Handel, 38. Jg., Nr. 4 1994, S. 42-47.

**Meyer**, Heiko
Stand und Entwicklung der **EDI** Standards in der Transportkette, in: Informationsfluß in der Logistikkette, hrsg. v. H.-Chr. Pfohl, Berlin 1997, S. 83-98.

**Meyer**, Margit
**Logistik-Management** - eine Aufgabe der integrierten Gestaltung von Güter- und Informationsflussystemen, in: Die Betriebswirtschaft, 53. Jg., Nr. 2 1993, S. 253-270.

**Michels**, Edmund
Datenanalyse mit **Data Mining**, in: Dynamik im Handel, 39. Jg., Nr. 11 1995, S. 37-43.

**Michels**, Edmund
Datenanalyse im Hinblick auf Sortimentsverbund und Kundensegmentierung auf Grundlage des IBM „**Intelligent Miner**“, in: Workshop „Data Mining: Grundlagen, Verfahren und Anwendungen der Datenanalyse“, Arbeitsbericht Nr. 2 des Fachgebietes Wirtschaftsinformatik und Operations Research, hrsg. v. P. Chamoni, White Paper, Duisburg 1998, S. 13-20.

**MicroStrategy** Deutschland GmbH (Hrsg.)
Relationales **OLAP,** Whitepaper der MicroStrategy Deutschland GmbH, Köln 1997.

**Milde**, Heidrun
**Category Management** aus der Perspektive eines Marktforschungsinstitutes, in: Informationssysteme für das Handelsmanagement, hrsg. v. D. Ahlert; J. Becker; R. Olbrich u. R. Schütte, Berlin/Heidelberg/New York u.a. 1998, S. 289-303.

**Milde**, Heidrun
**Handelscontrolling** auf der Basis von Scannerdaten - dargestellt auf der Grundlage von Fallbeispielen aus der Beratungspraxis der A.C. Nielsen GmbH, in: Integrierte Warenwirtschaftssysteme und Handelscontrolling, hrsg. v. D. Ahlert u. R. Olbrich, 3. Aufl., Stuttgart 1997, S. 431-451.

**Mirow**, Heinz Michael
**Kybernetik** - Grundlagen einer allgemeinen Theorie der Organisation, Wiesbaden 1969.

**Möhlenbruch**, Dirk
**Sortimentspolitik** im Einzelhandel, Wiesbaden 1994, zugl.: Duisburg, Univ., Habil., 1992.

**Möhlenbruch**, Dirk; **Meier**, Christian
Stand und Entwicklungsperspektiven eines integrierten **Controllingsystems für den Einzelhandel**, Betriebswirtschaftlicher Diskussionsbeitrag Nr. 96/09 der wirtschaftswissenschaftlichen Fakultät der Univ. Halle-Wittenberg, Halle 1996.

**Möhlenbruch**, Dirk; **Meier**, Christian
Defizite im **Handelscontrolling** - Ausgewählte Ergebnisse einer empirischen Untersuchung im Einzelhandel, in: Controlling, 9. Jg., Nr. 5 1997, S. 318-325.

**Möhlenbruch**, Dirk; **Meier**, Christian
**Komponenten** eines integrierten Controlling-Systems im Einzelhandel, in: Controlling, 10. Jg., Nr. 2 1998, S. 64-70.

**Mohme**, Joachim
Der Einsatz von **Kundenkarten** zur Verbesserung des Kundeninformationssystems im Handel - Umsetzung anhand eines praktischen Falls, in: Integrierte Warenwirtschaftsysteme und Handelscontrolling, hrsg. v. D. Ahlert u. R. Olbrich, 3. Aufl., Stuttgart 1997, S. 313-329.

**Möller**, Sabine
Express - der **OLAP-Server**, in: Management-Informationssysteme - praktische Anwendungen, hrsg. v. R. Hichert u. M. Moritz, 2. Aufl., Berlin/Heidelberg/New York u.a. 1995, S. 330-338.

**More Media** (Hrsg.)
Toyota **Internet** Werbung, unveröffentlichtes Präsentationspapier der More Media GmbH, Düsseldorf, Düsseldorf 1997 (ohne Seitenangaben).

**Mülder**, Wilhelm; **Weis**, Hans Christian
**Computerintegriertes Marketing**, Ludwigshafen 1996.

**Müller**, Fritz Reinhard
Ein potentieller **Know-how** Schub, in: Lebensmittel-Zeitung, 50. Jg., Nr. 3 v. 16.01.1998, S. 40-44.

**Müller**, J; **Rademacher**, U.
Wirtschaftlicher Wandel und seine Einflüsse auf Unternehmens-Strategie und **-Organisation**, in: Electronic Commerce Magazin, 1. Jg., Nr. 1 1994, S. 4-6.

**Müller**, Jürgen
Erfolg durch **innovatives Handeln**, in: Logistik Jahrbuch 1997, hrsg. v. R. Hossner, Düsseldorf 1996, S. 80-84.

**Müller**, Wolfgang
Vorhandene **Daten** neu verknüpfen, in: Lebensmittel-Zeitung, 49. Jg., Nr. 44 v. 31.10.1997, S. 60-61.

**Müller-Hagedorn**, Lothar
Die Fortentwicklung des **Betriebsvergleichs** zum Controlling-Tool, in: Handelsforschung 1995/96 (Informationsmanagement im Handel), Jahrbuch der Forschungsstelle für den Handel Berlin (FfH) e.V., hrsg. v. V. Trommsdorff, Wiesbaden 1995, S. 333-347.

**Müller-Hagedorn**, Lothar
Das Problem des **Nachfrageverbundes** in erweiterter Sicht, in: Zeitschrift für betriebswirtschaftliche Forschung (ZfbF), 30. Jg., 1978, S. 181-193.

**Müller-Hagedorn**, Lothar; **Greune**, Malte
Erfolgsfaktorenforschung und **Betriebsvergleich** im Handel, in: Mitteilungen des Instituts für Handelsforschung (IfH) an der Univ. zu Köln, hrsg. v. L. Müller-Hagedorn, 44. Jg., Nr. 9 1992, S. 121-131.

**Müller-Stewens**, Günter
Grundzüge einer **Virtualisierung**, in: Virtualisierung von Organisationen, hrsg. v. G. Müller-Stewens, Stuttgart 1997, S. 23-41.

**Munkelt**, Irmtrud
Neue **Erkenntnisse** für kreative Prozesse, in: Absatzwirtschaft, 40. Jg., Nr. 3 1997, S. 36-41.

**Naumann**, Ulrich
Kommunikationsprobleme im **Filialbetrieb**, Band 44 der Marburger Schriften zum Genossenschaftswesen, Göttingen 1975.

**Negroponte**, Nicholas
Fund offers Low-Risk Ride Info **Cybermarketing** World, in: The Wall Street Journal, v. 21.02.1996, S. 4.

**Nemitz**, Peter
**Chancen** für den Handel, in: Logistic Letter, hrsg. v. der Bundesvereinigung Logistik (BVL), Nr. 17, (Juli) 1997, S. 3-4.

**Neu**, Peter
Strategische **Informationssystem-Planung**, Berlin/Heidelberg/New York u.a. 1991.

**Niederhausen**, Peter
Konsequenzen der strategischen Herausforderungen für die **Warenwirtschaft** im Handel, in: Informationssysteme für das Handelsmanagement, hrsg. v. D. Ahlert; J. Becker; R. Olbrich u. R. Schütte, Berlin/Heidelberg/New York u.a. 1998, S. 305-315.

**Nierlich**, Günter
**Navigation** ins Reich der Wünsche - Interaktives Screen Shopping am Beispiel Jelmoli, in: Lebensmittel-Zeitung, 47. Jg., Nr. 7 v. 17.02.1995, S. 78-79.

**Oberparleiter**, Karl
**Funktionen und Risiken des Warenhandels**, 2. Aufl., Wien 1955.

**Olbrich**, Rainer
**Informationsmanagement** in mehrstufigen Handelssystemen, Frankfurt a.M. 1992, zugl.: Münster (Westfalen), Univ., Diss., 1992.

**Olbrich**, Rainer
Stand und Entwicklungsperspektiven integrierter **Warenwirtschaftssysteme**, in: Integrierte Warenwirtschaftsysteme und Handelscontrolling, hrsg. v. D. Ahlert u. R. Olbrich, 3. Aufl., Stuttgart 1997, S. 115-172.

**Oschmann**, Annette
Netzfrust statt **Einkaufslust**, in: Der Handel, o. Jg., Nr. 2 1997, S. 34-35.

**o.V.**
**Arcor vernetzt Karstadt**-Konzern - privater Dienstleister verbindet 800 Unternehmensstandorte, in: Lebensmittel-Zeitung, 49. Jg., Nr. 21 v. 23.05.1997, S. 58.

**o.V.**
**Auf solider Basis**, in: Markant Handelsmagazin, 42. Jg., Nr. 2 1997, S. 14-18.

**o.V.**
**Babylon** läßt grüßen, in: Lebensmittel-Zeitung, 50. Jg., Nr. 3 v. 16.01.1998, S. 41.

**o.V.**
**Data Warehouse** erfordert Herzblut, in: Lebensmittel-Zeitung, 49. Jg., Nr. 46 v. 14.11.1997, S. 66.

**o.V.**
Stabiles **Datenbank-Fundament**, in: Datenbank Fokus, o. Jg., Nr. 2 1996, S. 77-81.

**o.V.**
**Discount-Vertriebe** profitieren von negativer Konjunktur, in: Marketing Journal, 29. Jg., Nr. 2 1996, S. 90-91.

**o.V.**
Ist **EDI** überholt?, in: Beschaffung Aktuell, o. Jg., Nr. 10 1997, S. 64-65.

**o.V.**
Management-Informations-System erleichtert **Einkauf**, in: Markant Handelsmagazin, 42. Jg., Nr. 10 1997, S. 50-51.

**o.V.**
Bestandteile und Prozess des **Flächenmanagements**, in: Flächenmanagement - Ein Baustein des Category Management, hrsg. v. EHI, Reihe Enzyklopädie des Handels, Köln 1997, S. 14-25.

**o.V.**
Alles wissen - alles managen - Das Data Warehouse bietet **Informationen** für jede Managementfunktion, in: Lebensmittel-Zeitung-Journal, Nr. 9 v. 27.02.1998, S. 52.

**o.V.**
Die Software macht noch Probleme - Empirische Untersuchung zum Einsatz von **Informationstechnologie im Handel**, in: Lebensmittel-Zeitung, 47. Jg., Nr. 7 v. 17.02.1995, S. 74.

**o.V.**
**Intelligenter** Kühlschrank, in: Lebensmittel-Zeitung, 50. Jg., Nr. 7 v. 13.02.1998, S. 48.

**o.V.**
Deutsche Handelsunternehmen sind kaum im **Internet** vertreten, in: Frankfurter Allgemeine Zeitung (FAZ), Nr. 230 v. 04.10.1997, S. 19.

**o.V.**
**Logistik 2005** - Alle an einem Strang, in: Markant Handelsmagazin, 41. Jg., Nr. 1 1996, S. 8-11.

**o.V.**
Mit **Temporevolution** auf Erfolgskurs, in: COM!, o. Jg., Nr. 1 1998, S. 10.

**o.V.**
Der **Umgangston** wird immer schärfer, in: Lebensmittel-Zeitung, 47. Jg., Nr. 44 v. 03.11.1995, S. 12.

**o.V.**
**Virtuelle Organisationen** - Unternehmen im Netzwerk, in: Beschaffung Aktuell, o. Jg., Nr. 5 1998, S. 66.

**o.V.**
Edeka will bei Data Warehouse **Vorreiterrolle** spielen, in: Lebensmittel-Zeitung, 49. Jg., Nr. 5, v. 31.01.1997, S. 9.

**Österle**, Hubert; **Brenner**, Walter; **Hilbers**, Konrad
Unternehmensführung und **Informationssystem**, 2. Aufl., Stuttgart 1992.

**Pangels**, Rolf
**Factory-Outlet-Center** - Die Stadt ist der Verlierer, in: BAG Handelsmagazin, o. Jg., Nr. 11/12 1997, S. 24-30.

**Pfohl**, Hans-Christian
**Informationsfluß** in der Logistikkette, in: Informationsfluß in der Logistikkette, hrsg. v. H.-Chr. Pfohl, Berlin 1997, S. 1-45.

**Pfohl**, Hans-Christian
Interorganisatorische Probleme in der **Logistikkette**, in: Management der Logistikkette, hrsg. v. H.-Chr. Pfohl, Berlin 1994, S. 201-251.

**Pfohl**, Hans-Christian
**Logistikmanagement** - Funktionen und Instrumente, Berlin/Heidelberg/New York u.a. 1994.

**Pfohl**, Hans-Christian
**Logistiksysteme**, 5. Aufl., Berlin/Heidelberg/New York u.a. 1996.

**Pfohl**, Hans-Christian
**Trends** in der Logistik, in: Informationsfluß in der Logistikkette, hrsg. v. H.-Chr. Pfohl, Berlin 1997, S. 175-189.

**Pfohl**, Hans-Christian; **Zettelmeyer**, Bernd
**Strategisches Controlling**?, in: Zeitschrift für Betriebswirtschaft (ZfB), 57. Jg., Nr. 2 1987, S. 145-175.

**Picot**, Arnold
**Transaktionskostenansatz**, in: Handwörterbuch der Betriebswirtschaftslehre, Teilband 3, hrsg. v. W. Wittmann, 5. Aufl., Stuttgart 1993, Sp. 4194-4204.

**Picot**, Arnold; **Reichwald**, Ralf; **Wigand**, Rolf T.
Die **grenzenlose Unternehmung** - Information, Organisation und Management, 3. Aufl., Wiesbaden 1998.

**Pieper**, Clemens
**Organisation** für den Erfolg, in: Logistik Heute, 17. Jg., Nr. 10 1995, S. 52-54.

**Piontek**, Jochem
**Distributionscontrolling**, München/Wien 1995.

**Piontek**, Jochem
Internationale **Logistik**, Stuttgart/Berlin/Köln 1994.

**Plinke**, Wulff
**Kundenanalyse**, in: Handwörterbuch des Marketing, hrsg. v. B. Tietz, 2. Aufl., Stuttgart 1995, Sp.1328-1340.

**Poe**, Vidette
Building a **data warehouse** for decision support, London/Sydney/Toronto u.a. 1996.

**Popp**, Heribert; **Schumann**, Petra
Electronic Shopping im **Business** to Business-Bereich, in: CIM Management, 11. Jg., Nr. 5 1995, S. 18-22.

**Porter**, Michael E.
**Wettbewerbsstrategie**, 7. Aufl., Frankfurt a.M. 1992.

**Porter**, Michael E.
**Wettbewerbsvorteile**, 3. Aufl., Frankfurt a.M. 1992.

**Preissner**, Anne
Auf dem **Sprung**, in: Manager Magazin, 26. Jg., Nr. 3 1996, S. 66-70.

**Pretzel**, J.
Gestaltung der Hersteller-Handel-Beziehung durch **Category Management**, in: Category Management - neue Herausforderungen im vertikalen Marketing?, hrsg. v. H. Meffert; H. Wagner u. K. Backhaus, Dokumentation eines Workshops v. 22.06.1995, S. 30-43.

**Prümper**, Wolfgang
**Logistiksysteme im Handel** - Die Organisation der Warenprozesse in Großbetrieben des Einzelhandels, Thun/Frankfurt a.M. 1979.

**Puffe**, Peter
EDI für den Mittelstand? **Lite EDI** und das Internet, in: Coorganisation, 17. Jg., Nr. 3 1998, S. 30-35.

**Pümpin**, Cuno; **Prange**, Jürgen
Management der **Unternehmensentwicklung**, Frankfurt a.M./New York 1991.

**Reardon**, James; **Hasty**, Ron; **Coe**, Barbara
The Effect of Information Technology on **Productivity in Retailing**, in: Journal of Retailing, Vol. 72, Nr. 4 1996, S. 445-461.

**Reber**, Gerhard (Hrsg.)
**Personalinformationssysteme**, Stuttgart 1979.

**Recht**, Peter; **Zeisel**, Stefan
Unterstützung von verbundorientierten Sortimentsentscheidungen durch eine **Sortimentserfolgsrechnung**, in: Zeitschrift für betriebswirtschaftlliche Forschung (ZfbF), 50. Jg., Nr. 5 1998, S. 462-478.

**Recht**, Peter; **Zeisel**, Stefan
**Warenkorbanalyse** in Handelsunternehmen mit dem Conjoint Profit-Modell, in: Controlling, 9. Jg., Nr. 2 1997, S. 94-100.

**Rehme**, Matthias
Multimediale **Marketing-Dokumentation** - Einsatzmöglichkeiten digitaler Dokumentationssysteme, Wiesbaden 1997.

**Reichmann**, Thomas
**Controlling** mit Kennzahlen und Managementberichten, 5. Aufl., München 1997.

**Reichmann**, Thomas
Kennzahlengestütztes **Logistik-Controlling**, in: DV-gestütztes Unternehmens-Controlling, hrsg. v. T. Reichmann in Zusammenarbeit mit Sema Group Paris, München 1993, S. 105-118.

**Reischauer**, Claudia
**Controlling** - Kompliziert und verdreht, in: Wirtschaftswoche, 52. Jg., Nr. 32 v. 30.07.1998, S. 60-62.

**Riebel**, Paul
Einzelkosten- und **Deckungsbeitragsrechnung**, 6. Aufl., Wiesbaden 1990.

**Riebel**, Paul
Das Rechnen mit **Einzelkosten** und Deckungsbeiträgen, in: Zeitschrift für Handelswissenschaftliche Forschung, 11. Jg., 1959, S. 213-238.

**Rieger**, Bodo
**Führungsinformationssysteme** in Standardsoftware-Paketen, in: Industrie Management, 13. Jg., Nr. 3 1997, Sonderdruck.

**Ritter**, Sabine
**ECR und CCG**, in: Dynamik im Handel, 41. Jg., Nr. 7 1997, S. 18-21.

**Rode**, Jörg
Wal-Mart baut **Internet-EDI**, in: Lebensmittel-Zeitung, 50. Jg., Nr. 3 v. 16.01.1998, S. 48.

**Rode**, Jörg
Wer bezahlt **Lieferservice** und Abholpunkte?, in: Lebensmittel-Zeitung, 49. Jg., Nr. 21 v. 23.05.1997, S. 3 u. 42-44.

**Rode**, Jörg
**Schuhe** gehen online, in: Lebensmittel-Zeitung, 50. Jg., Nr. 26 v. 26.06.1998, S. 36.

**Rode**, Jörg
Immer günstiger - **Standardsoftware** lockt Händler, in: Neue Medien im Handel, hrsg. v. EHI, Reihe Enzyklopädie des Handels, Köln 1997, S. 66-70.

**Rode**, Jörg
**Virtuelle Parks**, in: Lebensmittel-Zeitung, 50. Jg., Nr. 3 v. 16.01.1998, S. 48.

**Rode**, Jörg; **Biester**, Silke
Der **Kunde** als Goldgrube - Neue GfK-Studie untersucht Direktmarketing und Kundenbindung, in: Lebensmittel-Zeitung, 50. Jg., Nr. 24 v. 12.06.1998, S. 38.

**Rodens-Friedrich**, Brigitta
ECR bei **dm-drogerie markt**, Sonderdruck eines Beitrages in: Handbuch Efficient Consumer Response, hrsg. v. A. von der Heydt, München 1998.

**Roeb**, Thomas
Optimum im **Zentrallager** - Kurze Wege und kurze Lagerzeiten, in: Lebensmittel-Zeitung, 48. Jg., Nr. 2 v. 12.01.1996, S. 46-48.

**Rokohl**, Claudia
**Prozeßorientiertes Kostenmanagement** in Einzelhandelsbetrieben, Göttingen, Univ., Diss., 1997.

**Rose**, Bernhard
Die Marketing-Schlacht beginnt im **Data Warehouse**, in: it Management, Supplement „Data Warehouse I", o. Jg., Nr. 9/10 1995, S. 12-17.

**Rosemann**, Michael
Komplexitätsmanagement in Prozessmodellen - methodenspezifische Gestaltungsempfehlungen für die **Informationsmodellierung**, Wiesbaden 1996, zugl.: Münster (Westfalen), Univ., Diss., 1995.

**Rosik**, Uwe
**Regaloptimierung** bei der Karstadt AG, in: Flächenmanagement - Ein Baustein des Category Management, hrsg. v. EHI, Reihe Enzyklopädie des Handels, Köln 1997, S. 47-49.

**Ruda**, Walter
Fester Platz in der **Handelslandschaft**, in: Lebensmittel-Zeitung, 50. Jg., Nr. 2 v. 09.01.1998, S. 38-42.

**Rüter**, Horst
**Handelskarten** - der weite Weg zum Data Base Marketing, in: Dynamik im Handel, 38. Jg., Nr. 8 1994, S. 20-22.

**Rüttler**, Martin
**Information** als strategischer Erfolgsfaktor, Berlin 1991, zugl.: Stuttgart, Univ., Diss., 1991.

**Salfeld**, André
Integrierte **Führungs-Informations-Systeme** im Handel, in: Informationssysteme für das Handelsmanagement, hrsg. v. D. Ahlert; J. Becker; R. Olbrich u. R. Schütte, Berlin/Heidelberg/New York u.a. 1998, S. 239-280.

**Salzinger**, Bertram; **Wagner**, Otto
**Transparenz** der logistischen Kette - Tracking und Tracing systemübergreifend, in: Lebensmittel-Zeitung, 49. Jg., Nr. 20 v. 16.05.1997, S. 59-60.

**SAP** (Hrsg.)
SAP Open **Information Warehouse**, Whitepaper der SAP AG Deutschland, Walldorf 1996.

**SAP** (Hrsg.)
System R/3 - EC-**Unternehmenscontrolling**, Broschüre der SAP AG Deutschland, Walldorf 1997.

**Scheckenbach**, Rainer
**EDI** im Unternehmen - Vom notwendigen Übel zum echten Gewinn, in: Beschaffung Aktuell, o. Jg., Nr. 10 1995, S. 36-37.

**Scheer**, August-Wilhelm
**ARIS** - Architektur integrierter Informationssysteme, in: Handbuch Informationsmanagement, hrsg. v. A.-W. Scheer, Wiesbaden 1993, S. 81-112.

**Scheer**, August-Wilhelm; **Brombacher**, Reinhard; **Hars**, Alexander
**Informationsmodellierung**, in: Handbuch Informationsmanagement, hrsg. v. A.-W. Scheer, Wiesbaden 1993, S. 173-188.

**Schenk**, Hans-Otto
**Handelsbetriebe**, in: Handwörterbuch des Marketing, 2. Aufl., hrsg. v. B. Tietz, Stuttgart 1995, Sp. 851-863.

**Schenk**, Hans-Otto
**Informationsmanagement** aus der Sicht der Handelspsychologie, in: Handelsforschung 1996/97 (Positionierung des Handels), Jahrbuch der Forschungsstelle für den Handel Berlin (FfH) e.V., hrsg. v. V. Trommsdorff, Wiesbaden 1996, S. 445-461.

**Schiemenz**, Bernd
**Kybernetik**, in: Handwörterbuch der Produktionswirtschaft, hrsg. v. W. Kern, Sonderausgabe, Stuttgart 1993, Sp. 1022-1028.

**Schlageter**, Gunter; **Stucky**, Wolffried
**Datenbanksysteme** - Konzepte und Modelle, 2. Aufl., Stuttgart 1983.

**Schlemmer**, Reinhard
Die Eingliederung der **Informationstechnologie** in die strategische Führung, Bern/Stuttgart/Wien 1997, zugl.: Wien, Wirtschaftsuniv., Diss., 1995.

**Schleuning**, Christian
Die Analyse und **Bewertung** der einzelnen Interessenten und Kunden als Grundlage für die Ausgestaltung des Database Marketing, in: Handbuch Database Marketing, hrsg. v. J. Link; D. Brändli; C. Schleuning u. R. E. Kehl, Ettlingen 1997, S. 142-157.

**Schmalen**, Helmut
**Preispolitik**, 2. Aufl., Stuttgart/Jena 1995.

**Schmalen**, Helmut; **Pechtl**, Hans; **Schweitzer**, Walter
**Sonderangebotspolitik** im Lebensmittel-Einzelhandel, Stuttgart 1996.

**Schmelzer**, (k. A.)
**Digitale Marktplätze**, in: Der Handel, o. Jg., Sonderbeilage „Technologie“, Nr. 10 1997, S. 28.

**Schmid**, B.
**Elektronische Märkte**, in: Wirtschaftsinformatik, 35. Jg., Nr. 5 1993, S. 465-480.

**Schmidhäusler**, Fritz J.
Data Warehouse - Hilfe im **Informations-Dschungel**, in: Gablers Magazin, 10. Jg., Nr. 3 1996, S. 26-28.

**Schmidhäusler**, Fritz J.
Am POO so schnell und gut wie am **POS**, in: Dynamik im Handel, 34. Jg., Nr. 10 1990, S. 74-76.

**Schmidt**, Günter
**Informationsmanagement** - Modelle - Methoden - Techniken, Berlin/Heidelberg/New York u.a. 1996.

**Schmidt**, Rudolf
Grundfunktionen des **Controlling** - Eine Analyse der betriebswirtschaftlichen Literatur zum Stand der aufgabenorientierten Controlling-Diskussion, Frankfurt a.M./Berlin/Bern u.a. 1995, zugl.: Erlangen/Nürnberg, Univ., Diss., 1993.

**Schmitz**, Claudius A.; **Kölzer**, Brigitte
**Einkaufsverhalten** im Handel - Ansätze zu einer kundenorientierten Handelsmarketingplanung, München 1996.

**Schrempf**, Michael
Alter **Wein** in neuen Schläuchen?, in: it Management, Supplement „Data Warehouse I", o. Jg., Nr. 9/10 1995, S. 27-31.

**Schreyögg**, Georg
**Organisation** - Grundlagen moderner Organisationsgestaltung, 2. Aufl., Wiesbaden 1998.

**Schröder**, Edzard
Triton-EIS verschafft sicheren **Durchblick**, in: it Management, Supplement „Standardsoftware", o. Jg., Nr. 1/2 1996, S. 18-20.

**Schröder**, Hendrik
Anforderungen und konzeptionelle Grundlagen des **Controllings im Handel**, in: Marketingcontrolling, hrsg. v. S. Reinecke; T. Tomczak u. S. Dittrich, St. Gallen 1998, S. 304-314.

**Schröder**, Hendrik
**Erfolgsfaktorenforschung** im Handel, in: Marketing ZFP, 16. Jg., Nr. 2 1994, S. 89-105.

**Schröder**, Hendrik
Neuere Entwicklungen der **Kosten- und Leistungsrechnung** im Handel und ihre Bedeutung für ein integriertes Warenwirtschafts-Controlling, in: Integrierte Warenwirtschaftssysteme und Handelscontrolling, hrsg. v. D. Ahlert u. R. Olbrich, 3. Aufl., Stuttgart 1997, S. 331-366.

**Schröder**, Hendrik; **Tenberg**, Ingo
**Zufriedenheit interner Kunden** in mehrstufigen Handelssystemen, in: Handelsforschung 1997/98 (Kundenorientierung im Handel), Jahrbuch der Forschungsstelle für den Handel Berlin (FfH) e.V., hrsg. v. V. Trommsdorff, Wiesbaden 1997, S. 155-177.

**Schuh**, Ludger
Intelligente **Bestandsoptimierung**, in: Dynamik im Handel, 41. Jg., Nr. 3 1997, S. 42-44.

**Schulenburg**, Werner
**Workflow** und anderes - eine handhabbare Übersicht, in: Electronic Office Systeme - Workflow- und Groupware-Anwendungen in der Praxis, hrsg. v. W. Köhler-Frost, Berlin 1998, S. 13-24.

**Schulte**, Christof
**Logistik**, 2. Aufl., München 1995.

**Schulte**, Egon; **Simmet**, Heike
**Von EAN zu EANCOM** - Perspektiven integrierter Informationssysteme, in: Dynamik im Handel, 36. Jg., Nr. 4 1992, S. 38-42.

**Schwaninger**, Markus
Integrale **Unternehmensplanung**, Frankfurt a.M./New York 1989.

**Seidel**, Markus B.
**Erfolgsfaktoren** von Franchise-Nehmern unter besonderer Berücksichtigung der Kundenzufriedenheit, Frankfurt a.M./Berlin/New York u.a. 1997, zugl.: Eichstätt, Univ., Diss., 1997.

**Sesin**, Claus-Peter
Ewiges **Licht**, in: Wirtschaftswoche, 52. Jg., Nr. 13 v. 19.03.1998, S. 179-180.

**Seyffert**, Rudolf
**Wirtschaftslehre des Handels**, 5. Aufl., hrsg. v. E. Sundhoff, Opladen 1972.

**Shapiro**, Roy D.; **Heskett**, James L.
**Logistics** Strategy - Cases and Concepts, St. Paul/New York/Los Angeles u.a. 1985.

**Siemens Nixdorf** (Hrsg.)
**RMIS** - Das Werkzeug für die Erstellung von Führungsinformationssystemen im Handel, Informationsbroschüre, hrsg. v. der Siemens Nixdorf Informationssysteme AG, Ausgabe 11/1994.

**Simmet**, Heike
Neue **Informations- und Kommunikationstechnologien** im Marketing des Lebensmitteleinzelhandels, Stuttgart 1990.

**Simon**, Hermann
**Conjoint Measurement** - Was ist dem Kunden Leistung wert?, in: Absatzwirtschaft, 37. Jg., Nr. 2 1994, S. 74-77.

**Simon**, Hermann
**Preismanagement**, 2. Aufl., Wiesbaden 1992.

**Simon**, Hermann; **Dahlhoff**, Denise
**Target Pricing** und Target Costing mit Conjoint Measurement - Wege zum Preiskonsens zwischen Controlling und Marketing, in: Controlling, 10. Jg., Nr. 2 1998, S. 92-105.

**Slotta**, Gerd; **Häusler**, Hans-Joachim; **Lange**, Udo
Vom **Dienstleister** zum Manager, in: Logistik Heute, 19. Jg., Nr. 3 1997, S. 26-32.

**Southworth**, Neil
Die **Tesco** Clubcard, in: Der Loyale Kunde - Ist Kundenbindung bezahlbar?, hrsg. v. G. Haedrich, Ergebnisse des 4. CPC Trend Forums, Mainz 1997, S. 58-66.

**Spar**, Debora; **Bussang**, Jeffrey J.
Geschäfte im Cyberspace - noch fehlen dem Spiel feste **Regeln**, in: Harvard Business Manager, 12. Jg., Nr. 4 1996, S. 39-47.

**Specht**, Günter
**Distributionsmanagement**, Stuttgart/Berlin/Köln 1988.

**Speidel**, Volker
Forschung und Entwicklung für den Einsatz der Telematik in der **Transportlogistik**, in: Efficient Consumer Response und die Anforderungen an die Logistikkette, Tagungsband des 2. Wissenschaftssymposiums der Deutschen Logistik Akademie (DLA) in Bremen am 15. Januar 1997, Bremen 1997, S. 145-149.

**Städler**, Michael
**ECR**-gerechte Logistikprozesse in der Lebensmittelbranche - Anforderungen an zukünftige EDI- und Inhouse-Systeme, in: Efficient Consumer Response und die Anforderungen an die Logistikkette, Tagungsband des 2. Wissenschaftssymposiums der Deutschen Logistik Akademie (DLA) in Bremen am 15. Januar 1997, Bremen 1997, S. 33-38.

**Staudte**, Werner
Der **Handel** ist noch unsicher, in: Der Handel, o. Jg., Nr. 7 1996, S. 46-47.

**Staudte**, Werner
Action für **Manager**, in: Der Handel, o. Jg., Nr. 7 1996, S. 54-55.

**Staudte**, Werner
Zwei Tage **Zeitgewinn**, in: Der Handel, o. Jg., Nr. 10 1997, S. 28.

**Stauss**, B.; **Neuhaus**, P.
**Interne Kundenzufriedenheit** als Zielgröße des Total Quality Management, in: Internes Marketing, hrsg. v. M. Bruhn, Wiesbaden 1995, S. 575-609.

**Stecher**, P.
Building business and application systems with the **Retail Application Architecture**, in: IBM Systems Journal, 32. Jg., Nr. 2 1993, S. 278-306.

**Steffenhagen**, Hartwig
**Werbewirkungsmessung**, in: Handwörterbuch des Marketing, hrsg. v. B. Tietz, 2. Aufl., Stuttgart 1995, Sp. 2678-2692.

**Stein**, Isidor
Am **Stau** vorbei, in: Wirtschaftswoche, 51. Jg., Nr. 49 v. 27.11.1997, S. 124-129.

**Stoffl**, Michaela
**Personalmanagement** in Großbetrieben des Einzelhandels, Wiesbaden 1996, zugl.: Duisburg, Univ., Diss., 1996.

**Stoffl**, Michaela
**Preisdifferenzierung** im Einzelhandel - Innovative Konzepte zur systematischen Ertragsoptimierung, in: Handelsforschung 1998/99 (Innovation im Handel), Jahrbuch der Forschungsstelle für den Handel Berlin (FfH) e.V., hrsg. v. V. Trommsdorff, Wiesbaden 1998, S. 379-403.

**Stremme**, Steffen
**Elektronische Märkte** - Neue Chancen für Handel und Dienstleistungen aus der Sicht des Versandhandels, in: Information als Wettbewerbsfaktor, hrsg. v. A. Picot, Stuttgart 1997, S. 105-122.

**Strüber**, Hans H.
**Lieferoptimierung** im Datennetz - IBM bietet einen standardisierten CRP-Service, in: Lebensmittel-Zeitung, 48. Jg., Nr. 10 1996 v. 08.03.1996, S. 84-85.

**Superdata** (Hrsg.)
**DEWAS II** Kurzbeschreibung Version 2.40, Broschüre der Superdata (Deutschland) EDV-Vertriebs GmbH, Hamburg, Hamburg 1997.

**Swoboda**, Bernhard
Mehrkäufe durch **Kommunikations-Terminals**?, in: Dynamik im Handel, 40. Jg., Nr. 4 1996, S. 22-26.

**Swoboda**, Bernhard
Interaktive **Medien** am Point of Sale - verhaltenswissenschaftliche Analyse der Wirkung multimedialer Systeme, Wiesbaden 1996, zugl.: Saarbrücken, Univ., Diss., 1995.

**Sydow**, Jörg
Strategische **Netzwerke** - Evolution und Organisation, Wiesbaden 1992, zugl.: Berlin, freie Univ., Habil., 1991/92.

**Syring**, Anja
Management innovativer **Informationssysteme,** Göttingen 1993.

**Szelenyi**, Ferenc
SET - **Electronic Commerce** mit Sicherheit, in: Neue Medien im Handel, hrsg. v. EHI, Reihe Enzyklopädie des Handels, Köln 1997, S. 60-61.

**Szielasko**, Karl
**Kaufhauslogistik** - Traditionelle Zielkonflikte lösen, in: Logistik Heute, 19. Jg., Nr. 6/7 1997, S. 18-20.

**Theuner**, Cora
Aspekte der **Ladungsträger-Logistik**, in: Logistik Jahrbuch 1997, hrsg. v. R. Hossner, Düsseldorf 1996, S. 114-118.

**Tietz**, Bruno
**Binnenhandelspolitik**, 2. Aufl., München 1993.

**Tietz**, Bruno
Der **Handelsbetrieb**, 2. Aufl., München 1993.

**Tietz**, Bruno
Der Möbelhandel im **Umbruch** - Strategische Konsequenzen für Verbundgruppen, Saarbrücken 1989.

**Tomczak**, Torsten
**Convenience**: Trend - oder Zeitenwende?, in: Markant Handelsmagazin, 42. Jg., Nr. 10 1997, S. 12-17.

**Töpfer**, Armin
Kundenzufriedenheit durch klare **Positionierung**, in: Handelsforschung 1996/97 (Positionierung des Handels), Jahrbuch der Forschungsstelle für den Handel Berlin (FfH) e.V., hrsg. v. V. Trommsdorff, Wiesbaden 1996, S. 49-66.

**Toporowski**, Waldemar
**Logistik im Handel** - Optimale Lagerstruktur und Bestellpolitik einer Filialunternehmung, Heidelberg 1996, zugl.: Köln, Univ., Diss., 1995.

**Toporowski**, Waldemar; **Schleimer**, Frank
Die Bedeutung neuer **Informationstechnologien** für die Entwicklung im Handel, in: Zukunft im Handel, hrsg. v. J. Zentes u. H.-P. Liebmann, Frankfurt a.M. 1997, S. 167-225.

**Trux**, Walter; **Müller**, Günter; **Kirsch**, Werner
Das **Management** strategischer Programme, 1. Halbband, 2. Aufl., München 1985.

**Ulrich**, Hans; **Krieg**, Walter
St. Galler **Management-Modell**, Bern/Stuttgart 1974.

**Ulrich**, Hans; **Probst**, Gilbert J. B.
**Anleitung zum ganzheitlichen Denken** und Handeln - Ein Brevier für Führungskräfte, Bern/Stuttgart 1988.

**Vahrenkamp**, Richard
Efficient Consumer Response und **Supply Chain Management**, in: Efficient Consumer Response und die Anforderungen an die Logistikkette, Tagungsband des 2. Wissenschaftssymposiums der Deutschen Logistik Akademie (DLA) in Bremen am 15. Januar 1997, Bremen 1997, S. 19-30.

**Veil**, Thilo
**ECR** ist übertragbar, in: Logistic Letter (Efficient Consumer Response - oder: Der Ruf nach dem idealen Netzmanagement), hrsg. v. der Bundesvereinigung Logistik (BVL), Nr. 16, März/April 1997, S. 3.

**Venohr**, Bernd
Marktgesetze und strategische Unternehmensführung - Eine kritische Analyse des **PIMS-Programms**, Wiesbaden 1988, zugl.: Frankfurt a.M., Univ., Diss., 1987.

**Vossen**, Manfred
Aldi plagt **Logistikumstellung**, in: Lebensmittel-Zeitung, 49. Jg., Nr. 49 v. 05.12.1997, S. 1 u. 3.

**Voßschulte**, Alfred; **Baumgärtner**, Jost
**Controlling im Handel** - Konzeption und Erfahrungen bei der Implementierung, in: Controlling, 3. Jg., Nr. 5 1991, S. 252-261.

**Wald**, Kurt E.
„Kreative **Konditionen**" erschweren Implementierung von EDI, in: Dynamik im Handel, 41. Jg., Nr. 3 1997, S. 47.

**Warnick**, Bernd
**Prozeßorientierte Logistikkostenrechnung** in einem Handelsunternehmen, in: Controlling, 8. Jg., Nr. 1 1996, S. 22-30.

**Weber**, Hubert
Marktführerschaft durch strategisches **Logistikmanagement**, in: Logistikmanagement - Strategische Wettbewerbsvorteile durch Logistik, hrsg. v. G. Schuh; H. Weber u. P. Kajüter, Stuttgart 1996, S. 3-22.

**Weber**, Jürgen; **Kummer**, Sebastian
**Logistikmanagement**, Stuttgart 1994.

**Weber**, Peter W.
**Controlling** Management, Wiesbaden 1996.

**Weber**, Wolfgang
**Markteinführung eines elektronischen Kataloges**, in: Interaktive Werbung - Marketingkommunikation auf dem Weg ins digitale Zeitalter, hrsg. v. G. Silberer, Stuttgart 1997, S. 71-86.

**Weis**, Hans Christian; **Steinmetz**, Peter
**Marktforschung**, 2. Aufl., Ludwigshafen 1995.

**Wendeln-Münchow**, Dorothea
**Risiken** besser kontrollieren, in: Handelsblatt, Nr. 45 v. 05.03.1997, S. 13.

**Westermann**, Herbert
**Lieferantenwahl** ist Einkaufssache, in: Beschaffung Aktuell, o. Jg., Nr. 10 1995, S. 16-17.

**Wickern**, Joseph
Probleme des **Lebensmittel-Filialbetriebs** - eine Einführung, in: Der Filialbetrieb als System - Das Cornelius-Stüssgen-Modell, hrsg. im Auftrag der Cornelius Stüssgen AG v. R. Nieschlag u. D. von Eckardstein, Köln 1972, S. 41-61.

**Wieder**, Martin
**Kundenbindungsinstrumente** im Lebensmitteleinzelhandel - Eine Dokumentation, in: Der Loyale Kunde - Ist Kundenbindung bezahlbar?, hrsg. v. G. Haedrich, Ergebnisse des 4. CPC Trend Forums, Mainz 1997, S. 29-41.

**Wieland**, Hans-Jürgen
Anforderungsgerechte **Personaleinsatzplanung**, in: Dynamik im Handel, 42. Jg., Nr. 4 1998, S. 93.

**Wieland**, Hans-Jürgen; **Gerling**, Michael
Schritt für Schritt **zum geschlossenen System** - Computergestützte WWS im LEH, in: Dynamik im Handel, 35. Jg., Nr. 6 1991, S. 70-73.

**Wiese**, Christoph
**Schneller** ist auch billiger - durch CRP zu effizienten Beständen, in: Lebensmittel-Zeitung, 48. Jg., Nr. 2 v. 12.01.1996, S. 44-46.

**Wieth**, Bernd-D.
Informationen im **Entscheidungsprozeß**, in: Management-Informationssysteme - praktische Anwendungen, hrsg. v. R. Hichert u. M. Moritz, 2. Aufl., Berlin/Heidelberg/New York u.a. 1995, S. 31-42.

**Wiezorek**, Heinz
**Efficient Consumer Response** - Die große Mehrheit zum Mitmachen bewegen, in: BAG Handelsmagazin, o. Jg., Nr. 4 1996, S. 56-59.

**Wiezorek**, Heinz
Efficient Consumer Response - **Kooperation statt Konfrontation**, in: Informationssysteme für das Handelsmanagement, hrsg. v. D. Ahlert; J. Becker; R. Olbrich u. R. Schütte, Berlin/Heidelberg/New York u.a. 1998, S. 387-400.

**Wilde**, Klaus D.; **Hippner**, Hajo
**Database Marketing** - Vom Ad-Hoc-Direktmarketing zum kundenspezifischen Marketing-Mix, in: Marktforschung & Management (M&M), 42. Jg., Nr. 1 1998, S. 6-10.

**Wildemann**, Horst
Innovation und **Kundennähe**, in: Zeitschrift für Logistik, 18. Jg., Nr. 5 1997, S. 5-11.

**Wildemann**, Horst
**Organisationsentwicklung** für Unternehmen mit Zukunft, in: Zeitschrift für Logistik, 18. Jg., Nr. 3/4 1997, S. 3 u. 15-16.

**Wilmes**, Jörg
**Flexiblere Unternehmen** mit LotusNotes/Domino, in: Electronic Office Systeme - Workflow- und Groupware-Anwendungen in der Praxis, hrsg. v. W. Köhler-Frost, Berlin 1998, S. 139-157.

**Winkler**, Petra
**Analysen** - so komplex und so bunt wie das Leben selbst, in: Database Marketing, 1. Jg., Nr. 1 1997, S. 18-21.

**Witt**, Frank-Jürgen
**Handelscontrolling**, München 1992.

**Wittmann**, Waldemar
Unternehmung und unvollkommene **Information**, Köln 1959.

**Wolff**, Meike
Kartengebundene **Zahlungssysteme** in Deutschland, 4. Aufl., Hamburg 1993, zugl.: Stuttgart, Univ., Diss., 1992.

**Woratschek**, Herbert
Die **Preisforschung** als Informationsgrundlage für das Marketing, in: Handelsforschung 1995/96 (Informationsmanagement im Handel), Jahrbuch der Forschungsstelle für den Handel Berlin (FfH) e.V., hrsg. v. V. Trommsdorff, Wiesbaden 1995, S. 153-171.

**Würmser**, Anita
**Datenschlacht** um Handelsspannen, in: Logistik Heute, 20. Jg., Nr. 3 1998, S. 16-19.

**Würmser**, Anita
**Electronic-Commerce** Splitter, in: Logistik Heute, 19. Jg., Nr. 8 1997, S. 45.

**Würmser**, Anita
Laßt uns bündeln und **Geschäfte** machen, in: Logistik Heute, 17. Jg., Sonderbeilage „City-Logistik", Nr. 10 1995, S. 4-5.

**Würmser**, Anita
**Online-Manufacturing** ist keine Utopie mehr, in: Logistik Heute, 20. Jg., Nr. 1/2 1998, S. 56-57.

**Würmser**, Anita
Von der **Philosophie** des Dienens, in: Logistik Heute, 18. Jg., Nr. 11 1996, S. 48-50.

**Würmser**, Anita
**Serviceoffensive** für den Kunden, in: Logistik Heute, 17. Jg., Nr. 10 1995, S. 14-17.

**Zbornik**, Stefan
**Elektronische Märkte**, elektronische Hierarchien, elektronische Netzwerke - Koordination des wirtschaftlichen Leistungsaustausches durch Mehrwertdienste auf der Basis von EDI und offenen Kommunikationssystemen, diskutiert am Beispiel der Elektronikindustrie, hrsg. v. der Gesellschaft für angewandte Informationswissenschaft Konstanz (GAIK) e.V., Schriften zur Informationswissenschaft, Bd. 22, Konstanz, Univ., Diss., 1996.

**Zentes**, Joachim
„**CIM**" und „global sourcing", in: Dynamik im Handel, 35. Jg., Nr. 7 1991, S. 69-74.

**Zentes**, Joachim
**Handelslogistik**, in: Vahlens großes Logistiklexikon, hrsg. v. J. Bloech u. G. B. Ihde, München 1997, S. 365-367.

**Zentes**, Joachim
Computer Integrated **Merchandising** - Neuorientierung der Distributionskonzepte im Handel und in der Konsumgüterindustrie, in: Moderne Distributionskonzepte in der Konsumgüterwirtschaft, hrsg. v. J. Zentes, Stuttgart 1991, S. 3-15.

**Zentes**, Joachim
**Warenwirtschaftssysteme** (WWS), in: Vahlens großes Marketinglexikon, hrsg. v. H. Diller, München 1992, S. 1285-1286.

**Zentes**, Joachim; **Anderer**, Michael
**Handelsperspektiven** bis zum Jahr 2000 - Studie über Entwicklungsperspektiven im Einzelhandel des Gottlieb Duttweiler Instituts, Rüschlikon und des Instituts für Internationales Marketing (Saarbrücken), Saarbrücken/Rüschlikon 1993.

**Zentes**, Joachim; **Exner**, Ralf; **Braune-Krickau**, Michael
Studie **Warenwirtschaftssysteme** im Handel, Essen/Rüschlikon 1989.

**Zinke**, Joachim E.
Artikelgenaue **Erfolgskontrolle**, in: Dynamik im Handel, 34. Jg., Nr. 7 1990, S. 16-20.

## Aus unserem Programm

Andrea Gröppel-Klein
**Wettbewerbsstrategien im Einzelhandel**
Chancen und Risiken von Preisführerschaft und Differenzierung
1998. XVIII, 313 Seiten, 15 Abb., 47 Tab., Br. DM 128,-/ ÖS 934,-/ SFr 114,-
GABLER EDITION WISSENSCHAFT
ISBN 3-8244-6764-X
Die Autorin untersucht die Erfolgsdeterminanten der Strategien für den Wettbewerb aus Sicht der Händler und Konsumenten.

Karl-Michael Henneking
**Marketingcontrolling im Einzelhandel**
1998. XXV, 290 Seiten, 16 Abb., 39 Tab., Broschur DM 108,-/ ÖS 788,-/ SFr 96,-
GABLER EDITION WISSENSCHAFT
ISBN 3-8244-6866-2
Der Autor entwickelt ein Meßkonzept für das Controlling in Einzelhandelsunternehmen, das verhaltensrelevante Einflußgrößen der Einkaufsstättenwahl analysiert und mit geeigneten Methoden kontrolliert.

Kerstin van Kerkom
**Logistisches Handelscontrolling**
Unternehmensspezifische Controllingsysteme im Einzelhandel
1998. XIX, 402 Seiten, 42 Abb., Broschur DM 128,-/ ÖS 934,-/ SFr 114,-
GABLER EDITION WISSENSCHAFT
ISBN 3-8244-6804-2
Auf Basis einer empirischen Studie entwickelt die Autorin ein Konzept für eine entscheidungsorientierte Logistikkosten- und Logistikleistungsrechnung im Einzelhandel. Sie hebt Anwendungsaspekte für die Entscheidungsfindung hervor.

Marco Schmäh
**Anarbeitungsleistungen als Marketinginstrumente im Technischen Handel**
1999. XVIII, 279 Seiten, 51 Abb., 15 Tab., Broschur DM 108,-/ ÖS 788,-/ SFr 96,-
GABLER EDITION WISSENSCHAFT
ISBN 3-8244-6862-X
Durch individualisierte Anarbeitungsleistungen, wie etwa die Montage, das Stanzen oder das Einbinden, können sich Händler Wettbewerbsvorteile gegenüber ihren Konkurrenten sichern.

*Die Bücher erhalten Sie in Ihrer Buchhandlung!*
*Unser Verlagsverzeichnis können Sie anfordern bei:*

**Deutscher Universitäts-Verlag**
**Postfach 30 09 44**
**51338 Leverkusen**

Made in United States
Troutdale, OR
11/13/2024

24743758R00186